Berlin

Enno Wiese

Gratis-Download: Updates & aktuelle Extratipps des Autors

Unsere Autoren recherchieren auch nach Redaktionsschluss für Sie weiter. Auf unserer Homepage finden Sie Updates und persönliche Zusatztipps zu diesem Reiseführer.

Zum Ausdrucken und Mitnehmen oder als kostenloser Download für Smartphone, Tablet und E-Reader.
Besuchen Sie uns jetzt!
www.dumontreise.de/berlin

short.travel/aik6k

DUMONT
Reise-Taschenbuch

Unterwegs in Berlin

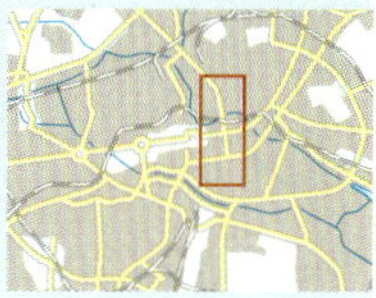

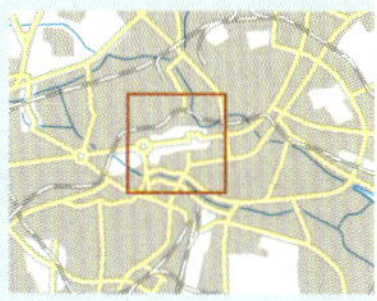

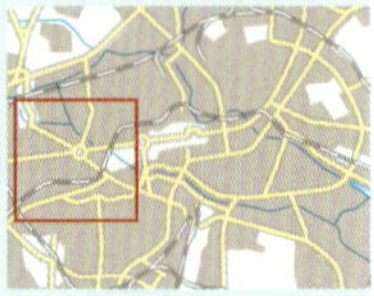

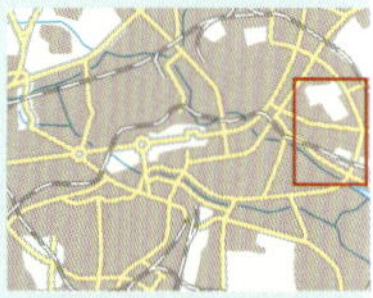

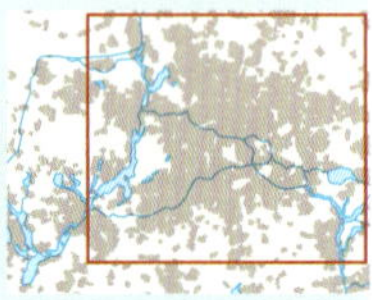

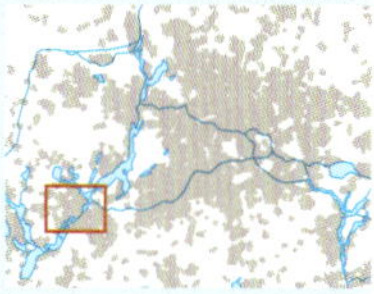

Auf Entdeckungstour

Karten und Pläne

s. hintere Umschlagklappe

▶ ■ ■ ■ ■ ■
Diese Symbole im Buch verweisen auf die Extra-Reisekarte Berlin

Liebe Leserin, lieber Leser,

Mauerstadt: das war einmal. Wiedervereinigung: so gut wie abgeschlossen. »Arm, aber sexy«: stimmt nur noch bedingt. Es gilt neu hinzuschauen: Berlin ist heute die deutsche Hauptstadt, eine Metropole mit über 3,4 Mio. Einwohnern aus aller Herren Ländern, reich an Geschichte und Geschichten, quicklebendig und – wie eh und je – voller Widersprüche. Hier gibt es alles, außer Langeweile. Und genau das fasziniert mich seit vielen Jahren an dieser Stadt.

An welchem Ort wir in das Abenteuer Berlin starten, ist im Grunde einerlei. Vom Pariser Platz, der guten Stube der Stadt, geht es eher preußisch korrekt den Boulevard Unter den Linden hinauf. Eine (Über-)Dosis Staats- und Hauptstadtgeschichte inklusive Kunst und Kultur ist bis zum Zielpunkt Lustgarten garantiert.

Berliner Alltag mit seinen verschiedenen Facetten erleben wir dagegen in anderen Citybereichen: die angenehm entspannte Variante in Berlin-West in den Seitenstraßen des Ku'damms; wuseliges Stadtleben im Bereich um den Hackeschen Markt, kreativ bis alternativ ist der Alltag in Kreuzberg, Prenzlauer Berg, Friedrichshain und Neukölln. Ein bisschen weniger rau geht es inzwischen auch im Wedding zu.

Berlin ist ein Experiment. Als bundesdeutsche Hauptstadt mit überwältigendem Kulturangebot, als multiethnische Metropole mit all ihren Brüchen und nicht zuletzt als Lebensentwurf der Neu-Berliner, die Jahr für Jahr in diese Stadt ziehen, um hier ihren persönlichen Lebenstraum zu verwirklichen, sich zu etablieren oder auch zu scheitern. An all dem nehmen wir teil, wenn wir uns durch die Stadt bewegen. Die Fahrt per U-Bahn, S-Bahn oder Fahrrad zu einer Sehenswürdigkeit ist so auch immer ein kleines Abenteuer im Berliner Alltag. Dass es dabei manchmal auch laut und hektisch, bisweilen sogar ruppig zugeht, gehört einfach dazu.

Sie möchten Berlin kennenlernen? Dann begleiten Sie mich doch auf einem der Spaziergänge durch die Stadt.

Ihr

Alt neben neu: St.-Matthäus Kirche und Neue Nationalgalerie

Leser fragen, Autoren antworten

Berlin persönlich – meine Tipps

Wo anfangen?

Eines ist sicher: In Berlin gibt es nicht nur alles, sondern von allem zu viel. Darum ist es wichtig, sich vor dem Besuch der Stadt ein paar Gedanken zu machen. Was will ich eigentlich? Sightseeing? Einen Kulturtrip? Das Großstadtleben genießen? Abends und nachts auf die Piste gehen? Jeder sollte sich daher seinen persönlichen Berlin-Mix zusammenstellen.

Noch nie in Berlin gewesen?

Dann sind als erste mögliche Startpunkte das **Brandenburger Tor** (s. Entdeckungstour S. 114) und der **Pariser Platz** genau richtig, auch wenn diese Orte von Touristen überlaufen sind. Denn ganz in der Nähe liegen der **Reichstag**, das **Bundeskanzleramt** und das **Holocaust-Denkmal**. Und vor allem beginnt am Brandenburger Tor die Prachtstraße **Unter den Linden**, die von dort bis zum Alexanderplatz verläuft.

Berlin an einem Tag – was sollte ich nicht verpassen?

Berlin hat gleich zwei Citybereiche: Einmal um die Prachtstraße **Unter den Linden/Friedrichstraße** im Osten und einmal um den **Kurfürstendamm (Ku'damm)** im Westen. Dazwischen liegen jede Menge Sehenswürdigkeiten.

Die Buslinien 100 und 200 verkehren zwischen Bahnhof Zoo und Alexanderplatz. Also: Frühstück in einem Café in einer der Seitenstraßen des Ku'damms

Nicht verpassen!

Berlin von oben

und anschließend in der Hertzallee, hinter dem Bahnhof Zoo, in einen Bus der beiden genannten Linien einsteigen, um die besten Plätze zu ergattern. Auf diese Weise durch das **Botschaftsviertel am Tiergarten** und über die Allee **Unter den Linden** zum **Alexanderplatz** fahren. Von dort die Prachtstraße Unter den Linden Richtung **Brandenburger Tor** (s. Entdeckungstour S. 114) hinunter bummeln und auf dem Weg noch einen Abstecher in die **Friedrichstraße** und zum **Gendarmenmarkt** (s. auch Entdeckungstour S. 146) machen. Mehr Berlin geht nicht.

Jenseits touristischer Trampelpfade

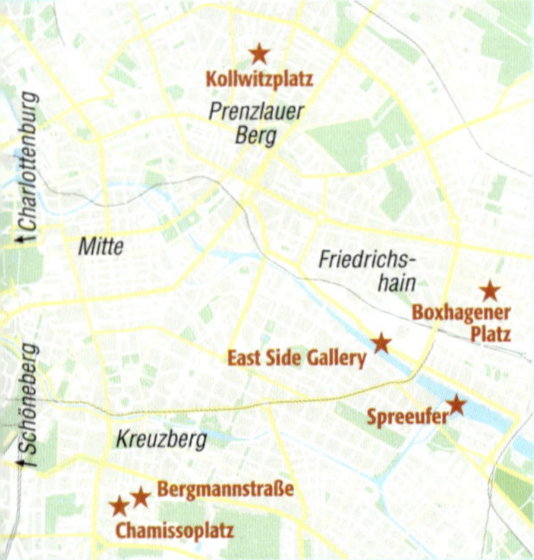

Welche Museen ›muss‹ ich besuchen?

Berlin bietet außergewöhnliche Museen und Sammlungen zu allen Kunstepochen. Berühmt ist die **Museumsinsel,** auf der die Nofretete im **Neuen Museum** ein »Muss« ist. Alte Meister in der **Gemäldegalerie am Kulturforum** und die Moderne im **Museum Berggruen** in Charlottenburg sind ebenfalls einen Besuch wert.

Berlin von oben – wo habe ich den besten Überblick über Berlin?

Der **Berliner Fernsehturm am Alex**, liebevoll Telespargel genannt, ist unschlagbar. Rundumblick von 203 m Höhe, das Ganze im Restaurant oder in der Panoramaetage. In 30, manchmal 60 Minuten, dreht sich das Restaurant einmal um die eigene Achse.

Interessante Ausblicke auf die Hauptstadt bieten aber auch der **Berliner Dom**, der **Französische Dom** auf dem Gendarmenmarkt, das **Centrum Judaicum (Neue Synagoge)** in der Spandauer Vorstadt, die **Plattform Panoramapunkt**, die **Reichstagskuppel** oder die **Siegessäule** am Großen Stern.

Berliner Alltag jenseits der touristischen Trampelpfade?

Lohnend sind die alten Viertel des **Berliner Mietshausgürtels:** Prenzlauer Berg, Friedrichshain, Kreuzberg, Schöneberg und auch Charlottenburg um die Dankelmannstraße bis zum Klausenerplatz. Nach Entkernung und Sanierung sind es genau diese früher verrufenen Viertel, die heute die Kulisse abgeben für das moderne, neue Stadtleben.

Ein Muss, will man von sich behaupten, Berlin etwas zu kennen, sind die folgenden Zentren dieser gründerzeitlichen Stadtviertel: der **Kollwitzplatz** in Prenzlauer Berg, der **Boxha-**

gener Platz in Friedrichshain sowie die **Bergmannstraße** und der **Chamissoplatz** in Kreuzberg. Dazu kommt das **Spreeufer** mit der **East Side Gallery** und den neuen Bauprojekten.

Wo finde ich die besten Infos zu Ausstellungen und Konzerten?

Berlin ist komplett über das Internet zu erschließen. Es lohnt immer, sich im Netz über aktuelle Angebote und Veranstaltungen zu informieren. Die erste Orientierung bietet www.berlin.de.

Wo soll ich wohnen?

Bei der Auswahl des Hotels, des Hostels ist es wichtig, auf die Anbindung per U-Bahn, S-Bahn oder Bus zu achten. Ist die nächste U-Bahn nicht weit, kann man ohne Probleme auch eine Unterkunft in einem der Randbezirke der Innenstadt wie Pankow, Moabit oder Neukölln wählen. Die Preise sind hier deutlich niedriger als in Mitte.

Wer sich auf das Risiko einlässt, kurzfristig über das Internet die Unterkunft zu buchen, kann in Hotels oder auch über Airbnb zu Superpreisen übernachten. Wichtig: Rechtzeitig vorher überprüfen, ob in dem Besuchszeitraum in Berlin eine große Messe oder ein sonstiges Großereignis (z. B. Grüne Woche, ITB, Funkausstellung) stattfindet. Dann früh buchen.

Berlin entdecken – welches ist die beste Jahreszeit?

Im Frühjahr und Herbst ist das Angebot an Konzerten, Theateraufführungen etc. deutlich breiter. Während der Sommerferien ist die Stadt ruhiger, hat ihr eigenes Flair. *Summer in the City* eben.

Ost-West-Überblick – wo kann ich die Mauer noch erleben?

Die Berliner Mauer ist weitgehend aus dem Stadtbild verschwunden,

Blick in die Reichstagskuppel

Berlin-West und Berlin-Ost sind kaum noch zu unterscheiden. Ein Besuch in der **Gedenkstätte Berliner Mauer** ist unbedingt zu empfehlen. Hier gewinnt man noch einen Eindruck von der Brutalität der Grenze, die nicht nur Berlin in Ost und West teilte.

Auf DDR-Spurensuche?

Die DDR ist Vergangenheit. Ostalgiker müssen also ins **DDR-Museum** gehen oder können sich im ehemaligen **Tränenpalast**, der Grenzübergangsstelle am Bahnhof Friedrichstraße, bzw. am **Checkpoint Charly** über die Folgen der deutsch-deutschen Teilung für die Menschen informieren.

Wachsende Besucherzahlen verzeichnet die **Gedenkstätte Hohenschönhausen**, die die unmenschliche Praxis der Stasi in deren ehemaligem Untersuchungsgefängnis veranschaulicht. Hier wird die Sicht der Opfer

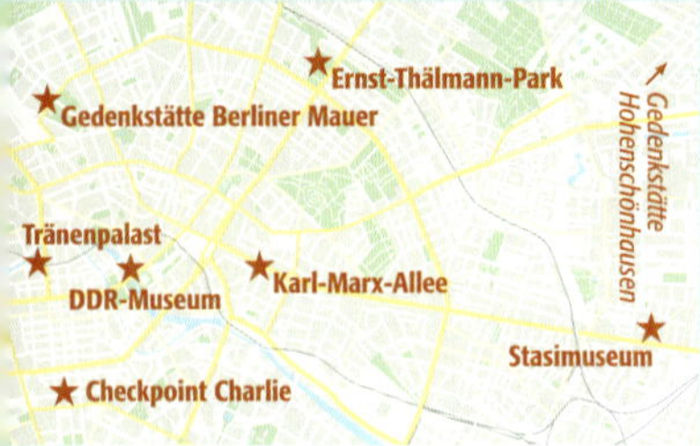

Auf DDR-Spurensuche

thematisiert. Die Arbeitsweise der Stasi dokumentiert das **Stasimuseum** in Lichtenberg.

Die Ostberliner Stadtteile sind weitgehend saniert. Bauhistorisch interessant ist die **Karl-Marx-Allee** (s. Entdeckungstour S. 234) mit ihren Bauten im Nationalstil der 1950er-Jahre. Die Plattenbauten, typisch für die Großsiedlungen in Ostberlin, sind mit einer Infrastruktur von Geschäften und Freizeitangeboten aufgewertet und optisch aufgehübscht worden.

Ostalgiker kommen demgegenüber im **Ernst-Thälmann-Park** mit dem riesigen Ernst-Thälmann-Denkmal an der Greifswalder Staße und dem umliegenden Wohnviertel, einem der letzten Wohnungsbauprojekte der Regierung Honecker, auf ihre Kosten.

Grünes Berlin, Berlin per Rad und Schiff

Zu viel Großstadt? Wohin ins Grüne?

Berlin ist überraschend grün. Es lohnt sich, einen Tag auf den Besuch der Schlösser- und Parklandschaft, die sich vom Berliner Südwesten bis nach Potsdam erstreckt, zu verwenden. Von **Park und Schloss (Klein-)Glienicke** über die **Glienicker Brücke** in den **Neuen Garten** mit dem Marmorpalais und Schloss Cecilienhof – ein schönes Tagesprogramm. Alternativ kann man auch ›nur‹ einen Tagesausflug nach **Potsdam** unternehmen, um neben der alten Residenzstadt mit dem neu errichteten Stadtschloss ausführlich **Schloss Sanssouci,** das Schloss Friedrich des Großen, zu besichtigen.

Berlin per Fahrrad?

Radfahren ist in Berlin nicht ohne ... Man muss die Routen durch die Wohnviertel kennen, um nicht auf den Hauptverkehrsstraßen in die eine oder andere brenzlige Situation zu geraten. Drei aus dem Zentrum hinausführende Radtouren (auf dem Mauerweg in den Norden, vom Alexanderplatz zum Wannsee, in die Schlösserlandschaft Berlin-Potsdam) finden Sie ab S. 274.

Neue Einblicke – Berlin per Schiff entdecken?

Die Berliner Reedereien bieten eine ganze Reihe von **Bootsfahrten** – von der Stadtkernfahrt über die Brückenfahrt bis hin zur Spreefahrt (s. S. 25).

Eine gute Möglichkeit, sich vom Stadtstress zu erholen, sind die Dampferfahrten mit der **Weißen Flotte ab Potsdam** (S. 284), die ab **Anleger Lange Brücke** angeboten werden. Einfach mit der S-Bahn bis Potsdam Hauptbahnhof fahren, von hier sind es nur wenige Meter über die Lange Brücke zum Anleger, dann per Schiff durch die Potsdamer Schlösserlandschaft oder bis Brandenburg.

Berliner Nachtleben – wo anfangen?

Die Geschmäcker sind verschieden. In Friedrichshain und rund um die **Hackeschen Höfe** in der Spandauer Vorstadt hat sich eine Kneipenszene entwickelt.

Bei gutem Wetter sollte man sich zwischen April und September einfach auf den Hauptstraßen der Kieze treiben lassen. Kneipen, Cafés und Restaurants, alles lädt zum Verweilen ein. Die belebtesten Straßen: In Charlottenburg trifft man sich rund um den **Savignyplatz**; in Kreuzberg lohnen **Bergmannstraße, Graefestraße** und **Oranienstraße**; in Neukölln ist am **Reuterplatz** und auf der **Weserstraße** am meisten los; in Schöneberg geht man auf die **Akazienstraße** und in Prenzlauer Berg ist es die Gegend um den **Kollwitzplatz**.

Die Berliner Clubszene ist weltweit bekannt. Wer mitreden will, muss im **Berghain** in Friedrichshain (s. S. 47), im **Watergate Club** und im **Tresor Club** in Kreuzberg (s. S. 47) sowie im **House of Weekend** in Mitte (s. S. 47) gewesen sein. Der Besuch lohnt ab 24 Uhr. Siehe auch S. 44.

Berliner Nachtleben

Was tut sich in Berlin? Was ist neu und spannend?

Schlossbaustelle gucken! 2002 wurde der Aufbau beschlossen, 2015 Richtfest gefeiert, und inzwischen gibt es etwas zu sehen. Die Elemente der historischen Fassade werden montiert. Damit entsteht wieder das Stadtschloss in der Version, die Andreas Schlüter und Eosander von Göthe ab 1700 schufen. Seinerzeit das modernste Schloss Europas, eines der Hauptwerke des europäischen Barock, wurde das kriegsbeschädigte Berliner Stadtschloss 1950 gesprengt. Heftig umstritten war und ist die rund 500 Mio. Euro teure Rekonstruktion im Herzen der Stadt. Aber egal, wie man zum Wiederaufbau der historischen Fassade steht, hinter der das Humboldt-Forum als Ergänzung der Museumsinsel außereuropäische Kunst präsentieren wird: Ein Besuch der Infobox mit der Aussichtsplattform an der Schlossbaustelle lohnt allemal (s. S. 127).

Ein persönlicher Tipp zum Schluss – der Park am Gleisdreieck

Westlich und östlich der alten Trasse der Nord-Süd-Fernbahn ist unmittelbar am Technikmuseum ein Parkgelände entstanden, das mehr als nur Grün bietet. Sport- und Spielflächen, das Café Eule, die Reste der alten Bahnanlagen – es gibt immer etwas zu entdecken, während man sich vom Stress der Innenstadt erholt.

NOCH FRAGEN?

Die können Sie gern per E-Mail stellen, wenn Sie die von Ihnen gesuchten Infos im Buch nicht finden:

wiese@dumontreise.de

info@dumontreise.de

Auch über eine Lesermail von Ihnen nach der Reise mit Hinweisen, was Ihnen gefallen hat oder welche Korrekturen Sie anbringen möchten, würden wir uns freuen.

Forum Fridericianum im Morgenlicht – St. Hedwigs-Kathedrale, S. 123

Trödel und Party – Flohmarkt am Mauerpark, S. 219

Lieblingsorte!

Herrliche Havellandschaft – Belvedere auf dem Pfingstberg in Potsdam, S. 293

Zuflucht in der Großstadt –
Heckmann Höfe, S. 212

Nicht nur für böse Buben –
in der Böse Buben Bar, S. 153

Hektik, Geschäfte, Veranstaltungen aller Orten – das ist Berliner Alltag. An den Lieblingsorten gilt es, für einen Moment Ruhe und Besinnung zu finden: Am frühen Morgen auf dem Forum Fridericianum ist die Idee der preußischen Königsstadt zu spüren, der Invalidenfriedhof mit dem wunderschönen Scharnhorst-Grab ist so widersprüchlich wie die gesamte deutsche Geschichte. Die Heckmann Höfe sind eine Shopping-Oase, das Belvedere auf dem Pfingstberg sorgt für den rechten Überblick in Sachen Havellandschaft. Was wäre Berlin ohne Cafés wie die Böse Buben Bar, ohne Trödelmärkte und ohne seine türkischstämmige Bevölkerung?

Köstlichkeiten aus aller Welt – biooriental
Wochenmarkt am Maybachufer, S. 250

Eine der schönsten Grabstätten Berlins –
das Scharnhorst-Grab, S. 169

Schnellüberblick

Rund ums Zentrum Berlins
Auch hier gibt es viel zu entdecken: in Spandau, Schönhausen, Weißensee, Köpenick, in Dahlem und rund um Wannsee und Havel. S. 258

City West
Bummeln rund um den Ku'damm, Kunst und Kultur genießen in Charlottenburg und dann in die quirlige Szene Schönebergs. S. 180

Rund um Regierungsviertel und Potsdamer Platz
Das neue Berlin mit moderner Architektur, dem Kulturforum; Berlin, das weder die NS- noch die Mauerzeit leugnet. S. 160

Potsdam
Die zweite Residenz der Hohenzollern mit Schloss Sanssouci, dem Neuen Palais, Schloss Cecilienhof, aber auch dem gemütlichen Holländischen Viertel. S. 282

Rund um die Friedrichstraße
Die Friedrichstraße ist die Geschäftsstraße der Innenstadt, streift aber auch den historischen Gendarmenmarkt und führt zum Checkpoint Charlie, der Nahtstelle zwischen Ost und West. Der Galeriebereich Zimmerstraße–Lindenstraße und das Jüdische Museum lohnen den Weg. S. 140

Spandauer Vorstadt und Prenzlauer Berg
Die Reste des jüdischen Berlin finden sich in der Spandauer Vorstadt; das quirlige Berliner Leben zwischen Galerien, Kunsthöfen, Geschäften und Stadtplätzen spielt sich rund um die Hackeschen Höfe und im Szeneviertel Prenzlauer Berg ab.
S. 198

Friedrichshain und Treptow
Rund um die East Side Gallery das neue Viertel Mediaspree, rund um den Boxhagener Platz DDR-Relikte samt Modeszene.
S. 226

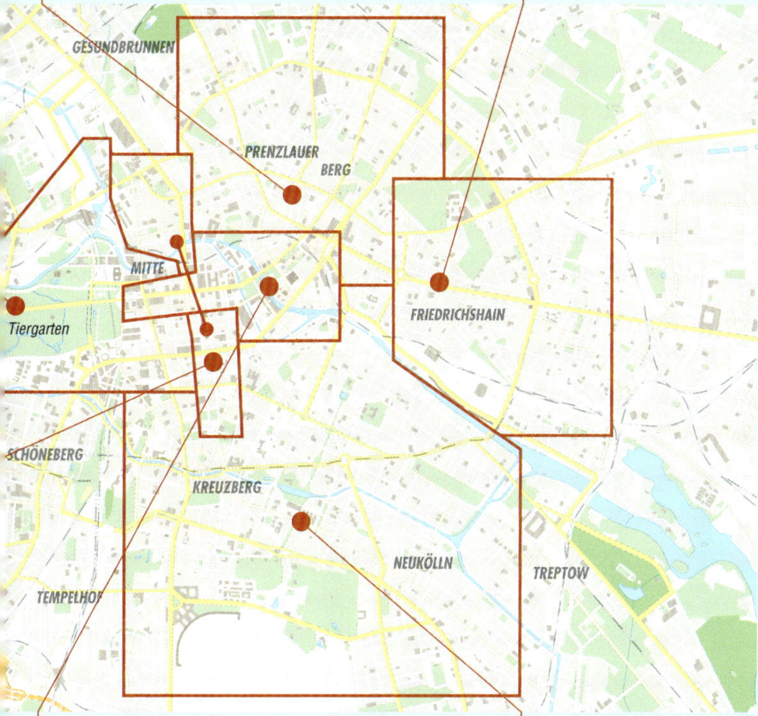

Zwischen Pariser und Alexanderplatz
Die Prachtstraße Unter den Linden vom Pariser Platz bis zur Schloßbrücke präsentiert die preußische Königsstadt und führt zur Museumsinsel. Das Nikolaiviertel ist eine Erinnerung an die Anfänge der Stadt, der Alexanderplatz das Zentrum der modernen City Ost. S. 110

Kreuzberg und Neukölln
Gründerzeitliche Bauten als Hintergrund für ein Berliner Leben zwischen Alltag, alternativ und gelungen multikulturell.
S. 238

Reiseinfos, Adressen, Websites

Zum Sightseeing gleich ab mit der S-Bahn vom Berliner Hauptbahnhof

Informationsquellen

Infos im Internet

www.berlin.de
Das Webportal der Stadt Berlin und zugleich Online-Portal der Region. Einige Berliner Tageszeitungen arbeiten daran mit. Manchmal etwas unübersichtlich, aber dafür aktuell in Sachen Termine und Veranstaltungen. Über die Rubriken ›Tourismus‹ und ›Kultur & Ausgehen‹ auf dieser Website lässt sich ein Berlinaufenthalt sehr gut vorbereiten.

www.visitberlin.de
Die Website der Berlin Tourismus & Kongress GmbH mit Tipps zu Kultur, Sightseeing, Einkaufen, Nachtleben. Hotels oder Veranstaltungen auswählen und direkt online buchen.

www.museumsportal-berlin.de
Angebot der Museen mit Infos zu den aktuellen Sonderausstellungen.

www.artberlin.de
News aus der Kunstszene, Hinweise auf aktuelle Ausstellungen und Tipps zu Galerien.

www.potsdamtourismus.de
Website der Tourismus-Marketing Brandenburg GmbH: Hotels, Veranstaltungen und Sights in Potsdam.

Callcenter visitBerlin
Die Berlin Tourismus & Kongress GmbH, ein Zusammenschluss von Hotels, dem Land Berlin und anderen, bietet alles von der Information bis zur Buchung.
Tel. 030 25 00 25, Mo–Fr 9–19, Sa 10–18, So 10–14 Uhr, ansonsten Infoansage vom Band.

www.quiez.de
Das Berliner Stadtteilportal mit aktuellen Tipps für alle Bereiche.

Websites der Stadtmagazine

www.berlinonline.de: Portal der Zeitungen des Berliner Verlags Berliner Zeitung und Berliner Kurier. Reportagen und Infos zum Kinoprogramm.

www.zitty.de: Portal des jüngeren Stadtmagazins Zitty, szeniger und frecher. Infos zu aktuellen Themen in der Stadt und zu Veranstaltungen.

berlin030.de: Das kostenlose Stadtmagazin [030] hat sich von seiner gedruckten Ausgabe verabschiedet. Die Termine zu Partys, Musik und Kino sind aktuell, Schwerpunkt alternative Musikszene der Stadt.

Touristeninformationen

Berlin Tourist Info

Hauptbahnhof Berlin: ▶ K 6, Erdgeschoss, Eingang Europaplatz, Tiergarten, U 55, S 5, 9, 75, tgl. 8–22 Uhr.

Europa Center: ▶ G 10, Erdgeschoss, Tauentzienstraße 9, Charlottenburg, S u. U Zoologischer Garten U 2, 9, S 5, 7, 75, Mo–Sa 10–20 Uhr.

Brandenburger Tor: ▶ K/L 8, südliches Torhaus, Pariser Platz, Mitte, U 55, S 1, 2, 25 Brandenburger Tor, April–Okt. tgl. 9.30–19, Nov.–März 9.30–18 Uhr.

Tourist-Information Berlin-Brandenburg: ▶ Karte 3, F 5, Flughafen Schönefeld, Terminal A, tgl. 7–22 Uhr. Die Tourist-Information wird mit der Eröffnung des neuen Flughafens in den BBI umziehen (Eröffnungstermin ungeklärt).

Potsdam Tourist-Information
s. S. 284.

Lesetipps

Güner Yasemin Balci: Arabboy. Eine Jugend in Deutschland oder Das kurze Leben des Rashid A. Frankfurt/M. 2008. Ein schockierendes Buch über die Lebenswelt arabischer Jugendlicher in Berlin. Die Autorin, Tochter einer türkischen Einwandererfamilie, hat viele Jahre in Neukölln Sozialarbeit geleistet.
Michael Bienert, Elke Linda Buchholz: Die Zwanziger Jahre in Berlin. Berlin 2005. Ein Führer durch das Berlin der 1920er-Jahre und zu den Orten, die heute noch existieren.
Horst Bosetzky: Brennholz für Kartoffelschalen. Roman eines Schlüsselkindes. München 1997. Das Buch lässt in der Form einer Familiensaga die Zeit von 1946 bis 1952 in Berlin wieder aufleben. Insgesamt hat Bosetzky in acht Romanen das Leben in Berlin von 1717 bis ins Jahr 2000 porträtiert.
Dorothee Dubrau, Bezirksamt Berlin-Mitte (Hg): Architekturführer Berlin-Mitte. Berlin 2009. Das kenntnisreiche Buch einer Insiderin.
Günther de Bruyn: Als Poesie gut. Frankfurt/M. 2006. Das Buch führt in die Berliner Gesellschaft um 1800.
Walther Kiaulehn: Berlin. Schicksal einer Weltstadt. München 1997. Obwohl 1958 erschienen, ist das Buch immer noch der Klassiker zu der Weltstadt, die Berlin bis zur NS-Zeit war. Kiaulehn, ab 1924 Reporter in Berlin, kann vieles aus eigener Anschauung erzählen.
Sven Regener: Herr Lehmann. München 2001. Der Erfolgsroman zum Lebensgefühl in Kreuzberg zu Mauerzeiten.
Wilfried Rott: Die Insel. Eine Geschichte West-Berlins. München 2009. Rund 30 Jahre nach der Wiedervereinigung schwindet die Erinnerung an diese verrückte Insel West-Berlin inmitten der realsozialistischen DDR.
Eckart D. Stratenschulte: Kleine Geschichte Berlins. München 1997, 2004. Ein verlässlicher Überblick über die Geschichte Berlins.

Mit dem Velotaxi schnell unterwegs

Wetter und Reisezeit

Berlin bringt es im Jahresmittel auf eine Durchschnittstemperatur von 9,2 °C, gemessen in Berlin-Dahlem. Im Februar fällt die geringste Menge Niederschlag, im Juni die größte Menge.

Aber diese Daten verraten wenig über die Besonderheiten des Berliner Klimas. Die Stadt liegt im Bereich des Übergangs von maritimem zu kontinentalem Klima. Kommt der Wind aus Nordwest, herrscht maritime Wetterlage, saubere Meeresluft strömt in die Stadt. Kommt der Wind aus Südost und Ost, herrscht die kontinentale Hochdruckwetterlage vor, der Luftaustausch hält sich in Grenzen, je nach Jahreszeit wird es ziemlich heiß oder ziemlich kalt. Eine weitere Besonderheit ergibt sich aus der dichten Bebauung in der City und in den Bezirkszentren. Gerade im Sommer kann es zu größeren Temperaturunterschieden zwischen der Innenstadt und den Randbezirken kommen.

www.rbb-online.de: Hinter dem Wetterpikto finden sich alle Informationen.

Berlin im Frühling

Im April ist es in Berlin durchschnittlich 8,7 °C, im Mai 13,9 °C warm. Sobald die ersten Sonnenstrahlen wärmen und das Thermometer die 15-Grad-Marke erreicht, schleppt in Berlin jeder, der die Möglichkeit dazu hat, einen Stuhl, einen Sessel, manchmal gar ein Sofa auf die Straße. Cafés und Biergärten füllen sich. Ob es an den engen Wohnungen oder an den im Winter besonders grauen Hausfassaden der Stadt liegt – der Frühling wird in Berlin noch exzessiver begrüßt als in jeder anderen deutschen Stadt.

Gut gerüstet

Pflastertreten macht müde. Gutes, festes Schuhwerk hilft, den Tag in Berlin gut zu überstehen. Im Sommer sind ein City-Rucksack und eine Flasche Wasser sinnvoll. Die Stadt ist staubig und macht durstig – und versuchen Sie mal, in der City eine Flasche Wasser zu einem akzeptablen Preis zu kaufen.

Was ist los?

März: Die **Internationale Tourismusbörse** (ITB) zieht alljährlich Reiseveranstalter, Länder, Reisebuchverlage etc. zu einer großen Schau in die Stadt.

Mai/Juni: Am Pfingstwochenende findet der **Karneval der Kulturen** (www.karneval-berlin.de) statt. Berlinerinnen und Berliner aus 80 Nationen feiern miteinander (s. S. 53, 91).

Mai-Samstag: Endspiel um den **Pokal des Deutschen Fußballbunds** (www.dfb.de).

... im Sommer

Im Sommer kann der Temperaturunterschied zwischen Innenstadt und Randbezirk bis zu 10 °C betragen. Vor allem abends strahlen die Wohnhäuser im Zentrum aufgestaute Wärme ab. Viele Menschen zieht es dann in die Grünanlagen oder an die Spree, wo man auf den kühlenden Luftstrom wartet. Am wärmsten ist es im Juli und August. Im Juli zeigt das Thermometer im Durchschnitt 18,4 °C, gefühlt aber ist es viel wärmer. Es wird auf den Straßen und den Plätzen gelebt. Am schönsten ist es in den Berliner Sommerferien. Die Stadt ist nicht so voll, es lebt sich entspannter.

Was ist los?

Letztes Juniwochenende: Der **Christopher Street Day** (www.CSD-berlin.de) ist mittlerweile nicht mehr nur ein Demonstrationszug der Schwulen, Lesben, Transgender und Bisexuellen, sondern eine riesige Party in der Stadt.
Juli: Classic Open Air, Gendarmenmarkt (www.classicopenair.de). Vor der Kulisse des Konzerthauses gibt es für knapp eine Woche abends klassische Musik international renommierter Orchester.
August: Tanz im August – internationale Tanzstücke an verschiedenen Spielorten (www.tanzimaugust.de).
Ende August: UFA-Filmnächte, Museumsinsel – Stummfilm-Klassiker mit Live-Musik (www.ufa-filmnaechte.de).

... im Herbst

Im Herbst wird es grau und nass. Ende September gibt es oft noch einige Sonnentage, in denen der Grunewald oder die Seen locken. Im Oktober ist es im Mittel 9,1 °C, im November 4,4 °C. Alles hofft auf die kalten, aber sonnigen Wintertage. Zeit, sich die Premieren in Kino oder Theater anzuschauen.

Was ist los?

Anfang September: Auf der **Pyronale** (www.pyronale.de) treffen sich die weltweit besten Teams der Feuerwerkskunst auf dem Maifeld am Olympiastadion und verzaubern Zehntausende von Zuschauern mit ihrer Pyrotechnik.
Mitte September: Der **Kunstherbst** (www.artberlincontemporary.com) wird durch gemeinsame Ausstellungen von Galerien eröffnet.
Ende September: Berlin-Marathon (www.bmw-berlin-marathon.com) mit 40 000 Teilnehmern, ca. 1 Mio. Besuchern und 70 Livebands.
November: Die Konzertsaison beginnt. Die Kinos sind voll. Die Theater präsentieren ihre neuen Produktionen.

... im Winter

Es wird kalt, durchschnittlich 1,8 °C im Dezember, 0,5 °C im Januar. In den Außenbezirken bleibt der Schnee als kaltes, aber schönes Kleid liegen. Kommt eine richtige Frostperiode, verwandeln sich die Seen in Schlittschuhparadiese.

Was ist los?

Dezember: Die **Weihnachtsmärkte** in der Domäne Dahlem, Unter den Linden, am Potsdamer Platz und in der KulturBrauerei werden stark besucht.
Januar: Internationale Grüne Woche (www.gruenewoche.de). Die internationale Ausstellung der Ernährungs- und Landwirtschaft sowie des Gartenbaus.
Januar: Mit der **Berlin Fashion Week** (www.fashion-week-berlin.com) und der **Modemesse Bread & Butter** (www.breadandbutter.com) ist Berlin Mitte Januar (und Mitte Juli) für eine Woche Zentrum der Modewelt. Viele öffentliche Veranstaltungen.
Ende Januar/Anfang Februar: Berliner Sechstagerennen.

Klimadiagramm Berlin

Anreise und Verkehrsmittel

Anreise

... mit dem Flugzeug

Viele Fluglinien steuern Tegel und Schönefeld an. Momentan wird Schönefeld zum Flughafen Berlin-Brandenburg International (BER) ausgebaut (der Fertigstellungstermin ist noch unklar).

Flughafeninfo: Tel. 030 60 91 11 50, www.berlin-airport.de.

Berlin-Tegel (TXL): ▶ Karte 3, C 2, 14 km nordwestlich des Zentrums. Vier Buslinien (X9, 109, 128, TXL) binden den Flughafen an den Nahverkehr an, Taxi Berlin-Tegel–Unter den Linden ca. 25 €.

Berlin-Schönefeld (SXF): ▶ Karte 3, F 5, 22 km südöstlich des Zentrums, S 9, 45. Der Airport Express (RE7, RB14) fährt im 30-Min.-Takt zum Berliner Hauptbahnhof (ca. 30 Min.), Taxi Berlin-Schönefeld–Unter den Linden ca. 35 €.

... mit der Bahn

Die ICE-Strecken von und nach Berlin sind gut ausgebaut.

DB Reisezentrum im Berliner Hauptbahnhof: tgl. 6–22 Uhr.

Umweltplakette nicht vergessen!

Seit 2010 sind innerhalb des S-Bahn-Rings nur noch Autos der Schadstoffgruppe 4 (grüne Plakette) erlaubt. Die Plakette erhält man unter Vorlage des Fahrzeugscheins in Autowerkstätten und Kfz-Behörden (ca. 6 €) oder online unter www.berlin.de, Suchbegriff Feinstaubplakette eingeben. Online sollte sie drei Wochen vor Reiseantritt beantragt werden, damit sie rechtzeitig zugesandt werden kann. Für **Notfälle am Wochenende** in Berlin: Autodienst Biesdorf GmbH (ADB), Alt-Biesdorf 64, Biesdorf, Tel. 030 514 35 65.

... mit dem Auto

Berlin ist über die Autobahnen A 2 aus Hannover, A 9 aus Leipzig, A 11 aus Szczecin, A 12 aus Frankfurt/Oder, A 13 aus Cottbus, A 24 aus Hamburg gut zu erreichen. Die Stadtautobahn durchzieht Berlin von Norden nach Süden und zweigt am Autobahndreieck Funkturm nach Schönefeld ab. Dort Staugefahr 7–10, 16–19 Uhr. In der Innenstadt sind die Parkgebühren hoch, Parkplätze kaum zu finden.

Verkehrsmittel in Berlin

U-, S-Bahn, Bus, Straßenbahn/Tram und einige **Fähren** bilden ein gutes Nahverkehrssystem, für das man nur ein Ticket benötigt. Umsteigen zwischen U-, S-Bahn und Bus ist möglich. Das Umland ist über den Verkehrsverbund Berlin-Brandenburg angeschlossen.

In der Innenstadt fahren Bus und Straßenbahn in der Regel alle 10 Min., U- und S-Bahn häufiger. Der **Nachtverkehr** (Nachtbus, -straßenbahn) beginnt um 1 Uhr. Fr/Sa, Sa/So sowie vor gesetzlichen Feiertagen fahren U- und S-Bahn auf fast allen Linien durchgängig.

Die 17 **MetroBus-Linien** (M) fahren rund um die Uhr. Die 13 **Express-Bus-Linien** kennzeichnet ein X vor der Liniennummer.

Auskünfte

BVG Callcenter: Tel. 030 194 49, Mo–So 7–23 Uhr. Fahrplanauskunft online: www.fahrinfo-berlin.de. **Streckenpläne** online unter www.bvg.de sowie kostenlos in U- und S-Bahnhöfen.

S-Bahn Callcenter: Tel. 030 29 74 33 33, tgl. 24 Std., Fahrplanauskunft online www.s-bahn-berlin. de.

Berlin im Schnelldurchlauf
Berlin zum normalen Bustarif bieten die Berliner Verkehrsbetriebe (BVG) mit den Linien 100 und 200. Sie verkehren zwischen dem Bahnhof Zoologischer Garten (City West) und Alexanderplatz (City Ost) und passieren viele Sehenswürdigkeiten: Gedächtniskirche, CDU-Parteizentrale, Nordische Botschaften, Großer Stern mit Siegessäule, Schloss Bellevue, Platz der Republik mit Reichstag und Brandenburger Tor, Unter den Linden. Die Linie 200 fährt nicht durch den Tiergarten, sondern über den Potsdamer Platz. Reiseführer mitnehmen oder Audioguide »Berlin Bus 100«-App herunterladen.

Fahrscheine und Tarife

Berlin ist in drei **Tarifbereiche** eingeteilt: A Innenstadt, B Stadtgrenze, C Umland. Eine **Kurzstrecke** (1,70 €) mit U- und S-Bahn geht über drei Stationen, mit Bus und Tram über sechs Stationen. Umsteigen ist nicht erlaubt. Ferner gibt es die **Tarifzonen** AB, BC, ABC. Der **Einzelfahrschein** (AB 2,80 €, BC 3,10 €, ABC 3,40 €) berechtigt zu Fahrten (bis zu 2 Std.) in eine Richtung. **Tageskarte:** AB 7 €, BC 7,40 €, ABC 7,70 €. Sie gilt bis 3 Uhr am folgenden Tag und erlaubt beliebig viele Fahrten im Tarifbereich. **7-Tage-Karte:** Berlin AB 30 €, BC 31,40 €, ABC 37,50 €. Das Ticket gilt an sieben aufeinanderfolgenden Tagen für beliebig viele Fahrten im Tarifbereich. **Kleingruppenkarte:** Berlin AB 19,90 €, BC 20,60 €, ABC 20,80 €. Sie berechtigt bis zu fünf Personen zu beliebig vielen Fahrten während eines Tages innerhalb des Tarifbereichs.

Hunde fahren zum ermäßigten Tarif (kleiner Hund in kleinem Behältnis frei). Bei Tageskarten ist das Hundeticket inklusive. Leinenpflicht und Maulkorb im Bahnhof und während der Fahrt.

Taxi

Wichtig: Fahrziel genau (Straßenname, Stadtteil und bekanntes Gebäude, große Straße) benennen, sonst landet man u. U. in einer gleichnamigen Straße in einem anderen Stadtteil.

Grundfahrpreis 3,90 €/1. km, jeder weitere km kostet 2 €, ab dem 7. km dann 1,50 €. Für eine Strecke unter 2 km kann man dem Fahrer eine Kurzstrecke ansagen und zahlt 5 €. Leere Taxis kann man an der Straße heranwinken.

Funk Taxi Berlin: Tel. 030 26 10 26
Quality Taxi: Tel. 030 26 30 00
Taxi Berlin: Tel. 030 20 20 20
TaxiFunk: Tel. 030 44 33 22
Würfelfunk: Tel. 030 21 01 01

Velotaxi

Velotaxis (Biketaxis) sind ab mindestens 1 Std. buchbar (s. S. 25), ist aber ein Velotaxi frei, kann man es als Taxiersatz nehmen. Dann kostet der erste Kilometer 7 € und jeder weitere 5 €.

Fahrrad

Fahrradfahren wird nicht zuletzt dank des Radwegausbaus immer beliebter. Doch ist das Fahren in der engeren Innenstadt wegen des Kopfsteinpflasters unbequem und auf den großen Verkehrsstraßen auch gefährlich. Dort und an diversen Baustellen kommen sich Fahrradfahrer und Pkw bedenklich nahe. Wichtig ist: nicht nebeneinander, sondern hintereinander fahren!

Wer eine Fahrradtour machen möchte und nicht ganz sicher auf dem Fahrrad ist, sollte mit dem Fahrrad per S- oder U-Bahn einige Stationen fahren, um die Innenstadt zu meiden. Fahrrad-Fahrschein AB 1,90 €, BC 2,20 €, ABC

2,50 €, es gibt eine Fahrrad-Monatskarte. Die Mitnahme von Fahrrädern ist nur in den gekennzeichneten Waggons gestattet.

Einen **Fahrradplan** für Berlin kann man unter www.baerleinplan.de bestellen.

Fahrradverleih

Viele Hotels halten mittlerweile für ihre Gäste hauseigene Fahrräder vor.

Fahrradstation: Fahrradstation Trek Pro Shop (Zentrale, ▶ Karte 2, M 9), Leipziger Str. 56, Mitte, Tel. 030 66 64 91 80, www.fahrradstation.com, U 2 Hausvogteiplatz, März–Okt. 10–19.30 Uhr, Nov.–März 10–19 Uhr. Weitere Stationen auf der Website. Stadtrad 15 €/Tag. Auch geführte Gruppenfahrten.

Fat Tire Bike Rentals (Travelpoint): ▶ Karte 2, N 7, Panoramastr. 1a, Mitte, Tel. 030 24 04 79 91, U 2, 5, 8, S 3, 5, 7, 9, 75 Alexanderplatz; Bahnhof Zoologischer Garten (▶ F 9), Charlottenburg, Tel. 030 68 83 62 17, www.berlinfahrradverleih.com, U 2, 9, 12, S 3, 5, 7, 9, 75, tgl. März–April 9.30–18, Mai–Aug 9.30–20, Sept.–Okt. 9.30–18 Uhr, 14 €/Tag. Auch geführte Touren.

Stadtführungen

Beim **Verband der Berliner Stadtführer Berlin Guide e. V.** kann man unter www.berlin-guide.org qualifizierte Stadtführer für Führungen zu Fuß, per Fahrrad oder Bus finden.

Berlin entdecken: Tel. 030 31 80 37 05, www.berlin-entdecken.de, 7 Tage vorher buchen. Gruppe 2–4 Pers. 60 €. Teils mit öffentlichen Verkehrsmitteln. Individuelle Touren.

Berlin Erkundungen: Tel. 030 32 70 37 83, www.berlin-erkundungen.de.

Berlin on Bike: Tel. 030 43 73 99 99, www.berlinonbike.de. Per Fahrrad durch die Innenstadt und in die grünen Randbereiche.

Berliner Unterwelten e.V.: Tel. 030 49 91 05 17, www.berliner-unterwelten.de. Thementouren wie U-Bahn, Bunker, Kalter Krieg etc. zu festen Terminen. Nicht behindertengerecht, nicht für Kinder.

Berlin Akademie: Tel. 030 324 27 25, www.berlin-akademie.de. Sehr kompetente, erfahrene Stadtführer.

StattReisen Berlin: Tel. 030 455 30 28, www.stattreisenberlin.de. Stadtführungen zu Fuß, per Fahrrad oder mit öffentlichen Verkehrsmitteln, mehr als nur die Denkmäler.

Stadtrundfahrten

Stadtrundfahrt mit dem Bus

Die City Circle Tour wie die Bustouren einzelner Unternehmen starten am Kurfürstendamm zwischen Meineke- und Rankestraße (▶ F/G 10) und am Alexanderplatz/Hotel Park Inn (▶ Karte 2, O 7). Dort erhalten Sie auch Tickets.

City Circle Tour: Abfahrt alle 10 Min, tgl. 10–18, Winter bis 17 Uhr, April–Okt. Fr, Sa bis 19 Uhr, 22/11 €, 24 Std. gültig, ohne Zwischenstopp ca. 2 Std. Die Busse fahren 18 Haltestationen in der Innenstadt und in Charlottenburg an. Informationen zu den Sehenswürdigkeiten erhält man per Kopfhörer auf jedem Sitzplatz. Die **Wall Special Tour** folgt teilweise dem Verlauf der Mauer und führt in die Szenekieze (16/8 €).

City Circle Tour plus Boot: Abfahrt alle 30 Min. ab Anlegestelle Berliner Dom (▶ Karte 2, N 7) oder Hauptbahnhof (▶ Karte 2, K 7), 31 €, Kinder 16 €. City Circle Tour plus einstündige Bootsrundfahrt durch die Innenstadt.

Videobustour: Tel. 030 44 02 44 50, www.videobustour.de. **Zeitreise durch Berlin,** Sa 11 Uhr, **Filmstadt Berlin,** jeden 2. Sa 13.30 Uhr. Start Unter den Linden 40 (▶ Karte 2, L 8), Dauer 2 Std., 23/17,50 €. Historische Filmaufnahmen parallel zur Wegstrecke.

Berlin per Segway
Mit dem elektrogetriebenen, zweirädrigen Gefährt Berlin entdecken. Mit Fahrradhelm und unter sachkundiger Führung. **City Segway Tours,** www.citysegwaytours.com, Panoramastr. 1a (▶ Karte 2, N 7), Tel. 030 24 04 79 91.

Trabi-Safari
BallonGarten: ▶ Karte 2, L 9, Wilhelmstr./Ecke Zimmerstr., www.trabi-safari.de, Tel. 030 30 20 10 30, tgl. ab 10 Uhr, Dauer 2 Std., ab 49 €/Person. Im Konvoi mit max. vier Trabis geht es nach Einweisung auf den **Wall Ride**. Erläuterungen vom Tourführer per Funk.

Velotaxi- und Rikschatouren
Velotaxis finden sich meist am Brandenburger Tor, am Breitscheidplatz am Potsdamer und am Alexanderplatz. Individuelle Touren unter Tel. 0178 800 00 41.

BikeTaxi Berlin: Tel: 030 93 95 83 46, www.biketaxi.de, Fahrzeug ab 65 €, Touren mit Fahrer ab 50 €, s. auch S. 23. Touren mit Fahrradrikschas bietet **Berlin Rikschatours,** Tel. 0163 307 72 97, www.berlin-rikscha-tours.de.

Schiffsfahrten auf Spree und Landwehrkanal
Zwischen Jannowitzbrücke und Reichstagufer, vor allem im Bereich zwischen Rotem Rathaus und Friedrichstraße, finden sich Anlegestellen der verschiedenen Reedereien: Friedrichstraße (am Reichstagsufer), Schiffbauerdamm, Unter den Linden (am Deutschen Historischen Museum), Karl-Liebknecht-Brücke (gegenüber vom Berliner Dom), Friedrichsbrücke, Märkisches Ufer und Fischerinsel. Man kann während der Tour zusteigen. Zumeist wird dann ein Preisabschlag von 15 % gewährt. **Anlegestellen, Touren und Reedereien** unter www.reederverband-berlin.de.

Standardtouren: Geboten werden Stadtkernfahren vorbei an den wichtigsten Sehenswürdigkeiten der Innenstadt (1–1,5 Std.), Stadtrundfahrten über Spree und Landwehrkanal (3–3,5 Std.), und eine Vielzahl von Seen- und Ausflugsfahrten. Hinzu kommen Abendfahrten. Ein besonderes Angebot: Sa/So **Brunch-** und So–Do **Abendbüfett-Fahrten** mit den Schiffen Philippa und Josephine ab Urbanhafen (An der Baerwaldbrücke, Carl-Herz-Ufer, Tel. 030 692 62 93, www.vanloon.de).

Berlin WelcomeCard

Die Berlin WelcomeCard kombiniert die freie Nutzung von öffentlichen Verkehrsmitteln mit mindestens 25 % Eintrittsermäßigung in rund 200 touristischen Angeboten (Stadtrundfahrt, Museumsbesuch, Restaurant- oder Clubbesuch etc.). Infos zu den zwölf Varianten der Karte unter Tel. 030 25 00 23 33, Online-Kauf vor Antritt der Reise unter www.visitberlin.de. Hier die gängigsten Varianten:

Berlin WelcomeCard Berlin: Öffentliche Verkehrsmittel im Tarifbereich AB mit Flughafen Tegel. Eine Person 48 Std. 19,70 €, 72 Std. 27,70 €, 5 Tage 36,50 €.

Berlin WelcomeCard Berlin und Potsdam: Öffentlicher Tarifbereich Berlin ABC inkl. Flughäfen Tegel und Schönefeld sowie Potsdam. Ein Erwachsener und bis zu 3 Kinder unter 15 Jahren 48 Std. 21,90 €, 72 Std. 29,90 €, 5 Tage 41 €.

Berlin WelcomeCard + Museumsinsel: Zusätzlich freier Eintritt in alle geöffneten Häuser der Museumsinsel – Bode-Museum, Pergamonmuseum, Alte Nationalgalerie, Altes Museum, Neues Museum mit Ägyptischem Museum (ausgenommen Sonderausstellungen). Berlin Tarifbereich AB, 72 Std. 44 €; Berlin Tarifbereich ABC, 72 Std. 46 €.

Übernachten

Bei über 140 000 Hotelbetten in der Stadt sind die Innenstadthotels nur während großer Messen und Veranstaltungen sowie in den Sommermonaten ausgebucht. Auf Nachfrage per Telefon oder bei Buchung im Internet ergeben sich oft günstige Angebote.

In den vergangenen Jahren wurde eine ganze Reihe von Hostels, die auf die Bedürfnisse junger Reisender zugeschnitten sind, eröffnet. In fast allen Hotels ist die WLAN-Nutzung kostenfrei.

Zimmerpreise: Die im Folgenden genannten Doppelzimmerpreise verstehen sich, wenn nicht anders angegeben, inklusive Frühstück.

Hotelsuche im Internet

www.hrs.de: Günstige Konditionen für Spätbucher.

www.visitberlin.de: Im Menü Buchen hat man die Wahl zwischen 350 Berliner Hotels und Pensionen mit Bestpreisgarantie.

www.berlin-pensionen.de: Pensionen und Ferienwohnungen in Berlin und im Umland (u. a. Potsdam).

Günstige Hotelketten: www.ibis.com, www.nh-hotels.de,www.motel-one.de.

Hostels: www.german-hostels.de, www.hostelbookers.com.

www.airbnb.de: Plattform für die Vermittlung privater Unterkünfte.

Spätbucher sparen

In der Regel lohnt es sich, auf den Websites der Hotels nach Zimmern zu sehr günstigen Konditionen zu suchen. Fast jedes Haus versucht, durch Schnäppchenpreise für Spätbucher Leerstand zu vermeiden.

Edel und teuer

Der Klassiker – **Hotel Adlon Kempinski Berlin:** ■ Karte 2, L 8, Unter den Linden 77, Mitte, Tel. 030 226 10, www.hotel-adlon.de, U 55, S 1, 2, 25 Brandenburger Tor, DZ ab 300 €, Frühstück 43 €, Parkhaus 38 €. Unmittelbar am Pariser Platz und nur 150 m vom Brandenburger Tor, kein anderes Hotel kann mit einer solchen Lage aufwarten und sich zugleich als Nachfolger eines legendären Berliner Luxushotels aus den 1920er-Jahren präsentieren. 1997 wurde das komplett neu hinter historischer Fassade errichtete Hotel eröffnet.

Angesagt in der Spitzenklasse – **Hotel de Rome:** ■ Karte 2, M 8, Behrenstr. 37 (Bebelplatz), Mitte, Tel. 030 460 60 90, www.roccofortehotels.com, U 2 Hausvogteiplatz, DZ ab 300 €, Tiefgarage 26 €. Das Luxushotel wurde 2006 an Berlins feinster Adresse im Stammhaus der Dresdner Bank eröffnet. Ein fantastischer Wellnessbereich mit 20-m-Pool im früheren Tresorraum der Bank, ein 276 m² großer Ballsaal unter Glas, Suiten, in denen teils die Einrichtung der Vorstandsetage der Bank integriert wurde und auf der atemberaubenden Dachterrasse, die **Bebel Bar,** s. Mein Tipp S. 124.

Business vom Feinsten – **Ritz-Carlton Berlin:** ■ Karte 2, K 9, Potsdamer Platz 3, Tiergarten, Tel. 030 33 77 77, www.ritzcarlton.com, U 2, S 1, 2, 25 Potsdamer Platz, DZ ab 300 €, Frühstück 38, Tiefgarage 35 €. Die Jury einer deutschen Wirtschaftszeitung wählte das Hotel vor kurzer Zeit zum besten deutschen Businesshotel. Entscheidend: die Lage, die edle Ausstattung und die Serviceleistungen für den Geschäftsmann.

Der reine Luxus – in der Lobby des Adlon Kempinski Berlin

Komfortabel und stilvoll

Große Zimmer – **Adina Berlin Checkpoint Charlie:** ■ Karte 2, M 9, Krausenstr. 35/36, Mitte, Tel. 030 200 76 70, www.adina.eu, U 2 Hausvogteiplatz, DZ ab 150 €, Frühstück 19 €, Tiefgarage 18 €. Alles ist hier ein bisschen großzügiger und lockerer. Der australische Betreiber hat die mindestens 27 m^2 großen Apartmentzimmer mit Bad, Küche und oft mit Waschmaschine und Trockner ausgestattet. Man kann mit drei Personen bequem unterkommen (Aufbettung 30 €). Für die Hotelgäste kostenfreier Wellnessbereich mit 17-m-Pool und Sauna, großzügiger Innenhof.

Berlin 1900 – **Hotel Riehmers Hofgarten:** ■ L 11, Yorckstr. 83, Kreuzberg, Tel. 030 78 09 88 00, www.riehmers-hofgarten.de, U 7, S 1, 2, 25 Yorckstraße, DZ ab 131 €, Frühstück 9 €, Tiefgarage 10 €. Ein prachtvoller Treppenaufgang, Stuck an den Decken, dazu eine moderne Zimmereinrichtung. Das Haus ist in einer der schönsten gründerzeitlichen Wohnanlagen Berlins eingerichtet. Die Zimmer zum Hof sind zu empfehlen, auch wenn sie etwas teurer sind.

Design vom Feinsten – **Lux 11:** ■ O 7, Rosa-Luxemburg-Str. 9–13, Mitte, Tel. 030 936 28 00, www.lux-eleven.com, U 2, 5, 8, S 3, 5, 7, 9, 75 Alexanderplatz, DZ ab 130 €, Frühstück 18 €, Tiefgarage 24 €. Design-Freaks sind hier richtig. Auf 4 Etagen 72 moderne Apartments mit feinster Ausstattung. Alle sind mit Doppelbett, Bad, Küche und mit Waschmaschine plus Trockner eingerichtet.

Ein Hauch von Bohemien – **Myer's Hotel:** ■ O 5, Metzer Str. 26, Prenzlauer Berg, Tel. 030 44 01 40, www.myershotel.de, U 2 Senefelderplatz, DZ um

130 €. Ein wenig englischer Stil, eine Prise mediterranes Interieur, das 56-Zimmer-Hotel mit schönem Wintergarten (wechselnde Kunstausstellungen) und begrüntem Innenhof legt Wert auf stilvolles Ambiente. Nur wenige Minuten Fußweg zu den angesagten Quartieren in Mitte und Prenzlauer Berg.

Garten in der Innenstadt – **Honigmond Garden Hotel:** ■ L 6, Invalidenstr. 122, Mitte, Tel. 030 28 44 55 77, www.honigmond.de, U 6 Zinnowitzer Straße, S 1, 2, 25 Nordbahnhof, DZ ab 120 €, Frühstück 10 €, Tiefgarage 12 €. Abgezogene Böden und Türen, versiegelter Stuck, dunkle Möbel, Bilder alter Meister und Spiegel in opulenten Rahmen – für manchen kommt Kitschverdacht auf. Die meisten werden sich einfach wohlfühlen, den wundervollen Garten genießen und sich wie auf einer kleinen Insel inmitten der Berliner Innenstadt fühlen.

Literaturtradition – **Hotel Friedenau – Das Literaturhotel Berlin:** ■ außerhalb G 14, Fregestr. 68, Friedenau, Tel. 030 859 09 60, www.hotel-friedenau.de, U 9 Friedrich-Wilhelm-Platz, S 1 Friedenau, DZ ab 120 € (bei mehreren Nächten günstiger). 18 Zimmer bietet das liebevoll geführte Hotel von Christa Moog im Literatenviertel Friedenau. Man sollte es nicht nach der Fassade beurteilen, sondern warten, bis man den begrünten Innenhof, in dem sich der Hoteleingang befindet, betreten hat – hier kann man im Sommer frühstücken oder relaxen. Das Haus hat Geschichte: Biedermeiermöbel im Salon und in den Zimmern Bücher, Fotos und Drucke von den vielen Schriftstellern, die im Hotel wohnten.

Ein Hotel als Kunstwerk – **Arte Luise Kunsthotel:** ■ Karte 2, L 7, Luisenstr. 19, Mitte, Tel. 030 28 44 80, www.luise-berlin.com, U 6, S 1, 2, 3, 5, 7, 9, 75 Friedrichstraße, DZ/Bad ab 119 €, Frühstück 11 €. Jedes der 49 Zimmer wurde von einem Künstler gestaltet, ob nach Spitzwegs Bild »Der arme Poet« oder mit überdimensionierten Bett. Das Hotel beherbergte zu DDR-Zeiten den Künstlerclub Möve. Die Zimmer sind weitgehend gegen den Lärm der nahen Bahnlinie isoliert. Im Neubau hört man nichts, im Altbau ein leichtes Rauschen.

Ku'dammnähe – **Henri Hotel:** ■ F 10, Meinekestr. 9, Wilmersdorf, Tel. 030 88 44 30, www.henri-berlin.com, U 3, 9 Spichernstraße, DZ ab 118 €, Parkhaus in unmittelbarer Nähe 13 €. Das um 1900 als Wohnhaus erbaute Hotel (77 Zimmer) zeigt noch viele Jugendstilelemente von nur aufgefrischter Wandbemalung über Stuck und Türklinken bis zur Altberliner Keramikzapfsäule an der Bar. Früher Schauspielerhotel, seit 2016 neues Konzept.

Spanisches Design – **H10 Berlin Ku'damm:** ■ F 10, Joachimstaler Str. 31/32, Charlottenburg, Tel. 030 322 92 23 00, www.hotelh10berlinkudamm.com, DZ ab 105 €, Frühstück 19 €, Tiefgarage 20 €. In einer Kombination von historischem Altbau und einem neuen Gebäude etwas für Liebhaber des stilvollen Wohnens.

Preiswert und gut

Schlafen in der Schokoladenfabrik – **Hotel Pension Sarotti-Höfe:** ■ L 12, Mehringdamm 57, Kreuzberg, Tel. 030 60 03 16 80, www.hotel-sarottihoefe.de, U 6, 7 Mehringdamm, DZ ab 100 € (Online-Buchung 10 % Rabatt), Frühstück 12 €, Parkplatz 8 €. Den Schlüssel gibt es im Café Sarotti, die Zimmer liegen im ehemaligen, komplett sanierten Werkhof der Sarotti-Schokoladenfabrik. Frohe, helle Farben stimmen in den

24 gut eingerichteten Zimmern positiv. In unmittelbarer Nähe zur quirligen Bergmannstraße wohnt man absolut ruhig. Allergikerzimmer vorhanden.

Wohlfühl-Hotel für Nichtraucher – **Hotel Johann:** ■ N 11, Johanniterstr. 8, Kreuzberg, Tel. 030 225 07 40, www.hotel-johann-berlin.de, U 7 Gneisenaustraße, DZ ab 95 €, Frühstück 8,50 €, 2 Pkw-Stellplätze zu 6 €. Abgeschliffene Dielen oder Eichenparkett, freundliche Farben und eine dezent-moderne Einrichtung, hier fühlt man sich wohl. Von der ruhigen Seitenstraße nahe dem Landwehrkanal hat man es nicht weit zur Bergmannstraße oder in den Kreuzberger Graefekiez und ist in einer Viertelstunde zu Fuß in der Berliner City. Fahrradverleih (7€/Tag).

Gay Hotel der gehobenen Klasse – **Axel Hotel Berlin:** ■ G 10, Lietzenburger Str. 13–15, Schöneberg, Tel. 030 21 00 28 93, www.axelhotels.com, U 1, 2, 4, 12, 15 Wittenbergplatz, DZ ab 89 €, Frühstück 13,50 €. Nach Barcelona und Buenos Aires das dritte Gay Hotel, das Juliá Blanch in der gehobenen Klasse eröffnet. Gut gestylt, Wellnessbereich, Restaurant, Skybar – das heterofreundliche Hotel lässt keine Wünsche offen.

Minimalistisch – **Lindemann's:** ■ J 11, Potsdamer Str. 171–173, Schöneberg, Tel. 030 526 85 40, www.lindemanns-hotel.de, U 1, 2, 12, 15 Bülowstraße, DZ ab 90 €, Frühstück 12,50 €, Parkplatz 10 €. Minimalistisch ist nur die Farbgestaltung in Schwarz-Weiß mit violetten Farbtupfern. Die 60 Zimmer sind 20 m^2 (Basic) und 25 m^2 (Lifestyle) groß. Alle Zimmer zur Potsdamer Straße sind mit Schallschutzstufe 5 gesichert. Eine Bushaltestelle vor dem Hotel, knapp 10 Min. Fahrt in die Innenstadt, machen es zu einer günstigen und innenstadtnahen Adresse.

Biohotel – **Almodóvar Hotel:** ■ T 9, Boxhagener Str. 83, Friedrichshain, Tel. 030 692 09 70 80, www.almodovarhotel.de, U+S Frankfurter Allee, DZ ab 85 €, Frühstück 16,50 €. Zertifiziertes Biohotel mit allem Drum und Dran, nahe Boxhagener Platz und damit mitten im Szeneviertel Friedrichshain.

Jugendstil – **Hotel-Pension Savoy:** ■ F 10, Meinekestr. 4, Wilmersdorf, Tel. 030 88 47 16 10, www.hotel-pension-savoy.de, U 1, 9 Spichernstraße, DZ ab 80 €, Parkvignette 8 €. 18 Zimmer bietet Inhaberin Olga Perfetzki in ihrem sehr persönlich geführten Hotel. Der Aufgang mit wunderbarem Fahrstuhl stimmt auf das im Jugendstil gehaltene Hotel ein. Ideal für den, der ein wenig das Ambiente einer großbürgerlichen Berliner Wohnung genießen möchte.

Einfach und günstig

Einfach anders – **Pension Peters – Das andere Hotel:** ■ F 9, Kantstr. 146, Charlottenburg, Tel. 030 312 22 78, www.pension-peters-berlin.de, S 5, 7, 9 Savignyplatz, DZ 80 €, Frühstück 7,50 €, Parkhaus in der Nähe 10 €. Die Gäste der Pension, die Frau Peters nach dem 2. Weltkrieg betreute, erzählten immer wieder, ›dass die Pension einfach anders sei‹. Daher haben die aktuellen Inhaber Christoph und Annica Steiner das Haus »Das andere Hotel« genannt. Recht große, hohe, zur Kantstraße schallisolierte Zimmer. Ruhiger sind die Zimmer zum Hinterhof oder in der Remise.

Mitten in Prenzelberg – **City Guesthouse Pension Berlin:** ■ O 3, Gleimstr. 24, Prenzlauer Berg, Tel. 030 448 07 92, www.pension-guesthouse-berlin.eu, U 2, S 8, 41, 42 Schönhauser Allee, DZ ab 73 €, auch 2-Zimmer-City-Apartments und 3-Zimmer-Ferienwohnungen. Nur wenige Meter von der U-Bahn-Station Schönhauser Allee wohnt man mitten im angesagten Prenzlauer Berg.

Für Kreuzberg-Fans – **Die Fabrik:** ■ R 10/11, Schlesische Str. 18, Kreuzberg, Tel. 030 611 71 16, www.diefabrik.com, U 1 Schlesisches Tor, DZ mit Waschbecken 60 €, auch 3-, 4- und 7-Bett-Zimmer, Frühstück à la carte. Weder Fernsehen, Telefon noch Minibar, Duschen und Toiletten auf der Etage. Gut saniertes ehemaliges Fabrikgebäude mit Garten im Hof mitten im Kreuzberger Wrangelkiez.

Für Ostalgiker – **Das Ostel:** ■ Q 9, Wriezener Karree 5, Friedrichshain, Tel. 030 25 76 86 60, www.ostel.eu, S 3, 5, 7, 9, 75 Ostbahnhof, EZ ab 30 €, DZ ab 39 €. Alle Zimmer mit Originalstücken aus der DDR-Zeit eingerichtet. Das Ganze in einem Plattenbau beim Ostbahnhof – mehr Ostfeeling geht nicht.

Hostels

Wohnen im Industriedenkmal – **Pfefferbett Hostel Berlin:** ■ O 5, Am Pfefferberg, Hof 4, Haus 6, Christinenstr. 18/19, Prenzlauer Berg, Tel. 030 93 93 58 58, www.pfefferbett.de, U 2 Senefelderplatz, DZ 75 €, 4-Bett-Zi 26 €/Person, Frauenschlafsaal 24 €/Person. Moderne Einrichtung, die gut zum sanierten Fabrikbau passt. Südterrasse im Sommer, Kamin im Winter.

Hostel im Westen – **acama Berlin Schöneberg:** ■ H 12, Grunewaldstr. 33, Schöneberg, www.acamaberlin.com, Tel. 030 21 00 36 80, DZ ab 39 €, 6 Bett Zi 14 €/Person. Wer im Berliner Westen übernachten möchte, den Ku'damm und Schöneberg entdecken möchte, ist hier goldrichtig.

Kreuzberger Hostel – **Hostel XBerger:** ■ R 11, Schlesische Str. 22, Kreuzberg, Tel. 030 91 51 51 31, www.hostelxberger.com, U 1, 15 Schlesisches Tor, DZ ab 20 €/Person. Vom Einzelzimmer bis zum 16-Bett-Zimmer. Bad und Duschen sind auf der Etage. Graffitis, der Kicker, alles ist auf junge Reisende ausgelegt. Kaffee und Tee gibt es kostenlos, aber kein Frühstück im Hostel.

Ahoi – **Eastern & Western Comfort:** ■ R 10, Mühlenstr. 73–77, Friedrichshain, Tel. 030 66 76 38 06, www.eastern-comfort.com, U 1, 12, 15, S 3, 5, 6, 7, 9, 75 Warschauer Straße, im Zelt auf dem Oberdeck 15 €/Person, Mehrbettkabinen 16 €/Person, Einzelkabine ab 58 €. An der Oberbaumbrücke liegen zwei Hotelschiffe. Die Eastern Comfort bietet 25 Kabinen auf drei Decks, die Western Comfort 18 2.-Klasse-Kabinen. Ein Aufenthalt ist vor allem in der warmen Jahreszeit zu empfehlen, denn dann ist rund um die Schiffe jede Menge los.

Kreuzkölln – **The Cat's Pajamas Hostel:** ■ P 12, Urbanstraße 84, Kreuzberg, Tel. 030 61 62 05 34, www.thecatspajamashostel.com, U8, U7 Hermannplatz. 4-Bett-Zimmer mit Dusche 16 € pro Bett, 2-Bett-Zimmer 27,50 € pro Bett. Geschickt zwischen Hostel und Hotel positioniert. Mit dem Standort Hermannplatz unmittelbar am neuen In-Viertel um den Reuterplatz.

Hütten in der Fabrik – **Hüttenpalast:** ■ P 12, Hobrechtstr. 66, Neukölln, Tel. 030 37 30 58 06, www.huettenpalast.de, U7, U8 Hermannplatz. In einer alten Fabrik individuell gestaltete Wohnwagen oder auch Hütten für zwei Personen, ca. 70 €. Ein Hotel-Hostel, wie es nur in Berlin möglich ist.

Essen und Trinken

Hier können Sie sich selbst umsehen …

Oranienburger Straße: ▶ M/N 7, Mitte. Eine Mischung aus gehobenen und preiswerten Restaurants.
Schiffbauer Damm: ▶ L 7, Mitte. Recht touristisch, bei gutem Wetter aber kann man hier draußen an der Spree sitzen.
Rund um den Savignyplatz: ▶ E/F 9, Charlottenburg. Gute Mischung von preiswerten bis gehobenen Lokalen.
Goltzstraße: ▶ H 11/12, Schöneberg. Preiswert in szenigem Ambiente.
Oranienstraße: ▶ O/P 10, Kreuzberg. Alle erdenklichen Nationalitäten auf einer Straße, Imbisse bis Restaurants mittlerer Preisklasse.

Von einfach bis edel

›Der Italiener‹ an der Ecke ist immer noch da, während jugoslawische und griechische Lokale ins Hintertreffen geraten sind. Dafür hat jeder Szenebezirk heute seine ›Inder‹ und Thai-Restaurants. Vom Australier bis zum Vietnamesen, äthiopischer und nepalesischer Küche findet sich in Berlin jede Landesküche, und das von normal bis edel.

Siehe da, Berlin, oft als Bulettenhauptstadt verschrien, bringt es 2017 auf 19 Sterne-Köche. Christian Lohse (Fischers Fritz, Hotel Regent), Hendrik Otto (Lorenz Adlon Esszimmer), Tim Raue (Tim Raue) und Daniel Achilles (reinstoff) führen die Riege mit je zwei Sternen an. Dazu kommen ebenfalls mit zwei Sternen Michael Kempf (Fa-

Gastronomie in den Berliner Vierteln

Zwischen Pariser und Alexanderplatz
Stadtviertelkarte S. 118
Restaurantbeschreibung S. 138

Rund um die Friedrichstraße
Stadtviertelkarte S. 144
Restaurantbeschreibung S. 154

Regierungsviertel/Potsdamer Platz
Stadtviertelkarte S. 164
Restaurantbeschreibung S. 178

City West
Stadtviertelkarte S. 184, 190
Restaurantbeschreibung S. 195

Spandauer Vorstadt/Prenzlauer Berg
Stadtviertelkarte S. 202
Restaurantbeschreibung S. 221

Friedrichshain/Abstecher Treptow
Stadtviertelkarte S. 230
Restaurantbeschreibung S. 233

Kreuzberg und Neukölln
Stadtviertelkarte S. 242
Restaurantbeschreibung S. 253

Rund ums Zentrum Berlins
Stadtviertelkarte S. 261, 263
Restaurantbeschreibung S. 261, 263, 264, 273

Potsdam
Cityplan S. 286
Restaurantbeschreibung S. 291

In den Restaurantbeschreibungen steht **HG** für Hauptgericht.

cil), Sebastian Frank (Horváth) sowie das »Rutz« (Mitte) und mit einem das »Einsunternull« (Mitte). Man setzt auf die Qualität der Zutaten und einen unverwechselbaren Kochstil – und wagt sich dabei preislich in immer luftigere Höhen. Wer diese **Feinschmeckerrestaurants** ausprobieren möchte, kann in der Mittagszeit das relativ preisgünstige Businessmenü nutzen.

Berliner Küche

Blutwurst mit Kartoffeln und Sauerkohl, Falscher Hase, Eisbein mit Erbspüree, Löffelerbsen, Bockwurst und Bulette – das sind die Klassiker Berlins. Havel und Spree samt Seen des Umlands lieferten immer auch reichlich Fisch für die Kochtöpfe und Pfannen der Stadt. Die Bauernente gehört genauso zum Speiseplan wie die Gemüse, die die französischen Hugenotten mitbrachten, etwa Blumenkohl oder edlen Spargel.

Ob Schlesier, Pommern, Sachsen oder Ostpreußen, sie alle brachten ihre Rezepte mit, als sie nach Berlin zogen. So munden neben dem Havelzander und der Rinderbrust mit Meerrettich der geräucherte Schweinebauch mit zimtigem Backobst und Semmelklößen nach schlesischem Rezept. Nicht zu vergessen die Königsberger Klopse in Kapernsauce oder das Entenragout auf Teltower Rübchen. Und: Angesichts der vielen Exilschwaben gehört die **schwäbische Küche** quasi zum heimischen Repertoire.

Preiswerte Vielfalt

Wer nur den schnellen Hunger befriedigen will, findet immer noch an jeder Ecke eine **Dönerbude.** Die Alternative sind Kichererbsenbällchen (Falafel) und die panarabische Ausgabe des Fleischspießes (Shawarma) im **Orient-Imbiss**. Dazu warten **Suppenküchen** und **Fresh-Food-Angebote** nebst **Asia-Imbiss** in der City auf die Hungrigen.

Spitzengastronomie

Start-up 2.0 – **Restaurant Tim Raue:** ■ Karte 2, M 9, Rudi-Dutschke-Str. 26 (Hinterhof), Kreuzberg, Tel. 25 93 79 30, www.tim-raue.com, U 6 Kochstraße, Bus M29, Di–Sa 12–15, 19–22 Uhr, HG ab 48 €, 6-Gänge-Menü ab 168 €. Nach dem MA Tim Raue hat der Zwei-Sterne-Koch gemeinsam mit Ehefrau Marie-Anne den Sprung in ein eigenverantwortetes Restaurant am Checkpoint Charlie gewagt. Es werden feinste Zutaten mit japanischem Qualitätsanspruch, thailändischer Aromatik und chinesischer Küchenphilosophie zu Menüs der Extraklasse verarbeitet.

Zwei-Sterne-Koch – **Restaurant Fischers Fritz:** ■ Karte 2, M 8, The Regent Hotel, Charlottenstr. 49, Mitte, Tel. 030 20 33 63 63, www.fischersfritzberlin.com, U 2, 6 Stadtmitte, tgl. 18.30–22.30 Uhr, HG ab 49 €, Menü ab 130 €. In gediegenem Ambiente lässt Christian Lohse, ungekrönter König der Hauptstadtköche, überwiegend leichte Fischgerichte mit feinsten Zutaten servieren.

Edle Küche in Industriearchitektur – **reinstoff:** ■ L 6, Schlegelstr. 26c, Mitte, Tel. 030 30 881 214, www.reinstoff.eu, U 6, Naturkundemuseum, Di–Sa ab 19 Uhr, Lunch Fr, Sa 12–13.30 Uhr, Menü ab 110 €. »Ganz nah« und »Weiter draußen«, hinter diesen zwei Menüs, die zur Auswahl stehen, verbirgt sich einmal regionale Küche, einmal internationale Küche, beides möglichst aus »reinstoff«, überraschende Kreationen, mit denen sich Chefkoch Daniel Achilles bisher zwei Sterne erkochte.

Ausgezeichnet im Geschmack: nicht nur das Essen, auch die Gestaltung des Restaurants Tim Raue

Gourmet-Tempel – **Facil:** ■ Karte 2, K 9, Mandala Hotel, Potsdamer Str. 3, Tiergarten, Tel. 030 590 05 12 34, www.facil.de, U 2, S 1, 2, 25 Potsdamer Platz, Mo–Fr 12–15, 19–23 Uhr, mittags ab 21 €, 3-Gänge-Menü 48 €, abends Menü ab 109 €. Michael Kempf kocht mediterran inspiriert, z. B. lackierte Entenbrust mit breiten Bohnen und Sauerkirschgazpacho. Man speist in edlem Interieur auf dem Dach des Hotels unter Glas, das im Sommer eingefahren wird.

Trendige Restaurants

Kunstszene – **Grill Royal:** ■ Karte 2, M 7, Friedrichstr. 105b, Mitte, Tel. 030 28 87 92 88, www.grillroyal.com, U 6, S 1, 2, 3, 5, 7, 9, 75 Friedrichstraße, tgl. ab 18 Uhr, HG ab 27 € (Beilagen je 4–6 €). Steakhaus, in dem die Schickeria samt internationaler Kunstszene speist – Angus-Steak für 35 € oder Entrecôte, japanisches Tajima-Rind pro 100 g 89 €. Dunkles Holz, gepolsterte Sitze, große Fensterfront.

Österreichisch anders – **Restaurant Horváth:** ■ P 11, Paul-Lincke-Ufer 44A, Kreuzberg, Tel. 030 61 28 99 92, www.restaurant-horvath.de, U 1 Kottbusser Tor, Mi–Sa 18.30–22.30 Uhr. 5-Gänge-Menü 89 €. Früher undenkbar im Ex-Szene-Viertel Kreuzberg, heute Realität: Sebastian Frank erkochte sich mit seinen Neuinterpretationen klassischer Gerichte 2011 einen ersten und 2014 einen zweiten Stern. Eigenkreationen mit wechselnden Rollen für Fisch, Fleisch oder Gemüse. Auch für Vegetarier empfehlenswert.

An der Spree – **Spindler & Klatt:** ■ Q 9/10, Köpenicker Str. 16/17, Kreuzberg, Tel. 030 319 88 18 60, www.spindlerklatt.com, U 1, 15 Schlesisches Tor, Do–Di ab 19 Uhr, Clubbing Fr/Sa ab 23 Uhr, HG ab 15 €. In der Ex-Lagerhalle an der Spree gibt es zwar Liegen, gegessen aber wird am Tisch – z. B. Thunfischsteak 25 €, Filetsteak 29 €.

Designerpreis – **Schneeweiß:** ■ S 9, Simplonstr. 16, Friedrichshain, Tel. 030

29 04 97 04, www.schneeweiss-berlin.de, U 5 Frankfurter Tor, U 1, 12, 15, S 3, 5, 6, 7, 9, 75 Warschauer Straße, S 3, 4, 5, 6, 7, 8, 9, 75, 85, 86 Ostkreuz, tgl. 12–15, ab 18, Sa/So Brunch 10–16 Uhr, HG ab 10,50 €. Designt mit Sechseckformen (Schneekristalle) und Weiß. Man speist alpenländisch. Publikum vom ewigen Studenten bis zum Manager.

Treff der Jungen und Dynamischen – **Solar:** L 10, Stresemannstr. 76, Kreuzberg, Tel. 0163 765 27 00, www.solarberlin.com, U 1, 7 Möckernbrücke, So–Do 18–2, Fr, Sa 18–3 Uhr, HG 18,50–35 €. Clubrestaurant im 16. und 17. Stock mit regionalen und saisonal wechselnden Gerichten (z. B. Filet vom argentinischen Weiderind 34,50 €. **Solar Bar** s. S. 45.

Neue Deutsche Küche

Brutal Lokal – **Nobelhart & Schmutzig:** : M 9, Friedrichstr. 218, Kreuzberg, Tel. 030 259 40 610, www.nobelhartundschmutzig.com, U6, Kochstr., Di–Sa ab 18.30 Uhr, Menü 95 €. Es gibt tatsächlich nur Regionales, also auch keinen Pfeffer, keine Zitrone. Deutsche Küche vom Besten.

Deutsche Küche mit Stern – **Pauly Saal:** M 6, Auguststr. 11–13, Mitte, Tel. 030 33 00 60 70, www.paulysaal.com, U 7 Oranienburger Tor, Di–Sa 12–14, 18–21.30 Uhr, dann Bar, Menü 76 €. Bewusst kleine Karte mit Gerichten der deutschen Küche modern interpretiert vom Sternekoch Michael Höpfl. Schöne Terrasse in der sanierten ehemaligen jüdischen Mädchenschule.

Urban – **Kantine Kohlmann:** Q 10, Skalitzer Str. 64, Kreuzberg, Tel. 030 85 61 11 33, www.kantine-kohlmann.de, U1, Schles. Tor, tgl. 18–0, So ab 17 Uhr. HG ab 18 €. Außen verwegene Kiezfassade, innen gepflegtes Ambiente. Vom kleinen bis zum großen Hunger, jeder ist willkommen. Gutes aus deutscher Küche. Anschließend Bar.

Mein Tipp

Rückzugsort in der Stadtmitte

In den Gewölben der Französischen Friedrichstadtkirche werden frische Lebensmittel aus der Region verarbeitet. Schmackhaft z. B. die Königlichen Königsberger Klopse (19,50 €). Tische auf dem Gendarmenmarkt.

Refugium: Karte 2, M 8, Gendarmenmarkt 5, Mitte, Tel. 030 229 16 61, www.restaurant-refugium.de, U 2, 6 Stadtmitte, Mo–So ab 11, Küche bis 23 Uhr, mittags HG ab 16 €, abends ab 19 €.

Rund um die Welt

Japaner mit Tradition – **Daitokai:** G 10, Europa-Center, Tauentzienstr. 9–12, Charlottenburg, Tel. 030 261 80 90, www.daitokai.de, U 1, 2, 4, 12, 15 Wittenbergplatz, U 9, 15 Kurfürstendamm, Di–So 12–15 (Küche bis 14), 18–24 (Küche bis 22) Uhr, mittags ab 14 €, abends HG ab 27 €, Sushi ab 10,90 €, Menü ab 56 €. Das Essen des Traditionsjapaners ist nicht billig, bietet aber höchste Qualität und wird meist am Tisch bereitet. Gutbürgerliche Klientel.

Französisch-deutsch – **Eiffel:** C 11, Kurfürstendamm 105, Charlottenburg, Tel. 030 891 13 05, www.eiffel-berlin.de, U 7 Adenauerplatz, tgl. 9–0 Uhr, Pasta 12–19 €, HG ab 20 €, Businesslunch 9,50 €. Die Einrichtung ist als Hommage an Gustave Eiffel schnörkellos in Holz und Stahl gehalten, das Essen fantasievoll: z. B. Rosa gebratener

Thunfisch mit Wasabi-Kartoffelcrème, Avocado und Sesam-Chilisauce (27 €).

Afrikanische Küche – **Massai-Berlin:** ■ O 4, Lychener Str. 12, Prenzlauer Berg, Tel. 030 48 62 55 95, www.massai-berlin.de, U 2 Eberswalder Straße, tgl. 16–24 Uhr. HG ab 12,90 €. Spezialitäten aus ganz Afrika, z. B. Kudu-fleisch, Zebrasteak oder Sayouva (Gemüse mit Lammfleisch, Zwiebeln, Berberesauce und Couscous). Dazu Musik von einem Cora-Spieler aus dem Senegal.

Zu Gast in Äthiopien – **Blue Nile Restaurant:** ■ L 11, Tempelhofer Ufer 6, Kreuzberg, Tel. 030 25 29 46 55, www.bluenileberlin.de, U 1, 7 Möckernbrücke, tgl. 15–0 Uhr, HG ab 12 €. Am farbenfrohen Korbtisch, dem Mesob, werden die Gerichte vom Fladenbrot, dem Injera, gegessen. Lamm-, Hühner- oder Rindfleisch, oft gekocht und mit Zwiebeln, Paprika und Knoblauch und einer sehr würzigen Sauce serviert. Sa und So ab 20 Uhr Kaffeezeremonie.

Moderne asiatische Küche – **Long March Canteen:** ■ P 10, Wrangelstr. 20, Kreuzberg, Tel. 0178 884 95 99, www.longmarchcanteen.com, U 1 Schlesisches Tor, tgl. 18–0 Uhr, HG 8,50–15 €. Viele kleine Gerichte der chinesischen Küche modern interpretiert in einem Restaurant, das man gesehen haben muss.

Russische Tradition – **Grüne Lampe:** ■ F 11, Uhlandstr. 51, Wilmersdorf, Tel. 030 88 71 93 93, www.gruene-lampe.de, U 15 Uhlandstraße, Mo–Fr 12–22, Sa, So 10–22 Uhr, HG ab 11,50 €. Hier gibt es Klassiker der russischen Küche: Bliny (russische Pfannkuchen), Pelmeni (mit Geflügelfleisch gefüllte Teigtasche), Bœuf Stroganoff.

Türkisch in Berlin – **Hasir Ocakbasi:** ■ O 10, Adalbertstr. 12, Kreuzberg, Tel. 030 61 65 92 22, www.hasir.de, U 1, 8, 12, 15 Kottbusser Tor, tgl. 12–24 Uhr, HG ab 11,50 €. Sechs Hasir-Restaurants gibt es in Berlin – hier gibt's Spezialitäten aus dem Holzkohleofen.

Hausmannskost chinesisch – **Good Friends:** ■ E 9, Kantstr. 30, Charlottenburg, Tel. 030 313 26 59, www.goodfriends-berlin.de, U 15 Uhlandstraße, tgl. 12–1 Uhr, Mittagsmenü 12–15 Uhr, ab 7 €, Abendkarte HG ab 10,90 €. Groß, laut, hektisch, große Speisenauswahl von chinesischer Hausmannskost bis zur Ente Hongkong-Art. Hier essen viele Chinesen. Sehr gut: die Wan-Tan-Suppe mit Shrimps (4,50 €).

Bio auf Vietnamesisch – **Si An:** ■ P 4, Rykestr. 36, Prenzlauer Berg, Tel. 030 40 50 57 75, www.sian-berlin.de, U 2 Senefelderplatz, tgl. 10–23 Uhr, HG um 8 €. Alles in Bioqualität. Die Bambusoase auf dem Bürgersteig ist Szenetreff. Ob Tofu in rotem Curry mit Zitronengras oder Salat mit grünen Pflaumen, Tofu etc., alles wird liebevoll zubereitet.

Steak mit Spreeblick – **Brechts Restaurant:** ■ Karte 2, L 7, Schiffbauerdamm 6/7, Mitte, Tel. 030 27 57 20 37, www.brechts.de, U 6, S 1, 2, 3, 5, 7, 9, 75 Friedrichstraße, tgl. 12–24 Uhr, um 20 €. Beste Steaks, ob Wagyu Rib Eye, Porterhouse Steak oder Chateaubriand. Weitere Spezialitäten vom Lavasteingrill.

Berlin-brandenburgische Küche

Mit Weinberg – **Restaurant Altes Zollhaus:** ■ N 11, Carl-Herz-Ufer 30, Kreuzberg, Tel. 030 692 33 00, www.altes-zollhaus-berlin.de, U 1 Prinzenstraße, Di–Sa ab 18 Uhr, HG 24 €, 3-Gänge-Menü ab 35 €. Am Landwehrkanal serviert Herbert Beltle feine Regionalküche, wie Spanferkelrücken vom Saalower Kräuterschwein. Geschmackvoller Gastraum und ein Garten.

Ältestes Restaurant der Stadt – **Zur letzten Instanz:** ■ Karte 2, O 8, Waisenstr. 14–16, Mitte, Tel. 030 242 55 28, www.zurletzteninstanz.de, U 2 Klosterstraße, Mo–Sa 12–1, Mo ab 17 Uhr, HG ab 10 €, Menü ab 18 €. Das 1561 erstmals erwähnte Gebäude wird seit 1924 als Zur letzten Instanz geführt. In der historischen Einrichtung speisen die Gäste gern Eisbein mit Sauerkraut, Erbspüree und Kartoffeln. Gut ist auch die Rinderroulade.

Berliner Küche in der Kneipe – **Max & Moritz:** ■ O 10, Oranienstr. 162, Kreuzberg, Tel. 030 69 51 59 11, www.maxund moritzberlin.de, U 8 Moritzplatz, tgl. ab 17 Uhr, HG ab 10,50 €. Man kann Hoppelpoppel, eine Art Bauernfrühstück, oder das Eisbein mit Sauerkraut und Erbspüree (12,50 €) probieren. Deftiges zu einer für das Haus gebrauten Kreuzberger Molle (Bier). Kiezpublikum.

100 Jahre Hähnchen vom Feinsten – **Henne:** ■ O 10, Leuschnerdamm 25, Kreuzberg, Tel. 030 614 77 30, www.henne-berlin.de, U 8 Moritzplatz, Di–Sa ab 18, So ab 17 Uhr, halbes Jungmasthähnchen 8,60 €. Dänische Milchmasthähnchen mit entweder Kraut- oder Kartoffelsalat. Im Ausschank Mampe halb und halb, der Kräuterlikör für die Verdauung, ein Getreidekümmel oder ein Fassobstler. Publikum jeden Alters.

Schwäbische und österreichische Küche

K.-u.-k.-Gerichte – **Riehmers:** ■ L 12, Hagelberger Str. 9, Tel. 030 78 89 19 80, www.riehmers-restaurant.de, U 6, 7 Mehringdamm, Di–So 18–23 Uhr, HG 18–21 €. Ungarischer Gulyás, Tafelspitz, böhmische Knödel, Kaiserschmarrn, Salzburger Nockerln: Leckerbissen aus dem böhmisch-ungarisch-österreichischen Raum! Im Sommer sitzt das gutbürgerliche Publikum

Berlin und seine Currywurst

Berlin reklamiert die Erfindung der Currywurst für sich und hat Herta Charlotte Heuwer Ecke Kant-/Kaiser-Friedrich-Straße eine Gedenktafel gewidmet. Am 4. September 1949 soll sie die Sauce kreiert haben. Die Frage, welches die beste Currywurstbude Berlins ist, führt zu Glaubenskriegen:

Biers Kudamm 195: ▶ E 10, Kurfürstendamm 195, Charlottenburg, Tel. 030 881 89 42, U 15 Uhlandstraße, Mo–Do 11–5, Fr/Sa 11–6, So 12–5 Uhr, Currywurst 2,40 €. Seit über 40 Jahren wird hier die Wurst mit hausgemachten scharfen Saucen gegessen – am Wochenende auch in großer Abendgarderobe zum Sekt.

Curry 36: ▶ L 11, Mehringdamm 36, Kreuzberg, Tel. 030 251 73 68, www.curry36.de, U 6, 7 Mehringdamm, tgl. 9–5 Uhr, Currywurst mit/ohne Darm 1,50 €. Mit oder ohne Darm, das ist die Frage an der Currywurstbude. Profis nehmen gemischt, Puristen die ohne, denn das sei die originale Currywurst.

Konnopke's Imbiss: ▶ O 4, Schönhauser Allee 44a, Prenzlauer Berg, Tel. 030 442 77 65, www.konnopke-imbiss.de, U 2 Eberswalder Straße, Mo–Fr 9–20, Sa 11.30–20 Uhr, Currywurst 1,70 €. Gelernte Ossis zucken mit der Schulter ob der West-Konkurrenz. Die wahre Sauce zur Wurst gibt es nur im Berliner Osten, sind sie sicher.

im Garten einer der schönsten gründerzeitlichen Wohnanlagen der Stadt.

À la Helene Weigel – **Kellerrestaurant im Brecht-Haus:** ■ L 6, Chausseestr. 125, Mitte, Tel. 030 282 38 43, www.brechtkeller.de, U 6 Zinnowitzer Straße. Aktuell wegen Bauarbeiten geschlossen.

Schmackhaft – **renger-patzsch:** ■ HG 12, Wartburgstr. 54, Schöneberg, Tel. 030 784 20 59, www.renger-patzsch.com, U 7 Eisenacher Str., Mo–Sa 18–23.30 Uhr, HG um 17 €. Deutsche Küche in modernem Restaurant.

Täglich frisch – **Maultaschen Manufaktur:** ■ K 10, Lützowstr. 22, Schöneberg, Tel. 030 68 07 09 43, www.maultaschen-manufaktur.de, U 1, 2, 12 Gleisdreieck, Mo–Fr 12–24, Sa ab 14 Uhr, unter 10 €. Alle Maultaschen werden frisch von Hand zubereitet und in allen Varianten serviert – geschmälzt oder geröstet, in Rahmsauce oder nach Zigeunerart.

Vegetarisch

Überwiegend vegan – **Samâdhi:** ■ Karte 2, L 8, Wilhelmstr. 77, Mitte, Tel. 030 22 48 88 50, www.samadhi-vegetarian.de, U 2 Mohrenstraße, tgl. 12–23 Uhr, HG ab 12,50 €. Das vegetarische Essen wird nach traditionellen Rezepten aus Südostasien sehr schmackhaft zubereitet – z. B. das scharfe Bittermelone-Curry mit Tofu, Kräutern, Kokosmilch, Champignons, Zwiebeln und Bambussprossen.

Cafés

Berlin von oben – **Café im Berliner Fernsehturm:** ■ Karte 2, N 7, Panoramastr. 1a, Mitte, Tel. 030 242 33 33, www.tv-turm.de, U 2, 5, 8, S 3, 5, 7, 9, 75 Alexanderplatz, tgl. 10–24 Uhr, Eintritt 13/8,50 €, Frühstück bis 12 Uhr ab 10,50 €, HG ab 15 €. Das Frühstück im Telecafé in 207 m Höhe ist beliebt. Tagsüber Restaurant, abends auch Bar – der Gastraum dreht sich i. d. R. pro halbe Stunde einmal um sich selbst – Berlin von oben.

Ausgedehntes Frühstück – **Anna Blume:** ■ O 4/5, Kollwitzstr. 83, Prenzlauer Berg, Tel. 030 44 04 87 49, www.cafe-anna-blume.de, U 2 Senefelderplatz, tgl. 8–22 Uhr. Das Frühstück für zwei ist kaum zu bewältigen (22,50 €). Das Café ist zugleich Restaurant und Blumenladen. Wer vor dem Café sitzen möchte, muss früh kommen. Nachmittags Kuchen aus der nahen Backmanufaktur.

Kaffeehauskultur – **Café Einstein Stammhaus:** ■ H 10, Kurfürstenstr. 58, Tiergarten, Tel. 263 91 918, www.cafeeinstein.com, U 1, 2, 4, 12, 15 Nollendorfplatz, tgl. 8–24, warme Küche 12–23 Uhr, viele Filialen in Berlin, Café Einstein Unter den Linden, s. S. 139. Ober in gepflegter Kleidung, Kaffeespezialitäten in einer Altberliner Villa mit Garten. In der **Bar Lebensstern** im 1. Stock gibt es tgl. ab 19 Uhr Cocktail-Klassiker.

Kultur und Genuss – **Café Wintergarten:** ■ F 10, Fasanenstr. 23, Charlottenburg, Tel. 030 882 54 14, www.literaturhaus-berlin.de, U 15 Uhlandstraße, tgl. 9–24 Uhr, s. Mein Tipp s. S. 188.

Traditionscafé in neuem Look – **Café Kranzler:** ■ F 10, Kurfürstendamm 18, Mo–So 10–20 Uhr, U 1, 2, 9, Kurfürstendamm. Bei den Stammkunden gab es lange Gesichter, junge Besucher sind begeistert. Mit der Wiedereröffnung Dezember 2016 ist vom alten Café Kranzler nichts geblieben, jetzt ein Coffeeshop der Spitzenklasse.

Einkaufen

Wo gibt es was?

Der Kurfürstendamm und die Friedrichstraße sind nach wie vor die beiden Top-Einkaufsstraßen der Stadt. Am **Ku'damm** (▶ D–G 9) und in der **Fasanenstraße** (▶ F 10) finden sich die Edelmarken, an der **Tauentzienstraße** die Kaufhäuser für den täglichen Bedarf (▶ G 10). Ein neues Shopping-Highlight ist **Bikini Berlin** (■ G 9) am Breitscheidplatz, eine 2014 eröffnete Concept-Mall. Das **KaDeWe** (■ G 10) verteidigt seine Stellung als führendes Kaufhaus der Stadt.

Die **Friedrichstraße** (▶ M 7–9), vor allem zwischen Unter den Linden und Leipziger Straße, bietet mit den **Friedrichstadt-Passagen** eine wetterunabhängige Shoppingtour in den Galeries Lafayette, im Quartier 206 und Quartier 205 (■ Karte 2, M 8).

Mächtige Konkurrenz ist der Friedrichstraße und dem Ku'damm durch den Shoppingbereich um die **Münzstraße** (▶ N 7) und die **Rosa-Luxemburg-Straße** (▶ O 6–7) entstanden. Hier finden sich vor allem Geschäfte der großen Modemarken, die von dem trendigen Image des Viertels profitieren.

Ladenöffnungszeiten

Berlin hat seit 2006 ein sehr liberales Ladenöffnungsgesetz. Grundsätzlich dürfen Geschäfte Mo–Sa rund um die Uhr öffnen. Dazu kommen pro Jahr zehn verkaufsoffene Sonn- und Feiertage. Voll ausgenutzt werden diese Öffnungsmöglichkeiten aber kaum. In der Regel ist in City West und City Ost und in den Haupteinkaufsstraßen der Ortsteile bis 20 Uhr geöffnet.

Ein weiterer Schwerpunkt findet sich um den Potsdamer Platz und den Leipziger Platz. Ende 2014 wurde die Shopping-Mall **LP 12 Mall of Berlin** (■ L 9) am Leipziger Platz mit 270 Ladengeschäften eröffnet.

Jeder Berliner **Stadtbezirk** hat seine Einkaufsmeile (Wilmersdorf: Wilmersdorfer Straße, Neukölln: Karl-Marx-Straße, Wedding: Müllerstraße, Prenzlauer Berg: Schönhauser Allee). Hervorzuheben ist die **Schloßstraße in Steglitz.** Einkaufszentren wie **Das Schloss** (www.schloss-steglitz.de) und der **Boulevard Berlin** (www.boulevardberlin.de) versuchen, die gut betuchten Käufer aus dem Südwesten der Stadt zu binden.

Antiquitäten

Für **Antiquitäten** bietet sich in Charlottenburg die **Suarezstraße** (▶ C 9, www.suarezstrasse.com) an. Hier finden Sie über 30 Antiquitätengeschäfte. Wer mag, kann noch etwas weiter in die **Pestalozzistraße** (▶ C–E 9) wandern. Im Bereich **zwischen Leibnizstraße und Grolmannstraße** (▶ E/F 9/10) finden sich ebenfalls einige kleine Antiquitätengeschäfte. Preisgünstigen **Trödel** aus Wohnungsauflösungen etc. gibt in der **Urbanstraße in Kreuzberg** (▶ O/P 12), die sich zwischen Hermannplatz und Baerwaldstraße angesiedelt haben, oder die **Trödler** in der **Flughafenstraße, Neukölln** (▶ P/Q 13).

Von Rokoko bis 1950er-Jahre – **Mimi Textile Antiquitäten:** ■ H 12, Goltzstr. 5, Schöneberg, Tel. 030 23 63 84 38, www.mimi-berlin.de, U 7 Eisenacher Straße, Mo–Fr 12–19, Sa 11–16 Uhr. Die Kleider von Mimi kennen wir aus historischen Filmen wie »Die Krupps«.

Mimi Berlin verkauft Stücke zum Tragen oder zum Ausstellen. Viele alte Stoffe, aus denen man sich seinen Traum vom Kleid aus vergangenen Jahrzehnten schneidern lassen kann.

Träume in Glas – **Schöne alte Gläser:** ■ C 9, Suarezstr. 58, Charlottenburg, Tel. 030 323 81 11, www.schoene-alte-glaeser.de, U 2 Sophie-Charlotte-Platz, Mo–Fr 11–18, Sa 11–15 Uhr. Brigitte von Kuhlberg hat sich auf Gläser von 1750 bis 1960, Vasen, Schalen und Karaffen spezialisiert und mehrere tausend davon in ihren Regalen.

Bücher, Comics und Musik

Wertvolle Bücher – **Antiquariat Düwal:** ■ E 9, Schlüterstr. 17, Charlottenburg, Tel. 030 313 30 30, www.duewal.de, S 5, 7, 9 Savignyplatz, Mo–Fr 15–18, Sa 11–14 Uhr. Deutsche Literatur in Erstausgaben, Gesamtausgaben und alte Drucke. Die richtige Adresse für Liebhaber wertvoller alter Bücher.

1 Million Filmplakate – **Berliner Filmantiquariat:** ■ E 9, Pestalozzistr. 93, Charlottenburg, Tel. 030 54 49 30 57, www.berlinerfilmantiquariat.de, S 5, 7, 9 Savignyplatz, Mo–Fr 12–19, Sa 10–14 Uhr. Alles zum Thema Film, von der Autogrammkarte bis zum Filmprogramm.

Seltene Schallplatten – **da capo Schallplatten-Antiquariat:** ■ N 5, Kastanienallee 96, Prenzlauer Berg, Tel. 030 448 17 71, www.da-capo-vinyl.de, U 2 Eberswalder Straße, Di–Fr 12–19, Sa 12–18 Uhr. Seltene Schallplatten von Jazz über 1960er- und 1970er-Jahre-Rock bis zur Klassik finden sich hier genauso wie Literatur- und Theater-LPs.

Spätkauf fast jeden Tag – **Dussmann das KulturKaufhaus:** ■ Karte 2, M 7, Friedrichstr. 90, Mitte, Tel. 030 20 25 11 11, www.kulturkaufhaus.de, U 6, S 1, 2, 3, 5, 7, 9, 75 Friedrichstraße, Mo–Fr 9–24, Sa 9–23.30 Uhr. Nach eigenen Angaben mit der weltgrößten Abteilung für klassische Musik. Ob Buch, DVD oder CD, Dussmann bietet Auswahl ohne Ende.

Alte Stadtansichten – **Antiquariat Nikolaus Struck:** ■ N 8, Spandauer Str. 29, Mitte, www.antiquariat-struck.de, Tel. 030 242 72 61, Mo–Fr 10–18, Sa 10–16 Uhr, U 2,5, 8, S 3, 5, 7, 9, 75 Alexanderplatz. Alte Stadtansichten, Landkarten, Portraitgrafik und ausgewählte, antiquarische Berlin-Literatur.

Nicht nur Comics – **Grober Unfug:** ■ N 6, Torstr. 75, Spandauer Vorstadt (Mitte), Tel. 030 281 73 31, www.groberunfug.de, U 2 Rosa-Luxemburg-Platz, Mo–Fr 11–19, Sa 11–18 Uhr. Ob klassischer Comic, Anime, Manga, Graphic Novel oder Artbook, der Laden hält viele internationale Titel vor und beschäftigt erfreulicherweise nur Verkäufer, die sich auskennen.

Delikatessen

Stadtbekannt sind die **Delikatessenabteilungen des KaDeWe** und der **Galeries Lafayette** (s. Kaufhäuser S. 41).

Tradition – **Feinkost Rogacki:** ■ D 8, Wilmersdorfer Str. 145/146, Wilmersdorf, Tel. 030 343 82 50, www.rogacki.de, U 2, 7 Bismarckstraße, Mo–Mi 9–18, Do 9–19, Fr 8–19, Sa 8–16 Uhr. Seit 80 Jahren ist Rogacki eine Institution in Berlin, wenn es um Wild, Wurst, Geflügel oder Fisch geht. Wer kosten möchte: Im Laden ist eine Schlemmerecke eingerichtet.

Die Berliner Institution – **Lindner & Feinbäckerei:** ■ Karte 2, L 8, Wilhelmstr. 68 a, Mitte, Tel. 030 22 48 78 95, www.lindner-esskultur.de, U 55, S 1, 2, 25 Brandenburger Tor, Mo–Fr 7.30–19 Uhr. Filialen (Butter) Lindners, des Berliner Feinkostladens, finden Sie stadtweit. Neben der beliebten Fassbutter werden Wurstwaren, Käse, Brot und Delikatessen angeboten.

Aus der Region – **Splendid Delikatessen Feinkosthandel:** ■ Karte 2, M 7, Dorotheenstr. 37, Mitte, Tel. 030 92 12 72 47, www.splendid-delikatessen.de, U 6, S 1, 2, 3, 5, 7, 9, 75 Friedrichstraße, Mo–Fr 11.30–15 Uhr. Regionale Delikatessen, ob Honig aus der Uckermark oder Berliner Confiserie von Lina Krokant. Tgl. ab 12 Uhr Mittagstisch auch für Gourmets.

Flohmärkte

Alle Flohmarktadressen Berlins finden sich unter www.berlin.de (einfach in die Suchzeile rechts oben eingeben).

Atmosphäre – **Flohmarkt Arkonaplatz:** ■ N 5, Prenzlauer Berg, U 8 Bernauer Straße, So 10–16 Uhr. Kleinerer Flohmarkt mit schöner Atmosphäre. Schallplatten und Klamotten, Bücher und Kleinkram zu noch moderaten Preisen, eher professionelle Trödler.

Flohmarkt fast als Party – **Flohmarkt am Mauerpark:** ■ N 4, Bernauer Str. 63/64, Prenzlauer Berg, www.mauerparkmarkt.de, U 8 Bernauer Straße, So 9–18 Uhr, s. Lieblingsort S. 219.

Professionelle Händler – **Flohmarkt Straße des 17. Juni:** ■ F/G 8, Tiergarten, S 5, 9, 75 Tiergarten, Sa/So 10–17 Uhr. Die Preise sind bisweilen gepfeffert – aber dafür wird nicht Ramsch, sondern viel Kaufenswertes geboten. Vom Bild über Möbel bis hin zum Krimskrams.

Geschenke

Das Paradies für Schoko-Fans – **Fassbender & Rausch Chocolatiers:** ■ Karte 2, M 8, Charlottenstr. 60, Mitte, Tel. 030 75 78 82 443, www.fassbender-rausch.de, U 2, 6 Stadtmitte, Mo–Sa 10–20, So 11–20 Uhr. Pralinen und Schokolade im Geschäft. Für die Augen große Nachbildungen Berliner Bauten. Dazu das Schokoladencafé und jetzt sogar ein Schokoladenrestaurant.

Vom Parfumeur persönlich – **Parfumerie Lehmann:** ■ D 9, Kantstr. 106, Charlottenburg, Tel. 030 324 35 82, www.parfum-individual.de, U 7, S 5, 9, 75 Charlottenburg, Mo–Fr 9–18.30, Sa 9–14 Uhr. Harry Lehmann ist einer der letzten Parfumeure in Deutschland. Individuelle Duftberatung. 50 Sorten sind ständig am Lager und werden für Sie abgefüllt oder auch zu Ihrem persönlichen Duft gemischt.

Zum Einkaufsbummel auf dem Kurfürstendamm gehört Stil – und ein gut gefülltes Portemonnaie

Kaufhäuser und Ladengalerien

Erlebniscenter – **ALEXA Shopping Centre:** ■ O 7, Grunerstr. 20, Mitte, Tel. 030 269 34 01 21, www.alexacentre.com, U 2, 5, 8, S 3, 5, 7, 9, 75 Alexanderplatz, Mo– Sa 10–21, Food Court auch So 11–19 Uhr. 180 Läden auf fünf Ebenen, Food Court, Kino und Loxx Miniaturwelten, die Modelle Berliner Gebäude und Viertel zeigt.

Französisches Flair – **Galeries Lafayette:** ■ Karte 2, M 8, Friedrichstr. 76–78, Mitte, Tel. 030 20 94 80, www.galeries-lafayette.de, U 2 Stadtmitte, Mo–Sa 10–20 Uhr. Mode, Accessoires und Lifestyle in der einzigen Residenz des Pariser Kaufhauses außerhalb Frankreichs. Auch die Architektur überzeugt. Für die Käseabteilung fahren Berliner Gourmets quer durch die Stadt.

Der Klassiker – **KaDeWe:** ■ G 10, Tauentzienstr. 21–24, Schöneberg, Tel. 030 212 10, www.kadewe.de, U 1, 2, 4, 12, 15 Wittenbergplatz, Mo–Do, 10–20, Fr 10–21, Sa 9.30–20 Uhr. Das KaDeWe hat sich im Erdgeschoss in einen Luxusboulevard und in den oberen Etagen in ein Kaufhaus mit großzügigen Verkaufsabteilungen verwandelt. In der 6. Etage warten über 30 Gourmetstände und eine Austernbar auf den Gast – samstagvormittags der Treffpunkt.

Lifestyle japanisch – **Muji Store Berlin:** ■ Karte 2, N 7, Hackescher Markt 1, Spandauer Vorstadt (Mitte), Tel. 030 40 05 42 91, www.muji.eu, S 3, 5, 7, 9, 75 Hackescher Markt, Mo–Sa 10–20 Uhr. Schreibwaren, Möbelsysteme, Wohnaccessoires, Geschenkartikel etc. – alles im mittleren Preisniveau, klar designt und funktional. Hier bezahlt man für die Ware und nicht für den Namen.

Edel – **Quartier 206:** ■ Karte 2, M 8, Friedrichstr. 71, Mitte, www.quartier206.com, U 6 Französische Straße, Mo–Fr 11–20, Sa 10–18 Uhr. Mode, Kosmetik und Interieur der Luxusklasse findet man in Shops u. a. von DKNY, Etro, Strenesse, Gucci, beim Optiker B54 und im Einrichtungshaus Out of Asia. Im **Quartier 205** (Friedrichstr. 70) geht es preislich etwas weniger rasant zu.

Mode und Schuhe

Naturbewusst – **bella natur:** ■ S 8, Boxhagener Str. 93, Friedrichshain, Tel. 030 29 03 85 68, www.bellanatur.com, U 5 Samariter Straße, Mo–Fr 11–19, Sa 11–16 Uhr. Modedesignerin Marina Bell entwirft Mode für jedes Alter, die Nachhaltigkeit und feminine Note zusammenbringt.

Kleine Labels aus ganz Europa – **Creme fresh:** ■ N 4, Kastanienallee 21, Prenzlauer Berg, Tel. 030 48 62 58 27, U 2 Eberswalder Straße, Mo–Sa 12–20 Uhr. Fashion Store für Damen und Herren mit Kleidung und Accessoires aus ganz Europa, und das zu erschwinglichen Preisen.

Individuell modisch – **Wald:** ■ N 6, Alte Schönhauser Str. 32c, Mitte, Tel. 030 60 05 11 64, www.wald-berlin.de, U 8 Weinmeisterstraße, Mo–Sa 12–19 Uhr. Frauenkleidung und Accessoires von Schmuck über Schuhe bis Taschen von diversen Designern nach einer sehr subjektiven und immer wieder überraschenden Auswahl der Inhaberinnen.

City-Look – **Evelin Brandt:** ■ E 9, Savignyplatz 6, Charlottenburg, Tel. 030 313 80 80, www.evelin-brandt.de, S 5, 7, 9 Savignyplatz, Mo–Fr 10.30–19, Sa 10.30–18 Uhr. Jahrelang hielt Evelin Brandt die Fahne in Sachen Mode an der Spree allein hoch. Inzwischen gibt es die schnörkellose Citymode für die Frau in vier Shops in Berlin und in diversen anderen Städten.

Schuhe anders – **Trippen Flagship:** ■ Karte 2, N 7, Hackesche Höfe, Hof 4–6, Rosenthaler Str. 40/41, Mitte, Tel. 030 28 39 13 37, www.trippen.

Berliner Mode – kreativ und innovativ

Während alle Welt gebannt auf die Neubauten in der Friedrichstraße schaute und sich fragte, ob die nun wieder zur Einkaufsstraße Nr. 1 in Berlin wird, entwickelten sich die Straßenzüge um den Hackeschen Markt zum Einkaufsparadies. Kleine, innovative Berliner Labels und das Konzept mit den kleinen Geschäften in den **Hackeschen Höfen** (▶ N 6/7) machten hier den Anfang. Diese Newcomer entwickelten sich innerhalb weniger Jahre zu international wahrgenommenen Trendsettern. Die bekannten Marken in Sachen Streetware, Schuhe, Accessoires suchten angesichts rasant steigender Kundenzahlen im Bereich **Rosenthaler Straße, Neue** und **Alte Schönhauser Straße, Weinmeisterstraße** bis hinüber zur **Rosa-Luxemburg-Straße** (▶ N 6/7) Ladenräume. Wer Schuhe, Taschen, Streetware etc. sucht, ist hier goldrichtig.
Mittlerweile ist es den kleinen Labels hier zu teuer geworden, sie sind weiter in die **Mulackstraße** (▶ N 6) gen Prenzlauer Berg oder in den Szenebezirk Friedrichshain, z. B. in die **Wühlischstraße** (▶ S/T 9), sowie nach Kreuzberg SO36 in den Bereich um das **Schlesische Tor** (▶ Q/R 10) oder nach Neukölln gezogen – immer auf der Suche nach günstigen Räumen und einem entsprechenden Umfeld.

com, S 3, 5, 7, 9, 75 Hackescher Markt, Mo–Fr 11–20, Sa 10–20 Uhr. 1992 begannen Michael Oehler und Angela Spieth bequeme Schuhe mit besonderem Kick im Design herzustellen. Dazu noch **trippen Gallery:** ■ N 6, Alte Schönhauser Str. 45, Prenzlauer Berg, Tel. 030 24 63 22 84, U2 Rosa-Luxemburg-Platz, Mo–Sa 12–19 Uhr.

Slow shopping – **Un autre VooDoo**: ■ O 12, Hasenheide 54, Kreuzberg, www.unautrevoodoo.com, U 7 Südstern, Mo–Sa 11–18 Uhr. Seit 2015 erst in Neukölln jetzt in Kreuzberg handgemachte, in Berlin designte Mode für Frauen, Männer und Kinder, Accessoires, Dekoartikel.

Modeaccessoires und Schmuck

120 000 Einzelstücke – **Blackdoorbeauty:** ■ S 9, Kopernikusstr. 7a, Friedrichshain, Tel. 030 54 71 90 98, U 1, 12, 15, S 3, 5, 6, 7, 9, 75 Warschauer Straße, Mo–Sa 10–22 Uhr. Silber-, Natur-, Piercing- und Modeschmuck.

Mützen mit Starfaktor – **Fiona Bennett:** ■ J 10, Potsdamer Str. 81, Tiergarten, Tel. 030 28 09 63 30, www.fionabennett.de, U 1 Kurfürstenstr., M 48, M 85 Lützowstr./Potsdamer Str., Mo– Sa 10–19 Uhr. Mützen macht Fiona Bennett, wie sie sie mag, auch im Erdbeerlook. Seitdem Promis sie tragen, will jeder sie haben.

Die etwas andere Brille – **ic! shop:** ■ N 6, Max-Beer-Str. 17, Spandauer Vorstadt (Mitte), www.ic-berlin.de, S 3, 5, 7, 9, 75 Hackescher Markt, Mo–Do 11–15.30, 16–20, Fr–Sa 11–20 Uhr. Ohne Schraube, zusammensteckbar und unkaputtbar, mit dieser Idee blitzten die Macher von ic! Berlin 1997 bei den Optikern ab. Kurz entschlossen produzierten und verkauften sie in Berlin in Eigenregie. Heute erhält man ihre Brillen nicht nur in Deutschland.

Traditionsbetrieb – **Juwelier Lorenz:** ■ außerhalb F/G 14, Rheinstr. 59, Schöneberg, Tel. 030 851 20 20, www.juwelier-lorenz.de, U 9 Friedrich-Wilhelm-Platz, S 1 Friedenau, Mo–Fr 10–19, Sa 10–18, Nov./Dez. bis 20 Uhr. Groß in Schmuck internationaler Marken wie Bunz Collection oder Wellendorff, ganz groß in Sachen Uhren. Uhrenmuseum.

Taschen – **Monia Herbst:** ■ M 6, Shop und Atelier, Augustr. 86, Mitte, Tel. 030 53 79 46 23, www.moniaherbst.de, U 6 Oranienburger Tor, Di–Fr 14–19, Sa 12–15 Uhr. Leder ist das Material, aus dem die Berliner Designerin mit traditionellen Handwerkstechniken Taschen und Accessoires in limitierter Auflage fertigt.

2nd Hand 1st Class – **secondo:** ■ E 10, Mommsenstr. 61, Charlottenburg, Tel. 030 881 22 91, www.secondoberlin.de, S 5, 7, 9 Savignyplatz, Mo–Fr 12–18.30, Sa 12–15.30 Uhr. Chanel, Jil Sander oder Gucci – Kleidung, Accessoires und Schuhe günstig aus zweiter Hand.

Selber machen – **TUKADU:** ■ N 7, Rosenthaler Str. 46/47, Tel. 030 283 67 70, www.tukadu.com, U 8 Rosenthaler Platz, Mo–Sa 11–20 Uhr. 10 000 Perlen in allen Variationen, die man im Laden gleich verarbeiten kann.

Schmuckstücke – **Ute Köhnen:** ■ M 6, Linienstr. 141, Mitte, Tel. 030 27 59 40 34, www.ute-koehnen.de, U 6 Oranienburger Tor, Di–Fr 12–18, Sa 12–16 Uhr. Eigene und Arbeiten von Bettina Fehmel, Jenny Paris, Christine Weiss und Petra Lauxmann werden im Werkstattgeschäft präsentiert.

Ausgehen, Abends und Nachts

Wo ist was los?

Flanierzonen: Die Bereiche Unter den Linden, Friedrichstraße, Gendarmenmarkt und der Kurfürstendamm samt Seitenstraßen werden stark von Touristen frequentiert. Zwischen den Geschäften finden sich hier Cafés, Edelbars und Edelclubs). Der Potsdamer Platz wirkt auf Jüngere wie ein Magnet.

Café- und Kneipenzone Ost: Im Viertel um den Hackeschen Markt und die Oranienburger Straße, in Prenzlauer Berg um die Kastanienallee, die Schönhauser Allee und den Kollwitzplatz trifft sich, wer abends noch etwas essen möchte, einen Kaffee, einen Cocktail oder auch nur ein Bier trinken will. In den Clubs in Mitte stürzen sich die Berliner Szenegänger ins Nachtleben.

Café- und Kneipenzone West: In Charlottenburg um den Savignyplatz, in Schöneberg um den Winterfeldtplatz, in der Goltz- und der Akazienstraße laden Kneipen, Cafés und Bars zum Besuch ein. In Kreuzberg bietet die Bergmannstraße ein ähnliches Flair.

Szenig: Friedrichshain, rund um den Boxhagener Platz, ist in aller Munde. In Kreuzberg entwickelt sich um das Schlesische Tor samt Schlesischer Straße seit geraumer Zeit ein neues Zentrum. Das tangiert die hergebrachte Szenemeile Oranienstraße nur wenig, interessiert im Graefekiez um die Graefestraße kaum. Hier geht aus, wer im Kiez wohnt. Aktuell angesagt: der Reuterkiez um den Neuköllner Reuterplatz.

Strandbars: Vom Osthafen bis zum Regierungsviertel haben entlang der Spree zahlreiche Strandbars eröffnet. An einem Sommerabend führt ein Spaziergang am Spreeufer vom Deutschen Dom bis zum Regierungsviertel in diese Art des City-Living ein.

Nachtleben im Internet

www.berlinatnight.de: Privat betriebene Website, die von Werbung und Online-Buchungen lebt. Überschaubar und einfach zu bedienen.

www.clubcommission.de: Weit über 100 Berliner Clubs sind Mitglied in diesem Verein, mit dem die Berliner Clubszene sich ein Sprachrohr gegeben hat. News zu Veranstaltungen der Clubszene, Links zu einzelnen Clubs.

www.clubguideberlin.de: Auflistung der Clubs, Bars etc. in Berlin, die nach Bezirken, Musikstilen oder auch nach Art des Clubs sortiert werden können. Gut, um sich Adressen etc. zu besorgen.

Bars und Lounges

Edel-Ostblock-Look – **ČSA:** ■ R 8, Karl-Marx-Allee 96, Friedrichshain, Tel. 030 29 04 47 41, www.csa-bar.de, U 5 Weberwiese, Mai–Okt. tgl. ab 20, Nov.–April ab 19 Uhr. Wo andere sich um Retrolook bemühen, wartet das ČSA mit der originalen Ausstattung aus den 1960er-Jahren in dem Büro der tschechischen Fluglinie ČSA auf. Öfter auch geschlossene Veranstaltungen.

Klassiker der Barszene West – **Green Door Cocktailbar:** ■ H 11, Winterfeldtstr. 50, Schöneberg, Tel. 030 215 25 15, www.greendoor.de, U 1, 2, 4, 12, 15 Nollendorfplatz, So–Do 18–3 Fr/Sa 18–4, Happy Hour 18–21 Uhr. Der grüne Eingang gab den Namen, die Retro-Einrichtung brachte das Publikum, das die guten Cocktails gern genießt.

Kein bisschen alt – **Hafenbar:** ■ N 7, Karl-Liebknecht-Str. 11, Mitte, www.hafenbar-berlin.de, S 3, 5, 7, 75 Alexanderplatz, Fr, Sa ab 21 Uhr. Gegründet als Fernweh-Tröster in der eingemauerten DDR gibt es heute deutsche Schlager (Fr) und Kaptains Club Party (Sa).

Newton-Drinks – **Newton Bar:** ■ Karte 2, M 8, Charlottenstr. 57, Mitte, Tel. 030 20 29 54 21, www.newton-bar.de, U 2 Stadtmitte, Do–Sa 11–4, So–Mi 11–3 Uhr. Riesige Fotos von Helmut Newton sorgen für Atmosphäre in der Bar im Stadtzentrum. Cocktail-Klassiker, Whisky-Spezialitäten, frisch gezapftes Bier.

Angesagter SkyClub – **Solar Bar:** ■ L 10, Stresemannstr. 76, Kreuzberg, Tel. 0163 765 27 00, www.solarberlin.com, U 1, 7 Möckernbrücke, So–Do 18–2, Fr/Sa 18–3 Uhr. Gegessen wird im 16. Stock (s. S. 34). Über die Freitreppe geht es dann in die Lounge in der 17. Etage zum großen Stadtüberblick. Einer der angesagten Clubs in Berlin.

Für Barflys – **Victoria Bar:** ■ J 10, Potsdamer Str. 102, Schöneberg, Tel. 030 25 75 99 77, www.victoriabar.de, U 1 Kurfürstenstraße, So–Do 18.30–3, Fr/Sa bis 4 Uhr, zur Happy Hour tgl. 18.30–21.30 Uhr alle Cocktails 8,50 €. Bartender Stefan Weber bietet Drinks der Spitzenklasse und gibt sein Wissen in der Schule der Trunkenheit weiter. Barfood vom Sandwich bis zum Rindersteak.

Kneipen

Restaurantschiff am Tiergarten – **Capt'n Schillow:** ■ F 8, Straße des 17. Juni am Charlottenburger Tor, Charlottenburg, Tel. 030 31 50 50 15, www.capt-schillow.de, S 3, 5, 7, 9, 75 Tiergarten, Jan.–April Mi–Fr 16–23, Sa/So 10–23, Mai–Sept. Mo–Fr 11–0, Sa/So 10–0, Okt.–Dez. Mi–Fr 12–0, Sa/So 10–0 Uhr, Essen 8,50–20,50 €. Fischgerichte im Grünen, mitten in der Stadt. Der Zugang befindet sich unmittelbar am Charlottenburger Tor.

Original 1920er-Jahre – **Möve im Felsenkeller:** ■ J 12, Akazienstr. 2, Schöneberg, U 7 Eisenacher Straße, Mo–Fr 16–1, Sa 12–2 Uhr. Eine der ganz wenigen Kneipen in Berlin, die noch im Stil der 1920er-Jahre mit honigfarbenen Holzpaneelen an den Wänden Trinkkultur bieten. Im nur 20 m langen und 5 m breiten Schankraum kann es schnell eng werden. Keine Musikberieselung.

36-m-Theke – **Irish Pub im Europa-Center:** ■ G 10, Tauentzienstr. 9–12, Charlottenburg, Tel. 030 262 16 34, www.irishpubberlin.de, U 1, 2, 4, 12, 15 Wittenbergplatz, U 9, 15 Kurfürstendamm, Mo–Do 12–3, Fr 12–4, Sa 11.30–4, So 11.30–3 Uhr. Der Weg zum Pub führt durch das Europa-Center. Drinnen ist es gemütlich und immer was los. Das Guinness oder Kilkenny wird zur Livemusik getrunken.

Nur auf Nachfrage – **Leydicke:** ■ K 11, Mansteinstr. 4, Kreuzberg, Tel. 030 216 29 73, www.leydicke.com, U 7, S 1, 2, 25 Yorckstraße, tgl. 19–1, Sa ab 18 Uhr, aber leider nicht immer geöffnet (anrufen). Hier hat sich manche Studentengeneration in den 1960er- und 1970er-Jahren ihren Rausch mit Obstwein und Likören abgeholt. Da war das Leydicke schon lange da. 1877 wurde es als Probierstube einer Likörfabrik gegründet. Destilliert wird immer noch.

Kölsch an der Spree – **Ständige Vertretung:** ■ Karte 2, L 7, Schiffbauerdamm 8, Mitte, Tel. 030 282 39 65, www.staev.de, U 6, S 1, 2, 3, 5, 7, 9, 75 Friedrichstraße, tgl. Mittagstisch 11–15, Küche bis 0.30 Uhr. Rund 50 000 Rheinländer,

Von Hauptstadt zu Hauptstadt – die Ständige Vertretung verlegt den Rhein nach Berlin

die 1998 in die neue Hauptstadt zogen, sollten nicht heimatlos werden. Friedhelm Drautzburg, der in Bonn den Polittreff Schuhmann-Klause betrieben hatte, eröffnete an der Spree die Ständige Vertretung, die Gaffel-Kölsch ausschenkt – und Karneval feiert. Essen kann man auch: vor allem rheinische Spezialitäten und Flammkuchen sowie das ›Kanzler-Filet‹ (Currywurst).

Gleitzeit für Gäste – **Zwiebelfisch:** ■ E 9, Savignyplatz 7/8, Charlottenburg, Tel. 030 312 73 63, www.zwiebelfisch-berlin.de, S 5, 7, 9 Savignyplatz, tgl. 12–6, Küche 12–3 Uhr. Nein, man muss nicht immer 18 Std. kneipen, räumt die Direktion des Zwiebelfischs ein. Gäste können später kommen oder auch früher gehen. Manche scheinen das nicht zu wissen. Ein Stück altes West-Berlin.

Clubs (Discos)

Edel

Gepflegt – **Adagio:** ■ Karte 2, K 9, Marlene-Dietrich-Platz 1, Tiergarten, www.adagio.de, U2, S1,2,25 Potsdamer Platz, Fr/Sa 23–6 Uhr. Obwohl in neuem Design weiter mit Galerie, VIP Lounge und Separees, ein unverwechselbares Konzept mit Musik vom Chart-Klassiker bis zum House-Track.

Latin – **Havanna Berlin:** ■ H 13, Hauptstr. 30, Schöneberg, Tel. 030 784 85 65, www.havanna-berlin.de, U 7 Kleistpark, dann Bus 104, Mi ab 21 Uhr, 4 €, Fr/Sa ab 22 Uhr, 8 €, Tanzanleitung eine Stunde vor Beginn (5 €). Vier Dancefloors und sieben Bars. Salsa, Merengue- und Bachatarhythmen, R&B, Funk und Soul je nach Floor, am Samstag Dance- und Discoclassics im großen Saal.

Jüngeres Publikum – **Q-Dorf:** ■ F 10, Joachimstaler Str. 15, Charlottenburg, www.qdorf.de, U 9, 15 Kurfürstendamm, Di, Mi, Fr–So 22–6 Uhr, Mi, Fr, Sa bis 7 Uhr. Überwiegend junges Publikum ist in den 18 Bars und vier Floors zu finden. Liveveranstaltungen in verschiedenen Locations.

Partys – **SODA Klub/Club23:** ■ O 4, KulturBrauerei, Schönhauser Allee 36, Prenzlauer Berg, Tel. 030 44 315 155, www.soda-berlin.de, U 2 Eberswalder Straße. In der KulturBrauerei Do–So 20 Uhr wechselndes Programm (Schwerpunkt Salsa), High Fidelity Club (Sa 23 Uhr) und Ladies Night (Fr 23 Uhr). 5 Floors für bis zu 1200 Gäste.

Trendig

Black Musik – **Matrix Club Berlin:** ■ R 10, Warschauer Platz 18, Friedrichshain, Tel. 030 293 69 99 0, www.matrix-berlin.de, U 1, 12, 15, S 3, 5, 6, 7, 9, 75 Warschauer Straße, Mo–So ab 22 Uhr. In der einstigen Narva-Fabrik ein mit Diaprojektionen überzogenes Backsteingewölbe. R&B, House, Electro und Discoclassics, dazu eine Cocktail Lounge und Separées. Relaxen und tanzen.

Der Klassiker – **Tresor Club:** ■ O 9, Köpenicker Str. 70, Kreuzberg, www.tresorberlin.de, U 8 Heinrich-Heine-Straße, Mo, Mi–Sa ab 23.59 Uhr. Den Namen hat der Club, der 1991 in den Tresorräumen des Kaufhauses Wertheim eröffnet wurde und als *der* Techno-Club galt, mitgenommen. Seit 2007 ist der Tresor in einem ehemaligen Kohlekraftwerk untergekommen und lebt nicht nur von seinem Ruf, sondern präsentiert weiter angesagte Musik. Internationale DJs.

Berauschender Ausblick – **Watergate Club:** ■ R 10, Falckensteinstr. 49, Kreuzberg, www.water-gate.de, U 1 Schlesisches Tor, Mi–Sa ab 24 Uhr. Im gegen die Spree komplett verglasten ersten Tanzfloor ein berauschender Ausblick, im zweiten eine LED-Lichtanlage an der Decke, die die Tänzer zum Schweben bringt. Einer der Clubs, für die Club-Touristen aus der ganzen Welt nach Berlin reisen.

Ausschweifend – **Berghain:** ■ Q 9, Am Wriezener Bahnhof, Friedrichshain, www.berghain.de, Panorama Bar Fr ab 24 Uhr durchgehend bis Sa Nachmittag, zur Klubnacht (Panoramabar und Hauptfloor) Sa bis Montag. Im Sommer ab 12 Uhr DJs im Garten. Manchmal auch Konzerte, DJs mittwochs und donnerstags. Harte Türpolitik.

Tanz in der Höhe – **House of Weekend:** ■ Karte 2, O 7, Alexanderstr. 7, Mitte, www.houseofweekend.berlin, U 2, 5, 8, S 3, 5, 7, 9, 75 Alexanderplatz, Fr/Sa Dachgarten ab 19, Studio Floor ab 23 Uhr. Früher Week End Club, heute House of Weekend. Die Dachterrasse auf dem Haus des Reisens ist die gleiche. Dazu der 15. Stock. Vorher im Web informieren, da öfter geschlossene Veranstaltungen stattfinden.

Livemusik

Jazz in gepflegter Atmosphäre – **A-Trane Berlin:** ■ E 9, Bleibtreustr. 1, Charlottenburg, Tel. 030 313 25 50, www.a-trane.de, S 5, 7, 9 Savignyplatz, tgl. ab 20 Uhr, Konzertbeginn 22 Uhr. Seit 1992 eine feste Adresse in der Berliner Jazzszene, in der schon so manche Jazzgröße aufgetreten ist. Das Markenzeichen: gepflegte Atmosphäre.

Tradition Ost – **Frannz:** ■ O 4, Kultur-Brauerei, Schönhauser Allee 36, Prenzlauer Berg, Tel. 030 72 62 79 30, www.

Clubs und ihre Türsteher

Im Fokus der Medien stehen die Clubs zwischen Alexanderplatz und Oberbaumbrücke, in denen Techno, House oder Minimal je nach DJ und Definition aufgelegt wird und die Menschen von freitags gegen Mitternacht bis irgendwann am Montag feiern. Mittwochs finden hier zumeist Clubabende von DJs oder kleineren Labels statt. Die Türsteher sind nicht nur in Berlin eine mächtige Kaste, die einfach bestimmt, wer in den Club kommt und wer draußen bleibt. Kriterien, die den Zutritt zum Club gewährleisten, gibt es nicht. Man sollte möglichst nicht in großen Gruppen auftauchen und nicht unbedingt die Klamotten tragen, in denen man sich den ganzen Tag durch die Stadt geschwitzt hat. Der Rest ist Glückssache. Merkwürdig, aber wahr.

Mein Tipp

Tanz in Berlins Ballhäusern

Es gibt sie noch, die Ballhäuser, in denen man sich früher zum Tanzen und Kontakten traf. Von Tisch zu Tisch erfolgt(e) die Kontaktaufnahme per Telefon.

Ballhaus Berlin: ■ L 5, Chausseestr. 102, Mitte, Tel. 0151 51 08 61 73, www.ballhaus-berlin.de, U 6 Zinnowitzer Straße. Wechselnde Anfangszeiten, öfters geschlossene Gesellschaften. Vertreten ist jede Altersgruppe. DJs legen Platten auf und das Tischtelefon darf natürlich auch nicht fehlen. Atmosphäre zwischen Tanztee, Retroparty und Tanzpalast, der aus der Zeit gefallen ist.

Clärchens Ballhaus: ■ M 6, Auguststr. 24, Mitte, Tel. 030 282 92 95, www.ballhaus.de, U 6 Oranienburger Tor, tgl. ab 11, wechselndes Programm Fr/Sa ab 20, Mo–Do ab 21, So Tanztee ab 15, warme Küche 12.30–23 Uhr. Beinahe wäre der traditionsreiche Tanztreff geschlossen worden. Mittlerweile hat sich das alte Berliner Ballhaus mit Konzerten, Bällen, Tanzkursen jedoch etabliert – und bietet am Samstag immer noch den Schwof ab 20 Uhr.

frannz.de, U 2 Eberswalder Straße, Konzerte ab 20/21, Partys ab 22 Uhr. Das Frannz, früher Frannz Club und schon zu DDR-Zeiten ein bekannter Treff, zieht Besucher aller Altersgruppen an. Es ist trotz seiner Geschichte kein bisschen verstaubt und wohl eher als rocklastig einzuordnen.

Jazz bis Funk – **Junction Bar:** ■ M 12, Gneisenaustraße 18, Kreuzberg, Tel: 030 694 66 02, www.junction-bar.de, U 7 Gneisenaustraße, Bar So–Do 21, Fr, Sa 22 Uhr. Von Jazz bis Funk, jeden Abend Live-Musik in der Bar. Wer sich unterhalten möchte, geht in das Café oben.

Der Liveclub – **Quasimodo:** ■ F 9, Kantstr. 12a, Charlottenburg, Tel. 030 31 80 45 60, www.quasimodo.de, U 2, 9, 12, S 3, 5, 7, 9, 75 Zoologischer Garten, tgl. ab 21, Konzerte ab 22 Uhr. Blues, Jazz, Rock – im Quasimodo kann man mit etwas Glück in der Atmosphäre eines Clubs die alten Heroen der Szene bei der Arbeit erleben. Ob John Cale, Chris Farlowe, Wishbone Ash oder Dauer-Hippie Kevin Ayers – man trinkt sein Bier zum Konzert, geht für eine Zigarette für einen Moment vor die Tür. Die Müdigkeit am nächsten Morgen ist der Preis für einen unvergesslichen Abend.

Blues, Soul, Jazz – **Yorckschlösschen:** ■ L 11, Yorckstr. 15, Kreuzberg, Tel. 030 215 80 70. www.yorckschloesschen.de, U 7, S 1, 2, 25 Yorckstraße, tgl. 17–3 Uhr. Konzerte Mi, Sa/So, in der Wintersaison auch Do/Fr ab 21 Uhr. Seit 25 Jahren Livemusik von Blues und Soul bis Dixieland für 4 € Musikzuschlag pro Person – eine Institution. Sehr beliebt Live-Jazz-Brunch am Sonntag 11–15 Uhr.

Draußen sitzen

Im Tiergarten – **Café am Neuen See:** ■ G/H 9, Lichtensteinallee 2, Tiergarten, Tel. 030 254 49 30, www.cafe-am-neuen-see.de, U 2, 9, 12, S 3, 5, 7, 9, 75 Zoologischer Garten, tgl. ab 9 Uhr. Die Lage im Tiergarten ist einfach unvergleichlich. Gut zu erreichen – und darum viel genutzt – von denen, die in Mitte arbeiten.

Spreeblick – **East-Side Blick:** ■ Q 10, Mühlenstr. 70/71, Tel. 030 20 68 79 63, www.east-side-blick.de, S 3, 5, 7, 9, 75 Ostbahnhof, Sommer tgl. 10–22 Uhr, Winter Di bis Do, So 10–19, Fr, Sa 10–20 Uhr. Die Getränke- und Speisekarte bietet das, was man von einem modernen Café erwarten kann, auch Wein und Longdrinks. Die Dachterrasse bietet besten Ausblick auf die Spree.

Dauerhaft provisorisch – **Club der Visionäre:** ■ R 11, Am Flutgraben 1, Treptow, Tel. 030 69 51 89 42, www.clubdervisionaere.com, U Schlesisches Tor, Mo–Fr ab 14, Sa, So ab 12 Uhr. Mal Café, mal Club, dann wieder nur ein Ort zum Rumhängen, elektronische Musik.

Kreuzberger Mischung – **Golgatha:** ■ L 12, Viktoriapark, Dudenstr. 48–64, Kreuzberg, Tel. 030 785 24 53, www.golgatha-berlin.de, U 6 Platz der Luftbrücke, April–Sept. tgl. ab 9 Uhr. Eingang über Katzbachstr. Hat man den Biergarten im Park gefunden, gibt es Bänke und Strandkörbe, Bier, Grill und dazu Party.

Seit 1837 – **Pratergarten:** ■ O 4, Kastanienallee 7–9, Prenzlauer Berg, www.pratergarten.de, U 2 Eberswalder Straße, Gaststätte Mo–Sa ab 18, So ab 12 Uhr, HG 7–20 €, Biergarten April–Sept. bei schönem Wetter ab 12 Uhr. Seit Beginn des Bierausschanks 1837 hat der Prater unterschiedlichsten Zwecken gedient: Ausflugslokal, Versammlungsort der Arbeiterbewegung, Unterkunft der Volksbühne. Heute ist er wieder Biergarten, klassisch mit Selbstbedienungstheke, an der das hauseigene Praterbier ausgeschenkt wird – Szenetreff ohne Musikberieselung.

Reggae-Feeling – **Yaam:** ■ P 9, An der Schillingsbrücke, Tel. 030 61 51-354, www.yaam.de, S 3, 5, 7, 9, 75 Ostbahnhof, 1. Mai–Ende Sept. tgl. ab 11 Uhr, Winter Fr/Sa Club Black-Lounge ab 22 Uhr, Zusatztermine mögl., 3–6 €. Ob Streetball, Footbag, Soccer, Skateboarden und Klettern, auch das geht im Yaam. Black Music in fast jedem Style.

Schwul und Lesbisch

Die West-Berliner Schwulen- und Lesbenszene trifft sich im Bereich Motz-, Fugger- und Welserstraße (■ G/H 10–11), die Ost-Berliner Schwulenszene in einzelnen Läden in den angesagten Vierteln.

Klassiker der Schwulenszene West – **Café Neues Ufer:** ■ J 12, Hauptstr. 157, Schöneberg, U 7 Kleistpark, tgl. 14–2, Sa, So ab 11 Uhr. 1977 als »Café Anderes Ufer« gegründet, war es einer der ersten offenen Treffpunkte der Berliner Schwulenszene. Nach seiner Renovierung lebt das Café heute unter dem Namen »Neues Ufer« weiter.

Der Größte – **Haus B:** ■ R 10, Warschauer Platz 18, Friedrichshain, Tel. 030 296 08 00, www.dashausb.de, U 1, 12, 15, S 3, 5, 6, 7, 9, 75 Warschauer Straße, Mi, Fr–Sa ab 22 Uhr, bis 15 €. Nach Eigenangabe Berlins größter Schwulen- und Lesbenclub, hervorgegangen aus dem Club Die Busche. Dazu kommt der Men's Club Paul.

Gäste prämiert – **Rauschgold:** ■ L 12, Mehringdamm 62, Kreuzberg, Tel. 030 92 27 41 78, www.rauschgold.berlin, U 6, 7 Mehringdamm, Mo–Sa 20–4, So 20–1 Uhr. Show, Karaoke und viermal im Jahr der Walk of Fame, bei dem das Rauschgold-Team und eine wechselnde Jury den Ehrenstern und Sterne für besondere Leistungen auch an das Stammpublikum vergibt.

Kino

Neben den großen Kinoketten bietet Berlin viele Kinos mit außergewöhnlichen Programmen. Einen Überblick gewinnt man auf der unabhängigen Website **www.kinokompendium.de.**

Luxuskino – **Astor Film Lounge:** ■ F 10, Kurfürstendamm 225, Charlottenburg, Tel. 030 883 85 51, www.astor-filmlounge.de, U 2, 9, 12, S 3, 5, 7, 9, 75 Zoologischer Garten, Eintritt bis 18 €. Türsteher, Garderobe, Begrüßungsdrinks, Ledersitze, statt 450 nur 250 Sitze im edel sanierten Kinosaal des Traditionskinos Filmpalast, große Beinfreiheit und Fingerfood während der Vorstellung. Natürlich werden vornehmlich die großen Hollywood-Filme, die zum Stil der Film Lounge passen, gezeigt.

Die größte Leinwand – **CineStar Berlin-IMAX 3D im Sony Center:** ■ Karte 2, K 9, Potsdamer Str. 4, Tiergarten, www.cinestar.de, U 2, S 1, 2, 25 Potsdamer Platz. Kartenvorbestellung nur über die Website. 588 m² Leinwand, 25 000-Watt-Soundsystem und 3-D.

Kino mit Patina – **Kino Babylon:** ■ O 6, Rosa-Luxemburg-Str. 30, Mitte, Tel. 030 242 59 69, www.babylonberlin. de, U 2 Rosa-Luxemburg-Platz. Kinobau im Stil der Neuen Sachlichkeit. Engagiertes Programm bis hin zum Stummfilm.

Konzerte und Oper

Klassische Moderne – **Deutsche Staatsoper Unter den Linden:** ■ M 8, Unter den Linden 7, Mitte, Karten-Tel. 030 20 35 45 55, www.staatsoper-berlin. de. U 2 Hausvogteiplatz, Kasse Mo–Fr 12–19, Sa/So 14–19 Uhr. Vor allem Oper der Vor-Mozart-Zeit und Werke der klassischen Moderne. Zusätzlich seit der Generalsanierung im ehemaligen Magazin der Pierre-Boulez-Saal für Kammermusik (www.boulezsaal.de).

Von Strauss bis Verdi – **Deutsche Oper Berlin:** ■ D 8, Bismarckstr. 35, Charlottenburg, www.deutscheoperberlin. de, Karten Mo–Sa 11–19 Uhr, Tel. 030 34 38 43 43. Das größte Berliner Opernhaus.

Auf Deutsch – **Komische Oper Berlin:** ■ L 8, Behrenstr. 55–57, Mitte, Kartentel. 030 47 99 74 00, www.komische-oper-berlin.de, U 6 Französische Straße, Kasse Mo–Sa 11–19, So 13–16 Uhr. Operninszenierungen, Sinfoniekonzerte, Liederabende, choreografische Workshops.

500 Konzerte pro Jahr – **Konzerthaus Gendarmenmarkt:** ■ M 8, Mitte, Kartentel. 030 203 09 21 01, Mo–Sa 10–19, So, Fei 12–18 Uhr, , www.konzerthaus. de, U 2 Hausvogteiplatz, Kas se Mo–Sa 12–19, So 12–16 Uhr. Neben den Auftritten des Konzerthausorchesters Gastspiele bedeutender Orchester.

Widerspruchsgeist – **Neuköllner Oper:** ■ Q 14, Karl-Marx-Str. 131–133, Neukölln, Kartentel. 030 68 89 07 77, www.neukoellneroper.de, U 7 Karl-Marx-Straße, Kasse Di–Fr, an Spieltagen auch Sa 15–19 Uhr. Das etwas andere Opernprogramm.

Das Hörerlebnis – **Philharmonie:** ■ K 9, Herbert-von-Karajan-Str. 1, Tiergarten, Kartentel. 030 25 48 89 99, www.berliner-philharmoniker.de, U 2, S 1, 2, 25 Potsdamer Platz, Kasse Mo–Fr 15–18, Sa/So 11–14 Uhr. Spielstätte der Berliner Philharmoniker, Gastorchester.

Musical und Revue

Vergnügungspalast der großen Zeit – **Admiralspalast:** ■ M 7, Friedrichstr. 101, Mitte, Kartentel. 030 22 50 70 00, www.admiralspalast.de, U 6, S 1, 2, 3, 5, 7, 9, 75 Friedrichstraße. Letztes Revuetheater vom Beginn des 20. Jh. Wechselndes Programm, s. auch S. 154.

Blaue Männer – **Stage Bluemax Theater:** ■ Karte 2, K 9, Marlene-Dietrich-Platz

4, Tiergarten, Ticket-Hotline 01805 44 44, www.stage-entertainment.de, U 2, S 1, 2, 25 Potsdamer Platz. Seit 2004 ist die multimediale Show Blue Man Group eine Erfolgsstory.

DDR-Institution – **Friedrichstadtpalast:** ■ M 7, Friedrichstr. 107, Mitte, Tel. 030 23 26 23 26, www.friedrichstadtpalast.de, U 6 Oranienburger Tor. Größte Theaterbühne der Welt, wechselnde Shows, s. auch S. 154.

Musical aktuell – **Musical Stage Theater am Potsdamer Platz:** ■ Karte 2, K 9, Marlene-Dietrich-Platz 1, Tiergarten, Ticket-Hotline 01805 44 44, www.stage-entertainment.de, U 2, S 1, 2, 25 Potsdamer Platz. Aufwendige Musicals.

Tanz und freie Szene

Space for Arts – **Radialsystem V:** ■ P 9, Holzmarktstr. 33, Friedrichshain, Tel. 030 288 78 85 88, www.radialsystem.de. U 9 Strausberger Platz, U 8, S 5, 7, 9, 75 Jannowitzbrücke. Veranstaltungszentrum für Alte Musik, zeitgenössischen Tanz, bildende Kunst und Neue Medien, s. S. 100, 228.

Freie Szene – **Sophiensæle:** ■ N 6, Sophienstr. 18, Spandauer Vorstadt (Mitte), Tel. 030 283 52 66, www.sophiensaele.com, S 3, 5, 7, 9, 75 Hackescher Markt. Theater, Tanz, Performance, Musik und bildende Kunst – einer der Kristallisationspunkte der freien Szene.

Ehemaliges Straßenbahndepot – **Uferstudios:** ■ K 2, Badstr. 41, Gesundbrunnen, U 9 Pankstraße, www.uferstudios.com. Eine Kombination von Ausbildungsstätten wie das Hochschulübergreifende Zentrum Tanz Berlin und die Tanzfabrik mit Tanzstudios, in denen ständig neue Produktionen erarbeitet und aufgeführt werden.

Kartenkauf

www.koka36.de: Über die Website der Konzertkasse 36 lassen sich Karten für Veranstaltungen von Rock über Pop bis Schlager buchen. Acht Mitarbeiter beantworten alle Fragen unter Tel. 030 61 10 13 13.

www.hekticket.de: Karten für Veranstaltungen aller Art. Am Veranstaltungstag gibt es von 14 bis 19 Uhr Restkarten zum halben Preis – über die Website oder unter Tel. 030 230 99 30.

Theater

www.theaterberlin.de: Links zu den Berliner Theatern, Übersicht über verfügbare Tickets und Online-Bestellung unter dem Menü ›Online-Tickets‹.

Karten kaum zu bekommen – **Deutsches Theater und Kammerspiele:** ■ L 7, Schumannstr. 13a, Mitte, Kartentel. 030 28 44 12 25, www.deutschestheater.de, U 6, S 1, 2, 3, 5, 7, 9, 75 Friedrichstraße, Kasse Mo–Sa 11–18.30, So 15–18.30 Uhr. Max Reinhardt leitete das Haus von 1905 bis 1932.

Ensembletheater – **Maxim Gorki Theater:** ■ Karte 2, M 7, Am Festungsgraben 2, Mitte, Kartentel. 030 20 22 11 15, www.gorki.de, U 6, S 1, 2, 3, 5, 7, 9, 75 Friedrichstraße, Kasse Mo–Sa 12–18.30, So 16–18.30 Uhr. Kritisches Gegenwartstheater mit vielen internationalen Autoren. Das **Gorki Studio** spielt um die Ecke (Hinter dem Gießhaus 2).

Einzigartiger Theatersaal – **Renaissance-Theater Berlin:** ■ F 9, Knesebeckstr. 100, Charlottenburg, Kartentel. 030 312 42 02, www.renaissance-theater. de, U 2 Ernst-Reuter-Platz, Kasse Mo–Fr 10.30– 19, Sa ab 10, So ab 13 Uhr. Tragikomödie und anspruchsvolle Komödie in einem in Europa einzigartigen Theatersaal aus den 1930er-Jahren.

Steinsche Tradition – **Schaubühne am Lehniner Platz:** ■ D 11, Kurfürstendamm 153, Charlottenburg, Kartentel. 030 89 00 23, www.schaubuehne.de, U 7 Adenauerplatz, Kasse Mo–Sa 11–18.30, So 15–18.30 Uhr. Ur- und Erstaufführungen junger deutscher und internationaler Autoren.

Leitung Dieter Hallervorden – **Das Schlossparktheater:** ■ Karte 3, D 4, Schloßstr. 48, Steglitz, Kartentel. 030 78 95 66 71 00, www.schlossparktheater.de, U 9 Schloßstraße. Seit 2008 unter Leitung von Dieter Hallervorden.

Brechtsche Tradition – **Theater am Schiffbauerdamm:** ■ L 7, Bertolt-Brecht-Platz 1, Mitte, Kartentel. 030 28 40 81 55, www.berliner-ensemble.de, U 6, S 1, 2, 3, 5, 7, 9, 75 Friedrichstraße, Kasse Mo–Fr 8–18, Sa/So 11–18.00 Uhr, Abendkasse 1 Std. vor Vorstellung. Brecht und Weigel gründeten 1949 das **Berliner Ensemble** (s. S. 158). Uraufführungen deutscher Autoren, moderne Klassiker.

Varieté

Das Abenteuer der Unterhaltung – **Bar jeder Vernunft:** ■ F 10, Schaperstr. 24, Wilmersdorf, Karten und Reservierung Tel. 030 883 15 82, www.bar-jeder-vernunft.de, U 3, 9 Spichernstraße, Mo–Sa ab 12, So ab 15 Uhr. Vorstellung meist 20 Uhr. Kabarett, Theater und Restaurant. Oft prominente Akteure.

Immer bestes Programm – **Chamäleon:** ■ N 7, Rosenthaler Str. 40/41, Spandauer Vorstadt (Mitte), Tel. 030 400 05 90, www.chamaeleonberlin.de, S 3, 5, 7, 9, 75 Hackescher Markt, Vorstellung gegen 20 Uhr, 40–50 €. »Innovatives artistisches Entertainment«, so die Veranstalter zu Recht. Jugendstildekor.

Klassiker – **Die Stachelschweine:** ■ G 10, Europa-Center, Tauentzienstr. 9–12, Charlottenburg, Tel. 030 261 47 95, www.diestachelschweine.de, U 1, 2, 3 Wittenbergplatz, U 9, 15 Kurfürstendamm, Mo–Fr 20, Sa 18, 21 Uhr. Seit 1949 stachelig, »unrasiert«, wie es sich Erich Kästner wünschte. Die großen Zeiten des politischen Kabaretts sind vorbei – doch ein Besuch lohnt sich immer.

Aufführung der Oper »Eugen Onegin« in der Deutschen Staatsoper

Feste und Festivals

Festspiele ganzjährig

Berlin ist in der glücklichen Lage, dass nicht nur die Stadt und das Land die Metropole fördern. Einen Teil der Kulturveranstaltungen finanziert die Bundesrepublik Deutschland. Über das ganze Jahr bieten so die **Berliner Festspiele** (Tel. 030 254 89-0, www.berlinerfestspiele.de) verschiedenste Veranstaltungsreihen und Ausstellungen. Veranstaltungsorte sind das **Haus der Berliner Festspiele** (▶ F 10/11, Schaperstr. 24, Wilmersdorf, U 1 Spichernstraße) und der **Martin-Gropius-Bau** (s. S. 175).

Film, Theater und Tanz

Die **Berlinale** (www.berlinale.de, S. 106) mit ca. 20 000 Filmschaffenden und Journalisten ist das Berliner Event für die Filmbranche. Für viele der Filmvorführungen gibt es Karten im freien Verkauf. Zentrum der Berlinale ist der Potsdamer Platz.

Die Theaterleute nutzen das **Theatertreffen** (Tel. 030 25 48 91 00, www.berlinerfestspiele.de) zum Austausch. Zehn ausgewählte Inszenierungen deutschsprachiger Bühnen werden dem Publikum präsentiert. Dazu Diskussionen, Publikumsgespräche und unter dem Titel »tt Talente« ein Forum, in dem unbekannte Autoren ihre Arbeiten vorstellen.

Im Bereich Tanz präsentiert das Festival **Tanz im August** (www.tanzimaugust.de) aktuelle Tendenzen der zeitgenössischen, freien Szene.

Musik

Das Spektrum reicht von aktueller über klassische Musik bis zu Jazz und Pop. Der Reigen startet im März mit der **MaerzMusik** (Kartentel. 030 25 48 91 00, www.maerzmusik.de). Eine Woche lang treffen sich Künstler aus aller Welt beim Festival für aktuelle Musik, in dessen Rahmen zahlreiche Konzerte stattfinden. Dann ist die klassische Musik am Zug. Im Juli lockt **Classic Open Air** (Kartentel. 01806 999 00 06 06, www.classicopenair.de) die Zuhörer vor die prachtvolle Kulisse des Konzerthauses am Gendarmenmarkt. Sechs Abende mit klassischer Musik, präsentiert von international renommierten Orchestern. Anfang September folgt als Auftakt der Konzertsaison in Kooperation mit der Stiftung Berliner Philharmoniker das **Musikfest Berlin** (Tel. 030 25 48 91 00, www.berlinerfestspiele.de). Jazzfreunde kommen beim **JazzFest Berlin** (Tel. 030 25 48 91 00, www.berlinerfestspiele.de) auf ihre Kosten. In dieser Zeit treten an mehreren Novembertagen in den eingeführten Jazzclubs der Stadt Jazzgrößen aus aller Welt auf – seit 1964 *das* Event der Jazzszene.

Mode

Mitte Januar und Anfang Juli locken die tradeshow **Bread & Butter** (www.breadandbutter.com) und die **Berlin Fashion Week** (www.fashion-week-berlin.com) Modebegeisterte in die Stadt.

Typisch Berlin

Beim **Karneval der Kulturen** (www.karneval-berlin.de, s. auch S. 91) ziehen 4000 Akteure aus aller Welt durch Kreuzberg, dazu gibt es Straßenfeste und Partys (ca. 1,3 Mio. Besucher). Ende Juni findet dann der **CSD** (Christopher Street Day, www.csd-berlin.de), Europas größtes schwul-lesbisches Fest, mit schrillem Straßenumzug statt.

Feste und Events im Jahresablauf

Die konkreten Termine können sich von Jahr zu Jahr verschieben. Auf jeden Fall online den aktuellen Termin abfragen.

Januar

Berlin Fashion Week und Bread & Butter: Mitte Jan., und Anf. Juli, s. S. 21, 53.
Internationale Grüne Woche: Mitte Jan., s. u. und s. S. 21.
Lange Nacht der Museen: Letzter Sa im Jan. 18–2 Uhr, www.lange-nacht-der-museen.de.
Sechstagerennen: Ende Jan./Anfang Feb.

Februar

Die Berlinale: ca. Mitte Feb., s. S. 53, 106.

März

ITB – Internationale Tourismusbörse: ca. Mitte März, s. u. und S. 20.
MärzMusik: Ende März, s. S. 53.

Mai

Theatertreffen: Anf. Mai, s. S. 53.
Karneval der Kulturen: Pfingstwochenende, Umzug So, s. S. 20, 53, 91.
DFB-Pokal-Endspiel: Pfingstsamstag.

Juni

Kreuzberg jazzt: Ende Juni.
CSD – Christopher Street Day: Ende Juni, s. S. 21, 53.
Open Air »Klassik im Jagdschloss Grunewald«, s. S. 53
Fête de la Musique: Um den Sommeranfang, www.fetedelamusique.de.

Juli

Classic Open Air am Gendarmenmarkt: Anfang Juli, s. S. 53.
Berlin Fashion Week und Bread & Butter: Anf. Juli/Mitte Jan., s. S. 21, 53.

August

Tanz im August: Internationales Festival für Tanz und Performance, verschiedene Spielorte (www.tanzimaugust.de).
Lange Nacht der Museen: Letzter Sa im Aug. 18–2 Uhr, s. Jan.
UFA-Filmnächte: auf der Museumsinsel (www.ufa-filmnaechte.de), Ende Aug.

September

Pyronale: Anf. Sept., s. S. 21.
Musikfest Berlin: Anf. Sept., s. S. 53.
Berlin-Marathon: Letztes Wochenende, bei Bundestagswahl eine Woche eher, www.berlin-marathon.com, s. S. 21.

Oktober

Fest zum Tag der Deutschen Einheit: 3.Okt.

November

JazzFest Berlin: s. S. 53.

Dezember

Weihnachtsmärkte: u. a. Domäne Dahlem, KulturBrauerei, Potsdamer Platz, Unter den Linden.
Silvesterparty am Brandenburger Tor

Messen

Berlin ist Messe- und Kongressstadt: **Grüne Woche** (www.gruenewoche.de), **Internationale Tourismusbörse** (ITB, www.itb-berlin.de), für Musik die Pop-Kultur (www.pop-kultur.berlin) und Mode s. oben u. S. 98.

Aktiv sein, Sport und Wellness

Es gibt eine Reihe von Websites mit Laufstrecken in Berlin von Privatleuten. Einfach im Internet recherchieren.

Joggen und Walken

Beliebte Joggingareale sind der Tiergarten, der Park am Schloss Charlottenburg sowie die Laufstrecken rund um den Schlachtensee. Die besten Laufstrecken finden sich unter www.stadtentwick lung.berlin.de/umwelt/berlin_move/de/hauptwege/index.shtml.

Radfahren

Vielerorts in der Stadt weisen Schilder Radrouten aus. Sechs Sternrouten vom Zentrum an die Stadtgrenze sind ausgebaut. Beliebt ist der **Berliner Mauerweg**, dessen 43,1 km langes Teilstück dem Mauerverlauf durch die Innenstadt folgt; der Außenring um West-Berlin ist 160 km lang. Infos samt Routenbeschreibung unter **www.stadtentwick lung.berlin.de**. Unter ›Verkehr/Mobil in Berlin‹ finden sie alle Infos zu ›Mit dem Fahrrad‹.

Fahrradtouren: s. S. 274, **Fahrrad:** s. S. 23, **Fahrradverleih:** s. S. 24.

Schwimmen

Die Berliner Seen zeigen meist eine gute Wasserqualität (www.berlin.de/badegewaesser oder Tel. 030 902 29 55 55). Der **Grunewaldsee** (▶ Karte 3, C 3) ist Hundebadesee. Verboten ist das Baden in Spree und Havel und den Kanälen – zu gefährlich.

Infos zu den **städtischen Bädern** erhält man bei der **Servicehotline der Berliner Bäderbetriebe:** Tel. 030 22 19 00 11, www.berlinerbaeder.de.

Im See – Einfach zu erreichen sind die **Badestellen am Schlachtensee:** ▶ Karte 3, C 4, S 1 bis Schlachtensee, die Terrasse hinunter und ins Wasser. Der **Große Müggelsee** (▶ Karte 3, G 4) im Südosten ist die Badewanne Berlins: Badestellen rund um den See, z. B. an der Regattastrecke Grünau (Regattastr.), S 46, 48 Grünau, dann Tram 68 Regattastraße. Überwiegend jüngere Gäste finden sich am **Teufelssee** (▶ Karte 3, C 3), S 75 Eichkamp/Messe, 1,5 km Fußweg. **Wannsee:** s. u., Strandbad Wannsee.

Schwimmender Pool in der Spree – **Badeschiff:** ■ S 11, Eichenstr. 4, Treptow, www.arenaberlin.de, U 1 Schlesisches Tor, dann 10 Min. zu Fuß, tgl. ab 8 Uhr, 5,50/3 €. Ein Pool auf einem Schiff in der Spree, dazu Holzterrassen, Liegestühle – mit Szeneanschluss. Im Winter wird die Anlage zum Saunaschiff (12 €).

Antiken Thermen nachempfunden – **Stadtbad Neukölln:** ■ Q 14, Ganghoferstr. 3, Neukölln, Tel. 030 22 19 00 11, www.berlinerbaeder.de, U 7 Rathaus Neukölln, Große Halle, Mo 12–22.30 (nur Frauen), Di–Fr 6.30–8, 14–22.30 Badebetrieb, Sa, So 8–19 Spiel- und Spaßbaden, 19–22.30 Uhr Badebetrieb, ab 5 €. Sauna Frauen Mo 12–22.30, Di–So 10–22.30 Uhr, Tageskarte ab 19 €. Das sanierte Bad von 1914 gehört zu den schönsten seiner Art in Europa.

Unter Denkmalschutz – **Strandbad Wannsee:** ■ Karte 3, B 4, Wannseebadweg 25, Zehlendorf, Tel. 030 80 35 45 0, www.berlinerbaeder.de, S 1, 7 Wannsee, April–Sept. tgl., genaue Öffnungszeiten s. Website, 5,50/3,50 €. 1200 m lang, 80 m breit ist der Sandstrand mit FKK-Bereich. Die sanierte Anlage bietet allen Komfort. Sehr stark besucht.

Wassersport

Zu Wasser – **Rent a boat:** ■ außerhalb T 12, An der Abteibrücke, Treptow, Tel. 0177 299 32 62, www.rent-a-boat-berlin.com, Bus 166, 167, 265 Rathaus Treptow, tgl. ab 10 Uhr. Ruderboote 9 €/ Std., Wassertreter 12 €/Std., 1er-, 2er-, 3er-Kajak ab 15 €/2 Std.

Stand-Up-Paddeln – **Kanuliebe:** ■ Karte 3, E 3, Alt-Treptow 6, www.kanuliebe.de, S 8, 9, 41, 42, 85 Plänterwald, Ostern bis Ende Sept. Mo–Fr ab 12, Sa, So, Fei ab 10 Uhr. Hier gibt es nicht nur Kanus (3er-Canadier 11 €/Std.) und Tretboote, sondern auch SUPs zum Stand-Up- Paddeln (18 €/2 Std.).

Rund um den Müggelsee – **Bootsverleih Spreepoint:** ■ Karte 3, F/G 4, Müggelseedamm 70, Köpenick, Tel. 030 641 12 91, www.spreepoint.de, S 3, 9, 45 Friedrichshagen, dann Tram 61 bis Wassersportzentrum, April–Okt. 9–22, Nov.–März 9–18 Uhr. Vom Tretboot (10 €/Std.) bis zum Motorboot (ab 25 € Std., jede weitere Stunde 13,50 €). Benzin nach Verbrauch.

Wellness

Geist und Körper – **Yi-Spa:** ■ Karte 2, N 7, Monbijouplatz 3a, Mitte, Tel. 288 79 665, www.yi-spa.com, S 3, 5, 7, 75 Hackescher Markt. Das erste europäische Yi-Spa Studio, asiatische Entspannungstechniken und Massagen im Wellness-Konzept kombiniert. Traditionelle Thai-Körpermassage 65 €/Std.

Pränatale Erinnerung? – **float Berlin Mitte:** ■ Karte 2, M 8, Hausvogteiplatz 11, Mitte, www.float-berlin-mitte.de, U 2 Hausvogteiplatz, tgl. 10.45–22 Uhr. So, Fei nach Vereinbarung. Schweben in Sole, breites Angebot von Massagen und Wellness, 79 € /Std.

Oase der Entspannung für Frauen – **Hamam:** s. S. 256.

Türkisches Dampfbad – **Sultan Hamam:** ■ K 11, Bülowstr. 57, Schöneberg, Tel. 030 21 75 33 75, www.sultan-hamam.de, U 2 Bülowstraße, U 7, S 1, 2, 25 Yorckstraße, Mo 14–23 (nur Männer), Di–Do 11–22, Fr, Sa bis 23 (nur Frauen), So 11–22 Uhr (Männer/Frauen). 3 Std. 19 € (Kinder bis 12 Jahren 10 €), Massagen, Ganzkörperpeeling, Kosmetik etc. kosten extra.

Entspannung über Berlin – **Thermen am Europa-Center:** ■ G 10, Nürnberger Str. 7, Charlottenburg, Tel. 030 257 57 60, www.thermen-berlin.de, U 1, 2, 4, 12, 15 Wittenbergplatz, U 9, 15 Kurfürstendamm, Mo–Sa 10–24, So 10–21 Uhr. 3 Std. in der Thermenanlage mit 500 m^2 begrünter Dachterrasse, Innen- und Außenpool, Sauna etc. 18,50 €. Extra: Floating, Romantik-Bad, Massagen, Kosmetik- und Wellnessbehandlungen etc.

Zuschauersport

Basketball – **Albatrosse:** www.albaberlin.de, Karten Tel. 01806 57 00 11.

Laufen – **Berlin Marathon:** s. S. 21, 54.

Eishockey – **Eisbären Berlin:** www.eisbaeren.de, Karten Tel. 01806 57 00 41.

Fußball – **Hertha BSC:** www.herthabsc.de, Tickets online.
1. FC Union Berlin: www.fc-union-berlin.de, Tickets online.

Pferdesport – **Galopprennbahn Hoppegarten:** ■ Karte 3, G 3, www.hoppegarten.com.
Trabrennbahn Mariendorf: ■ Karte 3, D 4, www.berlintrab.de.

Museen, Gedenkstätten, Galerien

Über 170 Museen und Sammlungen gibt es in Berlin. Zur **Stiftung Preußischer Kulturbesitz** gehören 19 Museen, zur **Stiftung Stadtmuseum Berlin** sechs Standorte, dazu kommen Landes-, kommunale und private Museen, Sammlungen und Gedenkstätten.
MuseumsInformation Berlin: Tel. 030 24 74 98 88, Mo–Fr 9–16, Sa/So 9–13 Uhr. Grundinformationen zu allen Berliner Museen, Sammlungen, Gedenkstätten.

Im Internet

www.kulturprojekte-berlin.de: Infos zu aktuellen Kulturprojekten in Berlin.
www.art-in-berlin.de: Infos zu aktuellen Ausstellungen in Berliner Galerien.
www.artinberlin.de: Kompetente Infos, Gespräche und Besprechungen zu allen Bereichen der Kunst.
www.berliner-galerien.de: Datenbank der LV Berliner Galerien e. V. Herunterladbarer Kunstkalender.
www.galerien-berlin-mitte.de: Infos zu den Galerien in Berlin-Mitte.
www.museumsportal-berlin.de: Aktuelle Infos zu allen Museen und Ausstellungen, Eintrittskarten, Führungen.
www.smb.museum: Infos zu Museen der Stiftung Preußischer Kulturbesitz.
www.stadtmuseum.de: Infos der Stiftung Stadtmuseum zu Sammlungen.

Museen und Gedenkstätten

Kunst, Kulturgeschichte, Design

Ägyptische Königin – **Ägyptisches Museum und Papyrussammlung:** s. Neues Museum S. 60.

Caspar David Friedrich – **Alte Nationalgalerie:** ▶ M 7, Mb Museumsinsel, Bodestr. 1–3, Mitte, Tel. 030 266 42 42 42, www.smb.museum, S 3, 5, 7, 9, 75 Hackescher Markt, Di–So 10–18, Do bis 20 Uhr, Hauskarte 10/5 €, , s. S. 129.

Kunst der Griechen und Römer – **Altes Museum:** ▶ N 7, Mb Museumsinsel, Am Lustgarten, Mitte, Tel. 030 266 42 42 42, www.smb.museum, S 3, 5, 7, 9, 75 Hackescher Markt, Mo–So 10–18, Do bis 20 Uhr, Hauskarte 10/5 €, s. S. 129.

Stilkunde – **Bauhaus-Archiv Museum für Gestaltung:** ▶ H 9, Klingelhöferstr. 14, Tiergarten, Tel. 030 254 00 20, www.bauhaus.de, U 1, 2, 4, 12, 15 Nollendorfplatz, Mi–Mo 10–17 Uhr, Eintritt Mi–Fr 7/4 €, Sa–Mo 8/5 €. Arbeiten aus allen Phasen des Bauhauses und Mitarbeiternachlässe.

Aktuelle Berliner Kunst – **Berlinische Galerie – Landesmuseum für Moderne Kunst, Fotografie und Architektur:** ▶ M 10, Alte Jakobstr. 124–128, Kreuzberg, Tel. 030 78 90 26 00, www.berlinischegalerie.de, U 6 Kochstraße, Hallesches Tor, U 8 Moritzplatz, Mi–Mo 10–18 Uhr, 10/7 €, s. S. 150.

Skulpturen und Museum für Byzantinische Kunst – **Bode-Museum:** ▶ M 7, Mb Museumsinsel, Am Kupfergraben 1, Mitte, Tel. 030 266 42 42 42, www.smb.museum, S 3, 5, 7, 9, 75 Hackescher Markt, Di–So 10–18, Do bis 20 Uhr, Hauskarte10/5 €, s. S. 133.

Jugendstil und Art déco – **Bröhan-Museum:** ▶ C 7/8, Schloßstr. 1a, Charlottenburg, Tel. 030 32 69 06 00, www.broehan-museum.de, U 2 Sophie-Charlotte-Platz, Di–So 10–18 Uhr, 8/5 €, s. S. 192.

Expressionisten – **Brücke Museum:** ▶ Karte 3, C 4, Bussardsteig 9, Dahlem, Tel. 030 831 20 29, www.bruecke-museum.de, U 3, U 7 Fehrberliner Platz, Bus 115 Pücklerstraße, Mi–Mo 11–17 Uhr, 6/4 €. Ca. 450 Werke der Gruppe Die Brücke.

Surrealismus – **Dalí – Die Ausstellung:** ▶ Karte 2, L 9, Leipziger Platz 7, www.daliberlin.de, Mo–Sa 12–20, So, Fei 10–20 Uhr, 12,50/9,50 €, s. S. 174.

Kunst- und Kulturgeschichte Berlins – **Ephraim-Palais:** ▶ N 8, Poststr. 16, Tel. 030 24 00 21 62, www.stadtmuseum.de, U 2 Klosterstraße, Di–So 10–18, Mi 12–20 Uhr, 6/4 €, bis 18 Jahre Eintritt frei, Gruppen ab 10 Personen ermäßigt, s. S. 136.

Völkerkunde – **Ethnologisches Museum:** ab 2019 im Humboldt-Forum.

Schinkelzeit – **Friedrichwerdersche Kirche/Schinkel Museum:** ▶ Karte 2, M 8, Werderscher Markt, Mitte, Tel. 030 266 42 42 42, www.smb.museum, U 2 Hausvogteiplatz, U 6 Französische Straße, bis auf Weiteres geschlossen, s. S. 127.

Botticelli bis Rembrandt – **Gemäldegalerie:** ▶ J 9, Mb Kulturforum, Matthäi-

Die Wahl der richtigen Eintrittskarte – günstiger ins Museum

An den Informationsschaltern der Museen können Sie erfragen, welche Karte sinnvoll ist. Für Sonderausstellungen wird ein gesonderter Eintritt erhoben.
Infos zu Ausstellungen und Führungen in allen Staatlichen Museen unter Tel. 030 266 42 42 42, Mo–Fr 9–16 Uhr, E-Mail: service@smb.museum. Hier können Tickets gebucht und Publikationen bestellt werden. Informationen online: s. S. 57.
Die Staatlichen Museen sind in **vier Museumsbereichen (Mb)** zusammengefasst, für die **Bereichskarten** angeboten werden, die kaum teurer sind als Einzeltickets. Der **3-Tage-Museumspass** gilt für eine Person an drei aufeinanderfolgenden Öffnungstagen in über 50 Berliner Museen und Sammlungen (29/14,50 €). Nähere Informationen Tel. 030 266 42 42 42.
Jahreskarte: Alle Dauerausstellungen der Staatlichen Berliner Museen, 50/25 €; **Jahreskarte Plus:** Dauerausstellungen und Sonderausstellungen, 100/50 €.
Eintritt frei: Kinder und Jugendliche bis 18 Jahre.
Bereichskarte Museumsinsel in Berlin-Mitte: Altes Museum, Alte Nationalgalerie, Bode-Museum, Neues Museum, Pergamonmuseum, Tel. 030 266 42 42 42, inkl. Sonderausstellungen Pergamon-, Altes Museum 18/9 €. Kartenverkauf mit Zeitfenster für den Einlass im Container an der Alten Nationalgalerie.
Bereichskarte Kulturforum am Potsdamer Platz: Gemäldegalerie, Kunstbibliothek, Kunstgewerbemuseum am Kulturforum und im Schloss Köpenick, Kupferstichkabinett, Musikinstrumenten-Museum, Neue Nationalgalerie, Tel. 030 266 42 42 42, Bereichskarte 16/8 €.
Bereichskarte Museumsbereich Charlottenburg: Museum Berggruen, Sammlung Scharf-Gerstenberg, Museum für Fotografie/Helmut Newton Stiftung, Tel. s. bei den Museen, Bereichskarte 10/5 €.

kirchplatz 4–6, Tiergarten, Tel. 030 266 42 42 42, www.smb.museum, U 2, S 1, 2, 25 Potsdamer Platz, Di–So 10–18, Do bis 22 Uhr, Hauskarte 10/5 €, s. S. 177.

Kunst seit 1960 – **Hamburger Bahnhof Museum für Gegenwart:** ▶ K 6, Invalidenstr. 50/51, Mitte, Tel. 030 266 42 42 42, www.smb.museum, U 55, S 5, 9, 75 Hauptbahnhof, Di–Fr 10–18, Do bis 20, Sa/So 11–18 Uhr, 14/7€, s. S. 168.

Privatmuseum – **Käthe-Kollwitz-Museum:** ▶ F 10, Fasanenstr. 24, Charlottenburg, Tel. 030 882 52 10, www.kaethe-kollwitz.de, U 1 Uhlandstraße, tgl. 11–18 Uhr, 6/3 €, s. S. 187.

Bürgerliches Wohnen im Biedermeier – **Knoblauchhaus:** ▶ Karte 2, N 8, Poststr. 23, Mitte, Tel. 030 24 00 21 62, www.stadtmuseum.de, U 2 Klosterstraße, U 2, 5, 8, S 3, 5, 7, 9, 75 Alexanderplatz, Di–So 10–18, Eintritt frei, bei Veranstaltungen 3/2 €, s. S. 135.

Mode und mehr – **Kunstgewerbemuseum:** ▶ K 9, **Mb** Kulturforum, Matthäikirchplatz, U 2, S 1, 2, 25 Potsdamer Platz, Tel. 030 266 42 42 42, www.smb.museum. Nach Sanierung wiedereröffnet mit Ausstellung zur Mode des 19. u. 20. Jh., Kunsthandwerk nachantiker Stilepochen. Im Untergeschoss Industriedesign aus der Gegenwart. Dazu gehört **Schloss Köpenick** (▶ Karte 3, F 4), Schloßinsel 1, Köpenick, Tel. 030 266 42 42 42, S 47 Spindlersfeld, April–Sept. 11–18, Okt.–März 11–17 Uhr, Hauskarte 6/3 €, s. S. 263).

Moderne und zeitgenössische Kunst – **KunstHalle by Deutsche Bank:** ▶ M 8, Unter den Linden 13–15, Tel. 030 20 20 93-0, www.deutsche-bank-kunsthalle.de, U 2 Stadtmitte, U 6 Französische Straße, U 55, S 1, 2, 25 Brandenburger Tor, U 6, S 1, 2, 3, 5, 7, 9, 75 Friedrichstraße, tgl. 10–20, 4/3 €, kostenlose Führung 18 Uhr. Mo Eintritt frei, s. S. 120.

Von Dürer bis Warhol – **Kupferstichkabinett:** ▶ J/K 9, Mb Kulturforum, Matthäikirchplatz 8, Tiergarten, Tel. 030 266 42 42 42, www.smb.museum, U 2, S 1, 2, 25 Potsdamer Platz, Di–Fr 10–18, Sa, So 11–18 Uhr, Eintritt je nach Ausstellung, s. S. 177.

Künstlerhaus – **Liebermann-Villa am Wannsee:** ▶ Karte 3, B 4, Colomierstr. 3, Wannsee, Tel. 030 80 58 59 00, www.liebermann-villa.de, S 1, 7 Wannsee, Bus 114 Liebermann-Villa, Okt.–März tgl. 11–17, Di geschl., April–Sept. tgl. 10–18, Do, So 10–19 Uhr, Di geschl. 7/4 €, s. Entdeckungstour S. 266.

Picasso, Klee und Matisse – **Museum Berggruen:** ▶ C 7, **Mb** Charlottenburg, Schloßstr. 1, Charlottenburg, Tel. 030 266 42 42 42, www.smb.museum, U 2 Sophie-Charlotte-Platz, Di–Fr 10–18, Sa, So 11–18 Uhr, Kombikarte 10/5 €, s. S. 192.

Thema Europa – **Museum Europäischer Kulturen (MEK):** ▶ Karte 3, C/D 4, Arminallee 25. Das Museum für Asiatische Kunst und das Ethnologische Museum bereiten sich auf den Umzug ins Humboldt-Forum vor. Geblieben ist einzig das Museum für Europäische Kulturen. Die kulturelle Vielfalt Europas, aber auch das Verbindende wird deutlich durch die Ausstellungen zur Alltagskultur und populären Kunst in verschiedenen europäischen Regionen.

Asienreise – **Museum für Asiatische Kunst:** ab 2019 im Humboldt-Forum.

Helmut Newton – **Museum für Fotografie Helmut Newton Stiftung:** ▶ F 9, Mb Charlottenburg, Jebensstr. 2, Charlot-

Lange Nacht der Museen – vor dem Ischtar-Tor im Pergamonmuseum

tenburg, Tel. 030 266 42 42 42, www.smb.museum, U 2, 9, S 3, 5, 7, 9, 75 Zoologischer Garten, Di–So 11–19, Do bis 20 Uhr, Hauskarte 10/5 €, s. S. 189.

Mschatta-Fassade – **Museum für Islamische Kunst:** s. Pergamonmuseum.

Moderne Malerei und Plastik – **Neue Nationalgalerie:** ▶ K 9, Mb Kulturforum, Potsdamer Str. 50, Mitte, Tel. 030 266 42 42 42, U 2 Mendelssohn-Bartholdy-Park. Wegen Sanierung voraussichtlich bis 2018 geschlossen.

Zwei Museen – **Neues Museum:** ▶ M 7, Mb Museumsinsel, Bodestraße 1–3, Mitte, Tel. 030 266 42 42 42, www.smb.museum, S 3, 5, 7, 9, 75 Hackescher Markt, tgl. 10–18, Do bis 20 Uhr, Hauskarte 12/6 €, Kartenverkauf im Container an der Alten Nationalgalerie. Ägyptisches Museum und Papyrussammlung, Museum für Vor- und Frühgeschichte, s. S. 132.

Antike Monumentalarchitektur – **Pergamonmuseum:** ▶ M 7, Mb Museumsinsel, Bodestr. 1–3, Mitte, Tel. 030 266 42 42 42, www.smb.museum, S 5, 7, 75 Hackescher Markt, tgl. 10–18, Do bis 20 Uhr, Hauskarte 12/6 €. Antikensammlung, Vorderasiatisches Museum und Museum für Islamische Kunst, s. S. 132.

Fantastische Kunst – **Sammlung Scharf-Gerstenberg:** ▶ C 7, Mb Charlottenburg, Schloßstr. 70, Charlottenburg, Tel. 030 266 42 42 42, www.smb.muse um, U 2 Sophie-Charlotte-Platz, Di–Fr 10–18, Sa, So 11–18 Uhr,, Kombikarte 10/5 €, s. S. 192.

Vielfalt – **Schwules Museum:** ▶ J 10, Lützowstr. 73, Schöneberg, Tel. 030 69 59 90 50, So/Mo, Mi–Fr 14–18, Sa 14–19 Uhr, www.schwulesmuseum.de, 7,50/4 €. 1985 gegründet und heute das weltweit einzige Museum, dass sich durch seine Ausstellungen und das Archiv mit lesbischen, schwulen, bisexuellen und von der Norm abweichenden Lebensentwürfen auseinandersetzt.

Von Uruk bis Babylon – **Vorderasiatisches Museum:** s. Pergamonmuseum.

Typisch Berlin – **Zille Museum:** ▶ N 8, Propststr. 11, Mitte, Tel. 030 24 63 25 00, www.zillemuseum-berlin.de, Mo–Sa 11–18, So 13–18 Uhr, 7/5 €, Leben und Werk von Heinrich Zille, Chronist der Großstadt Berlin, s. S. 134.

Berliner und deutsche Geschichte, Gedenkstätten

Untergegangener Staat – **DDR-Museum:** ▶ N 7, Karl-Liebknecht-Str. 1, Mitte, Tel. 030 847 12 37 31, www.ddr-museum.de, U 2, 5, 8, S 3, 5, 7, 9, 75 Alexanderplatz, tgl. 10–20, Sa bis 22 Uhr, 9,50/6 €, s. S. 137.

Holocaust-Denkmal – **Denkmal für die ermordeten Juden Europas (Holocaust-Denkmal):** ▶ L 8, Cora-Berliner-Str. 1, Mitte, www.stiftung-denkmal.de, U 55, S 1, 2, 25 Brandenburger Tor, Stelenfeld frei zugänglich, Ort der Information Di–So April–Sept. 10–20 (letzter Einlass 19.15), Okt.–März 10–19 (letzter Einlass 18.15 Uhr), Eintritt frei, s. S. 170.

Deutsche Geschichte – **Deutsches Historisches Museum im Zeughaus:** ▶ M 7, Unter den Linden 2, Mitte, Tel. 030 20 30 40, www.dhm.de, U 2 Hausvogteiplatz, tgl. 10–18 Uhr, 8/4 €, unter 18 Jahren Eintritt frei, s. S. 126.

Schrecken der Mauer 1 – **Gedenkstätte Berliner Mauer:** ▶ M 5, Bernauer Str. 111/119, Prenzlauer Berg, Tel. 030 467 98 66 66, www.berliner-mauer-gedenkstaette.de, U 8 Bernauer Straße, S 1, 2 Nordbahnhof, Tram M 10 Gedenkstätte Berliner Mauer, Gedenkstättenareal tgl. 8–22 Uhr, Besucherzentrum Di–So 10–18 Uhr, Eintritt frei, Führung So 15 Uhr, 3 €, s. S. 220.

Ort des Widerstands – **Gedenkstätte Deutscher Widerstand:** ▶ J 9, Stauffenbergstr. 13–14, Tiergarten, Tel. 030 26 99 50 00, www.gdw-berlin.de, U 2 Mendelssohn-Bartholdy-Park, U 2, S 1, 2, 25 Potsdamer Platz, Mo–Mi, Fr 9–18, Do 9–20, Sa/So 10–18 Uhr, So 15 Uhr kostenlose Führung, Eintritt frei, s. S. 178.

Vorbereitung des Grauens – **Haus der Wannsee-Konferenz:** ▶ Karte 3, B 4, Am Großen Wannsee 56–58, Wannsee, Tel. 030 805 00 10, www.ghwk.de, S 1, 7 Wannsee, Bus 114 Haus der Wannsee-Konferenz, tgl. 10–18 Uhr, Eintritt frei, Führung Sa/So 16, 17 Uhr kostenlos, s. S. 268.

Stasi-Methoden 1 – **Gedenkstätte Hohenschönhausen:** ▶ Karte 3, E 2, Genslerstr. 66, Hohenschönhausen, Tel. 030 98 60 82 30, www.stiftung-hsh.de, Tram M 5 Freienwalder Straße, Führung März–Okt. tgl. 10–16, Nov.–Feb.Mo–Fr 11–15, Sa, So 10–16 Uhr zur vollen Stunde, 6/3 €. Vom sowjetischen Lager zum zentralen Untersuchungsgefängnis der Stasi – hier erhält man einen authentischen Einblick in die Methoden der Staatssicherheit des DDR-Regimes im Umgang mit Häftlingen. Ehemalige Insassen führen durch die Gedenkstätte.

Deutsch-jüdische Geschichte – **Jüdisches Museum Berlin:** ▶ M 10, Lindenstr. 9–14, Kreuzberg, Tel. 030 25 99 33 00, www.jmberlin.de, U 6 Kochstraße, U 1, 6, 12, 15 Hallesches Tor, Mo 10–22, Di–So 10–20 Uhr, 8/3 €, s. S. 150.

Geschichte Berlins – **Märkisches Museum:** ▶ O 8, Am Köllnischen Park 5, Mitte, Tel. 030 24 00 21 62, www.stadtmuseum.de, U 2 Märkisches Museum,

U 8, S 3, 5, 7, 9, 75 Jannowitzbrücke, Di–So 10–18, 5/3 €, bis 18 Jahre und 1. Mi/Monat Eintritt frei. Rundgang durch die Geschichte der Region und Berlins anhand von Exponaten aus dem Alltagsleben, s. S. 133.

Schrecken der Mauer 2 – **Mauermuseum Museum Haus am Checkpoint Charlie:** ▶ M 9, Friedrichstr. 43–45, Kreuzberg, Tel. 030 25 37 25 0, www.mauermuseum.de, U 2 Stadtmitte, U 6 Kochstraße, tgl. 9–22 Uhr, 14,40/9,50 €, s. S. 149.

Jüdisches Leben, jüdische Geschichte – **Centrum Judaicum (Neue Synagoge):** ▶ M 6, Oranienburger Str. 28–30, Mitte, Tel. 030 88 02 83 00, www.cjudaicum. de, S 1, 2, 25 Oranienburger Straße, Di–Do 10–18, So–Mo 10–20, Nov.–Feb. 10–18, Fr 10–14, April–Sept. 10–17 Uhr, letzter Einlass 30 Min. vor Schließung, 5/4 € Kuppel 3/2,50 €, Audioguide 3 €, s. Entdeckungstour S. 206.

Kirchengeschichte – **Nikolaikirche:** ▶ N 8, Nikolaikirchplatz, Mitte, Tel. 030 24 00 21 62, www.stadtmuseum.de, U 2 Klosterstraße, U 2, 5, 8, S 3, 5, 7, 9, 75 Alexanderplatz, tgl 10–18 Uhr, 5/3 €, bis 18 J. und 1. Mi/Monat Eintritt frei, s. S. 134.

Stasi-Methoden 2 – **Stasimuseum:** ▶ Karte 3, E 3, Ruschestr. 103, Lichtenberg, Tel. 030 553 68 54, www.stasimuseum.de, U 5 Magdalenenstraße, Mo–Fr 10–18, Sa/So 11–18 Uhr, 6/4,50 €. Auf dem Gelände des ehemals streng bewachten Ministeriums für Staatssicherheit. Vom Arbeitszimmer des Stasi-Chefs Erich Mielke über operative Technik der Stasi der 1960er- und 1970er bis zur Dokumentation von Verfolgung und Widerstand von 1949 bis 1989.

Spaziergang durch Berlins Geschichte – **The Story of Berlin:** ▶ F 10, Kurfürstendamm 207/208, Tel. 030 887 20 100, www.story-of-berlin.de, U 15 Uhlandstraße, tgl. 10–20 Uhr, 12/9 €, Kinder 6–16 J. 5 €, s. S. 187.

NS-Gräuel – **Topographie des Terrors:** ▶ L 9, Niederkirchnerstr. 8, Mitte, Tel. 030 25 45 09 50, www.topographie.de, U 2, S 1, 2, 25 Potsdamer Platz, tgl. 10–20 Uhr, Außenbereich bis Dunkelheit, Eintritt frei, s. Entdeckungstour S. 172.

Ort der Geschichte – **Tränenpalast:** ▶ L 7, Reichstagsufer 17, Mitte, www.hdg.de, S 1, 2, 25, 3, 5, 7, 75, U 6 S u. U Friedrichstr., Di–Fr 9–19, Sa, So 10–18 Uhr, Eintritt frei. Ausstellung zu Folgen der deutsch-deutschen Teilung am authentischen Ort.

Weitere Museen

Pflanzenwelt – **Botanisches Museum:** ▶ Karte 3, C 4, Königin-Luise-Str. 6–8, Dahlem, www.bgbm.org, S 1, M 48 Botanischer Garten, Nov.–Jan. 9–16, Febr. 9–17, März, Okt. 9–18, April, Aug. 9–20, Mai–Juli 9–21, Sept. 9–19 Uhr, Museum tgl. 10–18 Uhr, Museum/Garten 6/3 €, Mai–Aug. ab 17 Uhr 3 €, s. S. 264.

Deutsche Literatur – **Brecht-Haus:** ▶ L 6, Chausseestr. 125, Tel. 030 200 57 18 44, www.adk.de, U 6 Zinnowitzer Straße, nur mit Führung (Di–Sa alle 30 Min., So stündlich) Di 10–11.30, 14–15.30, Mi, Fr 10–11.30, Do 10–11.30, 17–18.30, Sa 10–12, 13–15.30, So 11–18 Uhr, 5/2,50 €, s. S. 154, s. auch Entdeckungstour S. 156.

Film- und Fernsehgeschichte – **Deutsche Kinemathek – Museum für Film und Fernsehen:** ▶ Karte 2, K 9, Potsdamer Str. 2, Tiergarten, Tel. 030 300 90

Man sieht schon von außen, um was es im Deutschen Technikmuseum geht

30, www.filmmuseum-berlin.de, U 2, S 1, 2, 25 Potsdamer Platz, Di–So 10–18, Do bis 20 Uhr, 7/4,50 €, s. S. 174.

Nicht nur Oldtimer – **Deutsches Technikmuseum Berlin:** ▶ K/L 11, Trebbiner Str. 9, Kreuzberg, Tel. 030 90 25 40, www.sdtb.de, U 1, 2, 12, 15 Gleisdreieck, Di–Fr 9–17.30, Sa/So 10–18 Uhr, 8/4 €. Oldtimer, Lokomotiven, Flugzeuge, Webstühle auf 50 000 m^2. Hier dreht sich alles um Technik. Der Besuch mit Kindern und Jugendlichen ist zu empfehlen, Mitmach-Möglichkeiten.

Von der Stradivari bis zur Hammondorgel – **Musikinstrumenten-Museum:** ▶ K 9, Tiergartenstr. 1 (Eingang Ben-Gurion-Str.), Tiergarten, Tel. 030 254 81 78, www.mim-berlin.de, U 2, S 1, 2, 25 Potsdamer Platz, Di–Fr 9–17, Do bis 20, Sa/So 10–17 Uhr, Hauskarte 6/3 €. Aus dem Bestand von ca. 3200 Instrumenten, darunter eine Stradivari-Geige und eine Mighty-Wurlitzer-Theaterorgel, werden ca. 800 gezeigt, s. S. 176.

Von der Post zum Computer – **Museum für Kommunikation:** ▶ L 9, Leipziger Str. 16, Mitte, Tel. 030 20 29 40, www.mfk-berlin.de, U 2 Stadtmitte, Di 9–20, Mi–Fr 9–17, Sa/So, Fei 10–18 Uhr, 4/2 €, s. S. 175.

Vom Urknall bis zum Menschen – **Museum für Naturkunde:** ▶ L 6, Invalidenstr. 43, Tel. 030 20 93 85 91, Mitte, www.naturkundemuseum-berlin.de, U 6 Naturkundemuseum, Di–Fr 9.30– 18, Sa/So 10–18 Uhr, 8/5 €. Vom Urknall und der Planetenentstehung über die Welt der Saurier bis zur Menschwerdung, der Welt der Tiere und der Pflanzen – Infos und Exponate.

Von den Neandertalern über Troja bis zu den Merowingern – **Museum für Vor- und Frühgeschichte:** s. Neues Museum.

Festung mit Museum – **Zitadelle Spandau:** ▶ Karte 3, C 2, Am Juliusturm, www.zitadelle-spandau.de, U 7 Zitadelle, tgl. 10–17 Uhr, 4,50/2,50 €, s. S. 260.

Galerien

Berlin ist mit über 450 Galerien zu einer Topadresse im internationalen Kunsthandel geworden. Wer sich in der Berliner Galerieszene umschauen möchte, dem sei der vierteljährlich erstellte **Kunstkalender** empfohlen (www.berliner-galerien.de). Immer lohnend ist ein Spaziergang durch die vier Zentren der Berliner Galerieszene.

Galerieszene West rund um den Ku'damm ▶ F 10

Die gut eingeführten Galerien sind an diesem über Jahrzehnte gewachsenen Standort der Berliner Galerieszene verblieben – trotz des Ansturms auf Berlin-Mitte. Mehrere Galerien liegen in der Fasanenstraße (U 15 Uhlandstraße), beachtenswert in der Kantstraße 149 ist die auf Fotokunst spezialisierte Galerie **Camera Work** (www.camerawork.de, U 2, 9, 12, S 3, 5, 7, 9, 75 Zoologischer Garten). Mit der Neueröffnung von **C/O Berlin** (Hardenbergstr. 22, Charlottenburg, www.co-berlin.org) im ehemaligen Amerika-Haus hat sich ganz in der Nähe des Museums für Fotografie ein Ausstellungshaus für Fotografie von internationalem Rang in West-Berlin angesiedelt.

Führungen durch die Galerieszene

art:berlin: Tel. 030 28 09 63 90, www.artberlin-online.de, ab 10 €/Person. Die Firma art:berlin bietet – nicht nur – Führungen durch die Berliner Galerieszene an, von den Anfängen der Szene bis zu den neuen Galeriequartieren. Unterschiedliche Treffpunkte.

Go ART! Berlin: Tel. 030 30 87 36 26, www.goart-berlin.de. Maßgeschneiderte Führungen für kunst- und kulturbegeisterte Privatreisende, Unternehmen sowie Geschäftsleute. Nicht ganz billig, aber dafür von Fachleuten und mit individuellen Auswahlmöglichkeiten. Ab 90 € pro Stunde, mindestens 2–3 Stunden.

Galeriebereich Auguststraße–Linienstraße ▶ M 6

In der August- und Linienstraße (U 8 Rosenthaler Platz) haben sich eine Reihe von Galerien angesiedelt, so die **Galerie Kicken Berlin** (www.kicken-gallery.com), **Kuckei + Kuckei** (www.kuckei-kukei.de), die **Galerie Eigen + Art** (www.eigen-art.com), deren Leipziger Stamm haus sich einen Namen mit ostdeutscher junger Kunst machte, oder **KW Kunst-Werke e. V.** (www.kw-berlin.de, s. S. 211), der zeitgenössische Kunst in Deutschland vorstellt und in Kooperation mit den Künstlern weiterentwickelt.

Galeriebereich Potsdamerstraße ▶ J/K 10

Aktuell entwickelt sich die Potsdamer Straße zwischen der Neuen Nationalgalerie und der Bülowstraße zu einem Galeriestandort erster Klasse. Da ein Teil der Galerien in Hinterhöfen liegt, sind Infos und die Karte unter www.potse-kunstspotting.de sinnvoll. Hier finden sich auch Portraits einzelner Galerien.

Galeriebereich Zimmerstraße–Lindenstraße ▶ M9/10

Einen Schwerpunkt dieser Galerieszene bildet das Haus **Lindenstraße 34–35** (www.galerienhaus.com, U 6 Kochstraße). Galerien mit Künstlern aus diversen europäischen Ländern und Dependancen eingeführter deutscher Galerien. Einen guten Überblick über die Galerien um den Checkpoint Charly bietet die Website www.berlingallerydistrict.com.

Reiseinfos von A bis Z

Apotheken

An sämtlichen Berliner Apotheken ist die nächste Notdienstapotheke verzeichnet.
Mobile/Online Notdienstsuche bundesweit: Tel. 22 8 33 (max. 69 ct./Min./SMS) oder www.apotheken.de.

Diplomatische Vertretungen

Österreichische Botschaft: ▶ J 9, Stauffenbergstr. 1, Tiergarten, Tel. 030 20 28 70, Konsularabteilung Tel. 030 26 93 42 80, www.oesterreichische-botschaft.de, U 2, S 1, 2, 25 Potsdamer Platz, dann Bus 200, Mo/Di 9–13, Mi 12–16, Do/Fr 9–13 Uhr.

Schweizer Botschaft: ▶ K 7, Otto-von-Bismarck-Allee 4A, Tiergarten, Tel. 030 390 40 00, www.eda.admin.ch/berlin, Mo–Fr 9–12 Uhr.

Feiertage

1. Januar: Neujahr
März/April: Karfreitag, Ostermontag
1. Mai: Tag der Arbeit
Mai/Anfang Juni: Christi Himmelfahrt (am Do nach dem 5. So nach Ostern)
Mai/Juni: Pfingstmontag
3. Oktober: Tag der Deutschen Einheit
25., 26. Dezember: Weihnachten

Fundbüros

BVG Fundbüro: ▶ J 12, Potsdamer Str. 180–182, Schöneberg, Tel. 030 194 49, www.bvg.de, U 7 Kleistpark, Mo–Do 9–18, Fr 9–14 Uhr.
Flughafen Tegel: ▶ C 2, Tel. 030 60 91 11 50.
Flughafen Schönefeld: ▶ Karte 3, F 5, Tel. 030 60 91 11 50.
Zentrales Fundbüro: ▶ L 13, Platz der Luftbrücke 6, Tempelhof, Tel. 030 902 77 31 01, U 6 Platz der Luftbrücke, Mo/Di, Fr 9–14, Do 13–18 Uhr.

Hunde

Laut Hundeverordnung müssen Hunde an die Leine (max. 2 m Länge) und dürfen nicht auf Kinderspielplätzen und gekennzeichneten Liegewiesen laufen. Kampfhunde sind ausnahmslos an der Leine zu führen (Maulkorbpflicht). In Parks und Wäldern sind Hundeauslaufflächen gekennzeichnet. Der Grunewaldsee ist Hundebadesee (s. S. 55).

Internet

Das ›**Free WiFi Berlin**‹ steht an mehr als 650 Hotspots in fast allen Stadtteilen kostenlos und ohne Registrierung zur Verfügung (www.berlin.de/stadtplan/w-lan-hotspots/).

Hinzu kommen unzählige freie **WLAN-Hotspots** in Hotels, Cafés oder Bistros (www.hotspot-locations.de/) sowie in Internetcafés, Bibliotheken und anderen öffentlichen Einrichtungen (www.digitale-chancen.de/einsteiger).

Auch die **BVG** bietet inzwischen kostenlos zugängliches WLAN ohne Registrierung auf vielen U-Bahnhöfen (www.bvg.de/WiFi) und testet bereits die Ausstattung von Bussen.

Kinder

www.berlin.de: Reiter »Kultur & Ausgehen«, dann: »Kinder«. Tipps zu Veranstaltungen, Museen und Highlights für Kinder.

www.theaterberlin.de: Kindertheater und Puppenbühnen unter ›Theater für Kids und Teens‹.
www.kinderberlin.de: Private Website, auf der jede Menge Veranstaltungen für Kinder in Berlin verzeichnet sind.
Stadtmagazin Tip: mit Angabe von Veranstaltungsterminen für Kinder.
www.himbeer-magazin.de: Kommerzielles Magazin für ›Leute mit Kindern‹. Zahlreiche Tipps zu Veranstaltungen, Geschäften etc.

Notruf

Polizei: 110
Feuerwehr: 112
Deutsches Rotes Kreuz: 030 600 300
Giftnotruf: 030 192 40
Ärztlicher Bereitschaftsdienst: 116 117 (bei dringenden medizinischen Problemen in der Nacht, am Wochenende oder an Feiertagen)
Privatärztlicher Notfalldienst: Tel. 0800 89 79 69 5
Zahnärztlicher Bereitschaftsdienst: Tel. 030 89 00 43 33
Tierärztl. Notdienst: 0157 859 49 631
Telefon-Seelsorge: 0800 111 0 111
Sperrung von Handys, Bank- und Kreditkarten: 116 116

Öffnungszeiten

Banken: Stark variierend, Kernzeiten 10–16 Uhr.

Geschäfte: Alle Berliner Geschäfte dürfen Mo–Sa rund um die Uhr öffnen und an zehn Sonntagen (u. a. Adventssonntage) 13–20 Uhr. Läden in den großen Einkaufspassagen und -straßen haben bis 20, Supermärkte bis 22 Uhr, Läden für den täglichen Bedarf im **Hauptbahnhof** und im **Bahnhof Friedrichstraße** tgl. bis 22 Uhr geöffnet. Danach muss man schon einen der rund 1000 ›Spätis‹ in der Stadt finden.

Post: s. unten.

Polizei

Außer für einen **Notruf** (s. links) wendet man sich an: **Der Polizeipräsident in Berlin,** Platz der Luftbrücke 6, Tempelhof, Tel. 030 46 64 46 64, U 6 Platz der Luftbrücke. Hier auch Auskunft über abgeschleppte Pkw.

Post

In der Regel sind die Berliner Postämter Mo–Fr 8–18, Sa 8–13 Uhr geöffnet. Spätschalter bieten:
Postamt Charlottenburg (▶ F 10), Joachimstaler Str. 41, U 2, 9, 12, S 3, 5, 7, 9, 75 Zoologischer Garten, Mo–Fr 10–19, Sa 10–17 Uhr.
Nähe Alexanderplatz (▶ Karte 2, O 7), Rathausstr. 5, U 2, 5, 8, S 3, 5, 7, 9, 75 Alexanderplatz, Mo–Fr 9–19, Sa 9–16 Uhr.
Bahnhof Friedrichstraße (▶ Karte 2, M 7) im Bahnhof Friedrichstraße, U 6, S 1, 2, 3, 5 7, 9, 75 Friedrichstraße, Mo–Fr 6–22, 8–22 Uhr.
Hauptbahnhof (▶ K 6/7) Europaplatz 1, U 55, S 5, S 7, S 75, Postfiliale im Photogeschäft Photo & Card, Mo–So 8–21 Uhr.

Rauchen

In Berlin ist in öffentlichen Gebäuden, Gesundheitseinrichtungen, Theatern, Museen etc., Sporteinrichtungen, Gaststätten und Discos das Rauchen verboten. In den Schankwirtschaften, in denen keine Speisen zubereitet werden, darf bei entsprechendem Hinweis geraucht werden.

Reisen mit Handicap

www.mobidat.net: Website des gemeinnützigen Vereins Albatros e. V.

mit Datenbank, Links und Info zur Barrierefreiheit.
rollstuhl-urlaub.de: Privater Anbieter von barrierefreien Berlin. Infos zu barrierefreien Angeboten in Berlin.
Kostenfreier Begleitservice: Für Fahrgäste, die Hilfe benötigen, bieten BVG und S-Bahn kostenlos Mo–Fr 7–16 Uhr eine Begleithilfe. Bis einen Tag vor der Fahrt bestellen unter Tel. 030 34 64 99 40, Mo–Fr 9–16 Uhr.
Kostenloser Rollstuhlverleih im Berliner Zoo: Tel. 030 25 40 10. An den Kassen zum Zoo Rollstuhlverleih erfragen.
Rollstuhlpannendienst: Tel. 0177 83 35 773.

Reisekasse und Spartipps

Berlin kann hochpreisig, aber auch günstig sein. Die Preise in den **Restaurants, Cafés** und **Kneipen** sind in Berlin durchaus moderat, geht man nicht in die absolute Spitzengastronomie. Aber auch dort lässt sich mittags beim Businesslunch Geld sparen. Auch sollte man nicht direkt am Ku'damm, an der Friedrichstraße oder Unter den Linden essen, will man seine Reisekasse schonen. Es lohnt sich, Mineralwasser mit zu nehmen, da Lebensmittelläden in der Innenstadt Mangelware sind.

Berlin verfügt über ein großes Angebot an **Hotelzimmern** unterschiedlichster Kategorien. Es lohnt sich immer, im Internet nachzusehen oder in den Hotels anzurufen und nach günstigeren Konditionen zu fragen (s. S. 26). In **Hostels** kann man ein Einzelzimmer schon ab 25 € bekommen.

Flexibel und günstig fährt man in **öffentlichen Verkehrsmitteln** mit einem Tages- bzw. Wochenticket der BVG (s. S. 23) oder einer **Berlin Welcome-Card** (s. S. 25). Auch in **Museen** lässt sich nicht nur damit sparen (s. S. 25, 58).

Die **Berliner Kinos** bieten einen Kinotag mit um 30–50 % reduziertem Eintritt (meist Di, auch Mo oder Mi).

Sicherheit

Berlin ist ein beliebtes Reiseziel und damit ein Anlaufpunkt für Taschendiebe. Diese nutzen gern das Gedränge auf den Bahnhöfen oder in großen Menschenmengen. Vorsicht!

In U-Bahnhöfen sowie in U- und S-Bahnen kommt es jährlich zu ca. 2500 Körperverletzungen (darunter viele Auseinandersetzungen unter Jugendlichen). Am besten in Waggons einsteigen, in denen schon Fahrgäste sitzen, und sich nicht provozieren lassen.

Berlin kennt keine Sperrbezirke und daher keine ausgeprägten Rotlichtviertel. Nur an der Kurfürstenstraße in Schöneberg ist ein Zentrum der **Straßenprostitution.** Da hier auch oft Drogen im Spiel sind: Vorsicht!

Trinkgeld

Taxifahrer, Hotel- und Gastronomiepersonal erwarten ein Trinkgeld von ca. 10 % des Rechnungsbetrags.

Zeitungen

In Berlin erscheinen drei große bürgerliche Tageszeitungen, Der Tagesspiegel, Berliner Morgenpost und Berliner Zeitung, sowie zwei Boulevardblätter, B.Z. und Berliner Kurier. Die Bild bietet täglich einen Regionalteil. Auch die alternative taz berichtet aus Berlin.

Einen Überblick über das Kulturleben geben die Stadtmagazine Tip und Zitty (14-tägig), in denen man Informationen zu allen Veranstaltungen in der Stadt findet. Ansonsten können Sie sich online informieren.

Panorama – Daten, Essays, Hintergründe

Modernes Berlin – Bürohäuser am Potsdamer Platz

Steckbrief Berlin

Lage und Größe: Berlin bedeckt eine Fläche von 892 km^2. In Ost-West-Richtung misst das Stadtgebiet 45 km, in Nord-Süd-Richtung 38 km.
Politik und Verwaltung: Berlin ist als Stadtstaat ein eigenständiges Bundesland und zugleich Hauptstadt der Bundesrepublik Deutschland. Die Stadt gliedert sich in zwölf Stadtbezirke.
Bevölkerung: Mit ca. 3,5 Mio. Einwohnern ist Berlin die zweitgrößte Stadt in der EU. Die Einwohnerzahl nimmt seit 2005 leicht, aber stetig zu.
Zeitzone: MEZ, im Sommer MESZ.
Stadtwappen: Bär mit roter Zunge und roten Krallen auf weißem oder silbernem Schild unter einer Laubkrone, deren Stirnreif aus Mauerwerk ein Tor zeigt.

Geografie und Natur

Spree und Havel durchfließen die Stadt und prägen zusammen mit ihren Seitenarmen, Kanälen und Seen die wasserreiche Berliner Landschaft. Insbesondere die Havel, die das Stadtgebiet von Nord nach Süd durchschneidet, buchtet sich an verschiedenen Stellen zu Seen wie dem Großen Wannsee aus. Im gesamten Territorium Berlins finden sich rund 60 Seen, die auf die eiszeitliche Formung der Landschaft zurückgehen.

Berlin ist waldreich. Typisch sind Kiefern, die in den Sommermonaten für die markant würzige Luft in der Stadt sorgen. Zunehmend wird hieraus Mischwald entwickelt. Über ein Drittel der 424590 Straßenbäume in Berlin sind Linden.

Geschichte

Berlin war eine märkische Handelsstadt. Ab 1442 war sie Wohnsitz und Residenzstadt der Kurfürsten von Brandenburg und von 1701 bis 1918 Residenz- und Hauptstadt des Königreichs Preußen. Ab 1871 fungierte sie zugleich als Hauptstadt des Deutschen Reiches. Ab 1919 war Berlin Hauptstadt der Weimarer Republik und ab 1933 das Machtzentrum der NS-Diktatur. 1945 teilten die vier Besatzungsmächte die Stadt unter sich auf. Aus dem amerikanischen, englischen und französischen Sektor wurde West-Berlin. Ost-Berlin, der sowjetische Sektor, wurde zur Hauptstadt der DDR. Seit 1990 ist Berlin die Hauptstadt des wiedervereinigten Deutschland, ab 2001 auch Regierungssitz.

Politik und Verwaltung

Das Berliner Abgeordnetenhaus, das alle fünf Jahre gewählt wird, bestimmt den Regierenden Bürgermeister. Dieser ernennt maximal acht Senatoren, mit denen er den Senat des Landes Berlin, die Landesregierung, bildet. An der Spitze der zwölf Berliner Stadtbezirke stehen die Bezirksbürgermeister, die von der Bezirksverordnetenversammlung bestimmt werden. Die Bezirksverordnetenversammlung wird von allen deutschen Staatsbürgern und Bürgern der EU, die in Berlin wohnen, gewählt. Die Bezirksbürgermeister bilden gemeinsam mit dem Regierenden Bürgermeister und dessen Stellvertreter den Rat der Bürgermeister.

Wirtschaft und Tourismus

Im Jahr 2015 arbeiteten in der einst größten Industriestadt Deutschlands nur noch etwas über 100.000 der insgesamt 1,3 Mio Beschäftigten in der Industrie. 167.000 Männer und Frauen waren arbeitslos, das sind 8,8 % (2017). Aufgrund seiner kleinteiligen Gewerbestruktur mit den Schwerpunkten Dienstleistungen, Wissenschaft und Forschung, ist Berlin gut durch die Wirtschaftskrise 2009 gekommen und holt seitdem stetig gegenüber den anderen Bundesländern auf. Größter Arbeitgeber der Stadt ist die Deutsche Bahn mit rund 21 000 Beschäftigten.

Wachstumsbranche ist der Tourismus. 2016 verzeichnete die Stadt über 12 Mio. Besucher, und über 30 Mio. Übernachtungen. Allerdings stiegen die Zahlen nur noch um 2,9% gegenüber 2015. Mittlerweile kann sich Berlin in Sachen Tourismus mit Städten wie Paris und London messen. Immerhin 54 % der Gäste kamen aus dem Ausland in die Stadt. Ca. 136 000 Hotelbetten standen 2015 zur Verfügung. Rund 275 000 Personen leben vom Tourismus.

Bevölkerung und Religion

Unter den 3,5 Mio. Einwohnern Berlins befinden sich ca. 500 000 Ausländer aus 186 Staaten. Das entspricht einem Ausländeranteil von 15 %. Unter diesen Ausländern stellen die türkischen Staatsbürger mit ca. 100 000 Personen die stärkste Gruppe, gefolgt von den Polen mit rund 40 000 Personen. Die drittstärkste Gruppe stellen mit ca. 19 000 Personen die Serben. Den höchsten Ausländeranteil weist der Bezirk Mitte mit über 28 % auf, gefolgt von Friedrichshain-Kreuzberg (ca. 23 %) und Neukölln (22 %). In Marzahn-Hellersdorf wohnen nur ca. 3,5 % Ausländer.

Da viele Migranten oder deren Kinder mittlerweile einen deutschen Pass besitzen, wird die Zahl der Einwohner mit Migrationshintergrund immer wichtiger. 900 000 Berliner und Berlinerinnen (25 %) haben einen Migrationshintergrund. Bei Kindern und Jugendlichen haben bereits 40% einen Migrationshintergrund.

Rund 60 % der 3,5 Mio. Einwohner der Stadt sind konfessionslos, rund 20 % evangelisch, rund 9 % katholisch. Rund 6 % der Einwohner bekennen sich zum Islam. Neben einer großen Zahl christlicher Kirchen, die oft für andere Zwecke genutzt werden, gibt es in der Stadt elf Synagogen, mehrere buddhistische Tempel und rund 80 Moscheen und Gebetsräume.

Bildung, Forschung und Kultur

In Berlin studieren ca. 160000 Studenten und Studentinnen an staatlichen und privaten Universitäten, Kunst- und Fachhochschulen. Im Wissenschafts- und Technologiepark Adlershof haben sich elf außeruniversitäre Forschungseinrichtungen, sechs Institute der Humboldt-Universität und rund 400 technologieorientierte Unternehmen angesiedelt.

Geschichte im Überblick

Stadtgründung

1180 Vermutlich rheinische oder flämische Kaufleute sowie Handwerker lassen sich auf einer Spreeinsel (Cölln) und am nördlichen Spreeufer, der späteren Berliner Seite, nieder.

1200 Aus Cölln und Berlin haben sich Marktflecken entwickelt, die von den brandenburgischen Landesherren mit Privilegien ausgestattet werden.

1234 Der Mühlendamm wird angelegt und bietet einen Übergang über die Spree. Zugleich staut er das Wasser, Wassermühlen werden errichtet.

1251 Berlin wird erstmals in einer Urkunde als Stadt (civitas) bezeichnet. 1261 wird die Stadt Cölln erstmals erwähnt.

Die Bürgerstadt

1307 Die Städte Berlin und Cölln bilden einen gemeinsamen Rat.

1345 Der erste allgemeine Landtag der Mark wird in Berlin abgehalten.

1400 Berlin-Cölln hat ca. 7000 Einwohner und gehört der Hanse an.

Die Hohenzollern-Residenz

1415 Der Hohenzollern-Burggraf Friedrich von Nürnberg erhält die Mark Brandenburg als Lehen.

1442 Friedrich II. mit dem Eisenzahn unterwirft Berlin-Cölln. Auf der Spreeinsel lässt er ein Schloss errichten, das zum Landesmittelpunkt des Kurfürstentums Brandenburg wird.

1447/1448 Die Berliner und Cöllner Bürger lehnen sich erfolglos im Berliner Unwillen gegen den Bau des Schlosses auf.

1470 Albrecht III. Achilles erhebt Berlin-Cölln zur ständigen Residenz der Kurfürsten von Brandenburg.

1539 Kurfürst Joachim II. Hektor tritt zum Protestantismus über.

1648 Friedrich Wilhelm, der Große Kurfürst, lockt durch die Politik der religiösen Toleranz Franzosen, Salzburger, Böhmen und Polen nach Berlin, das nach dem Dreißigjährigen Krieg nur noch 6000 Einwohner hat.

Aufstieg zur Residenz des Königreichs Preußen

1701–1713 Kurfürst Friedrich III. krönt sich in Königsberg zu Friedrich I., König in Preußen. Er forciert den Ausbau Berlins zur Residenzstadt.

1713–1740 Friedrich Wilhelm I. baut Berlin und vor allem Potsdam zur Garnisonsstadt aus.

1740–1786 Friedrich II., der Große, setzt den Ausbau der Residenzstadt Berlin fort. Durch die drei Schlesischen Kriege macht er Preußen zur fünften europäischen Macht. 1786 hat Berlin 150 000 Einwohner.

1806–1815 Bis 1810 ist Berlin von napoleonischen Truppen besetzt. Die Niederlage Preußens bringt Reformen auf den Weg.

1817 Karl Friedrich Schinkel hat den Idealplan für die Innenstadt ausgearbeitet. Seine Neue Wache ist der erste klassizistische Bau in Berlin.

Berlin wird Industriestadt

1823 Vor dem Oranienburger Tor siedeln sich Eisengießereien und Maschinenbaubetriebe an.

1826 Die Gasbeleuchtung wird in Berlin eingeführt.

1830 Berlin hat 247 500 Einwohner.

1838 Die Linie Berlin–Potsdam wird als Stammstrecke der preußischen Eisenbahn eröffnet.

1844 August Borsig stellt seine erste selbstkonstruierte Lokomotive vor.

1847 Werner Siemens (ab 1888 von Siemens) und Johann Georg Halske gründen mit zehn Mitarbeitern die Telegraphen-Bau-Anstalt Siemens & Halske. Die Geburtsstunde der Berliner Elektroindustrie.

1848 Der friedliche Protest Berliner Bürger geht in Straßenkämpfe über (216 Tote), nachdem das Militär das Feuer eröffnete. Die Bürger fordern eine Verfassung.

1851 Ernst Schering spezialisiert sich auf die Herstellung von Fotochemikalien. Geburtsstunde der chemischen Industrie.

1861 Wedding, Gesundbrunnen, Moabit, die Tempelhofer und Schöneberger Vorstadt sowie die äußere Dorotheenstadt werden eingemeindet. Berlin hat 567 200 Einwohner.

1862 Der Regierungsbaumeister James Hobrecht legt einen Bebauungsplan für die Umgebung der alten Berliner Innenstadt vor. Der Plan für den Ausbau des Berliner Mietshausgürtels.

Berlin – Hauptstadt des Deutschen Kaiserreichs

1871 Der preußische König wird nach dem Sieg im Deutsch-Französischen Krieg in Versailles zum Kaiser des Deutschen Reiches gekrönt. Berlin wird Hauptstadt des Deutschen Reiches.

1873 Der Bau der Berliner Kanalisation beginnt, nachdem 1867 eine Choleraepidemie in der Stadt ausgebrochen ist.

1879 Die erste elektrische Straßenbahn der Welt nimmt in Berlin ihren Betrieb auf. Die Technische Universität wird gegründet.

1882–1887 Die erste S-Bahn nimmt ihren Betrieb auf. Die ersten 36 elektrischen Bogenlampen beleuchten die Leipziger Straße. 1883 gründet Emil Moritz Rathenau die Deutsche Edisongesellschaft, aus der 1887 die Allgemeine Elektrizitätsgesellschaft (AEG) hervorgeht.

1902 Die erste U-Bahn-Linie wird zwischen den Bahnhöfen Warschauer Straße und Wittenbergplatz in Betrieb genommen.

Die Weimarer Republik

1918 In Berlin herrschen nach der Niederlage im Ersten Weltkrieg und der Flucht des Kaisers bürgerkriegsähnliche Zustände. Der Spartakusbund versucht in der Novemberrevolution die Räterepublik durchzusetzen.

1920 Das Groß-Berlin-Gesetz schließt acht Städte, 59 Landgemeinden und 27 Gutsbezirke zusammen. Berlin hat jetzt 3,87 Mio. Einwohner und ist nach New York und London drittgrößte Stadt der Welt.

1932 In Berlin sind ca. 600 000 Menschen arbeitslos. Die Weltwirtschaftskrise, die 1929 begann, nimmt kein Ende.

Das NS-Regime

1933 Im Februar demonstrieren 200 000 Menschen im Berliner Lustgarten gegen die Ernennung Adolf Hitlers zum Reichskanzler am 30. Januar.

1936 XI. Olympische Spiele in Berlin. Die NS-Herren nutzen die Veranstaltung als Propaganda-Show.

1943 Am 17. Januar beginnt die systematische Bombardierung Berlins. Vor allem Berlin Mitte und Wohnhäuser werden zerstört.

1945 Am 7. Mai kapituliert die deutsche Wehrmacht. In Berlin leben nur noch 2,8 Mio. Menschen (1939: 4,4 Mio.). Von über 160 000 Berliner Juden wurden 55 000 ermordet. Rund 20 % aller Gebäude sind zerstört.

Die Teilung der Stadt

1948	Berlin-Blockade. Die sowjetische Besatzungsmacht sperrt im Juni alle Land- und Wasserwege in die Stadt. Amerikanische und britische Luftwaffe versorgen die 2,2 Mio. West-Berliner bis Mai 1949 aus der Luft.
1949	Ost-Berlin wird Hauptstadt der neu gegründeten DDR.
1953	Am 17. Juni wird der Volksaufstand in Ost-Berlin gegen die Normerhöhung bei gleichbleibenden Löhnen niedergeschlagen.
1961	Am 13. August beginnen Grenztruppen der DDR mit dem Bau der Berliner Mauer. Die Stadt ist kompett geteilt.
1963	Passierscheinabkommen. Erstmals dürfen die West-Berliner zu Weihnachten ihre Verwandten im Ostteil besuchen.
1968	Attentat auf den Berliner Studentenführer Rudi Dutschke am 11. April, in der Folge heftigste Straßenschlachten.
1971	Das Vier-Mächte-Abkommen garantiert den freien Transitverkehr zwischen der Bundesrepublik und West-Berlin auf Straße, Schiene, Wasser.

Von der Wiedervereinigung bis heute

9.11.1989	Die Mauer wird geöffnet.
1990	Berlin wird Hauptstadt der Bundesrepublik Deutschland.
1991	Das Rote Rathaus ist wieder Sitz des Regierenden Bürgermeisters.
2001	Einweihung des Bundeskanzleramts, Abschluss des Regierungsumzugs.
2013	Der Bau des Flughafens Berlin-Brandenburg (BER) wird zum teuren Desaster, der Eröffnungstermin immer wieder verschoben.
2014	Am 15.12. übergibt Klaus Wowereit nach 13 Jahren das Amt des Regierenden Bürgermeisters an Michael Müller (SPD).
2015–2016	Berlin nimmt rund 60.000 Geflüchtete auf.
30.9.2017	Nach über sieben Jahren ist die Sanierung der Staatsoper Unter den Linden abgeschlossen. Mit der kostenlosen »Staatsoper für alle« auf dem Bebelplatz beginnt der Spielbetrieb.
2019	Das Humboldt-Forum/Stadtschloss soll eröffnet werden.

Wo bitte ist denn hier das Zentrum? – Berlins Stadtstruktur

Vielen Besuchern fällt die erste Orientierung in Berlin schwer. Das mag an der schieren Größe der Millionenstadt liegen – aber auch daran, dass ein klar erkennbares Zentrum fehlt. Berlin hat so seine Besonderheiten, zum Beispiel zwei historisch gewachsene Citybereiche.

Rund um das historische Zentrum

Rund um Stadtschloss und Prachtstraße Unter den Linden, zwischen Brandenburger Tor und Lustgarten, bauten die preußischen Könige einst ihre Residenzstadt. Die Bürgerstadt Berlins entwickelte sich rund um den Gendarmenmarkt. Ab 1871 bauten die Banken und Unternehmen in dieser historischen Innenstadt ihre repräsentativen Firmensitze, dazu kamen die Geschäftshäuser: die Berliner City entstand.

Die Friedrichstr. und die Leipziger Str. wurden zu den Einkaufsstraßen der Stadt. In die Palais an der Wilhelmstr. und um den Pariser Platz zogen die Ministerien des preußischen Staates und des Deutschen Reiches ein. Ihnen folgten die Botschaften. Ganz in der Nähe, am Südrand des Tiergartens entstand das erste Villenviertel der Stadt.

Im Norden, Osten und Süden der Innenstadt entwickelte sich der Ring der Vorstädte. Die Königsstadt und die Strahlauer Vorstadt sind heute verschwunden. Erhalten ist die Spandauer Vorstadt, in der sich viele Juden ansiedelten. Die Luisenstadt und die Tempelhofer Vorstadt im Süden sind im Bezirk Kreuzberg aufgegangen. Um den heutigen Rosa-Luxemburg-Platz lag das Elendsviertel der Stadt, das einst

berüchtigte Scheunenviertel. Die Mulackei, der Bereich um die Mulackstraße, war noch zu DDR-Zeiten das Synonym für sozialen Abstieg.

Die neue City West

Berlin platzte schon 1870 aus allen Nähten. Nicht nur Arbeiter drängten massenhaft vom Land in die Stadt, auch Banken, Versicherungen und vielerlei Institutionen zogen nach der Reichsgründung nach Berlin. Ab 1886 bauten Investoren den Kurfürstendamm zum zweiten Boulevard der Stadt aus. Moderne, große Wohnungen mit Heizung in Mietshäusern mit Fahrstuhl – wer das entsprechende Kleingeld hatte, wohnte ab 1890 im neuen Berliner Westen. Geschäfte, Cafés, Amüsierbetriebe folgten der betuchten Klientel, das zweite Zentrum war entstanden, die Bühne für die Goldenen Zwanziger Jahre bereitet. Mit der Teilung der Stadt nach 1945 mussten der Breitscheidplatz mit der Gedächtniskirche, der Bahnhof Zoo und der Boulevard Ku'damm die Funktion des Stadtzentrums für West-Berlin übernehmen.

Wilhelminischer Mietshausgürtel

Wer durch Moabit, Wedding, Prenzlauer Berg, Friedrichshain, Kreuzberg oder Schöneberg schlendert, entdeckt allerorten gründerzeitliche Mietshausbauten mit den typischen Hinterhöfen. Das rasante Wachstum (1872: 774000 Einw., 1920: etwa 3,9 Mio. Einw.) bescherte der Stadt nicht nur den Kurfürstendamm, sondern auch die Quartiere für die Fabrikarbeiter. Investoren kauften die Flächen zwischen dem alten Berlin und den umliegenden Dörfern und bebauten sie. Einzige Auflagen für die Bauherren: die Hinterhöfe mussten 5,34 m x 5,34 m groß sein, damit die Feuerwehrspritze wenden konnte. Das Vorderhaus durfte nicht höher sein als die Breite der Straße. Es entstanden die berüchtigten Berliner Mietskasernen mit bis zu sechs Hinterhöfen, die bei knapp über 28 m^2 Größe nicht viel mehr als Lichtschächte waren. Man lasse sich also von den schmucken Fassaden nicht täuschen: In den Vorderhäusern entstanden passable Wohnungen für Besserverdienende, in den Kellern und kleinen Wohnungen der Hinterhöfe herrschte drangvolle Enge.

Aus der Kritik dieser Wohnverhältnisse schufen Architekten wie Bruno Taut, Martin Wagner, Hans Scharoun und Walter Gropius zwischen 1914 und 1934 neue Konzepte für den Mietshausbau, die Licht und viel Grün für die Bewohner boten. Ein Beispiel:

Mehr zur Entwicklung Berlins
Michael Bienert/Elke Linda Buchholz: Kaiserzeit und Moderne – Ein Wegweiser durch Berlin. Berlin 2007. Berlins Entwicklung zur modernen Großstadt.
Günter de Bruyn: Unter den Linden. München 2004. Glänzend geschriebene Stadtgeschichte anhand der Bauten am Boulevard Unter den Linden.
Birgit Jochens: Von Haus zu Haus am Kurfürstendamm. Geschichte und Geschichten über Berlins ersten Boulevard. Berlin 2011.
Märkisches Museum: s. S. 133.

die Wohnstadt Carl Legien (s. S. 221). Seit 2008 gehören sechs dieser Wohnstädte als Siedlungen der Moderne zum UNESCO-Welterbe (www.weltersiedlungen-berlin.de).

Keiner der Architekten und Planer vor 1933 hatte ahnen können, was in Berlin nach 1989 geschah. Nach Sanierung und Entkernung wurden die Quartiere des viel gescholtenen Berliner Mietshausgürtels zu den quicklebendigen Stadtvierteln mit Altbauwohnungen, die einen Gutteil der Lebensqualität im heutigen Berlin ausmachen.

Ab ins Grüne

Eine eigene Lebenswelt entwickelte sich in den Villenvierteln des Berliner Südwestens. Ob im Grunewald, am Schlachten-, Nikolas- oder Wannsee, sobald die Verkehrsmittel es möglich machten, zog es die wirklich Wohlhabenden in diese landschaftlich reizvollen Gegenden an der Grunewald-Seenkette oder an der Havel. Hier pflegten sie einen großbürgerlichen Lebensstil, ganz in der Nähe der Schlösser, die sich die Mitglieder der Familie Hohenzollern einst weit vor der Stadt gebaut hatten. Im Südosten entstanden die Villenviertel am Orankesee und in Grünau.

Polyzentrisches Berlin

Neben den beiden Zentren Berlins, der historischen Innenstadt und der City West, entwickelten sich in den Vierteln des Mietshausgürtels entlang der alten Ausfallstraße und um die Knotenpunke von S- und U-Bahn Unterzentren mit Geschäften und Versorgungseinrichtungen. Berlin wurde zur polyzentrischen Stadt.

»Wir müssen Berlin nicht neu erfinden« – der Wiederaufbau

Ein gigantisches Zeltdach überspannt die Sony Plaza im Sony Center

Mauerfall am 9. November 1989, Wiedervereinigung am 3. Oktober 1990. Große Feier, Feuerwerk am Brandenburger Tor, Jubelstimmung allerorten und die bange Frage in der Stadt: Was wird jetzt aus Berlin? Wie soll die Hauptstadt des wiedervereinigten Deutschland aussehen?

Heute, über 25 Jahre nach diesen furiosen Monaten, sehen wir die Ergebnisse einer Stadtplanung, die 1990 vor einer fast unlösbaren Aufgabe zu stehen schien. Unter Zeitdruck und massiv von politischen Interessen, Investoren und der Fachöffentlichkeit bedrängt, mussten die Berliner Stadtplaner Entscheidungen fällen, die das Gesicht Berlins auf Jahrzehnte bestimmen werden.

Für die Neugestaltung Berlins nach 1990 steht ein Name: Hans Stimmann, Senatsbaudirektor in der Senatsverwaltung für Bau- und Wohnungswesen 1991 bis 2006. »Wir müssen Berlin nicht neu erfinden!«, sagte er bei seinem Amtsantritt und löste damit eine Debatte aus, die als Berliner Architekturstreit weltweite Beachtung fand. Gesucht wurde eine Antwort auf die Frage: Wie soll die Stadt der Zukunft aussehen?

Die Ausgangslage

Eine erste Bestandsaufnahme nach 1989 brachte ein erschütterndes Ergebnis. Beiderseits der Grenzbefestigung hatten sich große Brachflächen entwickelt. Aus Ost- und West-Berlin waren in 40 Jahren der Teilung zwei vollkommen unterschiedlich strukturierte Millionenstädte geworden.

Die Ost-Berliner Innenstadt hatte man zum Zentrum der sozialistischen Stadt ausgebaut. Die Berliner Altstadt um Petrikirche, Nikolaikirche und Marienkirche war abgerissen. Der Alexanderplatz war mächtig vergrößert worden, Marx-Engels-Platz und der Palast der Republik boten Raum für die Jubelfeiern der DDR-Elite inklusive winkender Volksmassen. Das Straßen- und Platzgefüge der alten Innenstadt war dahin.

Die Bestandsaufnahme Berlin-West war ebenfalls nicht gerade ermutigend. »Offene Stadtlandschaften« hieß das Leitbild der Berliner Stadtplanung bis Mitte der 1970er-Jahre. Abgeräumt wurden funktionslose Großbauten wie die alten Stadtbahnhöfe. Breite Autoschneisen wurden für die autogerechte Stadt durch gewachsene Wohnviertel geschlagen, Altbauten abgerissen. Das Neue Kreuzberg Zentrum (NKZ) am Kottbuser Tor und der Mehringplatz sind nur zwei Beispiele für diese Abriss- und Baupolitik, die alles andere als lebenswerte Stadtlandschaften schuf.

Hans Stimmann stellte in einem Aufsatz im Jahr 2000 fest, dass Berlin zu Beginn der 1990er-Jahre zwischen Strausberger Platz (Ost) und Breitscheidplatz (West) aus zusammengewürftelten Fragmenten bestand. Städteplaner mussten die gesamte Innenstadt neu strukturieren, Architekten neu bauen. Kein Wunder, dass sich 1990 das Who's Who der internationalen Architektenszene in Berlin die Klinke in die Hand gab.

Ohne gültigen Bebauungsplan blieb der Senatsverwaltung nur, die Teilnehmer an städtebaulichen Wettbewerben, die Bauherren und ihre Architekten auf die Idee der kritischen Rekonstruktion (J. P. Kleihues) und auf das Leitbild der europäischen Stadt festzulegen. Ein Katalog von Gestaltungsregeln sollte gewährleisten, dass die Innenstadt mehr wurde als nur eine Ansammlung teurer Einzelbauten.

Kritische Rekonstruktion: Pariser Platz

Gehen wir heute über den Pariser Platz, erleben wir einen geschlossenen Stadtplatz, der sich bestens ins Stadtbild einfügt. Noch 1990 stand hier neben dem Brandenburger Tor nur ein Rückgebäude der Akademie der Künste.

Im Westen bildet heute das Brandenburger Tor die Platzbegrenzung. Richtung Unter den Linden springen das Hotel Adlon und das gegenüberliegende Gebäude aus der Fassadenreihe hervor und geben dem Platz Halt. Die ursprüngliche Form des Pariser Platzes wurde rekonstruiert. Das Wort kritisch konnte hier getrost weggelassen werden, denn gravierende bauliche Mängel aus der Vergangenheit mussten hier nicht korrigiert werden. Die vier hohen Schuppmannkandelaber, das helle Mosaikpflaster auf den Gehwegen, Grünflächen und Brunnenanlagen – ein Hauch des alten Berlin um 1900 ist an den Platz zurückgekehrt. Und das, ohne dass die Bauten um den Platz ein Berlin der Kaiserzeit vorgaukeln.

Gut, das Hotel Adlon ist bewusst mit historisierender Fassade errichtet worden. Wer will es einem Hotel, das einen alten, klangvollen Namen trägt, verdenken? Ansonsten aber sind moderne Einzelbauten entstanden, die gut harmonieren. Der Grund: Die Senatsbauverwaltung gab vor, dass die Fassaden unmittelbar an der Grundstücksgrenze zu errichten sind (Blockrandbebauung). Fensterreihen sollten die Fassaden strukturieren (Lochfassaden), Bauhöhe und Baumaterialien sollten sich am

Brandenburger Tor orientieren. Einzig die Akademie der Künste tanzt mit ihrer Glasfassade aus der Reihe. Ein moderner Stadtplatz ist entstanden.

›Europäische Stadt‹: Potsdamer Platz

In Quartieren außerhalb der historischen Innenstadt galt das Leitbild der europäischen Stadt. Keine offenen Stadtlandschaften, keine Ansammlung von Hochhäusern nach amerikanischem Vorbild – gebaut werden sollte entlang von Straßen und Plätzen. 50 % Büro- und Dienstleistungsnutzung, 20 % Wohnungen, 30 % Kultur und Vergnügen – die Gebäude sollten gemischt genutzt werden, um zu verhindern, dass diese neuen Stadtquartiere nach Arbeitsschluss veröden.

Am Potsdamer Platz kann man die Umsetzung dieses Leitgedankens bestens studieren. Drei gut 100 m hohe Hochhäuser eröffnen, von der Innenstadt aus gesehen, das neue Stadtquartier. Geht man durch die Alte Potsdamer Straße, entdeckt man, wie die bewusst eng gehaltenen Straßen das gesamte Areal gliedern. Der neu angelegte Marlene-Dietrich-Platz dient als Zentrum. Bis in eine Höhe von 35 m ragen die Bauten empor, 13 m höher als in der historischen Innenstadt. Nur so konnten Investoren hier profitabel bauen. Heute leben und arbeiten rund 10 000 Menschen am Potsdamer Platz.

Das Sony Center auf der anderen Seite der Potsdamer Straße hingegen entfernt sich weit von der Leitidee der europäischen Stadt. Auf dem Forumsplatz im Zentrum des Centers findet das Leben statt. Aber ist das noch ein öffentlicher Stadtplatz oder nur der Mittelpunkt einer großen Konsum- und Kulturmaschine?

Am Pariser Platz – links das Adlon, rechts die Akademie der Künste

Zur Architektur in Berlin
Wer sich intensiver mit der Architektur in Berlin und der Stadtentwicklung beschäftigen möchte, dem seien spezielle Stadtführungen bzw. ein weiterführendes Buch empfohlen.
TICKET B: Tel. 030 420 26 96 20, www.ticket-b.de. Stadtführungen von Architekten für Gruppen oder Einzelpersonen.
Rainer Haubrich/Hans Wolfgang Hoffmann/Philipp Meuser/Chris van Uffelen: Berlin. Der Architekturführer. 7. Auflage 2015. Ein zuverlässiger Führer durch die alte und neue Architektur der Stadt.

Berliner Gemengelage

Ob in der Friedrichstraße oder am Gendarmenmarkt – überall begegnen Sie dem Prinzip der kritischen Rekonstruktion, der Blockrandbebauung, den Berliner Lochfassaden und dem Leitbild der europäischen Stadt. Ist der Wiederaufbau der Innenstadt und damit das Experiment Neuaufbau gelungen? Urteilen Sie selbst!

Alltag in Berlin oder von den Schwierigkeiten mit der Hauptstadt

Plötzlich stehen Polizisten mit ihren Motorrädern quer zur Fahrbahn. Die Ampelanlage springt von Rot auf Gelb auf Grün. Nichts bewegt sich. Alles steht – bis ein Konvoi dunkler Edellimousinen vorbeirauscht. Die Polizisten starten ihre Motorräder und brausen davon. Sekunden später diktiert die Ampelanlage wieder den Takt des Großstadtverkehrs. Als ob nichts gewesen wäre. Wer saß da in den Limousinen?

Alltag in der Hauptstadt Berlin, in dem kaum etwas zu spüren ist von der großen Politik und ihren Akteuren. Deutlich getrennt vom geschäftigen Berlin ist im Spreebogen ein neues Parlamentsviertel entstanden: Abgeordnetenbüros und im Reichstag das Parlament, in dem die Gesetze beraten und beschlossen werden. Ihm gegenüber das Kanzleramt, in dem die Gesetze in Politik umgesetzt werden.

Betont demokratisch, offen, transparent gibt sich heute die Hauptstadt. Von den rund 5000 Beratern, die im Auftrag von Unternehmen und Interessengruppen in Berlin unterwegs sind, um Einfluss zu nehmen für die Ziele ihrer Klienten, bekommt Otto Normalverbraucher ohnehin nichts mit.

Bewusst wurde bei der Planung des Regierungsumzugs darauf verzichtet, ein großes Regierungsviertel zu bauen. Dezent wurden die Ministerien

Manchmal spielt sich die Politik auch auf den Straßen Berlins ab …

über die gesamte Stadt verteilt. Das war kostengünstiger, weil viele alte repräsentative Gebäude leerstanden, sollte aber auch demonstrieren, dass hier nicht eine Stadt in der Stadt entsteht, sondern die Hauptstadt Berlin.

Das Finanzministerium findet sich in der Wilhelmstraße, das Auswärtige Amt am Werderschen Markt, das Umweltministerium in der Nähe des Potsdamer Platzes. Zumeist zogen diese Ministerien in zuvor sanierte Bauten, die durch entsprechende Anbauten ergänzt wurden, um einen modernen Dienstbetrieb zu ermöglichen. Keinesfalls sollte das historische Regierungsviertel, die Wilhelmstraße, wieder entstehen. Zu schwer wiegt die Last der deutschen Vergangenheit. Zurückgekehrt an ihren historischen Ort sind einzig die Botschaften rund um den Pariser Platz und im Tiergartenviertel.

Hauptstadtentscheid mit Hindernissen

Man ist vorsichtig geworden beim Thema Hauptstadt Berlin. Das hat eigentlich stets für reichlich Ärger gesorgt – ausgenommen in der Zeit, in der das Eintreten für die Hauptstadt Berlin ein vermutlich folgenloses Bekenntnis zur deutschen Einheit war. Als sich diese lang ersehnte Einheit dann 1989 in Riesenschritten näherte, sah das schon wieder anders aus. Bayern, Hessen und vor allem Nordrhein-Westfalen wollten keinesfalls im Einigungsvertrag, der 1990 ausgehandelt wurde, Berlin als Hauptstadt des geeinten Deutschland festschreiben. Lothar de Maizière, Ministerpräsident der DDR und in diesem Fall ganz Vertreter der Interessen ostdeutscher Bundesländer in spe, bestand demgegenüber auf dieser Festschreibung. Der Kompromiss in dieser Frage ist im Artikel 2 des Einigungsvertrags nachzulesen: »Hauptstadt Deutschlands ist Berlin. Die Frage des Sitzes von Parlament und Regierung wird nach Herstellung der Einheit Deutschlands entschieden ...« Mit ganzen 18 Stimmen Mehrheit entschied der Deutsche Bundestag am 20. Juni 1991 pro Berlin. Bei insgesamt 660 stimmberechtigten Mitgliedern des Bundestags ein ziemlich knappes Ergebnis.

Was war das Problem?

Was machte es den Deutschen so schwer, Berlin als Hauptstadt mit Regierungssitz und Parlament zu akzeptieren? Zuerst einmal standen die Interessen der verschiedenen Regionen gegen ein eindeutiges Ja zu Berlin als Hauptstadt – das war immer schon so in Deutschland mit seinen starken Regionen und sollte auch 1991 nicht anders sein. Ein Macht- und Funktionszentrum im kleinen, überschaubaren Bonn ließ sich in den regionalen Zentren zwischen Kiel und München deutlich besser ertragen als eine Millionenstadt wie Berlin als Hauptstadt des wiedervereinigten Deutschland.

Berlin als Hauptstadt weckte zudem jede Menge unheilvolle Erinnerungen. Die alles dominierende und besser versorgte Zentrale der Planwirtschaft zu DDR-Zeiten, Machtzentrum des NS-Regimes, Hauptstadt des von Preußen geprägten Deutschen Reiches – Berlin, der Parvenü unter den Hauptstädten Europas und die Bühne einer deutschen Nationalgeschichte, die in der Katastrophe zweier Weltkriege mündete. Das alles sollte keinesfalls wiederkehren.

Zur Verteidigung Berlins muss aber gesagt werden, dass es wohl eher die Könige, Diktatoren und Funktionäre waren, die der Stadt den zweifelhaften Ruf eingebracht haben. Herrschende, die Berlin als Bühne nutzten, die Stadt zumeist aber nicht einmal mochten. Friedrich dem Großen etwa waren die Berliner zu aufmüpfig, er baute lieber in Potsdam. Schon sein Vater lebte und residierte vornehmlich in der Garnisonsstadt. Bismarck mochte Berlin nicht, weil ihn die seinerzeit größte Industriestadt Deutschlands, die sich anschickte, eine moderne Metropole zu werden, schreckte. Er regierte lieber vom ländlichen Friedrichsruh aus. Hitler mochte Berlin nicht, weil es ihm zu rot und zu undeutsch war, Berlin war das Symbol für die ihm verhasste Zeit der Weimarer Republik. Konrad Adenauer, erster Bundeskanzler der Bundesrepublik Deutschland und vorher Oberbürgermeister der rheinischen Stadt Köln, soll die Vorhänge in seinem Salonwagen zugezogen haben, ging es nach Berlin. Ostelbien wollte er nicht sehen.

Hauptstadtfeeling

Besuch der Reichstagskuppel: s. S. 163, 167.

Deutsches Historisches Museum: s. S. 126.

Wege – Irrwege – Umwege: Ausstellung des Deutschen Bundestags im Deutschen Dom, s. S. 147.

Lobbyplanet Berlin: Hrsg. von LobbyControl – Initiative für Transparenz und Demokratie e. V. Zu beziehen über die Website www.lobbycontrol.de. Die Initiative bietet auch Führungen durch den Lobby-Dschungel Berlin an. Termine und Anmeldung via Website.

Wie wurde Berlin deutsche Hauptstadt?

Es ist schon merkwürdig. Die Deutschen haben Berlin weder 1871 noch zu irgendeinem Zeitpunkt ihrer Geschichte zu ihrer Hauptstadt gewählt. Mit Frankfurt, München, Hamburg, Leipzig oder Dresden gibt es diverse Städte, die durch ihre Lage, ihre Geschichte oder ihre wirtschaftliche Bedeutung den Anspruch erheben könnten, Hauptstadt der Bundesrepublik Deutschland zu sein. Und warum wurde es dann Berlin? Aus einem einzigen Grund: Berlin war die Hauptstadt Preußens, das 1871 die Gründung des Deutschen Reiches durchsetzte. Der preußische König wurde deutscher Kaiser und Berlin Hauptstadt des Deutschen Reiches. Der preußische Ministerpräsident war bis 1918 zumeist auch Kanzler des Deutschen Reiches.

Und die Berliner?

Die Berliner hat niemand gefragt, ob sie Hauptstädter sein möchten. Sei's drum. Heute ist Berlin die Hauptstadt im wiedervereinten Deutschland. Einige Zungen sprechen sogar von der Berliner Republik und hoffen auf ein gutes Gelingen. Genervte Gesichter der Berliner ob ihres Hauptstadtalltags gibt es auf jeden Fall selten bei Politikerbesuchen, schon eher bei der x-ten Demo im Jahr, die den ohnehin zähen Innenstadtverkehr vollends zum Erliegen bringt. Aber es ist natürlich ganz interessant, abends in den Nachrichten zu sehen, was tagsüber in der Stadt so los war, wer da in der Limousine saß, die an einem vorbeigerauscht ist, und wer wogegen heute demonstriert hat in der alten neuen Hauptstadt Berlin.

Mythos Berlin – die Goldenen Zwanziger Jahre

Am 15. November 1923 geschah ein kleines Wunder. Die neue Rentenmark beendete die Inflation. Mit dem stabilen Geldwert war die Bühne bereitet für das, was wir heute die Goldenen Zwanziger Jahre nennen.

Laboratorium der Moderne

Berlin war 1923 Weltstadt – vielleicht sogar die interessanteste Stadt der Welt. Künstler zogen in Scharen von Budapest, Wien, Prag oder München an die Spree. Russische Immigranten, die vor Revolution und Bürgerkrieg aus ihrer Heimat geflohen waren, fanden hier ebenso eine neue Heimat wie amerikanische Autoren und Journalisten: In Berlin lebte man billig und vor allem hatte sich die Stadt in ein Laboratorium der Moderne verwandelt. Vorbei waren Zensur und Katastrophenjahre, jetzt war Republik und Zeit für Experimente. Für wenige Jahre gab die Avantgarde den Orientierungspunkt für ein breites Publikum ab, für die geistigen und finanziellen Eliten genauso wie für die Kunstinteressierten.

Bühnenwelten und Großstadtalltag

Wilhelm Furtwängler dirigierte ab Oktober 1922 die Berliner Philharmoniker und machte sie bald zu einem der führenden Orchester der Welt. Leopold Jessner übernahm das Staatliche Schauspielhaus am Gendarmenmarkt, entstaubte die Klassiker und inszenierte weltweit beachtetes Theater. Erwin

Piscator formte an der Volksbühne das politische Theater. In seinem eigenen Haus am Nollendorfplatz setzte er ab 1927 Bild, Ton und Bühneneffekte ein, eine Revolution! Und Max Reinhardt unterhielt das breite Publikum mit aufwendigen Inszenierungen im Großen Schauspielhaus an der Friedrichstraße und später auch am Ku'damm.

Allabendlich galt es 35 000 Plätze in den Berliner Theatern und Varietébühnen zu füllen. Die »Dreigroschenoper« von Bertolt Brecht, 1928 im Theater am Schiffbauerdamm uraufgeführt, kam da genau richtig. Das Stück um den ›Geschäftsmann‹ Mackie Messer mit der Musik Kurt Weills traf den Nerv der Zeit – Unterhaltung mit Tiefgang war gefragt. Frei von jeder Zensur erlebte auch das Kabarett eine Blüte. Unbestrittener Meister der Unterhaltung aber war Erik Charell, der ab 1924 den Revueboom einleitete. Beschwingter Jazz erklang und die Tiller-Girls tanzten im Großen Schauspielhaus, dessen künstlerische Leitung Charell 1924 übernommen hatte. Im September 1928 brachte Charell im Rahmen einer Revue die Comedian Harmonists auf die Bühne – Veronika, der Lenz ist da.

Tempo und Betrieb waren angesagt – auch im Großstadtalltag. 40 Tageszeitungen erschienen in Berlin, einige in bis zu vier Ausgaben täglich. Autos rasten durch die Straßen, U- und S-Bahn transportierten einen neuen Typ Frau zur Arbeit – die Angestellte mit Bubikopf, die ihr eigenes Geld verdiente und des Abends wieder ausgab. Lichtreklamen machten die Nacht zum Tag.

Kinowelten

Licht und Dunkelheit – das Kino hatte seinen Siegeszug angetreten. 1921 gab es in Berlin bereits über 400 Lichtspielhäuser, zumeist muffige ›Theater für kleine Leute‹ in den Vorstädten. Ganz anders der Kinosaal im Vergnügungstempel Haus Vaterland am Potsdamer Platz bot Platz, er bot 1200 Sitzplätze. Das Marmorhaus und das Union-Theater, der UFA-Palast mit 2165 Plätzen, das Capitol mit 1284 Plätzen, der barocke Gloria-Palast – die neuen Filmpaläste am Ku'damm entstanden. Platzanweiser in Livree empfingen die Gäste. Orchester sorgten für die Begleitung der Filme, die noch stumm über die Leinwand flimmerten.

Große Bühne für die neuen Stars Emil Jannings, Harry Liedtke oder Henny Porten: Berlin war Filmstadt, die UFA Deutschlands größte Filmproduktionsfirma. Die Bildsprache war grell überzeichnend, expressionistisch. »Metropolis« (Regie Fritz Lang), am 10. Januar 1927 im UFA-Palast uraufgeführt, markierte den Höhe- und zugleich den Endpunkt des expressionistischen Films. Im September desselben Jahres erlebte der experimentelle Dokumentarfilm »Berlin – die Symphonie der Großstadt« (Regie Walther Ruttmann) seine Uraufführung – mit Szenen aus dem Berliner Alltagsleben.

Bild- und Buchwelten

Neue Sachlichkeit, so nennt sich der Stil, der die Bewegung des DADA und vor allem den Expressionismus, der nach dem Ersten Weltkrieg dem Zeitgeist entsprach, nach und nach ablöste – in Architektur, Malerei, Literatur oder im Film. Kunst sollte jetzt die Wirklichkeit wiedergeben. Der Kontrast von Arm und Reich, der neue Frauentyp, das Leben in der Großstadt rückten in den Mittelpunkt. Maler wie Otto Dix, Max Beckmann, Georg Grosz porträtierten die Berliner Gesellschaft. »Im Westen nichts Neues«, der Roman des Schriftstellers Erich Maria Remarque, der 1928 als Vorabdruck in der Voßischen Zeitung erschien, war 1929 der Sensationserfolg. Erich Kästner, Hans Fallada waren viel gelesene Autoren, und Alfred Döblin erzählte in seinem Roman »Berlin Alexanderplatz« von Elend und Armut im Berliner Osten.

Tanz in den Untergang

Die Goldenen Zwanziger Jahre wurden am großstädtischen Potsdamer Platz und im schicken Berliner Westen, im Viertel um den Ku'damm, zelebriert. Im Romanischen Café traf sich eine einmalige Mischung aus Künstlern, Intellektuellen und Geschäftsleuten. Die einen hatten die Idee, die anderen das Kapital für die oftmals riskanten Projekte im Film- oder Bühnengeschäft. In den Bars und Lokalen in den Seitenstraßen des Ku'damm wurde getanzt – Charleston, Shimmy oder Quickstepp. Jazzmusik gab den Ton an. Bis zum Schwarzen Freitag, dem 25. Oktober 1929, als bekannt wurde, dass in New York die Aktienkurse einbrachen. Auftakt einer Wirtschaftskrise, wie sie die Welt noch nicht erlebt hatte. Berlin traf die Krise mit voller Wucht. Der Rest ist bekannt.

Und heute? Geschäftsleute versuchen durch aufwendige Sanierungen am Ku'damm an die große Zeit des Boulevards anzuknüpfen. Der Admiralspalast in der Friedrichstraße, einer der wenigen erhaltenen großen Vergnügungsstätten Berlins, die Volksbühne und das Kino Babylon, beide am Rosa-Luxemburg-Platz gelegen, erinnern noch an die große Zeit. Und auch in etlichen Museen der Stadt finden sich Dokumente der Goldenen Zwanziger.

Die Schauspielerin Henny Porten

Auf den Spuren des Mythos im Berlin von heute

Videobustour: Tel. 030 44 02 44 50, www.videobustour.de, Zeitreise durch Berlin, Sa 11 Uhr, Start: Unter den Linden 40, 2 Std., 19,50/ 16,50 €. Sie fahren im Bus durch Berlin und sehen an den jeweiligen Schauplätzen auf Bildschirmen u. a. die jeweiligen Szenerien der Goldenen Zwanziger Jahre.
Bohème Sauvage Gesellschaft für mondäne Unterhaltung: www.boheme-sauvage.de, aktuelle Termine auf der Website. Rauschende Feste ganz im Stil der 1920er-Jahre an unterschiedlichen Veranstaltungsorten. Nur etwas für Zeitreisende in Komplettausstattung. Hinweise zu Kostümverleihen und Frisuren etc. s. Website.
Admiralspalast: s. S. 50, 154.
Volksbühne: s. S. 214.

Von Mauerzeiten zu Mauerwegen

Die Gedenkstätte Berliner Mauer in der Bernauer Straße erinnert an die teilende Mauer und an die Opfer dieser innerstädtischen Grenze, die dort ihr Leben ließen

Wo war eigentlich die Berliner Mauer? An den jüngst sanierten Gebäuden ist nicht mehr zu erkennen, ob sie in ehemals West oder Ost stehen. Der Todesstreifen, der 28 Jahre lang Berlin teilte, ist im Stadtbild kaum noch auszumachen.

Auf die Frage einer Journalistin sagte Walter Ulbricht am 15. Juni 1961 auf einer Pressekonferenz in Ost-Berlin: »Niemand hat die Absicht, eine Mauer zu errichten.« Die Frage kam nicht von ungefähr. Fast 3 Mio. Bürger hatten seit 1945 die DDR Richtung BRD verlassen. Seit Januar 1961 schwoll der Flüchtlingsstrom bedenklich an, weil Gerüchte über die endgültige Abriegelung der Grenze kursierten. Im April des Jahres 1961 flohen knapp 20 000, im Juli schon über 30 000 DDR-Bürger über Berlin in den Westen.

Mauerbau 1961

Am 13. August 1961, einem Sonntag, war es so weit. In der Nacht vom 12. auf den 13. August begannen Einheiten der DDR-Grenztruppen, die 37 km lange Grenze zwischen Ost- und West-Berlin abzuriegeln. Straßen wurden aufgerissen, der Schutt zu Wällen zusammengeschoben. Grenzpfähle wurden in den Boden gerammt, Stacheldraht wurde ausgerollt. Dramatische Bilder aus der Bernauer Straße gingen um die Welt. Hier gehörten die Häuser zu Ost-Berlin, der Fußweg lag schon auf West-Berliner Gebiet. Bewohner hangelten sich aus den Fenstern, sprangen in die von der Feuerwehr aufgespannten Sprungtücher. An der Bernauer Straße ist heute die offizielle Mauergedenkstätte mit in Teilen erhaltenen Grenzbefestigungen. Geschichte zum Anfassen.

Konfrontation

Dramatisch dann die Szenerie am 27. Oktober 1961. Eine Panzerkolonne fuhr aus dem Ostsektor auf den Checkpoint Charlie zu. Der amerikanische Stadtkommandant beorderte US-Panzer an den Checkpoint. Drohend standen die Kolonnen einander gegenüber. Ging hier am Checkpoint Charlie der Kalte Krieg zwischen den Supermächten UdSSR und USA in den heißen, den Dritten Weltkrieg über? Erst am Morgen des 28. Oktober 1961 drehten die Panzer auf der Ostseite ab, die Botschaft war verstanden: Die Amerikaner würden in West-Berlin nicht klein beigeben. Allzu deutlich wird an dieser Szenerie, dass die Berliner Mauer mehr war als die Grenze zwischen Ost- und West-Berlin. Die Mauer war eine der Demarkationslinien im weltumspannenden Ost-West-Konflikt, der die Jahrzehnte nach Ende des Zweiten Weltkriegs prägte. In Berlin standen sich die Supermächte Aug' in Aug' gegenüber. Auch aus diesem Grund ist der Checkpoint Charlie zu einem der Touristen-Highlights geworden.

Die Mauer

Während der folgenden Monate und Jahre bauten die DDR-Truppen die Grenzen um West-Berlin (111,9 km) und die Mauer zwischen den Teilen der Stadt (43,1 km) immer weiter aus. Auf die erste Berliner Mauer aus Betonelementen und Hohlblocksteinen folgte im Juni 1962 die Hinterlandmauer, eine zweite Mauer, die die Flucht erschweren sollte. Dazwischen wurde der Todesstreifen angelegt. Ab 1965 wurde die Mauer der dritten Generation errichtet – Betonplatten zwischen Pfählen aus Stahl oder Beton. Ab 1975 folgte die vierte Generation, die aus 1,20 m breiten und 3,60 m hohen Einzelsegmenten mit abgerundetem Kopf bestand. 302 Wachtürme sicherten diese Grenze, die von der SED als ›Antifaschistischer Schutzwall‹ bezeichnet wurde. Aber welches Regime kann schon zugeben, dass es seine Bürger einmauern muss?

Die Fluchtopfer

Das Zentrum für Zeithistorische Forschung e. V. geht von mindestens 138 Toten an der Berliner Mauer zwischen 1961 und 1989 aus, die genaue Zahl konnte noch nicht ermittelt werden. Darüber hinaus wurden rund 200 Menschen durch Schusswaffengebrauch verletzt. Dennoch gab es immer wieder spektakuläre Fluchtaktionen. Tunnel, gegraben von West-Berliner Seite, Transport von DDR-Bürgern in Pkw-Hohlräumen über die Grenze, DDR-Bürger bauten Flugmaschinen oder anderes, um die Mauer zu überwinden. In bizarren Ritualen wurden derweil an der Glienicker Brücke Spione ausgetauscht.

Der Tränenpalast

Trotz allem: Das Leben mit der Mauer wurde zum Alltag in Berlin. Am 17. Dezember 1963 durften West-Berliner mit einem Passierschein erstmals wieder in den Ostteil der Stadt. Das Vier-Mächte-Abkommen vom 3. September 1971 sorgte für gewisse Reiseerleichterungen. Die West-Berliner durften über die Übergänge Bahnhof Friedrichstraße, Chausseestraße/ Ecke Liesenstraße sowie die Oberbaumbrücke einreisen und sich bis 2 Uhr nachts in Ost-Berlin aufhalten.

Die Westdeutschen, für die zusätzlich die Übergänge Bornholmer Straße und Heinrich-Heine-Straße offen standen, mussten Ost-Berlin bis 24 Uhr verlassen.

Traurige Berühmtheit als Tränenpalast erlangte die Grenzübergangsstelle am Bahnhof Friedrichstraße. Familienmitglieder nahmen hier voneinander Abschied. Ost-West-Liebespaare mussten sich für Stunden oder Tage trennen. DDR-Bürger reisten nur mit ein paar Habseligkeiten bepackt aus. Erst der 9. November 1989 und die Vereinbarung zwischen Helmut Kohl und Hans Modrow über den Wegfall der Visumspflicht am 24. Dezember 1989 bereiteten diesem Schrecken ein Ende. Seit 2011 wird im sogenannten Tränenpalast (s. S. 151) die ständige Ausstellung »GrenzErfahrungen. Alltag der deutschen Teilung« gezeigt – biografische Dokumente, Originalobjekte in der denkmalgeschützten Abfertigungshalle, zusammengestellt von der Stiftung Haus der Geschichte.

Auf den Spuren der Berliner Mauer

Informationen zur Berliner Mauer und zum Mauerweg findet man auf **www.berlin.de.** Einfach Mauerweg im Suchmenü eingeben. Empfehlenswert ist der Besuch der Gedenkstätte Berliner Mauer (s. S. 220)

Mauerspaziergang: Cliewe Stadtführungen, Tel. 0179 472 90 07, www.cliewe.de. Eine 2–2,5-stündige Tour mit bis zu vier Personen wird für 100 € angeboten. Sehr kompetente und auf persönlichen Erfahrungen beruhende Tour.

Mauerweg per Fahrrad: Fahrradstation, Tel. 28 38 48 48, www.fahrradstation.de, 18 € pro Person inklusive Fahrrad.

Geführte Fahrradtour: Berlin on Bike!, Tel. 030 43 73 99 99, www.berlinonbike.de, warme Jahreszeit tgl. 10, Mo, Mi, Sa auch 15 Uhr, Dauer 4 Std., 16 €, Leihrad 5 €. 12 km mit dem Fahrrad entlang dem ehemaligen Mauerstreifen, vorbei an Grenzübergängen, Mauerresten, Geisterbahnhöfen, inklusive Besuch eines Wachturms.

Mauerspechte und Mauerwege

Monatelang wurde nach dem 9. November die ehemalige Grenzanlage von den Mauerspechten mit Hammer und Meißel bearbeitet. Findige verkauften die Stückchen als Souvenirs. Großer Jubel, als von der DDR-Seite aus am Potsdamer Platz die ersten Betonsegmente per Kran abgebaut wurden. Die Mauer verschwand in weiten Teilen.

Neben der offiziellen Mauergedenkstätte an der Bernauer Straße, dem Checkpoint Charlie mit dem Mauermuseum und der East Side Gallery erinnert heute der Mauerweg, der seit 2002 vom Berliner Senat als Rad- und Wanderweg samt Infotafeln ausgebaut wurde, an die Mauerzeit. Im innerstädtischen Bereich wurden Infostelen und -tafeln installiert und eine Doppelsteinpflasterreihe kennzeichnet den Mauerverlauf im innerstädtischen Straßenbereich. Von den ca. 160 km in und um Berlin ist vor allem die 7 km lange Route vom Potsdamer Platz bis zur Warschauer Brücke – via Erna-Berger-Straße, Niederkirchnerstraße, Checkpoint Charlie, nördliches Kreuzberg, East Side Gallery – empfehlenswert.

Es ist nicht jeden Tag Karneval der Kulturen – Berlin, deine Migranten

Einmal im Jahr inszeniert sich Berlin, wie es sich gern selber sieht – tolerant, fröhlich, respektvoll, vielfältig, kreativ, leidenschaftlich. In Kreuzberg ziehen am Pfingstwochenende über 4000 ›Karnevalisten‹ aus 80 Ländern in bunten Kostümen musizierend und tanzend durch die Straßen. Je nach Wetter säumen 1–1,5 Mio. Zuschauer die Straßen und feiern ein Stadtteilfest der besonderen Art: den Karneval der Kulturen. Ein schöner Traum.

In Berlin haben rund 625 000 Ausländer, d. h. Einwohner ohne deutschen Pass, aus über 180 Staaten ihre Hauptwohnung. Das entspricht annähernd 20 % der Stadtbevölkerung. Die stärkste Gruppe sind nach wie vor die Türken mit rund 98.000, den stärksten Zuwachs verzeichnen die Syrer mit rund 18 000. Aus den Gebieten der Russischen Föderation sind knapp 17 000 Personen in Berlin gemeldet. Eine überraschende Zahl, gibt es doch viele russische Geschäfte, eine russische Zeitung, einen russischen Radiosender und viele russisch sprechende Passanten gerade in West-Berlin. Der Grund: Geschätzte 100 000 Menschen mit Russisch als Muttersprache, ob Spätaussiedler oder russische Juden, leben in Berlin und besitzen einen deutschen Pass.

Berliner mit Migrationshintergrund

Statistiker und Politiker verlassen sich schon lange nicht mehr auf das Kriterium deutscher Pass ja oder nein, um die Wirklichkeit in der Stadt zu erfassen. Aussagefähiger sind die Zahlen zu den Einwohnern mit Migrationshintergrund. Aktuell haben ca. 30 % der Berliner einen nicht-deutschen Familienhintergrund: Im Bezirk Mitte sind es knapp 45 %, in Neukölln und in Friedrichshain-Kreuzberg ca. 40 %. Diese Zahl wird weiter steigen, denn über 40 % der Berliner Kinder bis 15 Jahre stammen aus Einwandererfamilien.

Berlin ist eine Zuwandererstadt. Die viel beschworene Internationalität der Stadt, die kreativen Potenziale, die mit den Zuwanderern in die Stadt kommen, sind die eine Seite der Medaille, die niemand missen möchte. Arbeitslosigkeit und Armut im Migrantenmilieu sind die Kehrseite.

Problem Bildung

Berlin verlor infolge der Abwanderung von Unternehmen nach der Wiedervereinigung und dem Auslaufen der Berlinförderung Industriearbeitsplätze, die zuvor von minderqualifizierten Migranten besetzt waren. Die waren plötzlich arbeitslos, fanden und finden auch heute keine neuen Jobs – und geben das Problem weiter. Ca. 16 % der Jugendlichen ausländischer Herkunft verlassen ohne Abschluss die Schule. Deutlich weniger Migrantenkinder als deutschstämmige Kinder starten eine Berufsausbildung.

Mangelnde deutsche Sprachkenntniss auch in der zweiten und dritten Generation von Migranten wird als Ausgangspunkt der schulischen Probleme ausgemacht. Doch Untersuchungen von Kindern deutscher Sprachherkunft haben ergeben, dass im Berliner Bezirk Mitte ca. 45 % ebenfalls Deutsch-Förderunterricht bräuchten. Sprachlosigkeit in den Familien – die gibt es in Familien deutscher und ausländischer Herkunft gleichermaßen.

Migranten in Berlin
Hugenottenmuseum: s. Entdeckungstour S. 146.
bioriental – Wochenmarkt am Maybachufer: s. Lieblingsort S. 250.
Kaffee Burger: Torstr. 60, Mitte, www.kaffeeburger.de, U 2 Rosa-Luxemburg-Platz, Mo–So ab 21 Uhr.
Güner Yasemin Balci: Arabboy. s. S. 19.
Ballhaus Naunynstraße: Das vom Kulturamt Friedrichshain-Kreuzberg getragene Theater legt schon seit 2008 einen Schwerpunkt auf migrantische und postmigrantische Theaterproduktionen (www.ballhausnaunynstrasse.de).

Neue Anforderungen

Berlin steht vor einer neuen Herausforderung. Die Hugenotten, die Böhmen, die erste Welle der jüdischen Zuwanderer – zumeist kamen gut ausgebildete Handwerker oder Kaufleute mit weit reichenden Handelsbeziehungen in die Stadt. Die aktuelle Situation hingegen lässt sich mit der Zuwanderung aus den ostelbischen Provinzen im Zuge der Industrialisierung ab 1830 vergleichen. Zumeist kamen wenig qualifizierte Landarbeiter – aber auf die warteten schon Arbeitsplätze in den neuen Fabriken. Heute sind am Wissenschaftsstandort Berlin, in der modernen Dienstleistungsstadt, hohe Qualifikationen gefordert. Die Zukunft Berlins tobt heute auf den Kinderspielplätzen herum oder drückt die Schulbank. Lesepatenschaften, wie sie das Bürgernetzwerk Bildung des Vereins Berliner Kaufleute und Industrieller e. V. vermittelt, können da nur ein Anfang sein.

Arm, aber sexy – das war einmal

Das Jahr der Finanzkrise 2009 war die Nagelprobe. Während die deutsche Wirtschaft um 5 % schrumpfte und den schärfsten Einbruch beim Bruttoinlandsprodukt seit dem 2. Weltkrieg zu verkraften hatte, reduzierte sich die Berliner Wirtschaftsleistung in 2009 nur um 0,7 %. Berlin war nicht mehr Schlusslicht der wirtschaftlichen Entwicklung, sondern stand besser da als die übrigen Bundesländer. Ein Trend, der sich bis heute bestätigt.

Rückblick

Nach der kurzen (Kauf-)Euphorie infolge der Wiedervereinigung 1990 hatte die Stadt den Zusammenbruch ihrer Industriekultur zu verkraften. Die Betriebe in Ost-Berlin waren nicht konkurrenzfähig. Die Handelsbeziehungen in den Ostblock lösten sich mit dem Wandel in den ehemaligen sozialistischen Bruderländern ins Nichts auf. In West-Berlin sah es nicht besser aus. Schon 1994 lief die Berlin-Förderung aus, mit der die Bundesrepublik Deutschland West-Berlin während der Jahre der Teilung über Wasser gehalten hatte. Die Folge: Gab es 1989 noch 378 000 Beschäftigte in den Industrieunternehmen der Stadt, sank diese Zahl innerhalb weniger Jahre auf unter 100 000. Und an jedem Industriearbeitsplatz hängen bekanntlich etliche Jobs

Ein neuer Blick auf Berlin

im Bereich Dienstleistungen. Der Regierende Bürgermeister Klaus Wowereit konnte 2003 seine Stadt nur noch mit dem Slogan »Arm, aber sexy« beschreiben. Mit 60 Mrd. € Schulden meinte Berlin in einer extremen Haushaltsnotlage zu sein und das Recht auf die Hilfe anderer Bundesländer zu besitzen. Das Bundesverfassungsgericht, das die Notlage feststellen muss, bevor Geld fließt, winkte aber 2006 endgültig ab: Berlin solle sich mit eigenen Mitteln helfen.

Die Gegenwart

Um es gleich zu sagen, Berlin ist 2017 immer noch pleite. Die Schulden sanken aber 2016 erstmals unter 60 Mrd.-€. Ein Hoffnungsschimmer. Und vor allem hat sich die Stimmung in Berlin gedreht. Seit 2005 verzeichnet die Berliner Wirtschaft ein stetiges Wachstum, sieht man von dem Krisenjahr 2009 einmal ab. Die Zahl der Industriearbeitsplätze ist wieder leicht gestiegen. Besonders stark entwickelten sich die Elektro- und die Pharmaindustrie. Industrieparks wie im Ostberliner Stadtteil Adlershof wachsen und gedeihen.

Dazu kommt die boomende Kreativwirtschaft. Von der Informations- und Kommunikationstechnik bis zum Musikverlag beschäftigt dieser Bereich heute gut 190 000 Erwerbstätige und trägt damit rund 10 % zum Gesamtumsatz der Berliner Wirtschaft bei. Damit liegt Berlin nach der Zahl der Kreativunternehmen nur knapp hinter München, lässt Hamburg und Köln weit hinter sich. Kennzeichen dieser Branche: die hohe Zahl von Kleinunternehmen und Freiberuflern. Ob Modebranche (s. S. 98) oder Kunstmarkt (s. S. 103), Film (s. S. 106) oder Musik, Berlin kann sich mit anderen Metropolen messen.

Im Bereich Dienstleistungen meldet vor allem die Tourismusbranche mit über 30 Mio. Übernachtungen (2015) Jahr für Jahr Erfolge. Kleiner Schönheitsfehler: Im Mai 2013 hatte Berlin nach dem Ergebnis des Zensus 2011 plötzlich gut 180 000 Einwohner weniger als seinerzeit angenommen. Für die damals rund 3,3 Mio. Einwohner der Stadt gab es natürlich weniger Geld aus dem Länderfinanzausgleich. Sogar Rückzahlungen mussten geleistet werden. Neben Baupleiten wie dem Flughafen Berlin-Brandenburg wieder ein Hindernis auf dem Weg zum Schuldenabbau.

Trotz des wirtschaftlichen Aufschwungs waren im Mai 2017 immer noch rund 170 000 Arbeitslose in der Stadt gemeldet. Das entspricht einer Quote um 9 %. Zwar ist die Zahl der Arbeitslosen in den vergangenen Jahren leicht gesunken, die neu in Berlin entstandenen Arbeitsplätze wurden aber zumeist von Arbeitnehmern besetzt, die von außerhalb in die Stadt kamen. So erfreulich und notwendig der Zuzug von hoch qualifizierten Arbeitnehmern und Freiberuflern ist, sie verstärken einen Trend, der nicht nur der Stadtbevölkerung, sondern auch der Kreativwirtschaft Sorgen bereitet. Die Mieten steigen kräftig in der Mieterstadt Berlin. In attraktiven Lagen scheint der Anstieg aktuell gebremst, in den Randlagen der begehrten Kieze aber steigen die Mieten weiter ungebremst. Auch die Preise für Eigentumswohnungen explodieren. Zwar ist Berlin immer noch die preisgünstigste Metropole in Europa, aber bezahlbarer Wohnraum wird knapp. Und den braucht eine Stadt, die in Sachen verfügbares Einkommen pro Einwohner immer noch auf einem der letzten Plätze im Ranking der Bundesländer liegt.

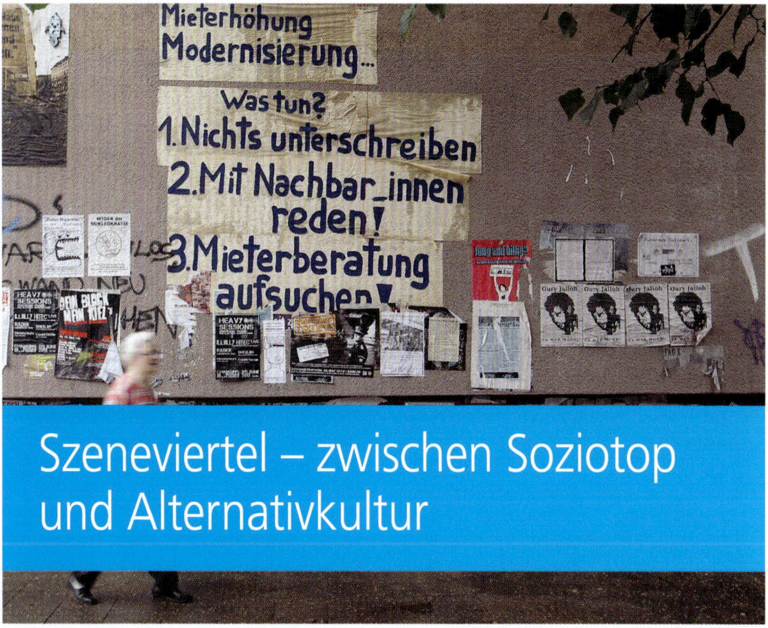

Szeneviertel – zwischen Soziotop und Alternativkultur

Ein Café, eine Kneipe, ein Restaurant oder ein Club, manchmal auch nur ein paar Geschäfte mit ausgefallenen Klamotten sind die Vorboten. Plötzlich wird eine Straße, ein Platz zum Treffpunkt, an dem zu fast jeder Tages- und Nachtzeit Betrieb herrscht. Die Spätaufsteher, die bis 18 Uhr frühstücken, geben sich mit den Frühausgehern, die von der Arbeit oder aus der Uni kommen, die Klinke in die Hand. Ein Stadtquartier ist plötzlich angesagt – und wird immer angesagter ...

Die Stadtmagazine, die Stadtradios berichten über das Viertel. Irgendwann greifen dann die Reportagemagazine des TVs das Thema auf, kommentieren und zeigen das hippe und wilde Leben im Kiez. Ein untrügliches Zeichen: Hier ist ein neues In-Viertel entstanden. Exemplarisch lässt sich dieser Prozess derzeit in Neukölln rund um den Reuterplatz und in Kreuzberg um das Schlesische Tor studieren. Beispiel Neukölln: Die Mieten in diesem ehemaligen Arbeiterbezirk waren niedrig, Wohnungen und Ladengeschäfte standen leer. Zeitungsgeschäfte und Billig-Bier-Läden führten ein kümmerliches Dasein. Ein türkisches, ein serbisches oder ein polnisches Vereinslokal, in dem ein Fernseher lief und ein paar Männer vor der Tür saßen, das war's. Manchmal fand sich noch eine Eckkneipe, in der drei, vier Gestalten ihren Abend verbrachten. Große Hallen und Gewerbeetagen in Hinterhöfen erzählten mit ihren verwaschenen Fassadenaufschriften von einer Arbeitswelt in dem Viertel, die es lange nicht mehr gab. Stattdessen vor Schmutz blinde Fenster. In diesen Vierteln waren Studenten, Großstadtexistenzen jeder Couleur, Künstler und Lebenskünstler als Mieter willkommen. Jeder war willkommen, waren die Besitzer der Häuser doch froh, dass überhaupt jemand Interesse zeigt.

Gentrifizierung

Einige Jahre später tobt in dem Kiez das Leben. Beispiel Prenzlauer Berg: Die Mieten steigen seit Jahren, Häuser werden verkauft, saniert und mit Gewinn weiterverkauft oder vermietet. Das Stichwort Gentrifizierung, Aufwertung innenstadtnaher Wohngebiete, macht die Runde. Wo das hinführt, sieht man rund um den Kollwitzplatz. Immerhin liegen die Mieten hier schon rund 20 % über dem Berliner Durchschnitt. Hilflose Versuche der linken Szene, diesem Problem hier oder auch in Friedrichshain und Kreuzberg Einhalt zu gebieten: Brandanschläge auf Autos, auch wenn hier die Grenzen zu einfachen Frusttaten fließend sind. Dazu kommen Attacken mit Farbbeuteln oder auch Wandschmierereien.

Ex-Szeneviertel

Berlin ist ein Flickenteppich von Ex-Szenevierteln, angesagten Quartieren und Stadtbereichen, die gerade im Kommen sind. Kaum zu glauben: Das heute als piefig verschriene Friedenau, ein Quartier in Schöneberg mit einer weitgehend erhalten Jugendstilbebauung, war das Szeneviertel in den 1950er- und frühen 1960er-Jahren. Literaten wie Günter Grass und Uwe Johnson wohnten hier. In dieser frühen Phase der Studentenbewegung waren große Wohnungen in Altbauten wenig gefragt, galten sie doch als unmodern. Wohngemeinschaften waren als Mieter willkommen.

Von der Hausbesetzung zum Szeneviertel

Kreuzberg rückte erst in den Blickpunkt, als massenhaft studiert wurde, billiger Wohnraum von Studenten und den damals noch ›Gastarbeiter‹ genannten Migranten nur in SO 36, im Schutz der Mauer, zu finden war. Viele Häuser waren hier in der Vorbereitung kommender Flächensanierungen von Wohnungsbaugesellschaften aufgekauft worden. Entweder wurden Studenten und Migranten als Mieter akzeptiert, die man auch kurzfristig wieder loswerden kann. Oder aber die Häuser wurden entmietet, standen leer, während potenzielle Mieter händeringend bezahlbaren Wohnraum suchten.

Kreuzberg wurde zum ersten Alternativviertel. Zunehmend konstituierten sich hier Lebenswege jenseits vorgegebener bürgerlicher Karrierewege. Die Hausbesetzerbewegung nahm hier durch die Besetzung zweier leerstehender Wohnungen durch die Bürgerinitiative SO 36 am 3. Februar 1979 ihren Anfang. Im Mai 1981 waren 169 Häuser besetzt, von denen ca. 80 in Kreuzberg lagen. Weitere Schwerpunkte der Szene waren die Winterfeldtstraße in Schöneberg und der Klausenerplatz in Charlottenburg. Tatsächlich gelang es der Szene, der Abrisspolitik Einhalt zu gebieten. Viele der Besetzungen wurden nachträglich legalisiert, die Besetzer erhielten Mietverträge, Kulturzentren entstanden.

Eine Renaissance gab es dann nach der Wiedervereinigung. Schwerpunkt in der Nachwendezeit war die Mainzer Straße in Friedrichshain. Sie wurde zur Keimzelle des Szeneviertels rund um den Boxhagener Platz, in dem die Mieten stiegen.

Die Szene zog weiter in den Wrangelkiez in Kreuzberg (s. S. 245) und in die Gegend um den Reuterplatz in Neukölln. Hier waren nicht Hausbesetzungen der Türöffner für den Wandel im Kiez, sondern bezahlbarer Wohn- und leerstehender Gewerberaum, der sich problemlos in Cafés, Kneipen oder auch in Szene-Läden umwandeln ließen. Heute ist hier die junge Szene zuhause.

Die Karl-Marx-Straße ist nicht nur Einkaufsstraße, sondern bietet mit der Passage Neukölln (Karl-Marx-Str. 131–133) mit Restaurants, Kino und der Neuköllner Oper auch einen Treffpunkt für den Abend. Ganz nah liegt auch der Heimathafen (Karl-Marx-Str. 141, www.heimathafen.de), ein ehemaliger Ballsaal, in dem Konzerte, Theater und Lesungen geboten werden. Die Sonnenallee entwickelt sich zunehmend zur arabisch-türkischen Straße in Berlin.

Szenekieze in Berlin – Kiezspaziergänge

Der Begriff bezeichnet heute ein kleines, in sich geschlossenes Wohnquartier, das die Bewohner in der unüberschaubaren Stadt als ihre Heimat betrachten.

Schöneberg: Maaßenstraße – Winterfeldtplatz – Goltzstraße – Akazienstraße. Viele kleine Geschäfte mit ausgesuchten Angeboten, ob textile Antiquitäten oder Küchengerät, Teegeschäft oder Trödler. Start U 1, 2, 4, 12, 15 Nollendorfplatz bis U 7 Eisenacher Straße, U 4 Bayerischer Platz, Dauer 2–3 Std., s. S. 194.

Kreuzberg SW 61: Mehringdamm – Bergmannstraße – Südstern – Körthestraße – Grimmstraße bis Admiralsbrücke. Cafés, Antiquariate, Modegeschäfte in gründerzeitlichen Fassaden. Nach Entkernung und Sanierung sind viele ehemalige Studenten einfach wohnen geblieben. Die Geschäfte wurden immer schicker, die Restaurants immer besser. Publikum jung bis alt. Start U 6, 7 Mehringdamm, Endpunkt U 1, 8, 12, 15 Kottbusser Tor, Dauer 4 Std., s. S. 240.

Kreuzberg SO 36: Kottbusser Tor – Adalbertstraße – Oranienstraße. Der alte Kiez SO 36 (Kreuzberg). Immer noch bunt, schrill, multikulti, auch wenn dieses Wort niemand mehr in den Mund nehmen mag. Bunte Mischung aus Eingesessenen, Neu-Berlinern und Touristen. Start U 1, 8, 12, 15 Kottbusser Tor, Endpunkt U 8 Moritzplatz, Dauer 2 Std., s. S. 244.

Prenzlauer Berg: Weinbergsweg – Kastanienallee – Danziger Straße – Knaackstraße – Kollwitzplatz – Kollwitzstraße. Etwas ruhiger in der Kastanienallee mit Cafés und Geschäften, am Kollwitzplatz dann das pralle Leben. Start U 8 Rosenthaler Platz, Endpunkt U 2 Senefelderplatz, Dauer 3–4 Std., s. S. 214.

Friedrichshain: Boxhagener Straße – Simon-Dach-Straße – Krossener Straße – Gärtnerstraße – Wühlischstraße. Kleine Geschäfte und Kneipen, in der Wühlischstraße Modegeschäfte. Start U 5 Frankfurter Tor, Endpunkt S 3, 4, 5, 6, 7, 8, 9, 75, 85, 86 Ostkreuz, Dauer 2–3 Std., s. S. 229.

Nordneukölln/Kreuzkölln: Reuterplatz, Weserstraße und umliegende Straßen sowie der am Tempelhofer Feld liegende Schillerkiez. Aktuell der Kiez in dem alles noch ein bisschen vorläufig ist. Ausgeprägte Café-, Kneipen- und Barszene. Start U 7, 8 Hermannplatz, Endpunkt U 8 Boddinstraße, s. S. 240.

Fashion City Berlin

Jeans, Strickpulli, Schlabberlook, grauer Business-Anzug – wer sich durch die Berliner Straßen bewegt, der kann auf allerlei Ideen kommen. Die Erkenntnis, dass man sich in einer Modestadt befindet, dürfte wohl kaum darunter sein.

Die Zahlen, die die Stadt Berlin gern zum Thema Mode/Design verkündet, sprechen eine andere Sprache: 800 Designer aller Styles und Segmente arbeiten in der Stadt. Die UNESCO hat Berlin im Jahr 2006 zur Stadt des Designs erklärt und in das Creative Cities Network aufgenommen. Rund 3500 Unternehmen der Modebranche arbeiten zurzeit in Berlin. Über 22 000 Beschäftigte sind hier tätig (2016). Damit zeigt Berlin die höchste Dichte von Modeunternehmen in Deutschland. Über 200 000 Hotelübernachtungen und zusätzliche rund 120 Mio € Umsatz für die Berliner Wirtschaft brachte allein die Berlin Fashion Week für die Stadt.

Ein Segment in dieser Design City: die Mode

Zehn Modeschulen bilden in Berlin Nachwuchs aus, über 100 Berliner Label bieten ihre Produkte an. Die Goldene Nase, seit über 30 Jahren der unabhängige Berliner Modepreis, dazu der europaweite Wettbewerb *the fashion academy award* – die Branche blickt nach Berlin. Der Berliner Senat hat den Wirtschaftsfaktor erkannt und fördert Modemesse und interessante Projekte. »Die Fashion Week hat erneut gezeigt, dass Berlin sich auch als Modehauptstadt erfolgreich etabliert hat«, sagte Wirtschaftssenatorin Cornelia Yzer zum Abschluss der Modewoche Januar 2015.

70 Modenschauen mit rund 50 000 Besuchern, die Fashion Week lässt verschiedenste Orte in der Stadt zweimal im Jahr zum Laufsteg werden. Die Modemesse Bread & Butter kehrte 2009 nach Berlin zurück. Mit einem Zehnjahresvertrag für das Gebäude des stillgelegten Flughafens Tempelhof in der Tasche präsentiert sie seitdem »... die führenden Marken, Labels und Designer der Street- und Urbanwear in einer ihrem Fokus entsprechenden Umgebung ...«.

Auf dem Weg zur Fashion City

Staatliche Starthilfen, Modeschaffende und öffentlichkeitswirksame Veranstaltungen, damit sind drei Elemente für das Gelingen des Projekts Modestadt Berlin genannt. Basis dieser Entwicklung aber waren die kleine Modelabel, die nach 1990 erst in dem Bereich um den Hackeschen Markt, dann in Friedrichshain entstanden.

Paris, Mailand, London, New York – Berlin. Aus dieser Reihe könnte etwas werden, bleibt Berlin bei dem, was es kann: freche junge Mode für Großstadtmenschen. Berlin als Ort der Haute Couture – kaum vorstellbar. Die Kaufkraft in der Stadt ist allzu begrenzt, sodass die großen Berliner Designer auf die Shops im Internet angewiesen sind. Günstige City-Mode passt besser zur Tradition der Modestadt Berlin: 1835 wurde das erste Bekleidungsgeschäft eröffnet, das kein Schneider betrieb, sondern das industriell gefertigte Kleidung anbot. Das war der Beginn der Berliner Konfektionsindustrie, deren Zentrum rund um den Hausvogteiplatz lag. Haute Couture gab es in Paris. In Berlin wurde die Konfektion, die Mode für jedefrau und jedermann entworfen und produziert.

Mehr zur Berliner Mode – von der Führung bis zum Modegeschäft

Im Internet: www.modekultur.info – Online-Modemagazin aus und über Berlin, www.styleserver.de – Online-Shop für junge Designer, www.fashion-week-berlin.com – Website der Berliner Modewoche, www.breadandbutter.com – Website der Urbanwear-Messe Bread & Butter.

www.fashiongangberlin.de: Führungen in Ateliers, Werkstätten und Showrooms Berliner Modedesigner, 20 €/Person.

www.mode-stadtführung-berlin.de: Tel. 030 78 70 41 92, Jörg Buntenbach. Eine Führung durch die Modestadt Berlin von dem Macher der Website www.modekultur.info.

ausberlin: Karl-Liebknecht-Str. 9, Nähe Alexanderplatz. Kaufhaus für Produkte aus Berlin.

BFN Concept Store: Rosenthaler Str. 40, Mitte, Mode von 40 jungen Designern auf rd. 330 m^2. Hier werden Marken etabliert.

Wesen: Weserstr. 191, Neukölln, Tel. 030 34 76 116. Junge, sportliche Mode aus Berlin, ökologisch, nachhaltig produziert.

Nachnutzung alter Industriebauten – Beispiel Radialsystem V

Während sich die etablierten, öffentlich-rechtlich finanzierten Kulturinstitutionen und die Vertreter der alternativen Kultur wie eh und je in Berlin ums Geld streiten, sorgte ein Konzept des Kulturunternehmers Jochen Sandig und des Musikmanagers Folkert Uhde in Berlin für Aufsehen. Schnell wurde das Radialsystem V nicht nur zum Tipp in Sachen Tanz und alte Musik. 2007 zum Highlight des Jahres erklärt, kann es heute als fester Bestandteil der Berliner Kulturszene angesehen werden. 2016 feierte es sein 10-jähriges Jubliäum.

Was ist das Radialsystem V? »Zuerst einmal ein Haus mit vielen leeren Räumen!«, sagt Jochen Sandig. Aber was für ein Haus, muss man wohl ergänzen. Im Radialsystem V, in der Holzmarktstraße unmittelbar an der Spree und ganz in der Nähe des Ostbahnhofs gelegen, steckt eines der ersten Pumpwerke zur Abwasserentsorgung der Stadt. Erbaut wurde das Gebäude 1880. Die kriegszerstörte Westseite des Baus wurde bei der Sanierung mit einem Glasbau geschlossen. Auf der Spreeseite wurde das ehemalige Kesselhaus des Pumpwerks mit einem transparenten Baukörper überbaut. Mehrere Glasgeschosse, auf einem eigenen Tragwerk gegründet und durch ein Luftgeschoss klar von dem Altbau getrennt. Alt und neu – bewusst hat der Architekt Gerhard Spangenberg Tradition und Moderne in dem Bau deutlich geschieden. Es geht um Dialog im Radialsystem V, hier um den Dialog zwischen Alt und Neu. Das Radialsystem ist ein Musterbeispiel für die Nach-

Tanzprobe im Radialsystem V

nutzung eines funktionslosen Baus der Industriekultur, von denen viele in Berlin einer neuen Verwendung harren.

Neue Hardware für die Kunst

»A New Space for the Art« betiteln die Macher ihr Radialsystem V – anders ausgedrückt: ein Ort kreativer und kultureller Entwicklung. 2500 m^2 Veranstaltungsfläche von der Halle (600 m^2) bis zum nur 54 m^2 großen Kubus. Dazu eine 400 m^2 große Freiterrasse im dritten Geschoss des Hauses und eine Spreeterrasse, die ganztägig als Café genutzt wird – was ist so anders am Radialsystem V? Jochen Sandig vergleicht es gern mit einer Hardware. Dazu kommt dann die Software, sprich die Ideen für Veranstaltungen in den Räumen. Und diese Software bedarf ständig neuer Updates.

Die passende Software

Um im Bild zu bleiben, zwei Anwendungen gab es schon beim Aufbau der Hardware Radialsystem V: Sasha Waltz & Guests, eine Tanzcompany, die in den vergangenen Jahren mit 150 Künstlern – Architekten, bildenden Künstlern, Choreografen, Filmemachern, Musikern, Schauspielern und Tänzern aus 25 Ländern – über 30 Produktionen, Dialog-Projekte und Filme realisiert hat. Zweitens probt und spielt hier als *ensemble in residence* die Akademie für Alte Musik Berlin, 1982 in Ost-Berlin für die stilgerechte Aufführung der Musik des Barock und der Klassik gegründet. Mittlerweile hinzugekommen sind das Solistenensemble Kaleidoskop und das Vocalconsort Berlin, spezialisiert auf die Musik des Barock.

Kunst und Kapital ziehen an einem Strang

Ohne die beiden ersten Anwendungen hätte sich wohl kaum ein Investor gefunden, der bereit gewesen wäre, 10 Mio. € für die Sanierung des Radialsystems zu riskieren. Auch mit dem Zuschuss von der Stadt Berlin in Höhe von 2 Mio. € wäre es schwierig geworden.

Gläserner Anbau am Radialsystem V

Nachnutzung – Sanierte Industriebauten

Radialsystem V: Holzmarktstr. 33, Friedrichshain, Tel. 28 87 88 50, www.radialsystem.de, S 3, 5, 7, 9, 75 Ostbahnhof (Abb. oben).
Im Umfeld des Radialsystems finden sich weitere Beispiele für gelungene Sanierungen von alten Industriebauten:
Eierspeicher: s. S. 229.
Energie Forum Berlin: Stralauer Platz 33/34, Friedrichshain, www.energieforum-berlin.de, S 3, 5, 7, 9, 75 Ostbahnhof. Auf einem ehemaligen Gelände der Berliner Gaswerke wurde unter Einbeziehung eines Magazinbaus ein vorbildliches Haus im Niedrigenergiestandard errichtet. Zumindest das Atrium sollte man sich anschauen.

Entstanden ist auf jeden Fall ein Ort, an dem Musik und Tanz, bildende Kunst und Neue Medien, Kultur und Unternehmergeist sich treffen. Ein Ort, der entgegen der auch in Berlin bremsenden Subventionsmentalität in Sachen Kultur im täglichen Betrieb profitabel arbeiten soll. Es geht beim Radialsystem V um einen dritten Weg, auf dem sich Kunst und Kapital nicht mehr ausschließen. »Wenn ich mit 25 % meiner Arbeit 75 % meiner Einnahmen generiere, bleiben mir 75 % meiner Arbeit, die ich für künstlerisch ambitionierte Projekt verwenden kann!«, so die einleuchtende Rechnung. Klar, dass bei diesem Modell Unternehmen, die im Radialsystem V ihre neuen Ideen vorstellen wollen, genauso willkommen sind wie ambitionierte Kunstprojekte.

Das Projekt lehnt die strikte Trennung zwischen kommerzieller und öffentlich subventionierter Kunst ab. Die öffentliche Förderung der Kultur sei wichtig, um eine Kulturlandschaft, sprich Arbeitsmöglichkeiten für Kreative, zu schaffen. Aber eine Kulturförderung, bei der nur noch 10 % der eingesetzten Mittel bei den Künstlern ankommen – mit der kann etwas nicht stimmen.

Von den Sophiensaelen zum Radialsystem V

Jochen Sandig arbeitete mehrere Jahre im alternativen Kunstzentrum Tacheles mit. Er baute gemeinsam mit Sasha Waltz einen der heute wichtigsten Kristallisationspunkte der freien Tanz- und Theaterszene in Deutschland auf, die Sophiensaele in Mitte. Mehrere Jahre studierte er den öffentlich subventionierten Kulturbetrieb als Dramaturg an der Schaubühne am Lehniner Platz. Jetzt realisiert er mit dem Radialsystem V ein Konzept, das alle drei Faktoren zusammenbringt: Wissen – praktische Erfahrung – Geld. Nur so hat Berlin, das durch die heute sehr günstigen Lebenshaltungskosten viele Kreative anlockt, eine Chance, auch in Zukunft der Ort zu sein, an dem neue Ideen entstehen und ausprobiert werden.

Kunstmetropole Berlin

Arbeit »San Gabriel« (1997) von Tobias Rehberger in der Sammlung Boros

Ein bisschen möchte man sich immer mal wieder die Augen reiben: Tatsächlich, das ›arm, aber sexy‹-Berlin hat sich zum international beachteten Zentrum in Sachen moderne Kunst entwickelt. Und das, so wie es aussieht, auf Dauer.

Ortstermin. Berlin Mitte, Reinhardtstraße. Ein riesiger, fünfgeschossiger Klotz aus Beton mitten in der alten Friedrich-Wilhelm-Stadt, ein paar Minuten Fußweg von der Friedrichstraße entfernt. Kleine Fenster, die wie Schießscharten wirken, darüber ein auskragendes Dach, auf dem man Baumbepflanzung erahnen kann. Ein bisschen Bunker, ein bisschen Palast – und tatsächlich heute einer der Ausstellungsorte für moderne Kunst in Berlin – die Sammlung Boros.

Ausstellungsort Bunker

Durch eine Tür auf der Ostseite geht es in einen Vorraum, in dem eine 1200-kg-Glocke hin und her schwingt, ohne einen Ton von sich zu geben. Ein irritierender Anblick, so fremd wie die ehemals 120 klaustrophobisch engen Bunkerräume mit einer Höhe von nur 2,30 m, die Kunstsammler Christian Boros zu einem Ausstellungsort für seine Sammlung hat umgestalten lassen. Wer die meterdicken Mauern sieht, weiß, wie mühevoll es gewesen sein muss, die Bunkerräume zu Atrien zu verbinden, die bisweilen eine Höhe von 13 m erreichen. Es ist schon merkwürdig, nie verspürt man bei dem Rundgang durch die 3000 m^2 Ausstellungsfläche Enge, vielmehr machen die Räume gespannt auf die Arbeiten, die Boros sammelt und hier dem Publikum präsentiert.

Christian Boros lebt mit seiner Familie in Wuppertal. Seine Sammlung zeigt er, wie das Sammlerehepaar Hoffmann aus dem Rheinland (jetzt Berlin), in Berlin. Warum? Christian Boros äußerte sich im Interview: »Wir kommen aus dem Westen, aber Berlin ist die Plattform, um internationale Kunst aufzunehmen. Es ist der Ort, wo Kunst entsteht, wo die meisten Künstler wohnen, die meisten Galerien der Welt auf einem Flecken liegen ... Die Neugier der Besucher ist in Berlin besonders groß.«

Ausstellungsort Berlin

Über 400 Galerien gibt es in der Stadt, darunter immer mehr internationale Topadressen, dazu das Museum für Gegenwart im Hamburger Bahnhof. Der Bau eines Museums der Moderne ist beschlossen und finanziert. Bis 2022 soll es am Kulturforum entstehen. Dazu die Berlinische Galerie, private Sammlungen – Berlin bringt es auf weit über 2000 Ausstellungen pro Jahr, ein kaum noch überschaubares Angebot.

Jeden Herbst eröffnet die art berlin contemporary (www.artberlincontemporary.com) als eine Art Leistungsschau der Berliner Galerien die Kunstsaison.

Moderne und zeitgenössische Kunst in Berlin

Führungen durch die Galerie- und Kunstszene: s. S. 64.

Berlinische Galerie – Landesmuseum für Moderne Kunst, Fotografie und Architektur: s. S. 150.

Hamburger Bahnhof – Museum für Gegenwart: s. S. 168.

Künstlerhaus Bethanien Atelier und Projektwerkstatt für künstlerische und kuratorische Projekte: Kohlfurther Str. 41–43, Kreuzberg, Ausstellungsräume: Kottbusser Str. 10, Tel. 030 616 90 30, www.bethanien.de, U 1, 8, 12, 15 Kottbuser Tor, Di–So 14–19 Uhr.

KW Institute for Contemporary Art KUNST-WERKE BERLIN e. V.: Auguststr. 69, Mitte, Tel. 030 24 34 590, www.kw-berlin.de, S Hackescher Markt, U Oranienburger Tor, Mi–Mo 12–19, Do 12–21 Uhr, 6/4 €. Das KW Labor präsentiert die jüngsten Entwicklungen in der Kunstszene, jedoch ohne eigene Sammlung.

Private Galerien: s. S. 64.

Sammlung Boros: Reinhardtstr. 20, Mitte, www.sammlung-boros.de, U 6, S 1, 2, 3, 5, 7, 9, 75 Friedrichstraße, Do–So mehrere Rundgänge, 12 €. Infos und Anmeldung nur über die Website. Wartezeit bei Redaktionsschluss dieses Reiseführers ca. vier Wochen. Geführt von Mitarbeitern des Hauses.

Sammlung Hoffmann: Sophie-Gips-Höfe, Aufgang C, Sophienstr. 21, Mitte, Tel. 030 28 49 91 20, www.sammlung-hoffmann.de, U 8 Weinmeisterstraße, Führungen Sa 11–16 Uhr, Dauer 1,5 Std., 10 €, nur mit Anmeldung. Das Ehepaar Hoffmann sanierte eine ehemalige Nähmaschinenfabrik. In ihrem Penthouse-Loft ist ihre Sammlung heute der Öffentlichkeit zugänglich, s. S. 205.

KINDL – Zentrum für zeitgenössische Kunst: Am Sudhaus 3, Neukölln, Tel. 030 83 21 59 12 16, www.kindl-berlin.de, U 7 Rathaus Neukölln, Mi–So, 12–18 Uhr, 5/3 €. Im Herbst 2016 eröffnetes, neues Kunstzentrum auf dem Areal der alten Kindl-Brauerei mit wechselnden Ausstellungen.

2017 wurde zum zwölften Mal das Gallery Weekend Berlin veranstaltet. In der zweiten Jahreshälfte 2018 steht bereits die zehnte Ausgabe der berlin biennale auf dem Programm. Die Stadt und die Netzwerke der Galerien lassen sich einiges einfallen, damit sich Berlin als einer der Knotenpunkte im internationalen Kunstgeschehen auf Dauer etabliert.

Junge Künstler in Berlin

Wie Berlin zur Kunstmetropole geworden ist, kann so recht niemand sagen. Plötzlich eröffneten nach der Wiedervereinigung erst im Bereich August- und Linienstraße, dann im Bereich Zimmerstraße zuhauf junge Galerien, dann zogen die etablierten Häuser nach und plötzlich zieht es auch die jungen deutschen Künstler von Franz Ackermann bis Wolfgang Tillmanns zumindest mit zweitem Wohnsitz an die Spree. Kennzeichen: Geburtsdatum nach 1960. Düsseldorf und Köln decken demgegenüber die älteren Jahrgänge ab.

Und diese jungen deutschen Künstler sind nicht allein. Auch viele Künstler aus verschiedensten Ländern kommen nach Berlin, ist die Stadt doch eine der bevorzugten Adressen auf der Wanderroute junger Kreativer rund um die Welt. Liegt es am Image der Stadt oder liegt es daran, dass man in Berlin immer noch günstig leben und arbeiten kann?

Warum Berlin?

Während in Städten wie New York, London, Paris junge Künstler einen Großteil ihrer Zeit darauf verwenden müssen, den Lebensunterhalt zu verdienen, kosten Wohnung, Leben und Atelierräume in Berlin relativ wenig. Arbeitsräume in ehemaligen Industriebauten sind zu finden, notfalls in einem Außenbezirk. Dazu kommen geförderte Atelierräume wie im Künstlerhaus Bethanien, das 2010 aus dem alten Krankenhaus am Mariannenplatz ausziehen musste, dafür aber mehr als Ersatz im 10 000 m^2 großen, gut sanierten Komplex in der Kreuzberger Kotbusser Straße gefunden hat. 25 Atelierräume werden hier an Künstler aus aller Welt vergeben.

Auf über 5000 professionelle Künstler schätzt die Senatskanzlei Kulturelle Angelegenheiten die Zahl der Akteure in der Stadt. Unter diesen Künstlern sind Karrieren wie die des Malers Jonas Burgert, der 1991 bis 1996 an der Berliner Hochschule der Künste (heute UdK), dann 1997 als Meisterschüler bei Dieter Hacker arbeitete, möglich. Die Hamburger Kunsthalle kaufte ein Bild, der Kunstmarkt zog nach und schon muss man nicht mehr in einer Garage malen.

Viele Faktoren mögen dafür verantwortlich sein, dass Berlin in den vergangenen Jahren zu *der* deutschen Kunststadt wurde, obwohl eine gut betuchte Szene von Kunstliebhabern nur in Ansätzen zu finden ist. Letztere kommen viel eher per Flieger in die Stadt, tun sich um und kaufen. Treffpunkt: der Grill Royal in der Friedrichstraße. Coole Atmosphäre zu feinen Preisen, die sich die meisten der Berliner Künstler nicht leisten können: Im Durchschnitt verdienen Künstler und andere Kreative sehr wenig, viele nicht einmal 700 € netto im Monat. Das tut aber dem Versuch, sich zu verwirklichen, keinen Abbruch. Gefahr droht der Kreativstadt Berlin von anderer Seite. Die Zeiten des Umbruchs in der Stadt gehen dem Ende entgegen. Berlin wird zur Großstadt mit entsprechenden Preisen. Mit der Bereitstellung von gefördertem Atelierraum versucht die Stadt gegenzusteuern.

Nicht nur Berlinale – Filmstadt Berlin

Februar in Berlin, es regnet oder schneit, auf jeden Fall ist es grau, aber die Stadt verwandelt sich für eineinhalb Wochen in das Mekka der internationalen Filmwelt. Die Internationalen Filmfestspiele, kurz Berlinale genannt, locken Filmstars und Sternchen, Regisseure, Produzenten und Journalisten in die Stadt. 20 Filme bewerben sich um den Goldenen und den Silbernen Bären – renommierte Preise, die von einer internationalen Jury vergeben werden.

Elf Tage lang allabendlich das Blitzlichtgewitter auf dem roten Teppich auf dem Marlene-Dietrich-Platz, in dem sich die Promis der Branche auf ihrem Weg zur Vorstellung des Wettbewerbsfilms baden. Im Anschluss gibt es die Pressekonferenz mit dem Regisseur und einigen Stars des Films. Rituale, die schöne Bilder und interessante News produzieren. Eineinhalb Wochen, die einer minutiösen Regie folgen und ihren Höhepunkt in der abschließenden Preisverleihung finden. Die Berlinale ist glamourös geworden – und doch viel mehr als ein schillernder Wettbewerb.

Berlinale und mehr

Rund 19 000 Fachbesucher aus 120 Ländern, darunter 4000 Journalisten, kommen zur Berlinale. Während alle Welt auf die Wettbewerbsfilme starrt, trifft sich die Fachöffentlichkeit beim European Filmmarket im Martin-Gropius-Bau. Hier werden Filmprojekte präsentiert, Kontakte geknüpft. Über 400 Filme, zumeist Welt- oder Europapremieren, buhlen in diesen eineinhalb Wochen um Aufmerksamkeit. Gespielt wird in den Kinos rund um den Potsdamer Platz, seit dem Jahr 2000 Zentrum der Festspiele, und in den Lichtspielhäusern im ganzen Stadtgebiet. Rund 180 000 Tickets werden für diese Vorstellungen verkauft – die Berlinale ist auch das größte Zuschauerfestival der Welt.

Längst haben die großen US-Companies die Berlinale entdeckt, um ihren Blockbustern vor einem großen internationalen Fachpublikum einen guten Europastart zu verschaffen. Werbewirksam werden zu diesen Premieren, die mit dem Wettbewerb nichts zu tun haben, Hollywoodstars eingeflogen.

Drehort Berlin

Während der fünfzigeinhalb Wochen im Jahr, in denen nicht gerade Berlinale-Taumel angesagt ist, versinkt die Stadt nicht im filmischen Dornröschenschlaf. Mehr als 100 Filme werden pro Jahr in Berlin produziert, darunter auch Hollywoodstreifen.

Regisseure loben Berlin, Potsdam und das weitere Umland als idealen Drehort. Darüber hinaus gibt es das renommierte Studio Babelsberg, das Filmtechnik und einen Studiobetrieb bietet, die den internationalen Vergleich nicht zu scheuen brauchen. Große Filmstars drehen gern in Berlin: Kate Winslet (»Die Vorleserin«), Clive Owen (»The International«), Brad Pitt (»Inglourious Basterds«), Liam Neesen (»Unkown Identity«). 2013 drehte George Clooney den Film »The Monuments Men« u. a. in Studio Babelsberg und in Berlin. 2015 überraschte der amerikanische TV-Sender Showtime mit der Nachricht, dass die fünfte Staffel der Serie »Homeland« komplett in Berlin und Potsdam gedreht wird.

Das Rückgrat der Berliner Filmwirtschaft aber sind die deutschen Produktionen wie etwa: »Lola rennt« (1998, Regie Tom Tykwer), »Sonnenallee« (1999, Regie: Leander Haußmann), »Good bye Lenin« (2003, Regie: Wolfgang Becker), »Das Leben der Anderen« (2006, Regie: Florian Henckel von Donnersmarck) oder auch der preisgekrönte Mehrteiler »Im Angesicht des Verbrechens« (Dominik Graf, 2015). Überraschungsfilm 2015 war »Victoria«, der den deutschen Filmpreis erhielt und mit nur einer Kameraeinstellung in Berlin gedreht wurde.

Mehr zur Filmstadt Berlin
Videobustour Filmstadt Berlin: Tel. 030 44 02 44 50, www.videobustour.de, jeden 2. Sa 13.30 Uhr, 2,5 Std., Start Unter den Linden, 19,50/16 €. Anmeldung telefonisch oder online. Gezeigt werden auf Monitoren Filmszenen, während der Bus die Drehorte passiert.

Unterwegs in Berlin

Am Berliner Dom vorbei auf die Museumsinsel und dort die vielen Museen entdecken

Das Beste auf einen Blick

Zwischen Pariser und Alexanderplatz

Highlights!

Pariser Platz: Die gute Stube der Stadt mit dem Brandenburger Tor. S. 112

Unter den Linden: Die geschichtsträchtige Prachtstraße in der Berliner Innenstadt führt mitten in die preußische Geschichte. S. 117

Museumsinsel: Einer der wichtigsten Museumskomplexe der Welt mit fünf Museen, in denen nicht nur die Büste der Nofretete auf Besucher wartet. Weltkulturerbe. S. 128

Auf Entdeckungstour

Das Brandenburger Tor – Sieges- oder Friedenstor: Am Brandenburger Tor, einem der bekanntesten Bauwerke der Welt, erschließen sich bei näherer Betrachtung die kleinen Tricks des Architekten Langhans. Die entscheidende Frage lautet: Wer ist die Dame mit der Quadriga? 1 S. 114

Adolph Menzel in der Alten Nationalgalerie: Zwei Werke des bedeutendsten deutschen Malers des Realismus im 19. Jh. entführen in der Alten Nationalgalerie in zwei unterschiedliche Lebenswelten. 42 S. 130

Kultur & Sehenswertes

Deutsches Historisches Museum im Zeughaus: Im ältesten erhaltenen Bau Unter den Linden wird Deutsche Geschichte an vielen originalen Exponaten erfahrbar. 31 S. 126

Schinkelplatz mit Friedrichwerderscher Kirche: Ein Ausflug in das Leben und Werk von Karl Friedrich Schinkel, der die Linden zum Prachtboulevard und Berlin zum Spree-Athen machte. 33 S. 127

Zu Fuß & mit dem Rad

Berlin aktiv erleben: Von der Schloßbrücke am Spreeufer bis zur Friedrichstraße spazieren und das abendliche Berlin zwischen Innenstadt und Szene entdecken oder mit dem Rad eine etwas längere Tour unternehmen. 36 S. 139

Genießen & Atmosphäre

Café im Berliner Fernsehturm: In über 200 m Höhe im Café und Restaurant den Rundumblick über die Berliner Innenstadt genießen und dabei schlemmen. 66 S. 137, 37

Abends & Nachts

Hotel de Rome: In der **Bebel Bar** oder vorher auf der Dachterrasse mit Blick über das historische Zentrum Berlins den Abend ausklingen lassen. 23 S. 124

Berlins historische Prachtstraße

Der erste Spaziergang in Berlin geht über die Allee Unter den Linden. Das war und ist heute wieder Tradition, auch wenn bis voraussichtlich 2020 die Bauarbeiten für die U-Bahn-Linie 5 den Gesamteindruck stören.

Vom rekonstruierten Pariser Platz mit dem weltberühmten Brandenburger Tor geht es zur Ecke Unter den Linden/Friedrichstraße, dem alten und neuen Zentrum der Geschäftsstadt Berlin. Weiter die Linden hinunter warten dann rund um den Bebelplatz die Bauten aus der Zeit Friedrichs des Großen auf Besucher. Das klassizistische Berlin des Baumeisters Karl Friedrich Schinkel führt hinüber zum Lustgarten und zur Museumsinsel, die eindrucksvoll belegt, dass die Hohenzollern mehr als nur Soldaten und Kriege im Sinn hatten. Aber muss man am Lustgarten mit dem Humboldt-Forum die Fassade des Stadtschlosses der Hohenzollern wieder aufbauen?

Dass Berlin immer mehr war als die Residenz der Hohenzollern, zeigen zwei Stadtquartiere: Im Nikolaiviertel ist um die Nikolaikirche zumindest ein Rest des alten Berlin wieder aufgebaut worden. Der Bereich Marx-Engels-Forum und Alexanderplatz führt in die jüngere Geschichte. Hier war das Zentrum Ostberlins, der Hauptstadt der DDR.

Infobox

Reisekarte: ▶ Karte 2, K/L 8–O 7/8

Touristeninformation

Berlin infostore im Brandenburger Tor: s. S. 18.

Verkehrsverbindung

Start: U 55, S 1, 2, 25 Brandenburger Tor

Wer nicht die gesamten Linden ablaufen möchte, kann je nach Ziel eine der folgenden Haltestellen wählen.

Bebelplatz/Forum Fridericianum: U 2 Hausvogteiplatz, U 6 Französische Straße, Friedrichstraße, S 1, 2, 3, 5, 7, 9, 75 Friedrichstraße

Museumsinsel/Nikolaiviertel: S 5, 9, 75 Hackescher Markt

Fischerinsel/Nikolaiviertel: U 2 Spittelmarkt, Märkisches Museum

Nikolaiviertel/Alexanderplatz: U 2 Klosterstraße, Alexanderplatz, S 3, 5, 7, 9 Alexanderplatz

Dauer: Wer den Weg komplett ablaufen möchte, benötigt ohne Museen vom Brandenburger Tor bis zum Alexanderplatz ca. 3 Std.

Rund um den Pariser Platz!

Der **Pariser Platz** zeigt heute wieder das Aussehen aus der Zeit um 1900 (s. S. 80). Bewusst wurde der Eingang zur U-Bahn-Linie 55 in die Prachtstraße Unter den Linden verlegt, um diesen Eindruck nicht zu stören. Der einzige Unterschied zu früher: Der Pariser Platz ist heute verkehrsberuhigt. Kaum zu glauben: Sämtliche Bauten mit Ausnahme des Brandenburger Tores wurden nach der Wiedervereinigung 1990 neu errichtet.

Brandenburger Tor 1

Das **Brandenburger Tor** (s. Entdeckungstour S. 114) ist seit 1990 das

Wahrzeichen der Wiedervereinigung Deutschlands. In Zeiten der Teilung lag es im Ostteil der Stadt, der Reichstag im Westteil. Erbaut wurde das Tor 1788 bis 1791 nach Plänen des Architekten Carl Gotthard Langhans vor allem aus Elbsandstein. Es gilt als der erste klassizistische Bau in Berlin. Die beiden Wächterhäuschen links und rechts des Tores wurden 1868 zu Säulenvorhallen ausgebaut, da das Tor nicht mehr als Kontrollstelle an der Stadtgrenze diente.

Haus Sommer und Haus Liebermann

Die beiden mit portugiesischem Sandstein verkleideten Bauten links und rechts des Brandenburger Tores, **Haus Sommer** 2 und **Haus Liebermann** 3, führte der Architekt Josef P. Kleihues aus, der sich streng an die Gestaltungsregeln für den Pariser Platz hielt (s. S. 80). In **Haus Sommer** befindet sich heute das Verbindungsbüro Berlin der Commerzbank, das im Erdgeschoss wechselnde Ausstellungen bietet. Eine gute Gelegenheit, einmal einen Blick in das Innere des Gebäudes zu werfen.

Im **Haus Liebermann** hat die Stiftung Brandenburger Tor der Landesbank Berlin (www.brandenburgertor.de) ihren Sitz, die es für unterschiedlichste Veranstaltungen nutzt. Der Name des Hauses erinnert daran, dass in dem Vorgängerbau von 1894 bis zu seinem Tod der Maler Max Liebermann lebte und arbeitete. Liebermann war Ehrenbürger Berlins und Ehrenpräsident der Akademie der Künste. Nach der Bücherverbrennung im Mai 1933 legte er als jüdischer Mitbürger alle Ämter nieder. Liebermann starb am 8. Februar 1935. Seine Witwe Martha Liebermann ertrug jahrelang die Demütigungen der rassischen Verfolgung. Angesichts der drohenden Deportation wählte die schwerkranke Frau am 10. März 1943 den Freitod (s. auch Entdeckungstour S. 266).

Neue Bauten

Die weiteren Bauten rund um den Pariser Platz haben die Gestaltungsregeln des Berliner Senats für diesen Stadtbereich ganz unterschiedlich interpretiert.

Die **US-Botschaft** 4 ist an ihren alten Standort zurückgekehrt. Erst nach mühsamen Verhandlungen waren die USA bereit, eine Sicherheitszone von nur 25 m zu akzeptieren und sich mit der um den Eingang eingestülpten Vorderfront moderat in das Gesamtbild des Pariser Platzes einzufügen. Trotzdem titelten Zeitungen wie die FAZ »Ein Anflug von Alcatraz« zur Eröffnung der Botschaft am 4. Juli 2008. Kritisiert wurden aber vor allem die wuchtige Seitenfront Richtung Tiergarten und die Rückfront an der Behrenstraße. Dort – auf der anderen Seite der Behrenstraße – liegt übrigens das Stelenfeld des Holocaust-Denkmals (s. S. 170).

Die **DZ-Bank** 5, ein Bau Frank Gehrys, hingegen findet allseits Anerkennung, da er durch die strengen Fensteröffnungen und die Wölbung der Glasflächen hohe Spannung aufbaut. Die Rückfront zeigt dann eine unregelmäßig gewellte Fassade. Schier atemberaubend ist der Innenausbau mit zentralem Lichthof – leider nur vom Eingangsbereich aus zu besichtigen – mit spinnwebförmiger Kuppelgestaltung und einem frei schwebenden, metallverkleideten Konferenzsaal.

Die Glasfassade der **Akademie der Künste** 6 (www.adk.de) soll demokratische Transparenz signalisieren. Sie durfte erst nach einem entsprechenden Gerichtsurteil gebaut werden. In das Gebäude wurde die alte Ausstellungshalle der ▷ S. 117

Auf Entdeckungstour: Das Brandenburger Tor – Sieges- oder Friedenstor?

Das Brandenburger Tor 1 ist, seitdem die Bilder der Wiedervereinigung um die Welt gingen, eines der bekanntesten Bauwerke der Welt. Bei näherer Betrachtung erschließen sich die kleinen Tricks des Architekten Langhans. Auch lässt sich erkunden, was dieses Bauwerk aussagen soll. Die entscheidende Frage in diesem Zusammenhang ist: Wer ist die Dame in der Quadriga?

Ausgangspunkt: Pariser Platz, Höhe Hotel Adlon, s. Cityplan S. 118

Dauer: 20 Min.

Steht man am Rand des Pariser Platzes in Höhe des Hotel Adlon, lässt sich das Brandenburger Tor gut überschauen. Leicht und luftig ragt es zwischen den beiden Wächterhäuschen in die Höhe. Sechs Säulen tragen ein Gebälk, auf dem sich eine gestufte Attika erhebt. Über alldem die berühmte Quadriga, der Streitwagen mit Dame, gezogen von vier Pferden (Abb. oben). Das Brandenburger Tor ist 65,5 m breit, misst bis zur Spitze der Quadriga 26 m und ist 11 m tief. Die Säulen sind je 15 m hoch und weisen am Fuß einen Durchmesser von 1,75 m auf.

Durchfahrten

Wer genau hinschaut, sieht, dass die mittlere der fünf Durchfahrten breiter ist als die übrigen. Die äußeren Durchfahrten messen 3,79 m, die mittlere Öffnung bringt es auf 5,50 m. Als das Brandenburger Tor noch als Zolltor diente, hatte diese mittlere Durchfahrt immer für die königliche Familie offenzustehen, die einzig zur Durchfahrt berechtigt war. Das gemeine Volk musste sich mit den Durchgängen links und rechts begnügen – stets unter dem strengen Blick der Steuereinnehmer in den Wächterhäuschen beiderseits des Tores, die heute so freundlich als Säulenhallen daherkommen.

Locker flockig in die Höhe

Leicht und locker erhebt sich das Tor, tragen die Säulen den schweren Aufbau. So sieht es aus, nur hat sich Baumeister Carl Gotthard Langhans eines kleinen, feinen Tricks bedient, um diesen Eindruck zu erwecken. Erst wer direkt am Tor steht, entdeckt, dass der Aufbau samt Quadriga von Mauern getragen wird. Die Säulen an den Kopfseiten sind breiter ausgeführt, so sind die tragenden Mauern für den Betrachter aus der Distanz kaum wahrnehmbar.

Neues Vorbild aus Griechenland

Wer die Propyläen, den Eingang zur Athener Akropolis, kennt, stellt fest: Herr Langhans hat sich dieses Bauwerk zum Vorbild genommen. Dieses Vorgehen brachte ihm seinerzeit prompt den Vorwurf der geistigen Bequemlichkeit ein. Zugleich aber löste der Bau Begeisterung bei vielen seiner Zeitgenossen aus. Warum? Johann Joachim Winckelmann, der Begründer der wissenschaftlichen Archäologie und Kunstgeschichte, hatte 1755 den Gedanken vertreten, dass die römische Baukunst, die bis dato die Vorlagen für die Bauwerke lieferte, ein bloßer Abklatsch der eigentlich schöpferischen griechischen Baukunst sei. Rom stand nach Interpretation Winckelmanns für Tyrannei, Griechenland dagegen für Demokratie. Langhans' Zeitgenossen erkannten: Das Bauwerk nach griechischem Vorbild war ein klares Bekenntnis des Architekten zur Demokratie. Und Langhans ging mit dem Bau in die Geschichte ein, hatte er doch das erste klassizistische Bauwerk in Berlin geschaffen – obwohl er auch bei den Säulen ›gemogelt‹ hatte. Die dorischen Säulen der Propyläen erheben sich rank und schlank aus dem Boden, die Säulen des Brandenburger Tores dagegen benötigen Basen, um zu stehen. Erst Schinkel konnte an der Neuen Wache 1818 dorische Säulen getreu dem griechischen Vorbild ohne Basis präsentieren.

Die Dame ohne Verhältnis

Vier Pferde ziehen den Wagen, in dem eine Frau stolz einen Stab in der Hand führt. Die Dame mit den Flügeln soll die Gesichtszüge einer gewissen Rike tragen, einer Verwandten des Kupferschmieds Emanuel Jury, der die Figur nach einem Holzmodell von Johann Gottfried Schadow in Kupfer trieb. Aber das nur am Rande. Der Identität der Dame kommen wir näher, indem wir schauen, was sie in der rechten Hand hält. In dem Eichenkranz auf dem Stab zeichnet sich ein Kreuz ab. Zumindest für die gebildeten Berliner, die die Quadriga am 7. August 1814 erstmals wiedersahen, nachdem Napoleon das Kunstwerk nach Paris hatte entführen lassen, war dieses Kreuz erkennbar das Eiserne Kreuz – der Orden, der in den Befreiungskriegen (1813–15) gestiftet worden war.

Nach der Rückkehr der Quadriga hatte Schinkel die Gelegenheit genutzt und nicht nur Transportschäden

Das Brandenburger Tor für sich allein hat man nur in den frühen Morgen- oder Abendstunden

beseitigt, sondern auch die Ausstattung der Dame etwas aktualisiert. Mit Eisernem Kreuz und Eichenkranz samt preußischem Adler über allem fuhr jetzt eindeutig die Victoria, die vergöttlichte Personifikation des Sieges, in Berlin ein.

Bevor Schinkel sie überarbeitete, trug sie ein einfaches römisches Feldzeichen. »Dame ohne Verhältnis« verspotteten die Kritiker diese erste Wagenlenkerin, weil einfach nicht klar war, wen sie darstellte: Victoria oder Eirene, die Personifikation des Friedens. Dementsprechend wurde das Brandenburger Tor mal als Friedens-, mal als Siegestor gesehen.

Der Zug des Friedens

Das Basrelief unterhalb der Quadriga zeigt die Göttin des Friedens in einem Wagen, vor dem die Eintracht, die Freundschaft, die Staatsklugheit, die Siegesgöttin und die Tapferkeit einherschreiten. Dem Wagen folgen Versinnbildlichungen der Freude, des Überflusses, der höheren Wissenschaft, der Musik und der Dichtkunst. Ganz rechts sieht man, wie die Zwietracht vor diesem Zug flieht. Damit ist klar: Der Frieden zieht ein als Folge der Eintracht und bewirkt ein gutes Leben. Um aber diesen idealen Zustand zu erreichen, bedarf es auch der Tapferkeit und des Sieges. Daher zeigt der weitere Bauschmuck des Tores die Taten des Herkules als Personifikation der Tapferkeit. An den beiden Seiten des Tores entdecken wir Mars, den Gott des Krieges, und Minerva, die Beschützerin des Handels und des Gewerbefleißes.

Akademie der Künste, in der Hitlers Architekt Albert Speer sein Modell der neuen Hauptstadt Germania aufbaute, integriert. Man kann sie vom Foyer aus sehen.

Die **Französische Botschaft** 7 ist wie die Botschaft der USA an ihren historischen Standort zurückgekehrt. Kleines Detail: Die Fensteröffnungen in dem Bau sind in Richtung Brandenburger Tor abgeschrägt, um einen Blick auf das Bauwerk zu ermöglichen.

Das **Eugen-Gutmann-Haus** 8 dient der Dresdner Bank als Hauptstadtrepräsentanz. Das **Palais am Pariser Platz** 9 bietet durch die arkadenartigen Öffnungen im Erdgeschoss nicht nur einen Durchgang Richtung Reichstag, sondern auch eine großzügige Passage mit der Skulptur »Großer Mann mit kleinem Mann« von Stephan Balkenhol (geb. 1957).

Forum Willy Brandt Berlin 10

Unter den Linden 62–68, Tel. 787 70 70, www.willy-brandt.de, Di–So 10–18 Uhr, Eintritt frei

Dokumente zum Wirken Willy Brandts, der von 1957 bis 1966 als Regierender Bürgermeister Berlin durch die Krise des Mauerbaues führte.

Hotel Adlon 11

www.hotel-adlon.de, s. S. 26

Das **Adlon,** bis 1997 in doppelter Breite komplett neu aufgebaut, erinnert lediglich mit seiner bewusst historisierenden Fassade an den berühmten Vorgängerbau.

Das legendäre Hotel erbaute einst Lorenz Adlon mit ausdrücklicher Unterstützung Kaiser Wilhelms II. 1907 wurde es im Beisein der gesamten kaiserlichen Familie eingeweiht – Majestät zeigten sich erfreut. Hinter klassizistisch-konservativer Fassade wartete das Adlon mit Elektrizität, fließend Warmwasser und guter Heizung in allen Zimmern auf. Rund um die Uhr waren Café, Restaurant, Bibliothek, Damenzimmer, Musiksalon und Wintergarten geöffnet: Der Hochadel verkaufte seine zugigen Winterpalais in Berlin und mietete sich im Adlon ein. Wilhelm II. soll des Öfteren eine Suite im Adlon den kalten Zimmern im Berliner Schloss vorgezogen haben. Der Hotelbau überstand den Zweiten Weltkrieg fast unbeschadet, brannte aber in der Nacht vom 2. auf den 3. Mai 1945 aus ungeklärter Ursache ab.

Unter den Linden!

Die Prachtstraße **Unter den Linden**, 1390 m lang und 60 m breit, war und ist die Vorzeigemeile Berlins. Angelegt als Reitweg vom Schloss der Hohenzollern zum Tiergarten, wurde der Weg 1647 mit 1000 Linden und Nussbäumen bepflanzt und 1734 bis zum jetzigen Pariser Platz verlängert. Zwischen Pariser Platz und Glinkastraße dominieren heute Behörden- und Regierungsbauten, rund um die Kreuzung Friedrichstraße baute sich die Geschäftsstadt Berlin ihr Zentrum und zwischen Charlottenstraße und Schloßbrücke finden sich die Bauten der preußischen Kurfürsten und Könige.

Botschaft der Russischen Föderation 12

Die **Botschaft der Russischen Föderation** nimmt fast den gesamten Block zwischen Wilhelm- und Glinkastraße ein. 1949 bis 1951 in dem für die stalinistische Periode üblichen Nationalstil erbaut, greift sie bewusst Elemente des Berliner Klassizismus auf. Ein Beleg für die Machtfülle der sowjetischen Besatzungs- und Schutzmacht in der jungen DDR: Der Aufbau auf der Botschaft überragt die im Lindenstatut von 1909

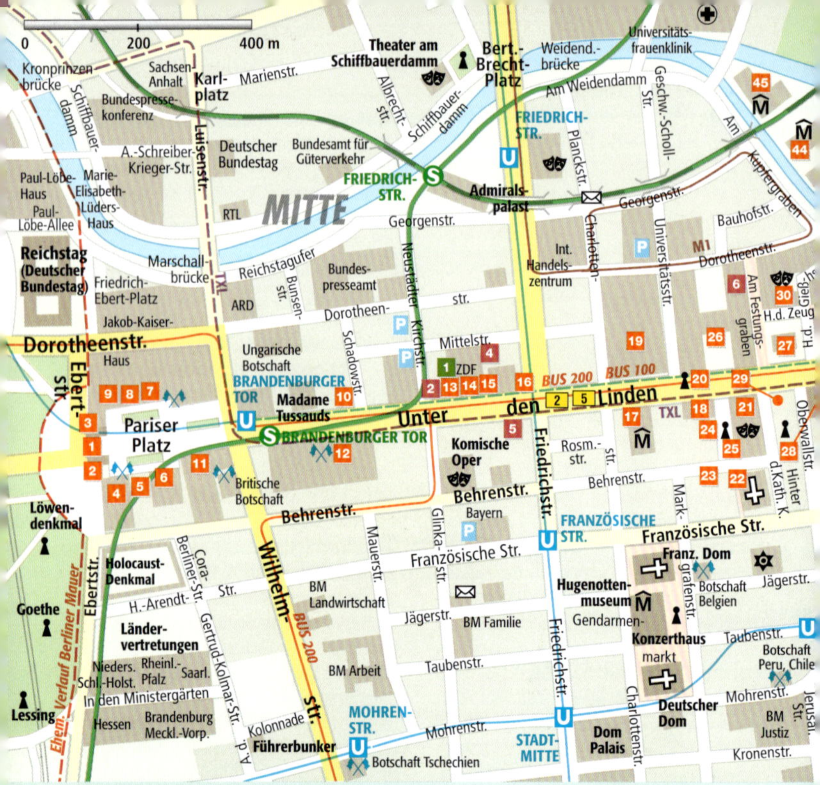

Zwischen Pariser und Alexanderplatz

Sehenswert

1 Brandenburger Tor
2 Haus Sommer
3 Haus Liebermann
4 US-Botschaft
5 DZ-Bank
6 Akademie der Künste
7 Französische Botschaft
8 Eugen-Gutmann-Haus
9 Palais am Pariser Platz
10 Forum Willy Brandt Berlin
11 Hotel Adlon
12 Botschaft der Russischen Föderation
13 Unter den Linden 40
14 Zollernhof
15 Kaiserhöfe
16 Schweizer Haus
17 KunstHalle by Deutsche Bank
18 Altes Palais
19 Staatsbibliothek
20 Reiterdenkmal Friedrichs des Großen
21 Deutsche Staatsoper Unter den Linden
22 St.-Hedwigs-Kathedrale
23 Hotel de Rome
24 Königliche Bibliothek
25 Mahnmal Versunkene Bibliothek
26 Hauptgebäude der Humboldt-Universität
27 Neue Wache
28 Kronprinzenpalais
29 Prinzessinnenpalais
30 Maxim Gorki Theater
31 Deutsches Historisches Museum im Zeughaus
32 Kommandantenhaus
33 Schinkelplatz
34 Schinkelsche Bauakademie
35 Friedrichwerdersche Kirche
36 Schloßbrücke
37 Humboldt-Forum/Stadtschloss
38 Gebäude des Staatsrats der DDR
39 Lustgarten

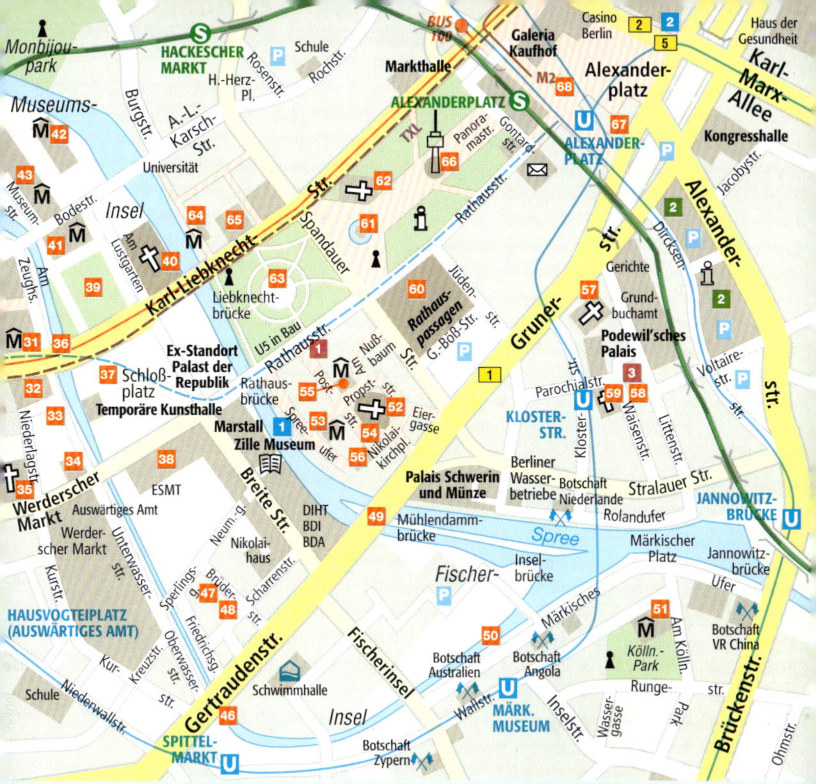

40 Berliner Dom
41 Altes Museum
42 Alte Nationalgalerie
43 Neues Museum
44 Pergamonmuseum
45 Bode-Museum
46 Gertraudenbrücke
47 Galgenhaus
48 Nicolaihaus
49 Mühlendammbrücke
50 Historischer Hafen
51 Märkisches Museum
52 Nikolaikirche
53 Zille Museum
54 Knoblauchhaus
55 Gerichtslaube
56 Ephraim-Palais
57 Ruine der Kloster-kirche
58 Stadtmauerreste
59 Parochialkirche
60 Rotes Rathaus
61 Neptunbrunnen
62 Marienkirche
63 Marx-Engels-Forum
64 DDR-Museum
65 Sea Life Berlin
66 Fernsehturm am Alex
67 Alexanderhaus
68 Berolinahaus

Essen & Trinken

1 Restaurant Reinhard's
2 Café Einstein
3 Zur letzten Instanz
4 Vapiano
5 Nante Eck
6 Cum Laude

Einkaufen

1 Berlin Story
2 ALEXA Shopping Center

Abends & Nachts

1 Georgbräu Brauhaus
2 House of Weekend

vorgeschriebene Bauhöhe von 22 m und der Mittelteil des Gebäudes rückt weiter von der Straße ab, zugunsten eines größeren Ehrenhofs.

Unter den Linden 24–40

Zu den erhaltenen Geschäftshäusern aus der Kaiserzeit zählen die Gebäude Nr. 26–30, 36–38 und 40. Das Haus **Unter den Linden 40** 13,1907 bis 1908 für die Verwaltung der Schlafwagengesellschaft Wagon-Lit erbaut, zeigt noch repräsentativen Fassadenschmuck. Der 1911 als erstes reines Geschäftshaus errichtete **Zollernhof** 14 (Nr. 36–38) verzichtet dagegen auf überbordenden Bauschmuck und gliedert die Fassade einzig durch Pfeiler. Nach einer gut 300 Mio. € teuren Sanierung zog 2000 u. a. das **ZDF** in den Komplex ein. Vier unterirdische und sieben oberirdische Etagen bieten Platz für das Hauptstadtstudio, das Landesstudio und rund 300 Mitarbeiter. Der überdachte Innenhof mit Café und Restaurant ist öffentlich zugänglich. Die 1910 bis 1913 errichteten heutigen **Kaiserhöfe** 15 (Nr. 26, 28–30) beherbergen nach aufwendiger Sanierung, inklusive der Integration eines modernen Baus, um eine Baulücke zu schließen, diverse Geschäfte. Das Haus 28–30 war ursprünglich die Repräsentanz der Firma Mercedes; der Kaiser hatte als Mercedes-Fan persönlich den Bau angeregt. Das **Schweizer Haus** 16 (Nr. 24) entstand in den 1930er-Jahren. Es diente und dient Schweizer Firmen als Berlin-Repräsentanz. Die Bronzefigur über der Tür zeigt den Schweizer Freiheitshelden Wilhelm Tell.

Mein Tipp

›Berlinalia‹ und mehr

Es muss ja nicht das Brandenburger Tor en miniature oder die Büste Friedrichs des Großen aus Marmorstaub und Alabastergips für die Vitrine sein. Berlin Story bietet in einer weltweit einzigartigen Buchhandlung über 10 000 Buchtitel zum Thema Berlin. Im Salon finden wechselnde, Berlin-spezifische Veranstaltungen statt.
Berlin Story 1: Unter den Linden 40, Tel. 030 204 538 42, www.berlinstory.de, U, S Friedrichstraße, tgl. 10–19 Uhr.
Zusatzangebot Berlin Story Museum: Der Berlin Story Bunker bietet im dritten Geschoss eines alten Luftschutzbunkers eine Ausstellung zu 800 Jahren Berliner Stadtgeschichte.
Berlin Story Bunker: Schöneberger Str. 23 a, Kreuzberg, www.berlinstory-bunker.de, S 1, 2, 25 Anhalter Bahnhof, Di–Fr 10–19, Sa, So 12–20 Uhr, 9,50/7 €.

Unter den Linden/Ecke Friedrichstraße

Hier stoßen zwei Welten aufeinander: das adlige, preußische Berlin und die Friedrichstraße als erste Geschäftsstraße des modernen Berlin. Die Kreuzung Unter den Linden/Friedrichstraße genoss mit dem Café Kranzler, dem Café Bauer und dem Café Victoria einst legendären Ruf. Hier ging man hin, um zu sehen und gesehen zu werden. Werner von Siemens präsentierte im Café Bauer 1884 erstmals das Teufelslicht, das elektrische Licht.

KunstHalle by Deutsche Bank 17

www.deutsche-bank-kunsthalle.de, tgl. 10–20 Uhr (zwischen Ausstellungen geschl.), 4/3€, kostenlose Führung 18 Uhr, Mo Eintritt frei, *s. S. 59*

Die Deutsche Bank zeigt in ihrem alten Stammhaus wechselnde Ausstellungen moderner und zeitgenössischer Kunst aus ihren Sammlungsbeständen. Ein paar Meter weiter leitet das **Alte**

Palais 18 (Nr. 9) zum Bebelplatz über. Erbaut von Carl Ferdinand Langhans in den Jahren 1834 bis 1837, diente es Prinz Wilhelm, dem späteren deutschen Kaiser Wilhelm I., als Stadtpalais.

Staatsbibliothek 19

www.staatsbibliothek-berlin.de

Auf der gegenüberliegenden Seite nimmt die **Staatsbibliothek** ein gesamtes Karree an der Prachtstraße ein. Das Gebäude wurde 1903 bis 1914 mit neobarocken Formen der wilhelminischen Repräsentationsarchitektur um mehrere Innenhöfe errichtet. Die Staatsbibliothek gehört zur Stiftung Preußischer Kulturbesitz und führt allein in ihrem Druckschriftenbestand über 10 Mio. Bände – darunter herausragende abendländische und orientalische Handschriften.

Bebelplatz/ Forum Fridericianum

Schon als Kronprinz plante Friedrich der Große mit Georg Wenzeslaus von Knobelsdorff das Forum Fridericianum (s. Lieblingsort S. 123) als neues Zentrum seiner Residenz. Nach der Thronbesteigung aber führte Friedrich II. viele Kriege und wandte sich Potsdam als Residenzstadt zu. Immerhin: Opernhaus, St. Hedwigs-Kathedrale, Alte Bibliothek und Prinz-Heinrich-Palais, heute Humboldt-Universität, wurden zu Zeiten Friedrichs des Großen errichtet.

Reiterdenkmal Friedrichs des Großen 20

Friedrich Wilhelm III. wusste, wem er die Stärke und Größe Preußens zu verdanken hatte. Daher ehrte er seinen Großonkel Friedrich den Großen mit dem 13 m hohen **Reiterstandbild** von Christian Daniel Rauch, das zum Vorbild vieler Fürstendenkmäler um 1900 wurde. Der alte Fritz, mit dem typischen Dreispitz auf dem Kopf, präsentiert sich auf einem schreitenden Pferd, hält aber in der Hand den Krückstock, der den alternden König kennzeichnet. Als Meisterleistung gilt der in drei Bereiche gegliederte Piedestal, der sich über dem Granitsockel erhebt. Über den Inschriften finden sich in Lebensgröße Feldherren, Staatsbeamte, Künstler und Gelehrte, samt und sonders Zeitgenossen Friedrichs des Großen. Die immer wieder monierte Position der Gelehrten unter dem Schwanz des Pferdes sei hier nicht weiter kommentiert. Im Zug der Restaurierung des Denkmals wurde die historische Platzanlage mit gemustertem Pflaster, gusseiserner Umzäunung und Kandelabern wiederhergestellt.

Deutsche Staatsoper Unter den Linden 21

www.staatsoper-berlin.de, s. S. 50

Nach sieben Jahren Sanierung kehrte 2017 die Staatsoper an ihren angestammten Standort zurück. Zugleich wurde im ehemaligen Magazingebäude der **Pierre-Boulez-Saal** der **Barenboim-Said-Akademie** eingerichtet, wo pro Jahr bis 100 Kammermusikkonzerte stattfinden (www.boulezsaal.de).

Als ersten Bau am Forum Fridericianum ließ Friedrich II. 1741 bis 1743 von Knobelsdorff das **Königliche Opern- und Festhaus** errichten. Damit entstand in Berlin der erste freistehende Opern- und Theaterbau Deutschlands. Der König betrat das Haus durch die vorgelagerte Halle mit sechs Säulen und Giebel an der Prachtstraße Unter den Linden aus. Die Inschrift unter dem Giebel verkündet: »Fridericus Rex Apollini et Musis« (König Friedrich, Apoll und den Musen). Der Innenraum wurde nach der Kriegszerstörung im Stil Knobelsdorffs neu ausgeführt. Heute spielt hier die Deutsche Staatsoper Unter den Linden.

Lieblingsort

Forum Fridericianum am Sonntagmorgen

Kaum Autos, kaum Fußgänger – am Sonntag in der Früh zwischen 8 und 9 Uhr hat man das Forum Fridericianum fast für sich allein. Und damit die einzige Möglichkeit, die Gesamtanlage in Ruhe auf sich wirken zu lassen. Der Blick wandert – ungestört und unwillkürlich – über den Fassadenschmuck und die Bauplastik der Bauten rund um das Forum Fridericianum mit der **St.-Hedwigs-Kathedrale** 22 . Die ganze Schönheit des Platzes und der alten preußischen Königsstadt in diesem Bereich der Linden wird erfahrbar. Wer mag, verbindet diesen Ausflug in die Vergangenheit mit einem Frühstück im **Café Einstein** 2 Unter den Linden.

St.-Hedwigs-Kathedrale 22

www.hedwigs-kathedrale.de, Mo–Sa außerhalb der Gottesdienste 10–17, Do ab 11, So, Fei 13–17 Uhr, Führungen n. V. unter Tel. 030 203 48 10

Schon mit dem Bau der St. Hedwigs-Kirche ab 1747 wich Friedrich II. davon ab, das Forum zu einem Ort der Kunst und Wissenschaften zu machen. Eine politische Entscheidung: Preußen hatte durch den Sieg im Zweiten Schlesischen Krieg (1744/45) Millionen katholischer Bürger hinzugewonnen. Die katholische Gemeinde Berlins musste sich aber in einer Kapelle im Hinterhof versammeln. So schenkte ihr Friedrich II. das Grundstück am **Forum Fridericianum** (s. Lieblingsort S. 123) und überreichte darüber hinaus die Pläne zum Bau der Kirche nach dem Vorbild des Pantheons in Rom. Nach der Fertigstellung 1773 weihte man das Gotteshaus der schlesischen Landesheiligen St. Hedwig. 1930 wurde es zur Bischofskirche des Bistums Berlin. Beim Wiederaufbau nach dem Zweiten Weltkrieg öffnete man die **Unterkirche** (Krypta). Hier findet sich das Grab des Priesters Bernhard Lichtenberg, der seinen Einsatz für die Verfolgten des NS-Regimes mit dem Leben bezahlte.

Mein Tipp

Edle Drinks in edler Atmosphäre

Wer edle Klamotten und die Ausgabe einiger Scheine nicht scheut, der findet im **Hotel de Rome** 23 nicht nur eine exquisite Bar, sondern auch noch eine Dachterrasse mit bestem Ausblick. Hier kann man dann in Ruhe darüber nachdenken, was wohl der Arbeiterführer August Bebel dazu gesagt hätte, dass eine Edelbar nach ihm benannt wurde. Die Bebel Bar, konzipiert wie eine klassische American Bar, mit ihrem 10 m langen Tresen unter 6 m hohen alten Decken zieht einen bunten Mix an Gästen an. In der warmen Jahreszeit schweift der Blick von der im Loungestil möblierten Dachterrasse aus über den Bebelplatz und Teile des historischen Zentrums.

Bebel Bar: Hotel de Rome, Behrenstr. 37 (Bebelplatz), Tel. 030 460 60 90, www.hotelderome.de, U Hausvogteiplatz, tgl. 9–1 Uhr, Fr–Sa ab 20 Uhr Livemusik, Dachterrasse Mai–Okt. 11–22 Uhr (bei schönem Wetter).

Hotel de Rome 23

www.roccofortehotels.com, s. S. 26

An der Südseite des Bebelplatzes ist das Hotel de Rome in die ehemalige Geschäftszentrale der Dresdner Bank, einen Bau im Stil der italienischen Renaissance, eingezogen. Das Hotel lässt den Namen eines im 19. Jh. berühmten Luxushotels am Boulevard Unter den Linden wieder aufleben.

Königliche Bibliothek 24

1774 bis 1780 ließ Friedrich der Große die Westseite des Forums mit der **Königlichen Bibliothek** (Alte Bibliothek) schließen. Wegen seiner geschwungenen, barocken Form erinnert der Bau, heute Sitz der Juristischen Fakultät der Humboldt-Universität, an Wiener Bauten. Und das nicht von ungefähr. Die Pläne stammen von Fischer von Erlach, der sie 1725 für die Wiener Hofburg fertigte.

Mahnmal Versunkene Bibliothek 25

Auf dem Bebelplatz, seinerzeit noch Platz an der Oper, fand am 10. Mai 1933 die Bücherverbrennung statt. NS-Studenten übergaben 20000 Bücher von Autoren ›undeutschen Geistes‹ den Flammen. Das Mahnmal des israelischen Künstlers Micha Ullman erinnert an diese Untat. Durch ein Fenster im Pflaster schaut man in einen ca. 5 m tiefen Raum, in dessen – leeren – Regalen ca. 20000 Bücher Platz finden könnten.

Hauptgebäude der Humboldt-Universität 26

Der dritte Bau Friedrichs des Großen am Forum Fridericianum ist heute Sitz der Humboldt-Universität. Ursprünglich sollte hier das neue Stadtschloss der Hohenzollern entstehen, nur hatte Friedrich mittlerweile sein Schloss Sanssouci in Potsdam im Sinn. So wurde hier das **Palais des Prinzen Heinrich** für den Bruder des Königs errichtet. Seit 1809 war es Sitz der Friedrich-Wilhelm-Universität, die 1949 in Humboldt-Universität zu Berlin umbenannt wurde und heute über 30 000 Studenten hat.

Noch vor dem eigentlichen Ehrenhof, jeweils in einer Einbuchtung des Zaunes, erinnern die 1882 bis 1883 geschaffenen **Marmordenkmäler** an die Brüder Alexander und Wilhelm von Humboldt: **Wilhelm von Humboldt,** auf den die Konzeption der akademischen Bildung als Einheit von Forschung und Lehre zurückgeht, sitzt mit aufgeschlagenem Buch auf einem antikisierenden Thron. Der Sockel zeigt allegorische Verweise auf Archäologie, Rechtswissenschaft und Philosophie. **Alexander von Humboldt** hält den Zweig einer exotischen Pflanze in der Hand. Der Globus verweist auf die Forschungsreisen des Gelehrten. Weitere Denkmäler ehren den Physiker **Hermann von Helmholtz,** den Historiker und Nobelpreisträger **Theodor Mommsen** und den Nobelpreisträger **Max Planck.**

Insgesamt waren 29 Nobelpreisträger, darunter Albert Einstein und Max Planck, der Humboldt-Universität wissenschaftlich verbunden. Zugleich repräsentiert die Universität vom ersten Rektor, dem Philosophen Fichte, über Hegel, Heinrich Heine, Adelbert von Chamisso, Robert Koch, Otto Hahn, Karl Marx, Wilhelm und Karl Liebknecht und Kurt Tucholsky bis zum Historiker Heinrich August Winkler beste akademische Tradition.

Etwas versteckt im Seitenflügel der Universität befindet sich das ruhige Café und Restaurant **Cum Laude** 6 (Platz der Märzrevolution).

Am Ende der Linden

Neue Wache 27

Die Architekturkritiker sind sich einig: Mit der **Neuen Wache** gelang dem Architekten gleich der große Wurf. 1816 bis 1818 ließ Schinkel das seinerzeit Königswache genannte Gebäude errichten, das die Grenze zwischen der Stadt Berlin und dem Schlossbezirk der Hohenzollern markierte. Mit wuchtigen Eckvorsprüngen, einem Säulenportikus mit sechs dorischen Säulen und der allegorischen Darstellung von Kampf und Sieg, Flucht und Niederlage im Giebel behauptet sich der relativ kleine Bau gegen die mächtigen Gebäude links und rechts. Seit 1993 dient die Neue Wache als **Zentrale Gedenkstätte der Bundesrepublik für die Opfer von Krieg und Gewaltherrschaft.** Im Zentrum der Gedenkstätte steht eine stark vergrößerte Nachbildung der Käthe-Kollwitz-Plastik »Mutter mit totem Sohn« (auch als »Pietà« bekannt).

Kronprinzen- und Prinzessinnenpalais

Auf der gegenüberliegenden Straßenseite verband Schinkel durch eine Überbrückung der Straße Oberwall das **Kronprinzenpalais** 28 mit dem **Prinzessinnenpalais** 29. Beide Gebäude wurden im Stil der Berliner Klassik

Der gläserne Turmbau von I. M. Pei am Deutschen Historischen Museum

umgestaltet. Auf dem Vorplatz des Prinzessinnenpalais finden sich die **Standbilder** preußischer Generäle der Befreiungskriege (1813–15).

Maxim Gorki Theater 30

www.gorki.de, s. S. 51

Schinkel lieferte auch die Pläne für das **Maxim Gorki Theater** gleich hinter der Neuen Wache. Erbaut wurde es für die Sing-Akademie zu Berlin, die Carl Friedrich Christian Fasch 1791 gründete und die heute die älteste gemischte Chorgemeinschaft der Welt ist.

Deutsches Historisches Museum im Zeughaus 31

www.dhm.de, tgl. 10–18 Uhr, 8/4 €, Kinder/Jugendliche unter 18 Jahren Eintritt frei, s. S. 61

Das **Deutsche Historische Museum** ist im ehemaligen Zeughaus eingezogen, dem ältesten erhaltenen Bau Unter den Linden, errichtet 1695 bis 1706. Einst waren hier 50000 Gewehre, Kanonen und später auch Fahnen eingelagert. An der Außenfassade finden sich Glorien, Fahnen, Prunkhelme. Doch im Innenhof, der seit der Renovierung wieder mit Glas überdacht ist, verweisen die überlebensgroßen Köpfe sterbender Krieger in den Schlusssteinen auch auf die Schrecken des Krieges. Andreas Schlüter schuf die ausdrucksstarken Gesichter. Sie gelten als Höhepunkt des Barock nördlich der Alpen. Auch die Helme und die Gorgonenhäupter in den Schlusssteinen der Fenster gehen auf Schlüter zurück.

Heute zeigt hier das Deutsche Historische Museum seine Sammlung zur deutschen Geschichte. Auf 7500 m^2 veranschaulichen ca. 8000 originale Objekte deutsches Leben: ein Spaziergang durch 2000 Jahre Geschichte. Wechselausstellungen werden in der neuen **Ausstellungshalle von I. M. Pei,** die mit der gläsernen Steigstraße vor dem Zugangsbereich beeindruckt, gezeigt. Cineasten zieht es in das **Zeughauskino**.

Kommandantenhaus 32

Gegenüber dem Zeughaus ließ die Bertelsmann Stiftung bis 2003 die

Fassade des Kommandantenhauses detailgetreu rekonstruieren. Die acht 500 kg schweren Adler aus Terrakotta, die das Dach schmücken, wurden eigens dafür gebrannt. Erst die haushohe Stahl-Glas-Konstruktion in der Rückfront verrät, dass es sich um einen Neubau handelt. Das Gebäude ist die Hauptstadtrepräsentanz der Bertelsmann AG.

Schinkelplatz 33

Der **Schinkelplatz** wurde ab Sommer 2007 originalgetreu wiederhergerichtet. Das **Schinkel-Denkmal** schuf 1867 Friedrich Drake. Daneben die Denkmäler für Albrecht Thaer, den Begründer der modernen Landwirtschaft in Preußen, und Peter Beuth, den Vater der preußischen Gewerbeförderung. Der Schinkelplatz leitet über zur **Schinkelschen Bauakademie** 34 von 1836. Bisher ist nur eine Musterfassade wiederhergestellt. Seit November 2016 steht fest, dass der Bund 62 Mio. Euro für den Wiederaufbau gibt. Das Gebäude gilt mit seiner klaren Gliederung durch ein Stützenraster und der Verwendung von Backstein als einer der richtungsweisenden Entwürfe Schinkels.

Friedrichwerdersche Kirche 35

www.smb.museum, Tel. 030 266 42 42 42, bis auf Weiteres geschlossen, *s. S. 58*

Das Portal der **Friedrichwerderschen Kirche** weist Richtung Werderscher Markt, einem der alten Plätze in der ehemals eng bebauten Berliner Altstadt. Kronprinz Friedrich IV. hatte hier eine Kirche im »Mittelalterstil«, der gut zur Altstadt passe, gefordert, die dann 1824 bis 1830 nach Plänen Schinkels entstand. Bis 2012 war hier – in der einzigen in Berlin erhaltenen Schinkel-Kirche – das Schinkelmuseum untergebracht. Durch den Bau einer Wohnanlage im Umfeld der Kirche traten Risse im Mauerwerk auf, Putz fiel von der Decke, die hier ausgestellten Schinkelstatuen mussten in Sicherheit gebracht werden. Jetzt stehen weitere Bauarbeiten auf der Ostseite der Kirche an. Wird sie je wieder als Schinkel-Museum genutzt werden können?

Am Schloßplatz

Schloßbrücke 36

Der Bau der Schloßbrücke gilt als genialer Schachzug Schinkels. »Hundebrücke« wurde die hölzerne Brücke genannt, die hier über den Kupfergraben führte und die Prachtstraße Unter den Linden sozusagen ins Nichts auslaufen lies. Schinkel baute hier von 1822 bis 1824 die massive dreibogige Gewölbebrücke, schmückte sie mit acht überlebensgroßen Göttinnen der Antike mit jungen Kriegern und schuf so eine würdige Verbindung zwischen den Linden und dem Stadtschloss der Hohenzollern.

Humboldt-Forum/Stadtschloss 37

Der Palast der Republik aus DDR-Zeiten, der hier anstelle des alten Stadtschlosses der Hohenzollern stand, ist abgerissen, die Bauarbeiten zum **Humboldt-Forum/Stadtschloss** (www.

Humboldt-Box

Die 28 m hohe Humboldt-Box (tgl. 10–19, Nov.–März bis 18 Uhr, Eintritt frei, öffentliche und kostenlose Führungen jeden Freitag und Sonntag um 15 Uhr, Treffpunkt Kasse) an der Schlossbaustelle bietet eine Aussichtsplattform mit Restaurant-Café, alle Infos zum Berliner Stadtschloss und wechselnden Ausstellungen.

sbs-humboldtforum.de) sind weit fortgeschritten. 2019 soll das 522 Mio. € teure Forum nach einem Entwurf des italienischen Architekten Franco Stella mit der historischen Fassade des Stadtschlosses an drei Seiten fertig sein.

Ein echtes Stück Stadtschloss bietet das ehemalige **Gebäude des Staatsrats der DDR** 38. Weithin sichtbar erhebt sich in der Front des 1962 bis 1964 errichteten Baus das Portal IV des Stadtschlosses, das vor der Sprengung des Schlosses 1950 gesichert wurde. Vor diesem Portal rief Karl Liebknecht am 9. November 1918 die freie sozialistische Republik aus. Das Portal soll übrigens trotz Neubau der Schlossfassade am Humboldt-Forum in diesem Gebäude bleiben. Das Nebengebäude, in dem heute die **Hochschule für Musik Hanns Eisler** untergebracht ist, diente früher als Marstall.

Am Lustgarten

Gegenüber dem Humboldt-Forum erstreckt sich der **Lustgarten** 39, 1573 als Nutz- und Küchengarten hinter dem Schloss angelegt. Peter Joseph Lenné verwandelte das Areal bis 1829 nach Entwürfen Schinkels in eine gegliederte Rasenfläche. Die 1834 offiziell übergebene **Granitschale** vor dem Alten Museum war mit ihrem Durchmesser von fast 7 m seinerzeit eine Sensation: In zweieinhalbjähriger Arbeit schliff man sie unter Einsatz einer 10-PS-Dampfmaschine aus einem Granitfindling.

Berliner Dom 40

www.berlinerdom.de, Mo–So 9–20, Nov.–März nur bis 19 Uhr, 7/5 €

Groß, größer, am besten kolossal – so könnte man das Bauprogramm umschreiben, mit dem Kaiser Wilhelm II. nach seiner Thronbesteigung 1888 nicht nur Berlin beglückte. Ein Ausdruck dieser Haltung ist der **Berliner Dom.** 1894 bis 1905 wurde er nach Plänen von Julius Raschdorff in einem Sammelsurium von Bauformen der italienischen Renaissance und des Barock unter allerhöchster Einmischung seiner Majestät des Kaisers erbaut. Im Mittelbau unter der 74 m hohen Kuppel, die von vier Türmen umgeben ist, befindet sich die **Predigtkirche.** Nach Süden schließt sich eine kleine **Tauf- und Traukirche** an. Die **Innenräume** sind überreich geschmückt. Der Marmortaufstein ist ein Werk von Christian Daniel Rauch, der Altar eine Marmorarbeit von Stüler. Sehenswert ist die **Fürstengruft,** die fast das gesamte Untergeschoss des Doms einnimmt. In der Predigtkirche die wichtigsten **Prunksärge**, darunter für Friedrich I. und seine Gemahlin Sophie Charlotte von Andreas Schlüter.

Museumsinsel !

www.smb.museum, alle Museen tgl. 10–18, Do bis 20 Uhr, Hauskarte 10/5 €, Bereichskarte 18/9 €, bei Sonderausstellungen erhöhte Preise

Nördlich des Lustgartens beginnt der als **Museumsinsel** bekannte Teil der Spreeinsel. Als Weltkulturerbe von der UNESCO anerkannt, präsentieren die fünf Museumsbauten die gesamte europäische Kulturgeschichte. König Friedrich Wilhelm III. ordnete im Jahr 1810 an, »eine öffentliche, gut gewählte Kunstsammlung« anzulegen. Der Startschuss für ein Projekt, mit dem in den folgenden 120 Jahren die nördliche Spreeinsel »zu einer Freistätte für Kunst und Wissenschaft« wurde. Im Jahr 1930 weihte man mit dem Pergamonmuseum das letzte der fünf Museen ein. Im Zweiten Weltkrieg wurde die Museumsinsel

Löwenkämpfer-Skulptur am Aufgang zum Alten Museum

zu 70 % zerstört. Die ausgelagerten Sammlungen überstanden den Krieg, waren aber in den folgenden 40 Jahren in Ost und West verstreut. Erst mit der Wiedervereinigung konnte die geschätzt 1,5 Mrd. € teure Sanierung der Museumsinsel, die 2028 abgeschlossen sein soll, angegangen werden. Derzeit wird an der **James Simon Galerie,** dem zentralen Zugang zu den fünf Museen, gebaut.

Altes Museum – Antikensammlung 41

s. S. 57

Als Schinkel bis 1830 das Alte Museum ausführte, wusste er nicht, dass weitere Museen folgen würden. So betonte er einzig die Front Richtung Lustgarten mit der imposanten Reihe von achtzehn Kolossalsäulen mit ionischen Kapitellen und der Freitreppe. Flankiert wird die Treppe von einer Amazonen- und einer Löwenkämpfergruppe. Zwei Rossbändiger- und zwei Pegasusgruppen bekrönen den Bau. Seine ganze Schönheit zeigt das Alte Museum im Innern. In der 23 m hohen Rotunde mit Lichtöffnung tragen 20 korinthische Säulen einen Galeriering. Zwischen den Säulen antikische Götter. Ein kaum zu überbietender Auftakt, um im Erdgeschoss griechische Kunstwerke zu präsentieren. Die Ausstellung ist hier chronologisch aufgebaut. Ein Highlight: »Der betende Knabe«, Ende des 15. Jh. auf Rhodos entdeckt und um 300 v. Chr. gegossen.

Im Obergeschoss wird die Ausstellung »Antike Welten gezeigt«. Hier wird Kunst der Etrusker und der Römer präsentiert.

Alte Nationalgalerie 42

s. S. 57

In der bis 2001 komplett sanierten Alten Nationalgalerie wurden einige alte Räume, wie der Kuppelsaal im 1. OG, in ihrer prachtvollen Ausstattung wiederhergestellt. Gezeigt werden **Skulpturen und Gemälde des 19. Jh.,** so die weltweit größte Sammlung von Werken des Malers **Caspar David Friedrich.** Den zweiten Schwerpunkt bilden die **Maler des Impressionismus** von Édouard Manet bis Paul Cézanne, ▷ S. 132

Auf Entdeckungstour: Adolph Menzel in der Alten Nationalgalerie

Zwei Werke des bedeutendsten deutschen Malers des Realismus im 19. Jh. entführen in der Alten Nationalgalerie 42 in zwei unterschiedliche Lebenswelten, die im Berlin des 18. und 19. Jh. nebeneinander existierten – den Hof der Hohenzollern und ein Eisenwalzwerk. Bildbetrachtungen für Kunstliebhaber und historisch Interessierte.

Ort: 1. Ausstellungsgeschoss (Hauptgeschoss) in der Alten Nationalgalerie auf der Museumsinsel.

Öffnungszeiten: Di–So 10–18, Do bis 22 Uhr.

Eintritt: Hauskarte 12/6 €, s. S. 57.

Dauer: 30 Min.

Von Adolph Menzel, neben Max Liebermann der bedeutendste Berliner Maler, sind im Hauptgeschoss der Alten Nationalgalerie zwei Gemälde prominent ausgestellt: das bekannte »Flötenkonzert Friedrich des Großen in Sanssouci« (1850–52) und das in Fachkreisen genauso berühmte Gemälde »Eisenwalzwerk« (1875).

Konzert mit gelangweiltem Herrn
Schauen wir uns das **»Flötenkonzert«** (Abb. oben) an. Als der 1815 in Bres-

lau geborene und seit 1830 in Berlin lebende Adolf Menzel das Bild malte, war Friedrich der Große bereits tot. Trotzdem gibt Menzel die Szene bis in die Details wieder – ein Bild wie eine historische Fotografie, auf detailgenauen Recherchen und zahllosen Skizzen basierend. Mit der Position, der Haltung und den Gesichtszügen der einzelnen Figuren erzählt Menzel uns dann eine ganze Geschichte.

Friedrich der Große, Preußens König, steht in der Mitte des Bildes, die Flöte im Ansatz, und wendet sich den Herren zu, die mit ihm musizieren. Nur der Cellospieler und der Cembalist dürfen sitzen. Die Herren Streicher haben zu stehen – wenn der König steht, gehört sich das so. Der Cembalist hat seine Augen halb geschlossen und schaut nicht begeistert drein. Dieser Herr durfte sich einen solchen Gesichtsausdruck gegenüber dem musizierenden König erlauben: Es handelt sich um keinen Geringeren als Carl Philipp Emanuel Bach, den zweiten Sohn von Johann Sebastian Bach. 28 Jahre diente dieser berühmteste Komponist seiner Zeit dem preußischen Herrscher.

Der ältere Herr ganz rechts, Friedrichs Flötenlehrer Johann Joachim Quantz, hört demgegenüber dem Flötenspiel aufmerksam zu. Ganz anders der Herr in der linken Ecke. Gelangweilt wandert der Blick des Mathematikers und Geografen Pierre-Louis Moreau de Maupertuis an die Decke. Gut, dass der König im Hinterkopf keine Augen hat.

Kritisch oder nicht?

Genauso detailgetreu ist das in den Jahren 1872 bis 1875 gemalte **»Eisenwalzwerk«,** immerhin die erste Darstellung einer Fabrik in einem Gemälde. Rund 100 Detailzeichnungen brachte Menzel vom Besuch eines Schienenwalzwerks in der schlesischen Königshütte als Vorlagen mit.

Nur die Frau, rechts, die einem Arbeiter Essen gebracht hat, das dieser gerade verzehrt, schaut den Betrachter an. Arbeiter ruhen sich im Vordergrund rechts aus. Links sieht man Arbeiter, die sich waschen. Im Zentrum des Gemäldes aber steht der Produktionsprozess, stehen die Arbeiter, die mit dem glühenden Eisen hantieren. Weiter hinten im Bild, ein Stück links neben dem Schwungrad, ist ein Herr mit einem Bowler zu entdecken, der an die Decke der Fabrikhalle schaut. Der Besitzer? Der Betriebsleiter? Menzel hat nie verraten, wer hier dargestellt ist. Was will uns der Maler mit dem Bild sagen? Ist es eine Huldigung an die unbegrenzten Möglichkeiten der aufstrebenden industriellen Produktion? Oder eine Kritik an der Vereinnahmung der Arbeiter durch den Arbeitsprozess? Sogar zum Essen und zum Waschen konnten die Arbeiter die Fabrikhalle nicht verlassen. Sie standen unter dem brutalen Diktat des Produktionsprozesses. Adolph Menzel wollte mit dem Gemälde wahrscheinlich nur festhalten, was er sah. Nur 140 cm groß, zeitlebens unverheiratet, zeichnete die »kleine Exzellenz«, wie er genannt wurde, alles, was ihm auffiel. Sein Grab ist auf dem Dreifaltigkeitsfriedhof in Berlin-Kreuzberg zu finden.

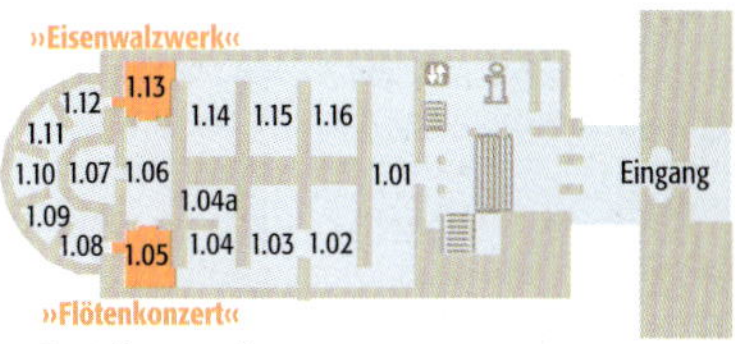

1. Ausstellungsgeschoss

dazu Werke der **Berliner Maler** Adolph Menzel (s. Entdeckungstour S. 130) und Max Liebermann. Zu sehen ist auch das Doppelstandbild der Prinzessinnen Luise und Friederike von Preußen von **Johann Gottfried Schadow.**

Neues Museum 43

s. S. 60

Die Rekonstruktion des Neuen Museums mit **Ägyptischer Sammlung, Papyrussammlung und Museum für Vor- und Frühgeschichte** sorgte weltweit für Schlagzeilen. Architekt David Chipperfield bewahrte die Spuren der Zerstörung durch den Krieg. Bereiche, die vollkommen neu errichtet werden mussten, wie z. B. das Treppenhaus, ließ er nüchtern-modern im Kontrast zum Ursprungsbau ausführen.

Highlight und Besuchermagnet ist hier die 47 cm hohe Plastik der **Nofretete** (wörtlich: die Schöne ist gekommen) aus dem 14. Jh. v. Chr., die aufgrund ihrer exakten Modellierung und den gut erhaltenen Farben als einzigartig gilt. 1912 fand der Ägyptologe Ludwig Borchardt die Kalkstein- und Gipsbüste in den Ruinen von Tell el-Amarna auf halbem Weg zwischen Luxor und Kairo. Die Frau, deren Herkunft nicht ganz geklärt ist, hatte in jungen Jahren Pharao Echnaton geheiratet und ihm sechs Töchter geboren. Mit knapp 30 Jahren starb Nofretete. Weiter erwartet den Besucher in der Ägyptischen Sammlung der nach seiner Gesteinsfarbe benannte **»Berliner Grüne Kopf«** (um 500–400 v. Chr.), das bedeutendste Werk der ägyptischen Spätzeit.

Nicht vergessen sollte man die **Papyrussammlung,** zu deren herausragenden Stücken das **Amduat** für den Priester des Amun Amenophis (11. Jh. v. Chr., Theben) gehört, ein Buch, das die nächtliche Fahrt des Sonnengotts durch die Unterwelt beschreibt.

Im **Museum für Vor- und Frühgeschichte** sind die Funde zum Neandertaler, die Troja-Sammlung Heinrich Schliemanns und Grabinventare der Merowingerzeit sehenswert. Highlight ist der rund 3000 Jahre alte Berliner Goldhut.

Pergamonmuseum 44

s. S. 60

Über 1 Mio. Besucher kommen jährlich in das Pergamonmuseum, wo sich die **Antikensammlung,** die **Sammlungen des Vorderasiatischen Museums,** des **Museums für Islamische Kunst** und **Teile der Sammlung des Ägyptischen Museums** befinden. Highlight ist der **Zeusaltar aus Pergamon** (Pergamonaltar, um 160 v. Chr.), stolze 35,64 m breit und 33,40 m tief. Bis 2019 wird der Pergamonaltar aufgrund der Sanierungsarbeiten nicht zu sehen sein. So muss man im Raum mit den römischen Großarchitekturen vorlieb nehmen mit dem 29 m hohen und 17 m breiten **Markttor von Milet** aus der Zeit um 120 n. Chr. Es ist zu rund 60 Prozent aus Originalteilen hier aufgebaut worden.

Das **Ischtar-Tor** (s. S. 60) mit der Prozessionsstraße stammt aus dem alten Babylon. Es wird auf die 1. Hälfte des 6. Jh. v. Chr. datiert. Beeindruckend die Reihen von Stieren (Wettergott Adad) und Fabelwesen (Gott Marduk). An der Prozessionsstraße dann Löwen, die die Göttin Ishtar darstellen. In den weiteren Räumen des Vorderasiatischen Museums Funde aus Assur und weiteren Städten Mesopotamiens.

Die **Mschatta-Fassade** aus dem 8. Jh. v. Chr. findet sich im Museum für Islamische Kunst im 2. OG. Sie stammt von einem Wüstenschloss in der Nähe des heutigen Amman. Sehenswert ist in dem Museum zudem das reich geschmückte Aleppo-Zimmer.

Bode-Museum 45

s. S. 57

Die prachtvoll gerundete Fassade des Bode-Museums schließt die Museumsinsel nach Norden ab. Es zeigt mit der **Skulpturensammlung** eine der größten Sammlungen für ältere Plastik (deutsche und europäische Skulptur ab dem frühen Mittelalter) in Deutschland. Zu den berühmten Werken zählen die Arbeiten des Bildhauers **Tilman Riemenschneider** (gest. 1531 in Würzburg). Ob »Bildnis der heiligen Anna mit ihren drei Ehemännern« oder »Die vier Evangelisten vom Münnerstädter Retabel« – diese Arbeiten gelten wegen der Ausführung der Details und der Lebendigkeit, die sie ausstrahlen, als Meisterwerke der Schnitzkunst. Dazu kommen das **Museum für Byzantinische Kunst** mit Werken aus dem gesamten Mittelmeerraum und das **Münzkabinett.**

Cölln

Schloss, Lustgarten und Museumsinsel bilden den nördlichen Teil der Spreeinsel. Im südlichen Bereich lag die alte Handelsstadt Cölln mit der St. Petrikirche und dem Rathaus als Zentrum und dem Fischerkiez. Vom alten Cölln, das gemeinsam mit Berlin die Keimzelle für die heutige Millionenstadt bildete, ist nach Krieg und Kahlschlag zu DDR-Zeiten wenig geblieben. Die Gertraudenstraße wurde zur mehrspurigen Autopiste ausgebaut. Bis 1972 wurden in dem Fischerinsel genannten Bereich fünf Hochhäuser und zwei Doppelhochhäuser errichtet, die hier – in unmittelbarer Nähe zur Mauer – den Anspruch des SED-Staates auf Modernität demonstrierten.

Nur wer sich zu Fuß der Fischerinsel nähert, entdeckt neben der Autopiste die alte **Gertraudenbrücke** 46 und das Gertraudendenkmal von 1896. Die anstehende Umgestaltung dieses Bereichs haben die Archäologen genutzt und die Reste von St. Petri, der ersten Kirche Cöllns, und des ersten Schulgebäudes ausgegraben, um weitere Erkenntnisse über die Ursprünge Berlins/Cöllns zu sammeln.

Zwei alte Bürgerhäuser finden sich in der Brüderstraße: das **Galgenhaus** 47 (Nr. 10) von 1688, 1805 klassizistisch umgestaltet, und das um 1670 erbaute **Nicolaihaus** 48 (Nr. 13). Von 1787 bis zu seinem Tod lebte hier der Autor, Herausgeber und Verleger Christoph Friedrich Nicolai (1733–1811), der Gotthold Ephraim Lessing und Moses Mendelssohn zu seinen Freunden zählte. Auch Besucher wie Chodowiecki, Schadow, Schinkel und Körner waren in diesem Haus zu Gast, das so zu einem zentralen Ort der Berliner Aufklärung wurde.

Mühlendamm

Die **Mühlendammbrücke** 49**,** auf welche die Gertraudenstraße mündet, ist die Wiege Altberlins. Um das Jahr 1200 wurde in der Furt, die durch die Spree von Cölln nach Berlin führte, ein Damm aus Steinen, Holz und Erde aufgeschüttet. Über schmalen Durchlässen wurden Wassermühlen betrieben. Erst 1888 wurde der Mühlendamm zur Schleuse, ab 1936 zur Brücke umgebaut.

Schaut man von der Mühlendammbrücke nach Südosten, blickt man auf den **Historischen Hafen** 50 (www.historischer-hafen-berlin.de), wo Dampfschiffe und Küstenmotorschiffe aus der Zeit um 1900 und später zu bestaunen sind. Von hier aus sieht man deutlich den massiven Backsteinturm mit grünlichem Kupferdach. Er gehört zum **Märkischen Museum** 51 (www.stadtmuseum.de, Di–So 10–18, 5/3 €, 1. Mi im Monat Eintritt frei, s. S. 61), das die Geschichte der Doppelstadt Berlin-Cölln präsentiert.

Nikolaiviertel

Von den kritischen Zeitgenossen wird das Nikolaiviertel als Berlins Disneyland verspottet, von den Touristen wird es in Scharen besucht. Zur 750-Jahr-Feier 1987 ließ die DDR-Führung ein Stück Berliner Altstadt rund um die Nikolaikirche rekonstruieren. Die Grundstücksgrößen und der Verlauf der Straßen geben einen Eindruck von der Enge der Berliner Altstadt. Originalbauten sind die Nikolaikirche, die älteste erhaltene Kirche der Stadt, und das aus Originalteilen wieder aufgebaute Palais sowie das Knoblauchhaus.

Nikolaikirche 52

www.stadtmuseum.de, tgl. 10–18 Uhr, 5/3 €, bis 18 Jahre und 1. Mi/Monat Eintritt frei, s. S. 62

Der Kern der Nikolaikirche geht auf eine dreischiffige Feldsteinbasilika zurück, die von 1220 bis 1230 erbaut und später zur gotischen Hallenkirche umgestaltet wurde. Die Granitquader im Untergeschoss des Turmbaus sind aus dieser Zeit erhalten. Auf alten Stichen sieht man immer wieder die Nikolaikirche mit nur einem Turm. Den zweiten setzte man erst 1877 auf. Seit 2010 präsentiert hier das Stadtmuseum eine Ausstellung zu 800 Jahren Stadtgeschichte, zur sakralen Kunst und zu Persönlichkeiten, die mit der Kirche verbunden sind. Hervorzuheben ist der Kirchenlieddichter Paul Gerhardt, der von 1657 bis 1667 in der Nikolaikirche als Pfarrer wirkte.

Zille Museum 53

www.zillemuseum-berlin.de, Mo–Sa 11–18, So 13–18 Uhr, 6/5 €, s. S. 61

Kaum jemand lässt uns das Berlin um 1900 so sehen wie Heinrich Zille (1858–1929). Kritisch und humorvoll hält der »Pinselheinrich« in seinen Zeichnungen sein Berlin, das »Milljöh«, fest. Zille war ein Freund Max Liebermanns, Mitglied der Berliner und dann der Freien Secession sowie Mitglied der Akademie der Künste. Das Museum widmet sich dem Leben und Werk dieses Berliner Ehrenbürgers. Gezeigt werden u. a. Zeichnungen, Lithografien und Fotografien des Künstlers.

Idylle im Nikolaiviertel – vom Ausflugsschiff genießt man entspannt den Blick auf die architektonischen Glanzstücke der Geschichte

Knoblauchhaus 54

www.stadtmuseum.de, Di–So 10–18 Uhr, Eintritt frei, bei Veranstaltungen 3/2 €, *s. S. 59*

Im **Knoblauchhaus,** einem der wenigen in Berlin erhaltenen Bürgerhäuser des 18. Jh., ist die Ausstellung **Bürgerliches Wohnen im Biedermeier** eingerichtet.

Gerichtslaube 55

Die **Gerichtslaube** (Poststr. 28) ist ein Nachbau der Berliner Gerichtsstätte aus der Zeit um 1270. Sie stand vor dem mittelalterlichen Rathaus, das dem heutigen Sitz des Regierenden Bürgermeisters, dem Roten Rathaus, weichen musste. An ihrer Außenfassade entdecken wir den Kaak, ein mittelalterliches Fabelwesen. Halb Tier, halb grinsendes Menschengesicht mit Eselsohren, sollte er die Bürger der kleinen Stadt daran erinnern, welcher Spott und Hohn sie erwartet, sollten sie an den Pranger gestellt werden. In der Gerichtslaube befindet sich heute das Altberliner Restaurant **Zur Gerichtslaube**.

Ephraim-Palais 56

www.stadtmuseum.de, Di–So 10–18, Mi 12–20 Uhr, 6/4 €, bis 18 Jahre Eintritt frei, s. S. 58

Das **Ephraim-Palais,** 1762 bis 1766 als Rokokopalais für den Hofjuwelier und Münzunternehmer Veitel Heine Ephraim erbaut, wurde 1936 abgetragen und im späteren Westteil der Stadt eingelagert, die Konstruktionsunterlagen verblieben im Osten. Zum Ausbau des Nikolaiviertels vor der 750-Jahr-Feier wurde getauscht: Der Westen erhielt das lang vermisste Archiv der Königlichen Porzellan-Manufaktur, der Osten die Bauteile des Ephraim-Palais.

Das Haus, oft als Berlins schönste Ecke bezeichnet, beeindruckt durch sein ovales, lichtes Treppenhaus. Im ersten Stock ist eine Kopie der Schlüterdecke aus dem Wartenberg-Palais eingebaut. Das Ephraim-Palais zeigt heute auf drei Etagen wechselnde **Ausstellungen** des Stadtmuseums zu Themen der Berliner Kunst- und Kulturgeschichte.

Vom Nikolaiviertel zum Alexanderplatz

Außerhalb des Nikolaiviertels stößt man auf weitere Relikte des alten Berlin. So gibt die frei zugängliche **Ruine der Klosterkirche** 57 (erbaut um 1270) mit ihren für die Gotik typischen Spitzbogenfenstern zumindest einen Eindruck vom mittelalterlichen Berlin. Die Kirche wurde ebenerdig erbaut. Heute müssen Sie einige Stufen hinabsteigen, um zum früheren Innenraum zu gelangen. Ein Hinweis darauf, dass sich in vielen Jahrhunderten eine Zivilisationsschicht in der Stadt gebildet hat.

Nicht weit entfernt stößt man an der Waisen- bzw. Littenstraße auf **Reste der alten Stadtmauer** 58. Ab 1250 wurde sie aus Feldsteinen errichtet und später mit Ziegelsteinen auf eine Höhe von 5 m gebracht. Ab 1600 errichtete man beiderseits der Stadtbefestigung kleine Häuser, die die Stadtmauer als Rückfront nutzten. Als diese Häuser im Krieg zerstört wurden, kam die alte Stadtmauer wieder zutage. Ein Beispiel dieser Bauweise: die Gaststätte **Zur letzten Instanz** 3.

In der Nähe steht die **Parochialkirche** 59 (Klosterstr. 67), die älteste Kirche der reformierten Gemeinde in Berlin, erbaut ab 1695 nach Plänen von Johann Arnold Nehring durch Martin Grünberg.

Rotes Rathaus 60

Am Rand des Nikolaiviertels liegt auf der anderen Seite der Spandauer Straße das **Rote Rathaus**, 1861 bis 1869 anstelle des mittelalterlichen Alten Rathauses erbaut. Seit 1991 ist das Rote Rathaus wieder Sitz des Regierenden Bürgermeisters und der Spitze der Berliner Verwaltung.

Der **Neptunbrunnen** 61, von Reinhold Begas 1891 für den Schlossplatz geschaffen, wurde 1968/69 auf dem Platz vor dem Roten Rathaus aufgestellt.

Marienkirche 62

www.marienkirche-berlin.de, außerhalb der Gottesdienste tgl. 10–18 Uhr, Führung 5 €, Anmeldung Tel. 030 526 802 135.

Die **Marienkirche** aus dem 13. Jh. war nach der Petrikirche (Cölln) und der Nikolaikirche (Altberlin) der dritte Kirchenbau der alten Doppelstadt und kennzeichnet den Bereich der ersten Stadterweiterung. Auf den Grundmauern aus Findlingen erhebt sich die Hallenkirche aus rotem Ziegel im Stil der märkischen Backsteingotik. Der Turmaufbau wurde um 1790 im neugotischen Stil umgestaltet. Sehenswert: die von Andreas Schlüter gestaltete **Alabasterkanzel** von 1703 und die **Orgel** aus der Zeit um 1700.

Das bedeutendste Kunstwerk aber findet sich in der **Turmhalle** der Marienkirche: das 22,6 m lange und 2 m hohe Fresko **»Berliner Totentanz«** (um 1470). Gevatter Tod bittet Vertreter aller Stände zum Tanz – Totentanzdarstellungen sind Sinnbild für die Endlichkeit des irdischen Lebens. Der »Berliner Totentanz« wurde im Jahr 1860 unter einer Farbschicht entdeckt, freigelegt und gilt seitdem als das besterhaltene Werk dieses Genres in Europa.

Marx-Engels-Forum 63

Zwischen Spandauer Straße und Spree ließ die DDR-Regierung 1986 das **Marx-Engels-Forum** als zentrale Denkmalsanlage der DDR gestalten. Auf Jahre wird hier die Baustelle für die U-Bahn-Linie zwischen Pariser und Alexanderplatz sein. Das Marx-Engels-Denkmal ist in den nordwestlichen Bereich des Platzes gerückt.

DDR-Museum 64

www.ddr-museum.de, So–Fr 10–20, Sa 10–22 Uhr, 9,50/6 €, s. S. 61

Etwas versteckt liegt unmittelbar am Spreeufer das DDR-Museum, das einen guten Einblick in das Alltagsleben der DDR gibt – von der Club-Cola bis zum Robotron-Computer, von der Schrankwand bis zum Trabi. Das Highlight: der Trabi P 601, mit dem man eine virtuelle Rundfahrt durch eine Leipziger Plattenbausiedlung unternehmen kann.

Sea Life Berlin 65

www.visitsealife.com/berlin/, tgl. 10–19 (letzter Einlass 18) Uhr, 17,95 €/ Online 10,70 €, Kinder 14,50 €/Online 8,70 €

Im modernen CityQuartier **DomAquarée**, das auf zwei Etagen eine Spreepromenade bietet und u. a. ein Hotel sowie im Erdgeschoss Passagen mit diversen Geschäften birgt, befindet sich das **Sea Life Berlin.** Geboten wird ein Meerwasseraquarium mit ca. 5000 Fischen und anderen Wasserbewohnern. Durch den 25 m hohen AquaDom, den man in einem Aufzug durchfährt, verlässt man den Aquariumskomplex.

Am Alexanderplatz

Fernsehturm am Alex 66

www.berlinerfernsehturm.de, März–Okt. tgl. 9–24, Nov.–Febr. tgl. 10–24 Uhr, 13 €, Kinder 8,50 € (bis 3 Jahre frei), VIP-Ticket 23 €

Weiter Richtung Alexanderplatz ist der 368 m hohe **Berliner Fernsehturm** nicht zu übersehen. Der Fernsehturm steht gar nicht auf dem Alexanderplatz, sondern südlich des Platzes an der Panoramastraße. Erbaut 1965 bis 1968, birgt die Kugel auf 203 m und 207 m Höhe Aussichtsplattformen. Auf der unteren Aussichtsebene gibt es eine Bar, auf der oberen das Restaurant **Café im Berliner Fernsehturm.** Beliebt ist der Brunch am Sonntagvormittag.

Alexanderplatz

Dieser Platz wird auch heute von den Bürgern Ost-Berlins als der Zentrumsplatz Berlins empfunden. Entscheidend: 1882 wurde der Bahnhof Alexanderplatz als Station der Berliner Stadtbahn und kurze Zeit später auch als Fernbahnhof eröffnet. 1913 wurde die erste U-Bahn-Linie über den Alexanderplatz geführt. Noch heute ist der Alexanderplatz einer der wichtigsten Knotenpunkte im Regionalverkehr der Stadt. Das achtgeschossige

Am Alexanderplatz sorgt die Weltzeituhr für die zeitliche Orientierung, der Fernsehturm für die räumliche – und zwar für ganz Berlin

Alexanderhaus 67 und das **Berolinahaus** 68 wurden 1930/31 nach Plänen von Peter Behrens als Stahlskelettbauten realisiert.

Der Platz wird gegenwärtig auf seine hergebrachte Größe zurückgebaut. Ob die ehrgeizige städtebauliche Planung des Büros Kollhoff & Timmermann, das hier mit 13 Hochhäusern für großstädtisches Flair sorgen wollte und so ein Pendant zum Potsdamer Platz projektierte, angesichts von Finanzkrise und Leerstand verwirklicht wird, ist unklar. Zumindest die Tiefgarage unter dem Alex ist fertig, die Platzgestaltung schreitet voran. Fertiggestellt ist auch das **ALEXA** 2, eine Shopping Mall mit mehr als 180 Geschäften, 17 gastronomischen Einrichtungen und einem Fitnesscenter.

Essen & Trinken

1920er-Jahre – **Restaurant Reinhard's** 1: Poststr. 28, Tel. 030 24 71 98 15, www.reinhards.de, U Klosterstraße, tgl. ab 9 Uhr, HG 14,60–22,50 € (Mittagstisch günstiger). Das Reinhard's hat sich das Ambiente der 1920er-Jahre zum Thema genommen. Geboten wird französisch angehauchte Küche, z. B. Reinhard's Fischteller (21,70 €). Im Sommer kann man draußen auf der Terrasse und im Kastaniengarten sitzen.

Altberliner Restaurant – **Zur Gerichtslaube** 55: Poststr. 28, Tel. 030 241 56 97, www.gerichtslaube.de, U Klosterstraße, tgl. ab 11.30 Uhr, HG ab 15,90 €. Ein auf alt eingerichtetes Touristenrestaurant mit Altberliner Küche wie dem Großen Berliner Pökeleisbein (ca. 1 kg) an pi-

kantem Weinsauerkraut mit Erbspüree, Saurer Gurke und Senf.
Kaffee & Kunst – **Café Einstein** 2: Unter den Linden 42, Tel. 030 204 36 32, www.einstein-udl.com, U Friedrichstraße, tgl. 7–22, Sa, So ab 8 Uhr, HG ab 15 €. Das Kaffeehaus demonstriert mit Wiener Schnitzel und Kaiserschmarrn auf der Speisekarte seine österreichische Herkunft. Empfehlenswert sind hier insbesondere das Frühstück und die diversen Kaffeevariationen. Mit einer kleinen Galerie, die Arbeiten internationaler Fotografen ausstellt.
Berlin von oben – **Café im Berliner Fernsehturm** 66: s. S. 37, 137.
Freiraum – **Weinwirtschaft in der Akademie der Künste** 6: Pariser Platz 4, Tel. 030 39 10 42 24, weinwirtschaft-adk.de, U Brandenburger Tor, tgl. 10–20 Uhr, HG 10,80–14,80 €. In dem Café und Bistro sind die Stühle nicht so eng gestellt, der Geräuschpegel nicht so hoch wie in anderen Cafés der Innenstadt. Kaffee und Kuchen sind passabel, optimal für die Pause in der Innenstadt.
Das älteste Restaurant der Stadt – **Zur letzten Instanz** 3: s. S. 36.
Pasta als Fastfood – **Vapiano** 4: Mittelstr. 51–52/Kaiserhöfe, Tel. 030 50 15 41 00, www.vapiano.de, U Friedrichstraße, Mo–Do 11–24, Fr, Sa 11–1, So 11–23 Uhr, HG 6–11 €. Systemgastronomie war bisher die freundliche Umschreibung für Essen aus der Massenküche. Dass es durchaus auch anders geht, beweist das Vapiano. Bewusst wird hier auf die kostenintensive Bedienung verzichtet. Der Gast bestellt sich Pasta, Pizza oder Salate am Tresen der offenen Küche und kann dann zuschauen, wie sein Essen zubereitet wird. Am Schluss wird mit einer Chipkarte bezahlt, die man am Eingang erhält.
Für Touristen – **Nante Eck** 5: Unter den Linden 35, Tel. 030 22 48 72 57, www.nante-eck.de, U Französische Straße, tgl. 9–24 Uhr, HG um 12 €. Eckensteher Nante, ein Berliner Original des 19. Jh., gab den Namen, die Küche auf das Bedürfnis von Touristen ausgerichtet.
Ruhig – **Cum Laude** 6: Platz der Märzrevolution, Tel. 030 208 28 83, tgl. 12–24 Uhr Uhr. Café-Restaurant mit preisgünstiger deutscher Küche.

Einkaufen

Berlin-Typisches und mehr – **Berlin Story** 1: s. Mein Tipp S. 120.
Erlebniscenter – **ALEXA Shopping Centre** 2: s. S. 41.

Aktiv

Zu Fuß oder per Rad – **Startpunkt Schloßbrücke** 36: Ein langer Spaziergang oder eine Fahrradfahrt entlang der Spree bringt dem Aktiven neue Blicke auf die Stadt, Fahrtdauer Richtung Charlottenburg bis zum Charlottenburger Schloss ca. 3 Stunden, Rückfahrt U2 Sophie-Charlotte-Platz bis U Stadtmitte; Fahrradverleih s. S. 24.

Abends & Nachts

Unter den Linden ist nicht der Ort, um abends auszugehen. Hier geht man nur Bummeln, trinkt einen Café im Einstein und verabschiedet sich dann zum Hackeschen Markt oder auch in die diversen Clubs.
Edle Drinks in edler Atmosphäre – **Bebel Bar** 23: s. Mein Tipp S. 124.
An der Spree – **Georgbräu Brauhaus** 1: Spreeufer 4, Tel. 030 242 42 44, U Klosterstraße, www.brauhaus-georgbraeu.de, tgl. ab 12 Uhr. 400 Plätze hat der Biergarten an der Spree. Zum eigenen Bier wird Deftiges wie Hackepeter mit Brötchen (7,90 €) serviert.
Tanz in der Höhe – **House of Weekend** 2: s. S. 47.

Das Beste auf einen Blick

Rund um die Friedrichstraße

Highlight!

Jüdisches Museum: Ein barockes Palais mit einem sensationellen Anbau von Daniel Libeskind präsentiert nicht zuletzt ein schwieriges Kapitel deutsch-jüdischer Geschichte. 16 S. 150

Auf Entdeckungstour

Der wohl schönste Platz Berlins – der Gendarmenmarkt: Was macht den Platz so außergewöhnlich? Wieso heißen die Kuppelbauten – obwohl nie Bischofssitz – Deutscher und Französischer Dom? S. 146

Ich lebe in Berlin, aber m. b. H. – Bertolt Brecht in Ost-Berlin: Brecht – das ist die Weimarer Zeit, der Weg zum politischen Theater, das sind die Widersprüche Kulturschaffender in der jungen DDR. Eine Spurensuche. S. 156

Kultur & Sehenswertes

Checkpoint Charlie: Einen Hauch der Demarkationslinie zwischen Ost und West nacherleben. 13 S. 149

Berlinische Galerie – Landesmuseum für Moderne Kunst, Fotografie und Architektur: Moderne Kunst, ob Bildende Kunst oder Fotografie, aus Berlin von 1870 bis heute. 15 S. 150

Brecht-Haus: In den Wohnräumen von Brecht und Helene Weigel Kulturgeschichte besichtigen. 26 S. 156

Aktiv unterwegs

Französischer Dom: Den Turm des Französischen Doms besteigen und den Rundblick über die Berliner Innenstadt genießen. 5 S. 147

Genießen & Atmosphäre

Refugium: Auf dem Gendarmenmarkt oder in den Gewölben der Französischen Friedrichstadtkirche essen. 5 S. 34, 155

Kantine im Theater am Schiffbauerdamm: Theaterluft schnuppern in der Kantine des Theaters des Berliner Ensembles. 36 S. 159

Abends & Nachts

Admiralspalast: Im letzten, verbliebenen Vergnügungspalast der 1920er-Jahre einem Konzert lauschen. 21 S. 50, 154

Borchardt: Im Innenhof des Restaurants Borchardt den Klassiker Wiener Schnitzel essen und gucken, wer zum Gucken gekommen ist. 2 S. 154

Ständige Vertretung: Kölsch in Berlin, unmittelbar an der Spree. 2 S. 45, 159

Die Geschäftsstadt Berlin

Die Berliner Innenstadt, heute kurz Mitte genannt, erstreckt sich nördlich und südlich der Prachtallee Unter den Linden. Ihre Hauptader ist die Friedrichstraße, die auf ihrem Weg durch die Innenstadt ganz unterschiedliche Bereiche durchläuft. Zwischen Unter den Linden und dem Checkpoint Charlie an der Kochstraße glänzen und glitzern die Flagship-Stores der Edelmarken, entführt der Gendarmenmarkt aber auch in die alte Bürgerstadt Berlin. Zum Jüdischen Museum geht es in den Teil der Innenstadt, der schon in Kreuzberg liegt und noch etwas unter der Randlage zu Berliner Mauerzeiten leidet. Aber es regt sich Leben: Rund um die Zimmerstraße ist Berlins größtes Galerieviertel entstanden.

Infobox

Reisekarte: ► L 6–M 10

Shoppingbereich Friedrichstraße, Gendarmenmarkt: U 6 Französische Straße
Jägerstraße, Oberwallstraße: U 6 Französische Straße, U 2 Hausvogteiplatz
Hausvogteiplatz: U 2 Hausvogteiplatz
Mohrenstraße: U 2 Mohrenstraße, Stadtmitte, Hausvogteiplatz
Checkpoint Charlie, Zimmerstraße: U 6 Kochstraße
Berlinische Galerie: U 6 Kochstraße, Hallesches Tor, U 8 Moritzplatz
Jüdisches Museum Berlin: U 6 Kochstraße, U 1, 6 Hallesches Tor
Nördliche Friedrichstraße, Chausseestraße: U 6 Friedrichstraße, Oranienburger Tor, S 1, 2, 3, 5 7, 9, 75 Friedrichstraße, S 1, 2, 86, Oranienburger Straße

Ganz anders das Bild zwischen Unter den Linden und dem Oranienburger Tor. Hier eilt, hetzt, drängelt das geschäftige Berlin, finden sich aber auch die ruhige Marienstraße und das Brecht-Haus an der Chausseestraße.

Die stolze 3,3 km lange **Friedrichstraße** zwischen Oranienburger Tor im Norden und Mehringplatz im Süden entwickelte sich ab 1850 zur wichtigsten Geschäfts- und Vergnügungsstraße der Berliner Innenstadt, bekam aber bald Konkurrenz durch Leipziger Straße und Ku'damm. Einzig der Bereich um die Ecke Unter den Linden blieb eine der ersten Adressen der Stadt.

Friedrichstraße

The Westin Grand Berlin 1

Friedrichstr. 158–164, www.westingrandberlin.com
Von der Ecke Unter den Linden, wo die einst berühmten Cafés Flagship-Stores gewichen sind, bis zur Behrenstraße er- streckt sich dieses Nobelhotel. In seinem Innenausbau nimmt es auf die an dieser Stelle 1873 eröffnete Kaiserpassage Bezug. So wurde das berühmte Oktogon in der Mitte der Kaisergalerie in der Hotellobby mit Atrium über sechs Geschosse und einer Kuppel bis in 30 m Höhe nachgebildet. Der richtige Rahmen für die berühmte Freitreppe des Hotels, die schon als Filmkulisse diente.

Friedrichstraße 165–168 2

Einen reizvollen Kontrast zu den modernen Geschäftsbauten auf der anderen Straßenseite bilden die Geschäftshäuser **Friedrichstraße 165–168.** Haus **Nr. 165,** Ecke Behrenstraße, wurde

Elegant präsentiert sich das Quartier 206 in den Friedrichstadt-Passagen

1887 bis 1889 als Ausschank für die Münchner Pschorr-Brauerei errichtet. Das Geschäftshaus **Nr. 166** von 1899 gefällt durch den roten Sandstein in der Fassade mit neogotischem Dekor. Hochmoderne Pfeilerarchitektur mit barocken Schmuckelementen verbindet das **Geschäftshauses Automat** (Nr. 167/168) von 1905. Der Bau, seinerzeit nach einem Automatenrestaurant im Erdgeschoss benannt, gilt als typbildend für die Geschäftsbauten nach 1900 in Berlin.

Friedrichstadt-Passagen

Drei Quartiere sind zwischen der Französischen Straße und der Mohrenstraße miteinander verbunden, sodass sie eine lange, wetterunabhängige Einkaufspassage, die **Friedrichstadt-Passagen,** ergeben. Im Innern des französischen Kaufhauses **Galeries Lafayette** 1 überrascht ein Kegel, der von der untersten Etage bis in die Kuppel in 50 m Höhe reicht. Das **Quartier 206** 2 setzt mit Art-déco-Fassade und schwarz-weißem Marmormosaik ganz auf die Stores der internationalen Fashion-Elite. Das **Quartier 205** 3 hingegen bietet Geschäfte mit Preisen für jeden Geldbeutel.

Rund um den Gendarmenmarkt

Der Weg zum Gendarmenmarkt führt durch die Französische Straße am Edel-Restaurant **Borchardt** 2 vorbei. Der **Gendarmenmarkt** 3 – 6 (s. Entdeckungstour S. 146) gilt durch den Französischen und den Deutschen Dom sowie das Konzerthaus Berlin als einer der schönsten Plätze der Stadt. Das Weinhaus und Restaurant **Lutter & Wegner** 3, Ecke Charlottenstraße/Taubenstraße, ist nach der Wiedervereinigung in einem 1907 erbauten Geschäftshaus mit neobarocker Fassade und Bauornamentik aus rheinischem Tuffstein untergekommen. 1811 wurde es ganz in der Nähe von Christoph Lutter und August F. Wegner eröffnet. Für die Berliner Tradition stehen auch

Rund um die Friedrichstraße

Sehenswert

1 The Westin Grand Berlin
2 Friedrichstraße 165–168
3 Schillerdenkmal
4 Konzerthaus
5 Französische Friedrichstadtkirche/Französischer Dom
6 Neue oder Deutsche Kirche/Deutscher Dom
7 Preußische Staatsbank
8 Mendelssohn Remise und ehem. Bankhaus Mendelssohn und Co.
9 Kaiserliches Haupttelegrafenamt
10 Generaltelegrafenamt
11 Hausvogteiplatz
12 Galeriebereich Zimmerstraße/Lindenstraße
13 Checkpoint Charlie
14 Mauermuseum Haus am Checkpoint Charlie
15 Berlinische Galerie – Landesmuseum für Moderne Kunst, Fotografie und Architektur
16 Jüdisches Museum
17 Abspannwerk Buchhändlerhof
18 Polnische Apotheke
19 Bahnhof Friedrichstraße
20 Tränenpalast
21 Admiralspalast
22 Weidendammer Brücke
23 Friedrichstadtpalast
24 Ständige Vertretung der BRD
25 Hinterhöfe Alte Lokfabrik
26 Brecht-Haus
27 Borsighaus
28 Dorotheenstädtischer und Französischer Friedhof
29 Chausseestraße 131
30 Archiv der Akademie der Künste
31 Berliner Charité
32 Karlplatz
33 Charitéstraße 3
34 Probenraum des Berliner Ensembles
35 Deutsches Theater
36 Theater am Schiffbauerdamm

Essen & Trinken

1 Restaurant Fischers Fritz
2 Borchardt
3 Lutter & Wegner
4 Bocca di Bacco
5 Ganymed
6 Brechts Restaurant
7 Sale e Tabacchi
8 Stadtklause
9 Suppenbörse
10 Splendid Delikatessen
11 reinstoff€€

Einkaufen

1 Galeries Lafayette
2 Quartier 206
3 Quartier 205
4 Fassbender & Rausch Chocolatiers
5 Dussmann das Kultur-Kaufhaus

Abends & Nachts

1 Newton Bar
2 Ständige Vertretung
3 Böse Buben Bar
4 Tausend
5 Ballhaus Berlin

Fassbender & Rausch Chocolatiers 4. Das Geschäftshaus von 1907 zeigt die typische Gliederung durch vertikale Pfeiler. Dazu kommen Fenster über zwei Stockwerke, die Kartusche über dem Hauptgesims und die Merkurbürste über dem Eingang. Beeindruckend sind aber auch die hier im Schaufenster und drinnen präsentierten Kunstwerke aus Schokolade.

Jägerstraße und Hausvogteiplatz

Das Wohnviertel Behrenstraße/Jägerstraße entwickelte sich ab 1870 zum Bankenzentrum. Um den Hausvogteiplatz war die Konfektionsindustrie ansässig, die Berlin in den 1920er-Jahren zu einer der Weltmodestädte machte.

Preußische Staatsbank 7

Markgrafenstr. 38

Das Eckhaus Markgrafenstr./Jägerstr., 1903 für die Preußische Staatsbank errichtet, ist eine Erinnerung an das Bankenviertel. Die neobarocke Fassade wurde um 1939 entdekoriert. Da das Gebäude den Zweiten Weltkrieg fast unbeschadet überstanden hatte, zog hier um 1950 die Akademie der Wissenschaften ein. Heute ist es der Sitz der Berlin-Brandenburgischen Akademie der Wissenschaften. ▷ S. 149

BM Verkehr
Museum für Naturkunde
Invalidenpark
Invalidenstr.
Chausseestr.
Schlegelstr.
Tieckstr.
Borsigstr.
Gartenstr.
Stadtbad Mitte
Bergstr.
ROSENTHALER PLATZ
Torstr.
Rosenthaler Platz
Platz vor dem Neuen Tor
Hessische Str.
Novalisstr.
Koppenplatz
Linienstr.
Kl. Hamburger Str.
Große Hamburger Str.
Kleine Auguststr.
Joachimstr.
Rosenthaler Str.
Kleine Rosenthaler Str.
M1
Robert-Koch-Platz
Hannoversche Str.
Philippstr.
SPANDAUER
Kunstwerke
August-
Gipsstr.
Luisenstr.
BM Bildung, Forschung
St.-Joh.-Kirche
Auguststr.
Netlounge
Tucholskystr.
Sophienstr.
ORANIENBURGER TOR
Oranienburger Str.
Neue Synagoge-Centrum Judaicum
Sophienkirche
Medizinhist. Museum
Berliner Brett'l
ORANIENBURGER STR.
Krausnickstr.
VORSTADT
Friedrichstr.
Jüdischer Kulturverein
siehe S. 158
Schumannstr.
Albrechtstr.
Reinhardtstr.
Am Zirkus
Ziegelstr.
A.d. Spandauer Brücke
Rudolf Virchow
Bert.-Brecht-Platz
Monbijoupark
Monbijouplatz
Unterbaumstr.
Charitéstr.
Marienstr.
Spree
Monbijoustr.
HACKESCHER MARKT
Schiffbauerdamm
Am Weidendamm
Bode-Museum
Alte Nationalgalerie
Burgstr.
A.-L.-Karsch-Str.
FRIEDRICHSTR.
Planckstr.
Geschw.-Scholl-Str.
Pergamonmuseum
Neues Museum
A.-Schreiber-Krieger-Str.
MITTE
Georgenstr.
Bauhofstr.
Museumstr.
Bodestr.
Berliner Dom
Reichstag
Reichstagufer
Marschallbrücke
Bundespresseamt
Charlottenstr.
Universitätsstr.
Dorotheenstr.
Am Lustgarten
Altes Museum
BUS 100
Dorotheenstr.
Neustädtische Kirchstr.
Am Festungsgraben
Gießhs.
H.d. Zeugh.
Deutsches Hist. Museum
Mittelstr.
Ebertstr.
Kennedy-Museum
BRANDENBURGER TOR
ZDF
BUS 200
Unter den Linden
TXL
Neue Wache
Hinter d. Kath. K.
Oberwallstr.
Kommandantur
Schlossplatz
Temporäre Kunsthalle
Pariser Platz
Brandenburger Tor
Komische Oper
Rosm.-str.
Palais unter den Linden
Akademie der Künste
Behrenstr.
Glinkastr.
Markgrafenstr.
Französische Str.
Werderscher Markt
ESMT
Holocaust-Denkmal
FRANZÖSISCHE STR.
Hugenottenmuseum
Jägerstr.
Unterwasserstr.
Brüderstr.
Neumannsg.
Goethe
H.-Arendt-Str.
Gertrud-Kolmar-Str.
Wilhelmstr.
BM Landwirtschaft
Mauerstr.
BM Familie
Gendarmenmarkt
HAUSVOGTEIPLATZ (AUSWÄRTIGES AMT)
Kurstr.
Friedrichsgracht
Ländervertretungen
BM Arbeit
Taubenstr.
Kur-
Kreuzstr.
Niederwallstr.
Gertraudenstr.
In den Ministergärten
Kolonnade
MOHRENSTR.
Mohrenstr.
BM Justiz
Jerusalemer Str.
Führerbunker
STADTMITTE
Kronenstr.
siehe S. 147
Tschechisches Kulturzentrum
Spittelmarkt
SPITTELMARKT
Voßstr.
Kronen Palais
Atrium
Leipziger Str.
Mall of Berlin
Potsdamer Platz
Leipziger Platz
Krausenstr.
Beuthstr.
Bundesrat
Museum für Kommunikation
Bethlehemkirchpl.
Schützenstr.
Kommandantenstr.
POTSDAMER PLATZ
Abgeordnetenhaus (Preußischer Landtag)
Erna-Berger-Str.
Ehem. Verlauf Berliner Mauer
Zimmerstr.
Axel-Springer-Hochhaus
Axel-Springer-Str.
Linkstr.
Niederkirchner Str.
Topographie des Terrors
Bundesdruckerei
Jakobstr.
Martin-Gropius-Bau
Kochstr.
Rudi-Dutschke-Straße
Oranienstr.
Waldeckpark
Stresemannstr.
BM wirtschaftl. Zusammenarbeit
KOCHSTR.
Lindenstr.
Feilnerstr.
St.-Lukas-kirche
Deutschlandhaus
Agentur für Arbeit
Alte Jakobstr.
Köthener Str.
Bernburger Str.
M29
Anhalter Str.
Ritterstr.
Gitta-Margit-Promenade
MENDELSSOHN-BARTHOLDY-PARK
Askanischer Platz
Puttkamerstr.
Besselstr.
Jerusalem- u. Neue Kirche
Waldorfschule
Dreifaltigkeitskirche
Besselpark
Tiyatrom (Türkisches Theater)
ANHALTER BAHNHOF
St.-Clemens Kirche
Am Berlin Museum
Jugendgästehaus
Hedemannstr.
200
400 m

Auf Entdeckungstour: Der wohl schönste Platz Berlins – der Gendarmenmarkt

Was macht den Platz so außergewöhnlich? Wieso heißen die Kuppelbauten – obwohl nie Bischofssitz – Deutscher und Französischer Dom? Der Rundgang führt zu den wichtigsten Sehenwürdigkeiten des Gendarmenmarkts und klärt nicht nur über seine Geschichte auf.

Dauer: mit Hugenottenmuseum und Dauerausstellung ca. 2 Std.
Konzerthaus 4: www.konzerthaus.de
Hugenottenmuseum: im **Französischen Dom 5**, Gendarmenmarkt 5, Eingang Markgrafenstraße, Tel. 030 22 91 76 0, www.franzoesische-kirche.de, Di–So 12–17 Uhr, 3,50/2 €.
Ausstellung des Deutschen Bundestags: im **Deutschen Dom 6**, Gendarmenmarkt 1–2, Okt.– April Di–So, Fei 10–18, Mai–Sept. Di–So, Fei 10–19 Uhr, Eintritt frei.

Um die grandiose Platzanlage des Gendarmenmarkts, Zentrum der alten Berliner Bürgerstadt, in ihrer Gesamtheit zu genießen, geht man am besten zur Markgrafen-/Ecke Jägerstraße. Hier hat man einen guten Blick. Am östlichen Rand des Platzes steht das 1871 eingeweihte **Schillerdenkmal 3** des in Berlin-Schöneberg geborenen Bildhauers Reinhold Begas (1831–1911).

Schinkels Geniestreich

Schweift der Blick über den Platz, fällt der breite Aufgang zum Konzerthaus ins Auge. Die beiden Seitenflügel des **Konzerthauses** 4 leiten über zu den 70 m hohen Turmbauten, dem Deutschen und dem Französischen Dom.

Nur durch den einladenden Aufgang zum Konzerthaus wird deutlich, dass der Gendarmenmarkt von der Markgrafenstraße her betrachtet werden will. Die beiden prachtvollen Giebelfelder in der Eingangsfront des Konzerthauses und der alles bekrönende Apoll mit den beiden Greifen als Zugtieren verstärken diesen Eindruck.

Man stelle sich den Platz einen Moment ohne das Konzerthaus vor. Die Turmbauten, der **Französische Dom** 5 rechts und der **Deutsche Dom** 6 links, sind an drei Seiten mit Säulenvorbauten geschmückt. Nichts verrät, von welcher Seite sie angeschaut werden wollen. Einzig die Front gegen die Charlottenstraße mit den beiden Kirchen hinter den Turmvorbauten gibt sich eindeutig als Rückseite zu erkennen.

Wie so oft in Berlin war es Karl Friedrich Schinkel vorbehalten, beim Neubau des Konzerthauses ab 1818 mit dem einladenden Aufgang den Gesamteindruck des Platzes zu ordnen. Die Freitreppe richtet den Platz Richtung Markgrafenstraße aus, gibt ihm eine unsichtbare Achse.

Um diese Ordnung in den Platz zu bringen, nahm Schinkel sogar Schauarchitektur in Kauf. Geht man die Freitreppe hoch und öffnet eine der einladenden Türen, steht man in einem engen Logengang. Der Eingang ins Konzerthaus findet sich seitlich im Treppenaufgang. Schinkel war das egal – der Gesamteindruck des Gendarmenmarktes war dank der ›funktionslosen‹ Freitreppe stimmig.

Von Kirchen und von Domen, die nie Kirchen waren

Vor Schinkel hatte schon ein anderer berühmter Berliner den Gendarmenmarkt verschönert. Friedrich der Große sorgte durch die beiden Turmbauten vor den Kirchen auf dem Gendarmenmarkt für imposante Höhendominanten in diesem Stadtquartier, das nach König Friedrich I. Friedrichstadt benannt wurde.

Aber der Reihe nach: Die **Französische Friedrichstadtkirche** 5 rechts vom Konzerthaus, unschwer an den roten Dachziegeln zu erkennen, wurde 1701 bis 1705 erbaut. Sie diente den französischen Hugenotten, die als Protestanten aus dem katholischen Frankreich fliehen mussten, als Gotteshaus. Vorbild für diesen Bau war die 1688 zerstörte Hugenottenhauptkirche von Charenton. 1708 wurde dann auch die **Neue** oder **Deutsche Kirche** 6, links vom Konzerthaus, als Kirche der deutschen lutherischen Gemeinde eingeweiht.

Zwei kleine Kirchen, das war Friedrich dem Großen auf dem Hauptplatz der Friedrichstadt definitiv zu wenig.

Berliner Klassiker vereint – Currywurst mit Pommes vor pittoresker Szenerie

1785 ließ er durch den Architekten Carl von Gontard vor beide Kirchen Säulenvorhallen mit 55 m hohen Turmaufbauten setzen – und sorgte damit für ein Missverständnis, mit dem mancher Berlinbesucher heute zu kämpfen hat. Nur diese Turmbauten werden als **Französischer** und **Deutscher Dom** bezeichnet. Wobei sich das Wort Dom auf das französische Wort für Kuppel – *dôme* – bezieht und nicht etwa darauf, dass es sich um imposant große Kirchen handelt, die als Bischofssitz dienen. Trotzdem sind die Turmvorbauten reichlich mit religiösen Motiven geschmückt, auf den Kuppeln die Tugend und die Religion.

Die beiden Kuppelbauten werden heute als Ausstellungsgebäude genutzt: im Französischen Dom, dessen Turm man besteigen kann, findet sich das **Hugenottenmuseum.** Im Deutschen Dom ist die **Ausstellung des Deutschen Bundestags** »Wege, Irrwege, Umwege. Die Entwicklung der parlamentarischen Demokratie in Deutschland« zu sehen.

Trotzdem sind die Turmbauten reichlich mit religiösen Motiven geschmückt, die von Darstellungen der Tugenden eingefasst werden. Die Giebelfelder zeigen Szenen aus dem Leben Christi (Französischer Dom) und die Paulus-Legende (Deutscher Dom). Das Bildprogramm wurde von den Berliner Malern Christian Bernhard Rode (Deutscher Dom) und Daniel Chodowiecki (Französischer Dom) entwickelt.

Weitere Merkwürdigkeiten ...

Als Friedrich der Große Berlin mit relativ geringem finanziellen Aufwand zwei Dome schenkte, hieß der Platz noch schnöde Neuer Markt. Zum Gendarmenmarkt wurde der Platz erst 1799 – und das nicht etwa aus Respekt vor der Polizei, die hier ihren Dienst tat, sondern in Erinnerung an die Stallungen des Kürassierregiments der *gens d'armes,* die Friedrich Wilhelm I. 1736 hier errichten ließ.

Bleibt jetzt noch ein letztes Rätsel auf dem Platz zu lösen, das uns an den Ausgangspunkt zurückführt: Wieso steht ein Herr **Schiller,** seines Zeichens klassischer Dichter, vor einem Konzerthaus? Des Rätsels Lösung: Bis 1945 diente das Gebäude als **Theater,** ab 1821 als Königliches Schauspielhaus, dann ab 1919 als preußisches Staatstheater. Erst mit dem Wiederaufbau und der Eröffnung am 1. Oktober 1984 wurde es zum Konzerthaus. Aber da war Schiller längst schon auf den Sockel gehoben.

Mendelssohn Remise 8

Jägerstr. 51, Tel. 030 81 70 47 26, tgl. 12–18 Uhr, Eintritt frei

Die Familie Mendelssohn, die Nachfahren des Philosophen und Humanisten Moses Mendelssohn (s. Entdeckungstour S. 206), besaßen in der Jägerstraße sechs Häuser und etablierten hier die größte Privatbank Berlins und eine der mächtigsten Privatbanken Deutschlands. 1938 wurde das jüdische Bankhaus zur Liquidation gezwungen.

In der Mendelssohn Remise erinnert eine Ausstellung in dem 1890 als Kassenhalle errichtetem Anbau an die große Geschichte der Familie, der auch der berühmte Komponist Felix Mendelssohn Bartholdy entstammt. Erhalten ist zudem das zweigeschossige Bankgebäude, Jägerstraße 49–50, erbaut 1893 im vornehmen klassizistische Stil.

Kaiserliches Haupttelegrafenamt

Das ehemalige **Kaiserliche Haupttelegrafenamt** 9 (Jägerstr. 42–44), erbaut 1877 bis 1878, demonstriert die Bedeutung, die der Telegrafie zu dieser Zeit zukam. Ein Palastbau im Stil der venezianischen Renaissance mit Putten, die telefonieren und Kabel verlegen, im Obergeschoss. Gleich um die Ecke steht das älteste in Berlin erhaltene Postgebäude, das **Generaltelegrafenamt** 10 (Oberwallstr. 4a–5a) von 1864. Am 1. April 1881 wurde hier das erste deutsche Telefonnetz mit 185 Sprechstellen in Berlin in Betrieb genommen.

Hausvogteiplatz 11

1870 arbeiteten 40 Konfektionsfirmen am Hausvogteiplatz und beschäftigten bis zu 100 000 Frauen in Heimarbeit. Das Ende der von jüdischen Mitbürgern getragenen Industrie kam 1933. Heute erinnert das **Denkzeichen Modezentrum Hausvogteiplatz** an diese Tradition: Drei Edelstahlflächen deuten einen Spiegel an, die begehbare Innenfläche bietet Informationen zur Konfektionsindustrie hier am Platz.

Das Haus **Hausvogteiplatz 12** von 1895 ist einer der erhaltenen Bauten aus der großen Zeit der Konfektionsindustrie. Auffällig die große Uhr mit Strahlenkranz um das Zifferblatt in der Fassade. Das **Warenhaus Am Bullenwinkel** (Nr. 3–4/Ecke Taubenstr.), erbaut bis 1893, zeigt die für diese Zeit typische historisierende Dekoration mit einem zinnenbekrönten Rundbogenportal und schmiedeeisernem Gitter. Das Haus **Hausvogteiplatz 1** von 1930 fällt durch seine sachliche Architekturform auf. Die Gebrüder Berglas, Besitzer einer Kammgarnweberei, betrieben hier bis zu ihrer Enteignung durch die Nazis ein Geschäft für Damenmäntel, Stoffe etc.

Abstecher nach Kreuzberg

Galeriebereich Zimmerstraße/ Lindenstraße 12: s. S. 64.

Checkpoint Charlie und Mauermuseum

Der **Checkpoint Charlie** 13 war der Übergang für alliierte Militär- und Botschaftsangehörige zwischen Ost- und Westberlin (s. S. 88). Charlie steht für den Buchstaben C und bezeichnet den dritten Checkpoint neben Helmstedt-Marienborn und Dreilinden-Drewitz. Zu sehen ist heute ein Nachbau des ersten Kontrollhäuschens. Der originale, 1990 abgebaute Kontrollpunkt ist im **Alliierten Museum** (Clayallee 135, Zehlendorf, www.alliiertenmuseum.de; Di–So 10–18 Uhr, Eintritt frei), zu sehen. Das **Mauermuseum** 14 (www.mauermuseum.de, tgl. 9–22 Uhr,

12,50/9,50 €, s. S. 62) wurde 1963 als Haus am Checkpoint Charlie eröffnet. Es dokumentiert die Ereignisse am Checkpoint, Fluchtversuche, die Ereignisse des 17. Juni 1953.

Einige Meter hinter dem Checkpoint stoßen die Kochstraße aus dem Bezirk Mitte und die **Rudi-Dutschke-Straße** aus Kreuzberg aufeinander. Ein Politikum, wurde doch die Umbenennung des Kreuzberger Teils der Kochstraße per Volksentscheid durchgesetzt.

Berlinische Galerie – Landesmuseum für Moderne Kunst, Fotografie und Architektur 15

www.berlinischegalerie.de, Mi–Mo 10–18 Uhr, 8/5 €, s. S. 57

Die **Berlinische Galerie** wurde 1975 als privater Verein gegründet. Seit der Umwandlung in eine öffentliche Stiftung 1995 und dem Umzug in eine ehemalige Glasfabrik mit einer 11 m hohen kubischen Halle können raumgreifende Installationen gezeigt werden. Zu sehen sind Arbeiten von der Berliner Secession über Dada und Junge Wilde, Neue Sachlichkeit, Architektur und Fotografie bis zu Werken der aktuellen kreativen Szene. Das Museum hat den umliegenden Wohnbereich zum **Skulpturengarten** erklärt – mit Skulpturen zwischen Jüdischem Museum und Berlinischer Galerie.

Jüdisches Museum ! 16

www.jmberlin.de, Mo 10–22, Di–So 10–20, 8/3 €, s. S. 61

Das **Jüdische Museum** wurde in dem Kollegienhaus von 1735 und damit in einem der letzten Zeugnisse barocker Baukunst aus der Zeit Friedrich Wilhelms I. eingerichtet. 1999 kam der Anbau des Architekten Daniel Libeskind hinzu. In seiner Form, die an einen Blitz oder einen gesplitterten Stern erinnert, reflektiert es die Brüche und Spannungen im deutsch-jüdischen Verhältnis. Die Außenwände aus Zink, das sich unter Umwelteinflüssen stark verändert, sind ein Symbol für die Veränderung der Juden in ihrer deutschen Lebenswelt. Der glasüberdachte Innenhof des Altbaus fasst als Veranstaltungsort bis zu 500 Besucher.

Das Museum präsentiert eine Reise durch 2000 Jahre deutsch-jüdischer Geschichte mit Alltäglichem und kultur-

Mein Tipp

Von Böhmen und E-Werken

Es müssen nicht immer die überlaufenen Highlights sein. Biegt man von der Friedrichstraße in die ruhigere Mauerstraße ein, ist man nach wenigen Metern auf dem Bethlehemkirchplatz. Der Grundriss im Straßenpflaster und die Skulptur »Houseball« von Claes Oldenburg und Coosje van Bruggen erinnern daran, dass hier das Zentrum der Böhmischen Weber mit ihrer 1737 erbauten Bethlehemskirche lag. Geht man auf den Hinterhof Mauerstraße 78–80, stößt man auf Reste des **Abspannwerks Buchhändlerhof** 17, 1886 in Betrieb genommen. Linker Hand ein Ergänzungsbau von 1928 im expressionistischen Stil. Ein auskragendes Wartehäuschen drängt sich in einem Viertelkreis in die Ecke der Bauten. Die dunklen Streifen im Mauerwerk zeigen die Stahlkonstruktion.

Mit Zink verkleidet ist die Fassade des Jüdischen Museums

historischen Objekten, Zeitzeugnissen. Zentrales Element im Libeskind-Bau sind drei Achsen, die die Lebenswirklichkeit der jüdischen Deutschen symbolisieren: die Achse der Kontinuität ›überwindet‹ die Achse des Exils, die im lichten Garten des Exils endet, die Achse des Holocaust mündet in den dunklen, ausweglosen Holocaust-Turm.

Nördliche Friedrich- und Chausseestraße

Geht man von der Ecke Unter den Linden die Friedrichstraße Richtung Bahnhof Friedrichstraße hoch, bildet die **Polnische Apotheke** 18 (Nr. 153a) einen reizvollen Kontrast zu den Neubauten rundherum. Das Haus wurde 1898 bis 1900 anstelle einer alten Apotheke erbaut. Der Fassadenschmuck mit dem Bildnis der Kurfürstin Sophie Dorothea und dem Adler stammt noch vom Ursprungsbau.

Bahnhof Friedrichstraße

Georgenstr. 14–17

Der **Bahnhof Friedrichstraße** 19, der im Jahr 1882 als Teil der Berliner Stadtbahn eröffnet wurde und damit sowohl dem Fernverkehr als auch dem innerstädtischen Nahverkehr diente, trug viel zum Aufstieg der Friedrichstraße bei. Nach dem Mauerbau war der Bahnhof Grenzübergang zwischen West- und Ost-Berlin. Der Grenzverkehr wurde in dem 1961 bis 1962 errichteten sogenannten **Tränenpalast** 20 (▶ Karte 2, M 7; Reichstagufer 17), dem kleinen Glasbau neben dem riesigen Spreedreieck, abgefertigt. Die Ost-Berliner Fahrgäste sollten nicht

Lieblingsort

Nicht nur für böse Buben!
Abgescheuerte Tische mit Deckchen und Blümchenvase, Geschirr aus allen Trödelläden, angestoßene Ecken und Kanten an der Theke und ein Regal mit Büchern, das bis an die leicht rauchgebräunte Decke reicht – wer Chrom und Glas im coolen Neonlicht sucht, der ist in der Böse Buben Bar absolut falsch. Das Café, benannt nach der Zeile »Heute gehen wir alle in die Böse-Buben-Bar« in einem Lied des DDR-Liedermachers Reinhard Lakomy stemmt sich herrlich gegen den neuen Schick in Mitte – ist eine Zuflucht am Nachmittag als gemütliches Café, am Abend als Kneipe, in der sich vornehmlich Bewohner aus dem Viertel treffen. Die Musik, Rock und Soul, ist wohltuend leise, sodass man bestens quatschen kann oder einfach in einer der vielen Zeitschriften, die ausliegen, blättert, um den Tag ausklingen zu lassen.

Böse Buben Bar 3 **:** Marienstr. 18, Tel. 030 27 59 69 09, U, S Friedrichstraße, tgl. 9–24 Uhr.

ständig an die Teilung erinnert werden. Seit 2011 zeigt das Haus der Geschichte hier die Ausstellung »Grenz-Erfahrungen. Alltag der deutschen Teilung« (Di–Fr 9–19, Sa, So 10–18 Uhr, Eintritt frei; s. auch S. 89, 62).

Admiralspalast 21

www.admiralspalast.de, s. S. 50

Vier mächtige dorische Säulen schmücken die Fassade des Admiralspalastes, eines der letzten Zeugen der Goldenen Zwanziger Jahre in Berlin (▶ Karte 2, M 7; s. S. 85). Da der Bau mit dem 1939 erneuerten Theaterraum den Krieg fast unbeschadet überstanden hatte, fand hier 1946 der Vereinigungsparteitag statt, in dem SPD und KPD zur SED verschmolzen. Schon seit 1953 spielt im Vorderhaus des Admiralspalastes das politische Kabarett Die Distel (www.distel-berlin.de).

Weidendammer Brücke 22

Die Geländer der 62,50 m langen **Weidendammer Brücke** (erbaut 1895–1897) über die Spree bilden eines der wenigen erhaltenen Zeugnisse der Berliner Schmiedekunst des 19. Jh. Geht man nach Überqueren der Brücke links in den Schiffbauerdamm hinein, gelangt man in die **Friedrich-Wilhelm-Stadt.** Vorbei am Brechtplatz mit dem **Theater am Schiffbauerdamm** 36 des Berliner Ensembles (s. Entdeckungstour S. 156) und der Kneipenmeile mit der **Ständigen Vertretung** 2 (StäV), lohnt der Weg durch die Albrecht- und die **Marienstraße.** Letztere vermittelt einen Eindruck vom Berlin um das Jahr 1830.

Friedrichstadtpalast 23

www.friedrichstadtpalast.de, S. 51

Der 1984 eröffnete **Friedrichstadtpalast** ist allen älteren Besuchern aus den neuen Bundesländern ein Begriff, wurden hier doch die großen TV-Shows des DDR-Fernsehens aufgenommen. Das Haus mit 1895 Plätzen verzeichnet im Jahr über 400 000 Besucher. In der **Kleinen Revue,** im Untergeschoss des Friedrichstadtpalasts, ist seit 2002 der Quatsch Comedy Club (www.quatsch-comedy-club.de) zu Hause, in dem viele aus dem Fernsehen bekannte Comedians auftreten.

Ständige Vertretung der BRD 24

Geht man die Friedrichstraße weiter Richtung Norden, erinnert die U-Bahn-Station Oranienburger Tor daran, dass hier die Grenze der alten Berliner Innenstadt war. Ein kleines Stück links in der Hannoverschen Straße 28–30 befand sich von 1974 bis 1990 die Ständige Vertretung der BRD, Anlaufpunkt vieler DDR-Bürger. Wer auf der Stufe am Eingang des Gebäudes stand, durfte von den Vopos nicht mehr zurückgezogen werden.

Chausseestraße

Die Friedrichstraße mündet im Norden in die Chausseestraße, in der das **Brecht-Haus** 26, das **Borsighaus** 27 und der **Dorotheenstädtische und Französische Friedhof** 28 zu finden sind (s. Entdeckungstour S. 156). Dieses Stadtquartier wurde **Feuerland** genannt, weil hier Anfang des 19. Jh die ersten Eisengießereien und Maschinenfabriken standen – eine Keimzelle der Berliner Industrie.

Bertolt Brecht auf der Spur 26 – 36

s. Entdeckungstour S. 156

Essen & Trinken

Essen beim Zwei-Sterne-Koch – **Restaurant Fischers Fritz** 1: S. 32.

Berliner Institution – **Borchardt** 2: Französische Str. 47, Tel. 030 81 88 62 62, U Stadtmitte, tgl. 11.30–3 Uhr, Kü-

Mein Tipp

Von der Lokfabrik zu Speisezimmer und Bar

Neben der Weinbar Rutz gelangt man durch einen Hofeingang in ein Ensemble mehrerer **Hinterhöfe** 25, in denen ein Rest einer alten Eisengießerei aus dem Jahr 1823 zu sehen ist. Die Alte Lokfabrik ist verschwunden, das Hofensemble ist saniert und Medienfirmen sind eingezogen.

Weinbar Rutz: Chausseestr. 8, Tel. 030 24 62 87 60, www.rutz-restaurant.de, Di–Sa Weinbar ab 16, Restaurant ab 18.30 Uhr. Nicht ganz billig, dafür aber mit Sternekoch Marco Müller und exquisiter Weinkarte ein Highlight.

Reingold: Novalisstr. 11, Tel. 030 283 876 76, www.reingold.de, U Oranienburger Tor, S Oranienburger Straße, Di–Sa 19–3 Uhr. Holz, Leder und Stahl, bequeme Clubsessel, abgedunkeltes Licht, Loungemusik – das Reingold verbindet Kompetenz in Sachen Drinks mit entspannter Clubatmosphäre.

che bis 24 Uhr. Seit Jahren das Promi-Restaurant der Stadt. In gründerzeitlichen Räumen präsentiert es sich als Hallenrestaurant mit Sommerterrasse. Geboten wird französisch-internationale Küche. Eng gestellte Tische und ein hoher Lärmpegel empfehlen es nicht für ein intimes Essen. Hier gilt: Gucken, wer da guckt.

Weinhandlung, Wein- und E. T. A. Hoffmann Stube – **Lutter & Wegner** 3: Charlottenstr. 56, Tel. 030 20 29 54 15, www.l-w-berlin.de, U Stadtmitte, Französische Straße, tgl. 11–23 Uhr, HG ab 21,50 €. Das 1811 am Gendarmenmarkt eröffnete Lutter & Wegner setzt auf Tradition: vorzügliche Weine und Klassiker der deutsch-österreichischen Küche wie Sauerbraten und Wiener Schnitzel (19,50 €).

Einer der besten Italiener des Landes – **Bocca Di Bacco** 4: Friedrichstr. 167/168, Tel. 030 20 67 28 28, www.boccadibacco.de, U Stadtmitte, Mo–Sa 12–24, So, Fei 18–24 Uhr, HG ab 19,50 €. Lebhaft geht es zu in dem Restaurant. Treffpunkt ist vor allem der Barbereich. Für Liebhaber italienischer Weine bietet die Enoteca 500 Sorten.

Französische Küche – **Ganymed** 5: Schiffbauerdamm 5, Tel. 030 28 59 90 46, www.ganymed-brasserie.de, U Friedrichstraße, tgl. 12–24 Uhr, Hauptgericht 16,90–59 €. Französische Spezialitäten von Tartar über Schnecken oder Sauerkraut elsässischer Art bis zu Geflügel und Entrecôte bietet das Ganymed. Vor allem aber liebt der Küchenchef edle Schalentiere von Austern über Taschenkrebse bis Hummer, die er fangfrisch aus Frankreich importiert.

Steak mit Spreeblick – **Brechts Restaurant:** 6: s. S. 35.

Essen nach Rezepten Helene Weigels – **Kellerrestaurant im Brecht-Haus** 26: s. S. 37.

Kulinarischer Kurztrip nach Frankreich – **Galeries Lafayette** 1: Friedrichstr. 76, U Französische Straße, Mo–Sa 10–20 Uhr. Zu einem kulinarischen Ausflug laden die 370 Sitzplätze rund um den Glaskegel in den Galeries Lafayette ein. Wohlschmeckend und nicht so teuer.

Rückzugsort in der Stadtmitte – **Refugium** 5: s. S. 34.

Italienisch im taz-Haus – **Sale e Tabacchi** 7: Rudi-Dutsch- ▷ S. 159

Auf Entdeckungstour: Ich lebe in Berlin, aber m. b. H. – Bertolt Brecht in Ost-Berlin

Brecht – das sind die Weimarer Zeit in Berlin, der Weg zum politischen Theater, die Widersprüche Kulturschaffender in der jungen DDR. Eine Spurensuche in Brechts letzter Wohnung, an seinem Grab und seinen späten Wirkungsstätten.

Anfahrt: U Oranienburger Tor.
Dauer: 2–3 Std.

Brecht-Haus 26: Chausseestr. 125, Tel. 030 200 57 18 44, nur mit Führung (Di–Sa alle 30 Min., So stdl.) Di 10–11.30, 14–15.30, Mi, Fr 10–11.30, Do 10–11.30, 17–18.30, Sa 10–12, 13–15.30, So 11–18 Uhr, 5/2,50€, s. S. 62.
Dorotheenstädtischer und Französischer Friedhof 28: Chausseestr. 126, tgl. Jan./Dez. 8–16, Febr., Nov. 8–17, März, Okt. 8–18, April, Sept. 8–19, Mai–Aug. 8–20 Uhr.

Auf nach Feuerland

Mitten in Feuerland (s. S. 154) steht das **Brecht-Haus** 26 (Chausseestr. 125). Im Seitenhaus nahmen Bertolt Brecht und Helene Weigel im Oktober 1953 ihre Wohnungen. Brecht lebte hier bis zu seinem Tod 1956, Helene Weigel bis 1971. Schon 1923 hatte Brecht Helene Weigel kennengelernt, 1924 wurde der gemeinsame Sohn Stefan geboren.

Gegenüber steht das **Borsighaus** 27 (Chausseestr. 13), 1899 als Zentralverwaltung für die Maschinenfabrik Borsig erbaut. In seiner Fassade entdeckt man die lebensgroße Bronze eines Schmieds unter einem kupfernen Baldachin und die Initialen A. B. (August Borsig). Brecht hat nie darauf Bezug genommen. Ihm lag der Blick durch das Fenster auf das Friedhofsgelände (s. u.) näher, auf dem auch Hegel und Fichte liegen, Philosophen, die ihm wichtig waren.

Das Brecht-Haus heute

Im Vorderhaus im ersten Stock findet sich heute das **Literaturforum.** Im dritten Stock ist das Berliner Büro des **P.E.N. Zentrum Deutschland** untergekommen. Im Keller bietet das **Kellerrestaurant** Gerichte nach den Rezepten der Wienerin Helene Weigel (aktuell geschlossen). 1978 nach einer Renovierung als **Brecht-Zentrum der DDR** eingerichtet, betreibt heute die **Akademie der Künste** das Brecht-Haus. Schon Helene Weigel hatte 1956 nach Brechts Tod begonnen, seinen Nachlass zu ordnen und das Brecht-Archiv anzulegen. Sie nutzte dafür ihre Wohnräume im zweiten Stock des Seitenhauses. Sie selber zog ins Erdgeschoss.

Wie wohnte Bertolt Brecht?

Durch den Eingang im Seitenflügel, eine Treppe hinauf, kommt man in den Kassenraum in der ehemaligen Teeküche der Wohnung. Durch das kleine Arbeitszimmer mit einem Teil der 4000 Bände umfassenden Brecht-Bibliothek geht es in den Arbeitsraum, in dem Platz war für Besprechungen im großen Kreis. Brecht hatte hier sieben Tische, an denen er arbeitete. Ein Blick in das Schlafzimmer zeigt, wie wenig Raum Brecht privat nutzte. Die Treppe hinab geht es in den Wintergarten und in Helene Weigels Schlafzimmer, das sie nach Brechts Tod im früheren Esszimmer einrichtete. Den Abschluss des Rundgangs bildet die kleine Küche.

Brechts Zimmer sind mit ihren Ledersesseln cool eingerichtet. Einzig die chinesischen Masken und Zeichnungen verraten etwas über die Vorlieben des Meisters. Und einige Fotos: Lenin, Marx, Engels und ein Mao-Gedicht an der Wand. Brecht, hätte er länger gelebt, hätte noch manche Enttäuschung in Bezug auf den chinesischen Revolutionsführer zu verarbeiten gehabt. Weigels Zimmer dagegen sind liebevoll eingerichtet – Krüge, Stühle, alles alt und etwas verschnörkelt.

Die letzte Ruhestätte

Brecht, Weigel und viele ihrer Freunde sind auf dem Friedhof gleich neben dem Brecht-Haus begraben. Neben dem Hofeingang des Hauses führt ein Weg auf den 1762 angelegten **Dorotheenstädtischen und Französischen Friedhof** 28. Pläne zeigen den Standort der Grabstätten. Man folgt dem Weg links an der Mauer, die den französischen Teil des Friedhofs abgrenzt. Gleich zu Beginn ruht E. Litfaß, Erfinder der Litfaßsäule. Auf der linken Seite, an einer Ziegelmauer, stehen die schlichten **Grabsteine Bertolt Brechts und Helene Brecht-Weigels.** Ganz in der Nähe ist das **Grab Hanns Eislers,** eines engen Weggefährten Brechts, der die Musik zu vielen seiner Stücke komponierte. Etwas weiter liegt **Johannes R. Becher,** im Januar 1954 zum Kulturminister der DDR berufen, um zwischen SED-Bürokratie und Künstlern für Entspannung zu sorgen. Dann das **Grab der Brecht-Tochter Barbara** und ihres Mannes, **Ekkehard Schall.**

Viele Größen ruhen hier – Baumeister wie Schinkel und Stüler, Schriftsteller wie Heinrich Mann und Anna Seghers oder der Künstler John Heartfield. **Hegel und Fichte,** Brechts philosophische Bezugspunkte, sind (schwer) an einem Nebenweg zu finden.

Brecht – Leben und Arbeit

Brecht, so wird berichtet, stand gegen sechs Uhr auf, frühstückte und schrieb. Um 10 Uhr war Probenbeginn. Er wird vermutlich den rund 15-minütigen Fußweg durch die Chaussee- und Friedrichsstraße in die Reinhardtstraße genommen haben. Übrigens lebte Wolf Biermann bis zu seiner Ausbürgerung 1977 in der **Chausseestraße 131** 29.

Hier biegen wir in die Hannoversche Straße ab und gehen durch die Philippstraße zur **Luisenstraße,** die Brecht nach seiner Rückkehr 1948, er wohnte im Wirtschaftstrakt des **Hotels Adlon,** fast täglich passierte. Links herunter in der **Luisenstraße 60** war die Akademie der Künste untergebracht, deren Neugründung Brecht 1949 mit vorbereitete. Heute birgt das Gebäude das **Archiv der Akademie der Künste** 30.

Weiter die Luisenstraße hinunter liegt rechts der Eingang zur **Berliner Charité** 31, in die Brecht im Januar 1922 ausgehungert und nierenkrank eingeliefert werden musste. Damals hielt sich Brecht, kam er nach Berlin, meist im Umkreis der Künstlertreffs um den Ku'damm auf und schrieb, dass er zwar in Berlin lebe, aber m. b. H., mit beschränkter Haftung. Die Stadt faszinierte ihn und stieß ihn zugleich ab. Erst 1924 zog er endgültig nach Berlin. Der Regisseur Erich Engel hatte ihm eine Anstellung beim Deutschen Theater besorgt. Engel führte dann Regie bei der Premiere der Dreigroschenoper im Theater am Schiffbauerdamm.

Ein Stück weiter erreichen wir den **Karlplatz** 32. Versteckt, im Rücken des **Denkmals für Rudolf Virchow,** findet sich eine Tafel mit dem Brecht-Gedicht **»Die Pappel vom Karlsplatz«** von 1950. Es dankt dafür, dass eine Pappel die Abholzungen in den strengen Wintern der Nachkriegszeit überlebt hatte und im zerstörten Berlin ein wenig Grün bot.

Vom Karlplatz aus sieht man in der **Charitéstraße 3** 33 das Haus, in dem seit 1949 Ruth Berlau lebte. Seit der ersten Begegnung mit Brecht im Sommer 1933 auf der dänischen Insel Fünen, der ersten Station seines Exils, folgte sie ihm als Mitarbeiterin und Geliebte.

Vom Karlplatz gehen wir in die Reinhardtstraße, wo der **Probenraum des Berliner Ensembles** 34 (Nr. 29), 1949 von Bertolt Brecht und Helene Weigel gegründet, lag. Brecht war künstlerischer Leiter, Helene Weigel die Intendantin. Geprobt wurde in der Militärsporthalle des 2. Garderegiments zu Fuß. Von hier fällt der Blick auf das **Deutsche Theater** 35 in der Schumannstraße 13.

Über die Albrechtstraße erreichen wir das **Theater am Schiffbauerdamm** 36. Da sitzt er dann, der Bertolt Brecht, auf der Bank, in Bronze, die Hände auf der Mütze im Schoß (Abb. S. 156). Guckt er traurig, guckt er milde, in meditativer Ruhe versunken? Drei Marmorsäulen, ein Gedicht zu Brechts Füßen: Man muss auf das Podest steigen, um die ersten Zeilen zu lesen.

ke Str. 25, Tel. 030 252 11 55, www.sale-e-tabacchi.de, Mo–So ab 10, Küche ab 12 Uhr, Menü Tageskarte ab 14,50 €, Abendkarte Pasta ab 12 €. Angefangen als erweiterte Kantine der taz-Redaktion hat sich das Sale e Tabacchi zu einem schicken Café-Restaurant mit täglich wechselnden, frischen Gerichten gemausert.

Berliner Kneipe – **Stadtklause 8**: Bernburger Str. 35, www.stadtklause.de, tgl. ab 16 Uhr. Seit 1845, einstmals Vorstadtkneipe, heute im Zentrum.

Für Vegetarier – **Suppenbörse 9**: s. Mein Tipp S. 159.

Schmackhaft – **Splendid Delikatessen 10**: s. Mein Tipp S. 159.

Theaterluft schnuppern – **Kantine im Theater am Schiffbauerdamm 36**: Bertolt-Brecht-Platz 1, U Friedrichstraße, Mo–Sa 9–24, So 16–24 Uhr, Gerichte 4,50 €. Die Kantine und im Sommer der Biergarten im Hof des Theaters sind jedermann zugänglich und bieten jeden Tag vier Gerichte und einen Imbiss.

Edle Küche in Industriearchitektur – **reinstoff 11**: s. S. 32.

Einkaufen

Französisches Flair – **Galeries Lafayette 1**: s. S. 41.

Edel – **Quartier 206 2**: s. S. 42.

Etwas moderater – **Quartier 205 3**: s. S. 42.

Schokoladenwelt – **Fassbender & Rausch Chocolatiers 4**: s. S. 40.

Klassische Musik und vieles mehr – **Dussmann das KulturKaufhaus 5**: s. S. 39.

Abends & Nachts

Newton-Drinks – **Newton Bar 1**: s. S. 45.

Kölsch an der Spree – **Ständige Vertretung 2**: s. S. 45.

Mein Tipp

Von Bio bis Feinkost – Essen in der Dorotheenstraße

In der **Suppenbörse** können Ernährungsbewusste, Veganer, Vegetarier, Trennkostler und Allergiker mit Suppen jeder Art satt werden. Nur etwas weiter bietet **Splendid Delikatessen** einen Mittagstisch für die feinen Geschmäcker. Vom Bayerischen Leberkäse über Schwäbische Maultaschen bis zu Prager Schinken, Risotto oder Elsässer Flammkuchen. Jeden Freitag echte Münchener Weißwurst mit Brez'n. Als Grundsatz gilt: Wer unmittelbar am Gendarmenmarkt oder Unter den Linden etwas isst, der zahlt die hohe Miete mit. Hier kommt dagegen von dem Preis etwas auf dem Teller an.

Suppenbörse 9: Dorotheenstr. 43, Tel. 030 20 45 59 03, U, S Friedrichstraße, Mo–Fr 11– 18, Sa 12–18 Uhr, um 4,50 €.

Splendid Delikatessen 10: Dorotheenstr. 37, Tel. 0171 53 87 991, www.splendid-delikatessen.de, U, S Friedrichstraße, Mo–Fr 11–15 Uhr, HG 4–8 €.

Nicht nur für böse Buben – **Böse Buben Bar 3**: s. Lieblingsort S. 153.

Bar fürs mittlere Alter – **Tausend 4**: Schiffbauerdamm 11, www.tausendberlin.com, U Friedrichstraße, Di–Sa ab 19.30 Uhr. Tanzbar, (nur eine ›11‹ an der Tür), für ein eher betuchtes Publikum in sehr gepflegter Atmosphäre. Liveauftritte und DJs.

Von der Lokfabrik zur Bar – **Reingold** und **Weinbar Rutz 25**: s. Mein Tipp S. 155.

Das Tanzbein im ältesten Tanzsaal schwingen – **Ballhaus Berlin 5**: s. Mein Tipp S. 48.

Das Beste auf einen Blick

Rund um Regierungsviertel und Potsdamer Platz

Highlights!

Reichstag – Sitz des Deutschen Bundestags: Das meistbesuchte Parlament der Welt mit der gläsernen Kuppel, in der man nicht nur den Parlamentariern aufs Dach steigt, sondern auch einen fantastischen Überblick über die Stadt hat. 5 S. 163

Potsdamer Platz: Der viel diskutierte Entwurf für die Stadt der Zukunft, der schon als größte innerstädtische Baustelle Europas unzählige Besucher anlockte. S. 171

Auf Entdeckungstour

Schweres Erbe – NS-Bauten und Opfergedenken in Berlin: Niederkirchnerstraße und Wilhelmstraße – es ist wohl gut, dass fast nichts mehr von den Bauten der NS-Zeit erhalten blieb. Wallfahrtsstätten für Ewiggestrige brauchen wir beileibe nicht. Doch mahnend erinnern an die Zeiten des NS-Regimes, an Terror und Gräueltaten, das bleibt wichtig. S. 172

Kultur & Sehenswertes

Quartier Potsdamer Platz und Sony Center: Am Potsdamer Platz die Stadt der Zukunft entdecken. S. 174

Hamburger Bahnhof – Museum für Gegenwart: Im sanierten Bahnhof moderne Kunst genießen. 18 S. 168

Invalidenfriedhof: Preußische Geschichte, eine Mauergedenkstätte und mit dem schlafenden Löwen auf dem Scharnhorst-Grab eine der schönsten Grabstätten Berlins. 19 S. 169

Kunstgewerbemuseum: Mit der Wiedereröffnung 2014 findet sich hier eine Ausstellung zur Mode des 19. und 20. Jh. Hier sind Kleider bedeutender Modemacher von Chanel bis Christian Dior vertreten. 48 S. 176

Aktiv unterwegs

Joggen im Tiergarten: Der Tiergarten, der größte innerstädtische Park, ist ideal für Jogger. 1 S. 179

Genießen & Atmosphäre

Capital Beach: Am Hauptstadtstrand an der Spree mit Blick auf den neuen Berliner Hauptbahnhof einen Drink nehmen. 7 S. 179

Abends & Nachts

Restaurant Käfer im Deutschen Bundestag: Über einen Sondereingang hinauf in die Reichstagskuppel und im Deutschen Bundestag dinieren. 4 S. 179

Politik, Geschichte, Kommerz und Kultur

Westlich des Brandenburger Tores, am Rand des Tiergartens, wohnte früher die Berliner Prominenz. Die Abrisswut der NS-Herren und der Zweite Weltkrieg verwandelten diesen alten Berliner Westen in ein Trümmerfeld, das mit der deutsch-deutschen Teilung endgültig zur Brache verkam. So bestand nach der Wiedervereinigung die Notwendigkeit, hier vollkommen neue Citybereiche zu entwickeln.

Vom Spreeufer hinter dem Reichstag aus können Sie das Band des Bundes bis zum Kanzleramt erkunden. Im Quartier Potsdamer Platz (ehemals Daimler City) und im Sony Center, beides heute als Potsdamer Platz bezeichnet, erleben Sie zwei ganz verschiedene Vorstellungen von der Stadt der Zukunft. Das Kulturforum leitet über in das neue Botschaftsviertel südlich des Tiergartens.

Infobox

Reisekarte: ▶ H 8–O 7/8

Touristeninformation

Berlin infostore im Brandenburger Tor: s. S. 18

Berlin infostore Hauptbahnhof Berlin: s. S. 18

Verkehrsverbindungen

Reichstag, Bundeskanzleramt, Spreebogen, Tiergarten: U 55, S 1, 2, 25 Brandenburger Tor

Jenseits der Spree: U 55, S 5, 9, 75 Berlin-Hbf

Potsdamer Platz: U 2, S 1, 2, 25 Potsdamer Platz

Kulturforum und Diplomatenviertel
U 2, S 1, 2, 25 Potsdamer Platz, dann Bus 200

Im Regierungsviertel

Einen ersten Überblick über das neue Regierungsviertel gewinnt man am besten am Reichstagufer. Kommt man vom Brandenburger Tor, deuten Pflastersteine im Asphalt der Ebertstraße den Verlauf der Mauer an. Diese setzen sich in den dunklen Platten auf dem Friedrich-Ebert-Platz hinter dem Reichstag fort. Man passiert auf diesem Weg das **Jakob-Kaiser-Haus** 1, das acht Bauten beiderseits der Dorotheenstraße zusammenfasst und sich bis über die Wilhelmstraße hinzieht. Hier befinden sich die rund 1800 Büroräume der Parlamentarier, Räume für die Fraktionssitzungen und die Bundestagsverwaltung. Ein Tunnel verbindet das Jakob-Kaiser-Haus mit dem Reichstag. An der Ecke Friedrich-Ebert-Platz/Reichstagufer wurde das **Palais des Reichstagspräsidenten** 2, 1899 bis 1904 vom Architekten des Reichstags, Paul Wallot, erbaut. In der Villa mit großzügigem Garten, deren Hauptfassade sich zum Spreeufer wendet, hat die Deutsche Parlamentarische Gesellschaft ihren Sitz.

Band des Bundes

Vom Reichstagsufer aus überschaut man das **Band des Bundes,** erbaut nach einem städtebaulichen Entwurf von Axel Schultes und Charlotte Frank. Das Marie-Elisabeth-Lüders-Haus und das Paul-Löbe-Haus als Gebäude der

Dort wo kühle Köpfe für weise Entscheidungen benötigt werden, lässt es sich nach Feierabend entspannt entlang der Spree joggen

Parlamentarier führen zum Kanzleramt als Sitz der Exekutive.

Das **Marie-Elisabeth-Lüders-Haus** 3 jenseits der Spree am Schiffbauerdamm, benannt nach der liberalen Politikerin und Frauenrechtlerin, birgt die wissenschaftlichen Fachdienste, die Parlamentsbibliothek, das Parlamentsarchiv und die Pressedokumentation. Aus Mauersegmenten an ihrem Originalstandort wurde im Gebäude neben der Freitreppe zum Spreeufer das frei zugängliche **Mahnmal für die Opfer der Mauer** (Di–So 10–17 Uhr) gestaltet.

Eine **Brücke** über die Spree, die symbolisch die frühere Trennung von Ost und West überwindet, führt zum **Paul-Löbe-Haus** 4 (Platz der Republik). Hier reihen sich entlang einer achtgeschossigen Halle Seitentrakte mit ca. 1000 Büros von Bundestagsabgeordneten und ihren Angestellten. Das Haus ist benannt nach dem SPD-Politiker Paul Löbe, der als konsequenter NS-Gegner zweimal inhaftiert war.

Reichstag – Sitz des Deutschen Bundestags ! 5

Kuppel: Eingang West B, tgl. 8–24 Uhr, letzter Einlass 22 Uhr, Eintritt frei, nur mit Anmeldung s. S. 167

Den **Reichstag** gestaltete bis zum Jahr 1894 der bis dato wenig bekannte Architekt Paul Wallot im Geschmack seiner Zeit als Quaderbau im Stil der italienischen Hochrenaissance. Er krönte diesen mit einer über 70 m hohen Glas-Stahl-Kuppel, die Wallot als Hommage an die deutsche Ingenieurskunst verstanden wissen wollte. Die Inschrift »Dem Deutschen Volke« prangt erst seit 1916 über dem Eingang. In der Nacht auf den 28. Februar 1933 brannten der Plenarsaal und die umliegenden Räume aus – für die NS-Herren der Vorwand, bürgerliche Grundrechte außer Kraft zu setzen,

Rund um Regierungsviertel und Potsdamer Platz

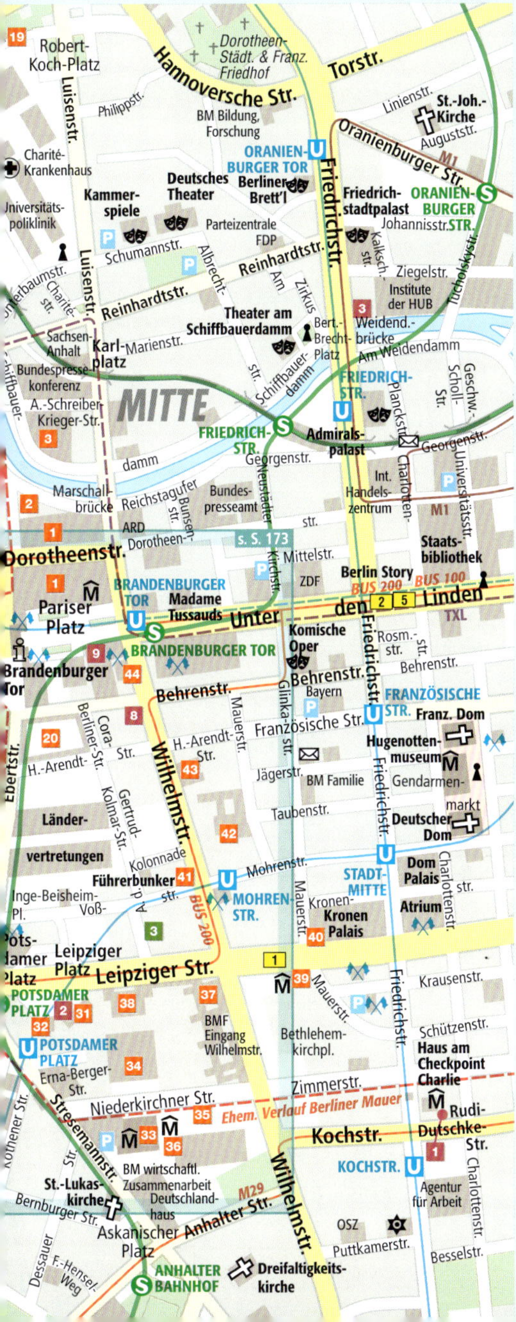

Sehenswert

1 Jakob-Kaiser-Haus
2 Palais des Reichstagspräsidenten
3 Marie-Elisabeth-Lüders-Haus
4 Paul-Löbe-Haus
5 Reichstag
6 Botschaft der Schweiz
7 Spreebogenpark
8 Bundeskanzleramt
9 Kanzlerpark
10 Carillon
11 Kongresshalle
12 Schloss Bellevue
13 Bundespräsidialamt
14 Siegessäule
15 Sowjetisches Ehrenmal
16 Denkmal für die ermordeten Sinti und Roma
17 Hauptbahnhof Berlin
18 Hamburger Bahnhof
19 Invalidenfriedhof
20 Holocaust-Denkmal
21 Denkmal für die verfolgten Homosexuellen
22 Verkehrsturm
23 Hochhaus von Renzo Piano
24 Kollhoff-Tower
25 Beisheim Center
26 Weinhaus Huth/Daimler Contemporary
27 Marlene-Dietrich-Platz
28 Sony Plaza
29 Kaisersaal
30 Filmhaus
31 Deutsches Spionagemuseum
32 Dalí – Die Ausstellung
33 Martin-Gropius-Bau
34 Abgeordnetenhaus
35 Berliner Mauer Niederkirchnerstraße
36 Topographie des Terrors

Fortsetzung: s. S. 166

Rund um Regierungsviertel und Potsdamer Platz

37 Bundesministerium für Finanzen im Detlev-Rohwedder-Haus
38 Sitz des Bundesrats/Preußisches Herrenhaus
39 Museum für Kommunikation
40 WMF-Haus
41 Denkzeichen Georg Elser
42 Bundesministerium für Arbeit und Soziales/Reichspropagandaministerium
43 Bundesministerium für Ernährung, Landwirtschaft und Verbraucherschutz/Geheimes Civil-Cabinet des Kaisers
44 Britische Botschaft
45 Musikinstrumenten-Museum
46 Philharmonie
47 Staatsbibliothek
48 Kunstgewerbemuseum
49 Kupferstichkabinett
50 Gemäldegalerie
51 St.-Matthäus-Kirche
52 Neue Nationalgalerie
53 Gedenkstätte Deutscher Widerstand
54 Ägyptische Botschaft
55 Italienische Botschaft
56 Japanische Botschaft

Essen & Trinken
1 Tim Raue
2 Facil
3 Grill Royal
4 Restaurant Käfer im Deutschen Bundestag
5 Lutter & Wegner im Weinhaus Huth
6 Zollpackhof
7 Capital Beach
8 Samâdhi
9 Weinwirtschaft in der AdK
10 Weilands Wellfood

Einkaufen
1 Potsdamer Platz Arkaden
2 Sony Style Store
3 LP 12 Mall of Berlin

Aktiv
1 Joggen im Tiergarten

Abends & Nachts
1 Mommsen-Eck

nachdem sie die Brandstiftung als Fanal für einen kommunistischen Aufstand präsentiert hatten. Am 30. April 1945 wehte dann das Banner der Roten Armee über dem Reichstag.

Ab 1995 baute man den Reichstag um, damit der Deutsche Bundestag in Berlin ein modernes Gebäude beziehen konnte. Der **Plenarsaal,** der sich über alle drei Hauptgeschosse erstreckt, und die Presselobby im dritten Obergeschoss wurden als Neubau im Altbau errichtet. Der **Nord-** und der **Südflügel** sind saniert, Inschriften, die russische Soldaten bei der Eroberung hinterlassen hatten, wurden bewahrt.

Die Sensation aber ist die **gläserne Kuppel,** neu gestaltet von Sir Norman Foster, eine 800 t schwere Konstruktion aus Stahl und Glas, 40 m im Durchmesser und 23,5 m hoch. Nach einer Sicherheitskontrolle bringt ein Fahrstuhl die Besucher auf das 24 m hoch gelegene Dach mit dem **Restaurant Käfer** 4. Über eine spiralförmige Rampe geht es auf die **Aussichtsplattform** in 40 m Höhe. Bei gutem Wetter bietet sich ein fantastischer Ausblick über Berlin.

Man sollte auf den **Platz der Republik** vorgehen und sich den Reichstag aus der Distanz anschauen. Je weiter man sich entfernt, desto weniger fühlt man sich von der Masse des Baus erdrückt.

Am Spreebogen

Vom Platz der Republik kann man die weiteren Bauten im Spreebogen gut überschauen. Durch die spannungsreiche Kombination von Alt und Neu fällt dem Betrachter die **Botschaft der Schweiz** 6 (Otto-von-Bismarck-Allee 4A) sofort ins Auge. Von 1870 stammt das Palais, der neue Anbau wurde in nur 30 Std. als fugenlose Betonschale gegossen. Auf der anderen Seite der Spree ist dank des DB-Zeichens der **Hauptbahnhof Berlin** (s. S. 168) nicht zu verkennen.

Der **Spreebogenpark** 7 zwischen Moltkebrücke und Kronprinzenbrücke – mit einer weiten Rasenfläche und lockeren Baumgruppen – endet an der Spree am geländergesäumten Panoramaweg, der das Höhenniveau der beiden Brücken erreicht. Unmittelbar am Ufer verläuft eine Promenade, wo der **Capital Beach** 7 zu einer Rast einlädt.

Bundeskanzleramt 8

Willy-Brandt-Str. 1

Das Bundeskanzleramt ist durch den 36 m hohen Kubus, dem sich zwei durch 13 Wintergärten gegliederte Seitenflügel anfügen, weithin sichtbar. Am 2. Mai 2001 nahm Kanzler Schröder die Schlüssel des Baus mit seiner Gesamtfläche von 12 000 m² in Empfang. Dieses Datum gilt als offizieller Abschluss des Umzugs der Regierung nach Berlin. Hinter dem Bundeskanzleramt führt die Kanzlerbrücke über die Spree zum **Kanzlerpark** 9 mit Hubschrauberlandeplatz auf den Moabiter Werder.

Im Tiergarten

Ein Spaziergang führt vom Kanzleramt zum **Carillon** 10 (John-Foster-Dulles-Allee). Der 42 m hohe Glockenturm ist ein Geschenk der Daimler AG zur 750-Jahr-Feier der Stadt Berlin. Vier schlanke Türme aus schwarzem Labradorgestein finden ihren Abschluss in einem umgestülpten Zeltdach. Mit 68 Glocken und fünfeinhalb Oktaven Tonumfang ist es das größte Glockenspiel Europas. Täglich um 12 Uhr und um 18 Uhr wird ein computergesteuertes Konzert abgespielt.

Ein Stück zurückversetzt liegt an der John-Foster-Dulles-Allee die **Kongresshalle** 11 (Hausnr. 10), der wohl kühnste Bau der 1950er-Jahre in Berlin, in dessen Auditorium 1200 Zuhörer Platz finden. Hugh Stubbins plante den Bau, dessen Dachkonstruktion von Stützbögen getragen wird, die an ihren Enden nur auf je einem Lager aufliegen. 1957 wurde die Kongresshalle als Beitrag zur Internationalen Bauausstellung errichtet. 1980 stürzte das Dach ein. Der Bau wurde saniert und beherbergt seit 1989 das **Haus der Kulturen der Welt** (www.hkw.de), das schwerpunktmäßig kulturelle Produktionen aus nicht europäischen Ländern präsentiert.

Weiter die John-Foster-Dulles-Allee hinunter erreicht man jenseits des Spreewegs **Schloss Bellevue** 12 (Spreeweg 1), Mitte des 18. Jh. als Landhaus errichtet und später zum Schloss erweitert. Heute residiert hier der Bundespräsident. Ist geflaggt, ist das deutsche Staatsoberhaupt zu Hause. In der Nachbarschaft wurde 1996 bis 1998 das neue **Bundespräsidialamt** 13 errichtet.

Straße des 17. Juni

Die Straße des 17. Juni, die den Tiergarten durchschneidet, war die alte Straße nach Charlottenburg. Hitler-Architekt Albert Speer baute sie zur Ost-West-Achse der neuen Hauptstadt Germania aus. Die **Siegessäule** 14 mit der Viktoria ließ Albert Speer vom Platz vor dem Reichstag an den Großen Stern versetzen. Erbaut wurde die gut 67 m hohe Säule 1864 bis 1873 zur Feier des Sieges im Deutsch-Dänischen Krieg 1864. Nach den Siegen über Österreich 1866 und über Frankreich (1870/71) wurde sie zum Nationaldenkmal der Einigungskriege weiter ausgebaut. Den drei unteren Ringen der Säule, geschmückt mit

Reichstag nur mit Anmeldung

Die Reichstagskuppel lässt sich nur nach Anmeldung per Internet (www.bundestag.de, unter: Besuchen) oder Telefon (Tel. 030 22 73 64 36) besuchen. Bei geringer Auslastung auch kurzfristige Anmeldung in der Servicestelle des Besucherdiensts im Container unmittelbar am Reichstag.

eroberten Kanonenrohren, ließ Speer den vierten Ring mit vergoldeten Girlanden hinzufügen. Eine Wendeltreppe mit 285 Stufen führt zu einer **Aussichtsplattform** in 50 m Höhe.

Das bereits am 11. November 1945 eingeweihte **Sowjetische Ehrenmal** 15 zeigt zwei russische T-34-Panzer, die Berlin als Erste erreicht haben sollen, und zwei Kanonen, die mit ihren Salven das Ende der Schlacht um Berlin verkündeten. Die 8 m hohe Bronze stellt einen Rotarmisten dar. Im rückwärtigen Teil des Ehrenmals finden sich die Gräber von über 2000 sowjetischen Soldaten.

Denkmal für die ermordeten Sinti und Roma 16

Simsonweg, www.stiftung-denkmal.de, frei zugänglich

Im Tiergarten zwischen Brandenburger Tor und Reichstag wurde 2012 das **Denkmal für die im Nationalsozialismus ermordeten Sinti und Roma Europas** eingeweiht. Der israelische Künstler Dani Karavan entwarf ein Wasserbecken aus schwarzem Stahl, in dessen Einfassung das Gedicht »Auschwitz« des Roma-Musikers und -Komponisten Santino Spinelli eingelassen ist. In der Mitte des Beckens erhebt sich ein dreieckiger Granitsockel, der in der Mittagszeit einmal abgesenkt und mit einer frischen Blume bestückt wieder hochgefahren wird. Scherbenförmige Stahlplatten tragen u. a. die Namen von Vernichtungs- und Sammellagern. Eine gläserne Wand mit Zitaten und dem o. g. Gedicht ergänzt das Ensemble.

Jenseits der Spree

Der alte Arbeiterstadtteil **Moabit,** der seinen Namen wahrscheinlich von französischen Hugenotten erhielt *(terre de moab),* ist durch das neue Regierungsviertel in den Mittelpunkt des Interesses gerückt. Der Stadtteil hat weit mehr zu bieten als die bekannte Justizvollzugsanstalt und das größte Kriminalgericht Europas.

Hauptbahnhof Berlin 17

Europaplatz 1

Bereits die Form des 2006 eröffneten neuen Berliner Hauptbahnhofs deutet an, dass Berlin einen Kreuzbahnhof erhalten hat. Ca. 225 Züge kommen jeden Tag auf der Nord-Süd-Verbindung 15 m unter der Erde an. Ca. 350 Züge fahren täglich auf der Ost-West-Strecke in einer Höhe von 10 m über dem Straßenniveau. Ermöglicht wurde der Kreuzbahnhof durch den Bau des Tiergartentunnels mit vier Röhren für den Bahnverkehr. Für Aufsehen sorgten die 46 m hohen Bügelbauten, welche die Stadtbahn überspannen. Die Bahnhofshalle ist 180 m lang und 42 m breit.

Der 60 m hohe Turm neben dem Bahngebäude dient der Entlüftung des Tiergartentunnels. Auf die rund 300 000 Besucher pro Tag warten 20 Cafés, Restaurants und 80 Ladengeschäfte (tgl. bis 22 Uhr). Das Gebiet um den Humboldthafen unmittelbar am Bahnhof wird aktuell zu einem attraktiven Wohn- und Geschäftsviertel ausgebaut – mediterranes Flair durch Wasserlage inklusive.

Hamburger Bahnhof 18

www.smb.museum, Di–Fr 10–18, Do bis 20, Sa/So 11–18 Uhr, 14/7 €, *s. S. 59*

Der Hamburger Bahnhof von 1847 ist seit dem Umbau 1996 durch Josef Paul Kleihues als drittes Haus der Nationalgalerie eröffnet und beherbergt das **Museum für Gegenwart**. Einzig der Ostflügel, die Kleihueshalle, wurde neu errichtet. Der Rest stellt eine gelungene Synthese von Industriebau

Lieblingsort

Der schlafende Löwe

Auf dem Invalidenfriedhof kann man eine der schönsten Grabstätten Berlins entdecken: das von Schinkel gestaltete und von Christian Daniel Rauch ausgeführte **Grab des Generals von Scharnhorst.** Das Grab schmückt ein schlafender Löwe über einem Marmorsarkophag auf einem 5,60 m hohen Sockel. Preußische Tradition, Mauergedenkstätte, ein Friedhof mit einem wunderschönen Grabmal und das Ganze mit Sicht auf einen ehemaligen Industriehafen – die Mischung findet sich nur in Berlin. **Invalidenfriedhof** 19: Scharnhorststr. 33, 16. März–30. Sept. tgl. 7–21.30, 1. Okt.–15. März tgl. 7–18.30 Uhr.

und Präsentation moderner Kunst dar. Abends taucht eine Lichtinstallation von Dan Flavin die Fassade in blaues und grünes Neonlicht. 2004 wurden die Hallen eines Speditionsunternehmens umgebaut und als Rieckhalle in das Museum integriert. Die Sammlungen der Nationalgalerie umfassen Kunst seit 1960. Schwerpunkte liegen auf interdisziplinärer **zeitgenössischer Kunst,** auf Film- und Videokunst (u. a. Nam June Paik, Bill Viola) sowie zentralen Arbeiten von A. R. Penck, Gerhard Richter, Imi Knoebel, Sigmar Polke. Hinzu kommen Werke jüngerer Künstler sowie Fotografie (Becher-Schule) und Installationskunst. Friedrich Christian Flick, dessen **Friedrich Christian Flick Collection** sich als Dauerleihgabe im Hamburger Bahnhof befindet, schenkte der Nationalgalerie darüber hinaus 166 Kunstwerke aus seiner Sammlung. Des Weiteren finden sich hier die **Sammlung Marx** (Joseph Beuys, Andy Warhol, Robert Rauschenberg, Cy Twombly) und die **Sammlung Marzona** (Konzeptkunst, Arte Povera).

Invalidenfriedhof 19

s. Lieblingsort S. 169

Vom Pariser zum Potsdamer Platz

Holocaust-Denkmal 20

www.stiftung-denkmal.de, Stelenfeld frei zugänglich, Ort der Information April–Sept. Di–So 10–20 (letzter Einlass 19.15), Okt.–März 10–19 (letzter Einlass 18.15 Uhr), Eintritt frei, s. S. 61

Wer vom Reichstag zum Potsdamer Platz geht, quert den Pariser Platz mit dem Brandenburger Tor (s. S. 112) und passiert an dessen Südende die neue US-Botschaft (s. S. 113). Ihr gegenüber erstreckt sich das Holocaust-Denkmal. Am 12. Mai 2005 wurde das **Denkmal für die ermordeten Juden Europas**, das an die Millionen Opfer des Rassenwahns erinnert, der Öffentlichkeit übergeben: 2711 unterschiedlich hohe Stelen in einem Neigungswinkel zwischen 0,5 und 2 Grad auf einer gepflasterten Fläche von 19 073 m². Das Stelenfeld ist frei begehbar, zwingt aber die Besucher durch den Abstand von nur 95 cm zwischen den Stelen, sich der Erfahrung dieses Ortes alleine auszusetzen. Der New Yorker Architekt Peter Eisenman schuf das Denkmal ohne Symbolik, weil das Verbrechen des NS-Regimes sich jeder herkömmlichen Form des Gedenkens entzieht. Die Anzahl der Stelen ergab sich schlicht aus der Größe des Areals.

Der **Ort der Information,** am Rand des Stelenfelds gleich gegenüber der Shopmeile, ist über eine Treppe zu erreichen. Ein Fahrstuhl wird auf Anfrage geöffnet. Auf knapp 800 m² kombiniert eine Dauerausstellung persönliche Schicksale und die Schicksale einzelner jüdischer Familien mit Informationen über die nationalsozialistische Verfolgungspolitik.

Denkmal für die verfolgten Homosexuellen 21

Gegenüber dem Holocaust-Denkmal, im Tiergarten, Ebertstraße, www.stiftung-denkmal.de, frei zugänglich

Die Formensprache des Holocaust-Denkmals aufgreifend, schufen die Künstler Michael Elmgreen und Ingar Dragset das 2008 eingeweihte Denkmal für die im Nationalsozialismus verfolgten Homosexuellen. Zugleich soll es ein dauerhaftes Zeichen gegen Intoleranz gegenüber Schwulen und Lesben setzen. In seinem Inneren läuft ein alle zwei Jahre von einer Jury neu ausgewählter Künstlerfilm zum Thema.

Potsdamer Platz !

Nördlich der Potsdamer Straße liegt das Sony Center, südlich das Quartier Potsdamer Platz (www.potsdamerplatz.de). Auf dem Potsdamer Platz deuten die beiden gläsernen Pavillons den Zugang zum Regionalbahnhof Potsdamer Platz an. Der **Verkehrsturm** 22 ist ein Nachbau der ersten Ampelanlage Europas, die 1924 genau hier eingerichtet wurde. Damals stand der Platz mit Hotels, Geschäftsbauten, Amüsierbetrieben, Lichtreklame und dichtem Autoverkehr für das moderne Großstadtleben.

Fünf Hochhäuser eröffnen den Zugang zum neuen Quartier. Das 18-geschossige **Hochhaus von Renzo Piano** 23 (Potsdamer Platz 11), das zum Quartier Potsdamer Platz gehört, wendet seine gläserne Spitze dem Potsdamer Platz zu. Das 103 m hohe **Kollhoff-Tower** 24 (Potsdamer Platz 1), von Hans Kollhoff entworfen, gilt als moderne Interpretation der amerikanischen Hochhäuser aus den 1930er- und 1940er-Jahren. Der schnellste Lift Europas befördert Besucher in den 25. Stock. Von der **Plattform Panoramapunkt** (www.panoramapunkt.de, tgl. 10–20 Uhr, 6,50/5 €, mit Café und Ausstellung) genießt man einen herrlichen Ausblick über Berlin.

Das **Beisheim Center** 25 (www.beisheim-center.de) mit dem Hotel The Ritz-Charlton zeigt in der Fassade klare Formen moderner ▷ S. 174

Mein Tipp

Das Stelenfeld am frühen Morgen

Die Kraft des **Holocaust-Denkmals** 20 liegt nicht zuletzt darin, dass dieses pure Stelenfeld jeden Besucher zwingt, sich ganz persönlich mit der Tatsache des Massenmords an den europäischen Juden auseinanderzusetzen. Der Besuch an einem frühen Morgen ist zu empfehlen, da man zu dieser Zeit ungestört ist. War nicht das KZ ein Ort, in dem strenge Hierarchien und geregelte Tagesabläufe einhergingen mit vollkommener Willkür, die für jeden Häftling in jeder Sekunde den Tod bringen konnte? Ist das Stelenfeld nicht ein Ort, wo zwar Regelmäßigkeit herrscht, der Besucher aber sehr leicht die Orientierung verliert und so das Gefühl bekommt, hilflos ausgeliefert zu sein?

Auf Entdeckungstour: Schweres Erbe – NS-Bauten und Opfergedenken in Berlin

Niederkirchnerstraße und Wilhelmstraße: Es ist wohl gut, dass fast nichts mehr von den alten Bauten der NS-Zeit erhalten blieb. Wallfahrtsstätten für Ewiggestrige brauchen wir beileibe nicht. Doch mahnend erinnern an die Zeiten des NS-Regimes, an Terror und Gräueltaten, das bleibt wichtig.

Topographie des Terrors 36 **:** www.topographie.de, tgl. 10–20 Uhr, Außenbereiche bis Einbruch der Dunkelheit, Eintritt frei, unter Menüpunkt Ausstellungen Infos zur Geschichtsmeile Wilhelmstraße.
Start: U, S Potsdamer Platz
Dauer: 45 Min., plus individuelle Zeit für die Topographie des Terrors

Wer die Orte der NS-Zeit sucht, wird kaum noch Spuren finden. Erst die Bomben der Alliierten, dann die Kämpfe in den letzten Kriegstagen und schließlich DDR-Bauarbeiter, die im Bereich der Reichskanzlei Plattenbauten hochzogen … Aber wie sollte man auch NS-Bauten bewahren, ohne Ewiggestrigen Wallfahrtsstätten zu schaffen?

Zentrale des Terrors

Die Prinz-Albrecht-Straße, seit 1951 Niederkirchnerstraße (nach der Widerstandskämpferin Käthe Niederkirchner), war das Zentrum des Terrors. In Gebäuden der Jahrhundertwende waren die Geheime Staatspolizei und die SS inklusive Heinrich Himmler untergebracht. Heute zeigt die Dauerausstellung **Topographie des Terrors** 36 die Entwicklung des Terrorapparates der SS und nennt die Verantwortlichen für den Terror in Deutschland, in den besetzten Gebieten und für den Völkermordes an den europäischen Juden.

Mut zur Weiternutzung

Das **Bundesministerium für Finanzen im Detlev-Rohwedder-Haus** 37 (Wilhelmstr. 97, Abb. S. 172) hatte den Mut, in das ehemalige **Reichsluftfahrtmuseum**, die Machtzentrale Hermann Görings, einzuziehen. Erbaut wurde das riesige Gebäude 1935–36. Ausgerechnet dieses Ministerium überstand fast unbeschädigt die Bombardements von 1945. Hier kamen – nach Entfernung des NS-Bauschmucks (Relief mit verherrlichenden Darstellungen der Taten der Wehrmacht und Hakenkreuze) – Einrichtungen der sowjetischen Besatzungsmacht unter. Den Sowjets folgten DDR-Ministerien, denen die Treuhand (1991–95) und das Finanzministerium. Benannt ist das Haus heute nach Detlev Rohwedder, dem einstigen Chef der Treuhand. Rohwedder starb am 1. April 1991 durch einen Anschlag der RAF. Vor dem zur Leipziger Straße weisenden zweiten Eingang wurde zum Gedenken an den Volksaufstand in der DDR am 17. Juni 1953 ein 25 m langes **Glasbild** des Künstlers Wolfgang Rüppel in den Boden eingelassen, das eine verfremdete Fotografie der demonstrierenden Arbeiter zeigt. Es antwortet in Größe und Lage auf das den Aufbau der DDR verherrlichende **Wandbild** Max Lingners.

Im **Bundesministerium für Arbeit und Soziales** 42 (Wilhelmstr. 49) sind auf der Seite Mauerstraße Teile des **Reichspropagandaministeriums** erhalten.

Das Ende

Das Denkzeichen **Georg Elser** 41, eine 17 m hohe Stahlskulptur, erinnert an den Hitlerattentäter von 1939. Von dem **Bunker** im Hof der Reichskanzlei, in dem Adolf Hitler am 30.4.1945 Selbstmord beging, ist nichts erhalten. Einzig eine Informationstafel am Parkplatz in der Gertrud-Kolmar-Straße erinnert an den Standort dieses Unterschlupfes. 1947 wurde erstmals versucht, den Bunker zu sprengen. Nach weiteren Sprengversuchen wurde das Gelände 1959 eingeebnet. Kurz vor dem Fall der Mauer wurde im Zug der Bauarbeiten für die umliegenden Plattenbauten der Bunker bis auf die Bodenplatte restlos gesprengt und verfüllt.

Sachlichkeit und erinnert so an die frühen Wolkenkratzer.

Quartier Potsdamer Platz

Das Quartier, das von dem italienischen Architekten Renzo Piano geplant wurde, erschließt man sich am besten mit einem Gang durch die Alte Potsdamer Straße, die auf den neu angelegten Marlene-Dietrich-Platz führt. Das 1912 eröffnete **Weinhaus Huth** 26 (Alte Potsdamer Str. 5) hat als einziges Gebäude am Potsdamer Platz den Krieg überstanden. Der Grund: Der Bau wurde als Stahlskelettbau ausgeführt, um das große Flaschenlager des Weinhauses tragen zu können. Im Weinhaus Huth befindet sich die **Daimler Contemporary** (4. Stock, Tel. 030 259 414 20, www.sammlung.daimler.com, tgl. 11–18 Uhr, Eintritt frei), eine öffentlich zugängliche Kunstsammlung, die Neuerwerbungen der Daimler Kunstsammlung und kleinere Werkschauen zeigt.

Der **Marlene-Dietrich-Platz** 27 sorgt mit dem Doppelgebäude **Musical Theater** und **Spielbank**, zwischen denen nur ein schmaler Spalt für Löschfahrzeuge gelassen worden ist, für einen Abschluss der Straße gegen die Staatsbibliothek. Der Platz ist seit 2000 das Zentrum der Berliner Filmfestspiele. Hier werden die Bilder der Hollywood-Stars auf dem Roten Teppich geschossen. Architekturinteressierte können mit einem Gang durch die Eichhorn- und die Linkstraße das Quartier erkunden.

Sony Center

www.sonycenter.de

Wie ein Gegenentwurf zum Quartier Potsdamer Platz wirkt das Sony Center des Star-Architekten Helmut Jahn mit dem Innenhof, der **Sony Plaza** 28. Highlight ist das Zeltdach, das über der Plaza in einer gewagten Stahl- und Stahlseilkonstruktion ausgeführt wurde und heute zu den Wahrzeichen Berlins zählt.

In Richtung DB-Hochhaus entdecken Sie hinter Glas den **Kaisersaal** 29 (Bellevuestr. 1, www.kaisersaal-berlin.de), der zum alten Hotel Esplanade (erbaut 1907/08) gehörte. Auf Luftkissen 75 m verschoben, wurde er in das Sony Center integriert.

Im **Filmhaus** 30 (Potsdamer Str. 2), dessen Hauptfassade zur Potsdamer Straße weist, unterhält die Stiftung **Deutsche Kinemathek** ein **Museum für Film und Fernsehen** (www.filmmuseum-berlin.de, Di–So 10–18, Do bis 20 Uhr, 7/4, 50 €, s. S. 62). Im fünften Stock befindet sich die Bibliothek (Tageskarte 1 €). Zum Programmkino **Arsenal** geht es ins 2. UG.

Leipziger Platz

Der Leipziger Platz wurde in seiner historischen achteckigen Form rekonstruiert und sorgt heute für einen Übergang von der historischen Innenstadt zum Quartier Potsdamer Platz. Am ehemaligen Standort des berühmten Kaufhauses Wertheim von Alfred Messel findet sich heute der Zugang zur **LP 12 Mall of Berlin** 3 mit rund 270 Geschäften.

Neu ist auch das **Deutsche Spionagemuseum** 31 (www.deutsches-spionagemuseum.de, Leipziger Platz 9, tgl. 10–20 Uhr, 12 €/8 €), eine Erlebnisausstellung zur Geschichte der Spionage, passend zur Hauptstadt der Spione, die Berlin bis zum Mauerbau 1961 war.

Am Leipziger Platz bietet **Dalí – Die Ausstellung** 32 (www.daliberlin.de, Mo–Sa 12–20, So, Fei 10–20 Uhr, 12,50/9,50 €, s. S. 58) einen Einblick in das Schaffen Dalís. Der spanische Meister des Surrealismus ist mit Zeichnungen, illustrierten Büchern, Dokumenten und Arbeitsbelegen, originalen Grafiken und kompletten Mappenwerken, dreidimensionalen Arbeiten, multiplen Objekten und Skulpturen – insgesamt 400 Exponaten – vertreten.

Niederkirchnerstraße

Der **Martin-Gropius-Bau** 33 (Nr. 7, www.gropiusbau.de, Mi–Mo 10–19 Uhr) wurde 1877 bis 1881 als Kunstgewerbemuseum von Martin Gropius im Stil der italienischen Renaissance errichtet.

Das **Berliner Abgeordnetenhaus** 34 (Nr. 5), der ehemalige Preußische Landtag, wurde rund 20 m von der Straße zurückgesetzt erbaut, um die Lichtverhältnisse im heutigen Martin-Gropius-Bau nicht zu beeinträchtigen. Vor dem Abgeordnetenhaus erinnern Denkmäler an Freiherrn vom Stein und Karl August von Hardenberg, die nach der Niederlage in Jena und Auerstätt 1806 längst überfällige Reformen in Preußen auf den Weg brachten.

Ein Stück der **Berliner Mauer** 35 erzählt davon, dass die Niederkirchner Straße bis zur deutschen Wiedervereinigung durch den Grenzstreifen geteilt war.

Topographie des Terrors 36**, Bundesministerium für Finanzen im Detlev-Rohwedder-Haus** 37**,** s. Entdeckungstour S. 172.

Leipziger Straße

Die **Leipziger Straße** war ab 1900 die moderne Geschäftsstraße der Berliner Innenstadt. Zu DDR-Zeiten wurde sie zur mehrspurigen Autopiste ausgebaut. An ihrer Kreuzung mit der Wilhelmstraße muss man sich entscheiden, welchen Weg man bevorzugt. Drei Alternativen stehen zur Auswahl.

Alternative 1: Auf dem kurzen Weg Richtung Potsdamer Platz passiert man den **Sitz des Bundesrats** 38 (Nr. 3/4) im ehemaligen **Preußischen Herrenhaus**. Durch einen Gang auf der Gartenseite ist es mit dem Berliner Abgeordnetenhaus verbunden. Sinnfälliger Ausdruck dafür, dass im alten Preußen mit einem Zwei-Kammer-System regiert wurde. Im Herrenhaus saßen der Adel und ernannte Mitglieder, im Abgeordnetenhaus die gewählten Volksvertreter.

Alternative 2: Rechts die Leipziger Straße hinunter, gelangt man zum **Museum für Kommunikation** 39 (www.mfk-berlin.de, Di 9–20, Mi–Fr 9–17, Sa/So, Fei 10–18 Uhr, 4/2 €, s. S. 63). Drei eine Weltkugel tragende Giganten schmücken den Bau und demonstrieren den Anspruch von Post und Telefonnetz, die Welt zu umspannen. 1893–1897 mit Neorenaissancefassade und reich verziertem, heute mit Glas überdachtem Innenhof errichtet, werden hier alle Formen der Kommunikation präsentiert – und die berühmteste Briefmarke der Welt, die Blaue Mauritius.

Schräg gegenüber blickt man auf das **WMF-Haus** 40 (Nr. 112), einen der wenigen Zeugen der großen Zeit der Leipziger Straße als Geschäftsstraße. 1904 bis 1905 wurde das Gebäude für die Württembergische Metallwarenfabrik erbaut. Die Fassade mit den natursteinverkleideten Pfeilern zeigt Jugendstilelemente. Als besonders gelungen gilt die geschwungene Gestaltung der Ecke Mauerstraße.

Alternative 3: Dieser Weg führt weiter via **Wilhelmstraße** zurück zum Pariser Platz. Die Wilhelmstraße stand bis 1945 für die deutsche Regierung. In die Adelspaläste beiderseits der Straße waren erst preußische, dann die Ministerien des Deutschen Reiches eingezogen.

Die Geschichte der Wilhelmstraße dokumentiert das Projekt **Geschichtsmeile Wilhelmstraße** (www.topographie.de, Link: Ausstellungen), das auch die Informationstafeln entlang der Straße aufgestellt hat. Nur mit ihrer Hilfe kann der Besucher erahnen, wo früher Bauten wie die Neue Reichskanzlei entlang der Voßstraße stand. Das Denkzeichen **Georg Elser** 41, das an den Hitler-Attentäter erinnert, markiert ungefähr den Bereich der Alten und Neuen Reichskanzlei. Die Wilhelmstraße wurde zu DDR-Zeiten mit Wohnblöcken in Plattenbauweise überbaut. Erhalten sind nur die Denkmäler der Generäle des Siebenjährigen Krieges, Ende des 18. Jh., auf dem Wilhelmplatz und dem Zietenplatz und ein Rest des **Reichspropagandaministeriums** 42, s. Entdeckungstour S. 172).

Von den früheren Regierungsbauten ist nur das **Geheime Civil-Cabinet des Kaisers** 43 (heute Wilhelmstr. 54) geblieben. Errichtet bis 1901, war hier das Verbindungsbüro seiner Majestät zur zivilen Reichsregierung untergebracht. Nach Umbauten ist das **Bundesministerium für Ernährung, Landwirtschaft und Verbraucherschutz** eingezogen.

Die **Britische Botschaft** 44 (Nr. 70//71) ist mit einem Neubau, der einiges Aufsehen erregte, an ihren alten Standort zurückgekehrt. Ein violetter und ein grüner Baukörper brechen die strenge Fassade auf und gelten als ironische Replik des Architekten Michael Wilford auf die Gestaltungssatzung der Berliner Innenstadt, die Lochfassaden mit viereckigen Fenstern wie in den oberen Geschossen vorschreibt.

Kulturforum

www.kulturforum-berlin.de, Musikinstrumenten-Museum Di/Mi, Fr 9–17, Do 9–20, Sa/So 10–17 Uhr, 6/3 €, alle anderen Museen tgl. 10–18, Do bis 22 Uhr, Bereichskarte 12/6 €, s. S. 58

Das **Kulturforum** war der Versuch, auf West-Berliner Seite den Bereich unmittelbar an der Mauer am Potsdamer Platz als Ort der Kultur und Begegnung zu entwickeln. Trotz der hervorragenden Museen ist aber bisher kein Ort der Begegnung entstanden. Bis 2022 soll hier das **Museum der Moderne** errichtet werden.

An der Ben-Gurion-Straße eröffnet das **Musikinstrumenten-Museum** 45 (www.sim.spk-berlin.de, s. S. 63) das Kulturforum. Überragt wird es von der **Philharmonie** 46 (s. S. 50) des Architekten Hans Scharoun. Sie bildet mit dem Kammermusiksaal, der mit 1180 Plätzen nach Skizzen Scharouns von dessen engstem Mitarbeiter Edgar Wisniewski ausgeführt wurde, eine Einheit. Hier sind seit der Eröffnung 1963 die Berliner Philharmoniker beheimatet. Die Philharmonie ist um das Orchesterpodium konzipiert. Das Dach bildet einen markanten Punkt in der Stadtlandschaft. Die Philharmonie gilt als hervorragendes Beispiel organischer Architektur. Neben dem Eingang zur Philharmonie erinnert seit 2014 der Gedenkort **T4** an die Euthanasiemorde der Nazis.

Die **Staatsbibliothek** 47 (Potsdamer Str. 33, www.staatsbibliothek-berlin.de) erbauten ebenfalls Hans Scharoun und Edgar Wisniewski. Wie bei der Philharmonie zeigt sich die Qualität des Baus erst im Innern.

Der neue Museumsplatz

Über die geschrägte Piazzetta geht es in das zentrale Eingangsgebäude, das die Museen erschließt. Das **Kunstgewerbemuseum** 48 (s. S. 59) hat sich mit dem Erwerb der Sammlung Kramer/Ruf 2003, die 700 Kostüme und rund 800 Accessoires umfasst, und mit dem Umbau bis 2014 zum Modemu-

Beispiel organischer Architektur – die Berliner Philharmonie

seum gemausert. Präsentiert wird ein Überblick über die Entwicklung der Mode des 19. und 20. Jh. anhand von Modellen z. B. von Coco Chanel oder Christian Dior.

Das **Kupferstichkabinett** 49 (s. S. 59) ist eine der vier weltweit bedeutendsten Sammlungen ihrer Art mit über 500 000 druckgrafischen Arbeiten sowie ca. 120 000 Zeichnungen, Aquarellen, Pastellen und Ölzeichnungen. Das Spektrum erstreckt sich von frühen italienischen, deutschen und niederländischen Meistern bis hin zu Arbeiten der Pop (Warhol) und Minimal Art. Auch zeitgenössische Berliner Künstler sind vertreten. Wechselausstellungen. Hierzu gehört auch die **Kunstbibliothek.**

Die **Gemäldegalerie** 50 (s. S. 58) ist eine der weltweit bedeutendsten Sammlungen von Gemälden alter Meister der europäischen Kunst vom 13. bis zum 18. Jh. Hier sind Meisterwerke von Botticelli, van Eyck, Pieter Bruegel, Dürer, Raffael, Tizian, Caravaggio, Rubens und Vermeer zu sehen. Ein Höhepunkt ist die Sammlung von 16 Gemälden Rembrandt von Rijns, darunter auch das Gemälde »Der Mann mit dem Goldhut«, das lange Jahre als der Rembrandt schlechthin galt, heute aber abgeschrieben ist. Ein weiteres Highlight ist Caravaggios Gemälde »Amor als Sieger«.

St.-Matthäus-Kirche 51

Matthäikirchplatz, www.stiftung-stmatthaeus.de, Di–So 11–18 Uhr

Die St.-Matthäus-Kirche wurde 1956 bis 1960 in der Fassade wieder aufgebaut und dient heute der stillen Andacht. Nach Plänen August Stülers 1845 errichtet, ist sie einer der letzten Zeugen des Lebens im einstmals vornehmen Tiergartenviertel. Die Stiftung St. Matthäus unterhält in der Kirche eine ständige **Ausstellung zeitgenössischer bildender Kunst,** lädt aber auch zu Diskussionsveranstaltungen ein. Der **Turm** der Kirche kann bestiegen werden.

Neue Nationalgalerie 52

www.neue-nationalgalerie.de, bis ca. 2018 wegen Sanierung geschl., S. 60

Die **Neue Nationalgalerie** ist eines der Meisterwerke des Architekten Mies van der Rohe, einem der Wegbereiter der Moderne in der Architektur. Van der Rohe, der ab 1905 in Berlin lernte und hier erste vielbeachtete Entwürfe präsentierte, verließ 1938 Deutschland, da er von der NS-Diktatur zunehmend der Arbeitsmöglichkeiten beraubt wurde, und siedelte in die USA über. 1961 vergab der Berliner Senat den Auftrag zum Bau der Neuen Nationalgalerie direkt an Mies van der Rohe. Es wurde der einzige Bau, den van der Rohe nach dem Zweiten Weltkrieg in Europa ausführte.

Bendlerblock und Botschaftsviertel

Gedenkstätte Deutscher Widerstand 53

www.gdw-berlin.de, Mo, Mi, Fr 9–18, Do 9–20, Sa/So 10–18 Uhr, Eintritt frei, s. S. 61

Vom **Bendlerblock** aus versuchten die Verschwörer um Graf Stauffenberg während des 20. Juli 1944 den Aufstand der Militärs zu entfachen, obwohl Hitler das Attentat in der Wolfsschanze in Ostpreußen in den Mittagsstunden desselben Tages überlebt hatte. 5000 Fotos und Dokumente zum Hitlerattentat und zum Umsturzversuch am 20. Juli 1944 werden hier verwahrt. Die Dauerausstellung setzt sich mit dem Nationalsozialismus und dem gegen ihn gerichteten Widerstand verschiedener Gruppen (Stauffenberg, Weiße Rose, Rote Kapelle, Sinti und Roma etc.) auseinander. Hinzu kommen Wechselausstellungen. Im **Ehrenhof** erinnert eine Gedenkstätte daran, dass hier Graf von Stauffenberg mit drei Mitverschwörern am Abend des 20. Juli 1944 erschossen wurde. Der Bendlerblock, der sich bis zum Landwehrkanal hinzieht, gehört zum Komplex des **Bundesverteidigungsministeriums**.

Ägyptische Botschaft 54

In der Stauffenbergstraße 6–7 findet sich die **Ägyptische Botschaft,** erbaut aus drei Kuben aus poliertem rotem Granit nach Plänen des Architekten Samir Rabie, Kairo. Die fensterlose Hauptfassade beiderseits des Eingangs schmückt ein Relief, das mit Wellenlinien den Nil symbolisiert, aus dem sich Lotuspflanzen als Symbol für Oberägypten und Papyrusgras als Symbol für Unterägypten erheben. Säulen ragen empor, die Schalen tragen, in denen Falken als Darstellung des altägyptischen Gottes Horus zu entdecken sind. Darüber befindet sich ein Balken mit Hieroglyphen, der den Himmel darstellt.

Italienische und Japanische Botschaft

Über die Tiergartenstraße, vorbei an weiteren Botschaftsgebäuden, erreicht man die Hiroshimastraße. Hier stehen mit der **Italienischen** 55 (Nr. 1) und der **Japanischen Botschaft** 56 (Nr. 6) Überbleibsel der NS-Zeit. Sie zeigen in Größe und Lage, welche Bedeutung das NS-Regime seinerzeit den ›Achsenmächten‹ zubilligte. 1939 wurde die Vertretung Italiens im Stil eines italienischen Renaissance-Palazzo erbaut. Die Japanische Botschaft wurde unter Aufsicht Albert Speers 1938 bis 1942 im klassizistischen Stil errichtet. Beide Gebäude wurden nach 1990 saniert.

Essen & Trinken

Start-Up 2.0 – **Tim Raue** 1 : s. S. 32.
Gourmet-Tempel – **Facil** 2 : s. S. 33.
Kunstszene – **Grill Royal** 3 : s. S. 33.

Abendessen im Reichstag – **Restaurant Käfer im Deutschen Bundestag 4**: Reichstagsgebäude, Tel. 030 22 62 99-0, U, S Brandenburger Tor, 9–16.30, 18.30–24 Uhr, HG mittags 15,50–23,50 €, abends ab 29,50 €. Gerade abends reizvoll (Abendessen 18.30–24 Uhr). Man muss telefonisch einen Platz reservieren, erhält eine Reservierungsbestätigung und kann über einen separaten Eingang im Reichstag das Restaurant neben der Reichstagskuppel betreten und dort speisen, z. B. Kalbskotelett mit Dijonsenfkruste, Kräuterkohlrabi und Kartoffelrillette.

Beste Berliner Tradition – **Lutter & Wegner im Weinhaus Huth 5**: Alte Potsdamer Str. 5, Tel. 030 25 29 43 50, U, S Potsdamer Platz, tgl. 11–24 Uhr. Deutsch-österreichische Küche wie im Stammhaus am Gendarmenmarkt (S. 143).

Mit Blick aufs Regierungsviertel – **Zollpackhof 6**: Elisabeth-Abegg-Str. 1, Tel. 030 33 09 97 20, www.zollpackhof.de, S Hauptbahnhof, Restaurant tgl. ab 10 Uhr, in der warmen Jahreszeit auch Biergarten. Ein Biergarten mit Blick auf das neue Regierungsviertel. Das Restaurant mit Terrasse bietet ein Mittagsmenü (9,80 €), die Abendkarte ausgewählte Speisen wie Ochsenbacken mit glasierten Zuckerschoten und Kartoffelpüree (17,90 €). Im Biergarten Deftiges vom Grill.

Hauptstadtstrand – **Capital Beach 7**: Ludwig-Erhard-Ufer, Tel. 0177 828 53 87, S Hauptbahnhof, tgl. ab 10 Uhr. Kleine Speisen (Bruschetta 2,80 €, Flammkuchen mit Lachs 16,50 €). Der Capital Beach bietet neben 60 Cocktails elsässischen Flammkuchen und andere Kleinigkeiten sowie Liegestühle unmittelbar am Spreeufer!

Überwiegend vegan – **Samâdhi 8**: s. S. 37.

Freiraum – **Weinwirtschaft in der Akademie der Künste 9**: s. S. 139.

Vitamine – **Weilands Wellfood 10**: Marlene-Dietrich-Platz 1, Tel. 030 25 89 97 17, www.weilands-wellfood.com, U, S Potsdamer Platz, April–Okt. tgl. 10.30–20, Nov.–März Mo–Fr 10.30–20 Uhr. HG ab 8,30 €. Hier gibt es Salate, Wok-Gerichte und Pasta. Ein Selbstbedienungsrestaurant mit schönen Sitzplätzen am Rand des Quartier Potsdamer Platz mit vitaminreichem Essen zu vernünftigen Preisen.

Einkaufen

Shoppingcenter – **Potsdamer Platz Arkaden 1**: Alte Potsdamer Str. 7, U, S Potsdamer Platz, Mo–Sa 10–21 Uhr. In der ca. 180 m langen Einkaufspassage warten 130 Shops mit 40 000 m^2 Fläche auf Kundschaft.

Die neuesten Produkte – **Sony Style Store 2**: Potsdamer Str. 4, Tel. 030 25 75 11 88, U, S Potsdamer Platz, Mo–Sa 11–19 Uhr. Einziger Sony Style Store in Europa.

Shoppen ohne Ende – **LP12 Mall of Berlin 3**: Leipziger Platz 12, www.mallofberlin.de, U S Potsdamer Platz, Mo–Sa 10–21 Uhr. Ca. 270 Geschäfte.

Aktiv

Joggen – **Im Tiergarten 1**: Der Tiergarten mit seinen schmalen und breiten Wegen bietet sich zum Joggen geradezu an und ist entsprechend beliebt.

Abends & Nachts

Bier international – **Mommsen-Eck – Haus der 100 Biere 1**: Alte Potsdamer Straße 1, Tel. 030 25 29 66 35, www.mommseneck.de, U, S Potsdamer Platz, tgl. 11–1 Uhr. Deftige Speisen (HG 11,80–15,50 €) bilden die erforderliche Grundlage für die Verkostung von einigen der 100 verschiedenen Biere aus aller Herren Ländern.

Das Beste auf einen Blick

City West

Highlights !

Kurfürstendamm: Der weltbekannte Boulevard zum Schlendern und Shoppen in der City West. S. 186

Schloss Charlottenburg: Das größte barocke Schloss der Hohenzollern auf Berliner Grund mit kostbaren Innenräumen und barocker Gartenanlage, in der ein Mausoleum an Königin Luise erinnert. 27 S. 189

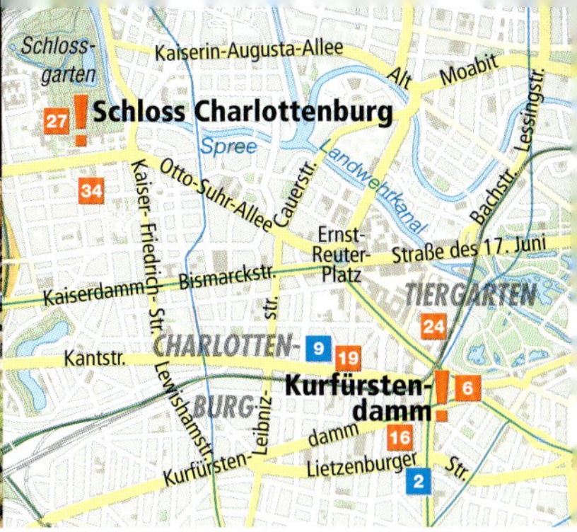

Kultur & Sehenswertes

Kaiser-Wilhelm-Gedächtniskirche: Ein Mahnmal gegen den Krieg mit letzten Resten des Prunks der Hohenzollern. 6 S. 185

Museum für Fotografie Helmut Newton: Die Werke des Fotografen Helmut Newton anschauen. 24 S. 189

Bröhan-Museum: Ein Ausflug in die Lebenswelt des Jugendstils und des Art déco. 34 S. 192

Zu Fuß unterwegs

Schlossgarten Charlottenburg: Spaziergang im barocken Garten. S. 191

Genießen & Atmosphäre

Café Wintergarten: Im Literaturhaus und im Sommer im Garten der Villa frühstücken oder nachmittags seinen Kaffee trinken. 16 S. 37, 188

Savignyplatz: Shopping in witzigen Geschäften und Besuch in einem entspannten West-Berliner Café. 19 S. 188

Abends & Nachts

Bar jeder Vernunft: Von Evelyn Künneke bis zu Ute Lemper, von Michael Mittermeier bis zu den Geschwistern Pfister, die Bar jeder Vernunft lohnt bei jedem Programm einen Besuch. Garantiert gekonnt, garantiert ausgefallen. 2 S. 52, 197

Jazz im A-Trane-Berlin: Musikclub mit Stil und einem internationalen Spitzenprogramm. 9 S. 47, 197

Großstadtflair – ganz entspannt

Auch der Berliner Westen, seit 1900 die zweite City der Stadt, hat sich nach der Wiedervereinigung herausgeputzt. Altehrwürdige Sehenswürdigkeiten gibt es hier allerdings kaum, abgesehen vom Charlottenburger Schloss. Dafür aber bietet die City West, die sich über die Ortsteile Charlottenburg, Wilmersdorf, Tiergarten und Schöneberg erstreckt, alles, was das Leben in West-Berlin attraktiv macht: das KaDeWe an der Tauentzienstraße, den Kurfürstendamm mit seinen Seitenstraßen, den Savignyplatz und seine Umgebung mit Cafés, Edelgeschäften und kleinen witzigen Läden. Alternativ angehaucht dagegen die Plätze und Straßenzüge, die schon zum Ortsteil Schöneberg gehören, wie der Winterfeldtplatz mit seinem stadtbekannten Wochenmarkt, der gründerzeitlich prächtige Viktoria-Luise-Platz, die szenige Goltz- und Akazienstraße. Wer in die preußische Vergangenheit reisen möchte, ist im Schloss Charlottenburg samt barockem Schlosspark richtig. Keinesfalls verpassen sollte man die Museen an der Schloßstraße gleich gegenüber vom Schloss. Last but not least liegt das Berliner Messegelände mit ICC und Funkturm am äußersten Rand des Berliner Westens.

Vom Wittenbergplatz zum Ku'damm

1902 entstand die **U-Bahn-Station Wittenbergplatz** **1**. 1913 wurde die heute denkmalgeschützte, kreuzförmige Eingangshalle repräsentativ ausgebaut. An der Südseite des Platzes laden Restaurants und Cafés zur Rast ein.

Infobox

Reisekarte: ▶ A/B 9/10, B–D 6–9, E–J 8/9–13

Information

Berlin Tourist Info: Europa-Center, Tauentzienstr. 9, Erdgeschoss, Mo–Sa 10–20 Uhr.

Verkehrsverbindung

Tauentzienstraße: U 1, 2, 4, 12, 15 Wittenbergplatz.
Kurfürstendamm: U 9, 15 Kurfürstendamm, U 15 Uhlandstraße
Fasanenstraße: U 15 Uhlandstraße
Savignyplatz, Kantstraße: S 5, 7, 9 Savignyplatz, U 2, 9, 12, S 3, 5, 7, 9, 75 Zoologischer Garten
Bahnhof Zoo: U 2, 9, 12, S 3, 5, 7, 9, 75 Zoologischer Garten
Schloss Charlottenburg: U 2, 9, 12, S 3, 5, 7, 9, 75 Zoologischer Garten, dann Bus M 45 Schloss Charlottenburg
Schöneberg: U 4 Rathaus Schöneberg, Viktoria-Luise-Platz, U 7 Kleistpark
Messegelände: U 2 Kaiserdamm, Theodor-Heuss-Platz, S 4 Witzleben, S 3, 4, 5, 7, 9, 75 Westkreuz

Spaziergangsdauer

Ku'damm–Savignyplatz: komplett ca. 6 Std.
Schloßstraße/Schlosspark: 3 Std.
Schöneberg: 2 Std.

Die erhabene Ruine der Kaiser-Wilhelm-Gedächtniskirche umgeben von zahllosen Möglichkeiten, dem Konsum zu frönen, z. B. der Concept Mall Bikini Berlin

Tauentzienstraße

Bis in die 1990er-Jahre Billigmeile, dann mit neuen Kaufhäusern bebaut, wurde die Straße jetzt durch einen neuen Mittelstreifen attraktiver gestaltet. Das Nonplusultra aber ist das Kaufhaus des Westens, **KaDeWe** 1: Der Name verwies bei der Eröffnung 1907 auf die Lage westlich der alten Berliner Innenstadt. Zum Aushängeschild des ›freien‹ Westens gegenüber der ›Ostzone‹, in der das Wirtschaftswunder auf sich warten ließ, wurde das Luxuskaufhaus erst nach seinem Wiederaufbau 1950 mit zunächst zwei, heute sieben Etagen.

Europa-Center 2

www.europa-center-berlin.de

Das Europa-Center, das denkmalgeschützte erste Hochhaus in West-Berlin, wurde nach der Eröffnung am 2. April 1965 mit dem hell leuchtenden Stern zum Wahrzeichen West-Berlins. Es entstand zu einer Zeit, in der nach dem Bau der Berliner Mauer hier kaum jemand investieren wollte. Es bietet heute ca. 70 Geschäfte, Restaurants und Cafés über drei Etagen. In den Abendstunden locken der **Irish Pub** und das Kabarett **Die Stachelschweine** (s. S. 52).

Breitscheidplatz

Der Breitscheidplatz wurde nach dem Bau der Mauer notgedrungen zum Zentrumsplatz West-Berlins. Nur konnte er diesen Anspruch nie so recht einlösen, obwohl der **Weltkugelbrunnen** 3, 1983 aus rotem Granit und Bronze geschaffen, zu den Treffpunkten gehörte. Ab 2005 wurde der Platz weitgehend aus Mitteln der hier ansässigen Geschäftsleute neu gestaltet. Das denkmalgeschützte **Bikinihaus** 4, das

City West

Sehenswert
1 U-Bahn Wittenbergplatz
2 Europa-Center
3 Weltkugelbrunnen
4 Bikinihaus
5 Zoofenster
6 Kaiser-Wilhelm-Gedächtniskirche
7 Marmorhaus
8 Kudamm Eck
9 Verkehrskanzel
10 Neues Kranzler-Eck
11 Kurfürstendamm 25
12 Kurfürstendamm 26
13 Ku'damm Karree
14 Jüdisches Gemeindehaus
15 Künstlerhaus St.Lukas
16 Literaturhaus
17 Käthe-Kollwitz-Museum
18 Villa Grisebach
19 Savignyplatz
20 Kant-Dreieck
21 Theater des Westens
22 Ludwig-Erhard-Haus
23 C/O Berlin/Amerika Haus
24 Museum für Fotografie Helmut Newton
25 Bahnhof Zoo
26 Zoologischer Garten
27 – 37 s. Karte S. 190

Essen & Trinken
1 Daitokai
2 Cassambalis
3 Restaurant Diekmann
4 Eiffel
5 renger-patzsch
6 Grolman
7 Café Einstein Stammhaus
8 Grüne Lampe
9 Good Friends
10 Maultaschen Manufaktur
11 12 Apostel
12 Café am Neuen See
13 Capt'n Schillow
14 Sagers Kaffeerösterei
15 Witty's
16 Bier's Kudamm 195

Einkaufen
1 KaDeWe
2 Bikini Berlin
3 secondo
4 Evelin Brandt
5 stilwerk Berlin
6 Lilli Mendelssohn
7 Antiquariat Düwal
8 Berliner Filmantiquariat
9 Flohmarkt Str. des 17. Juni
10 KPM Welt
11 Mimis Textile Antiquitäten
12 – 14 s. Karte S. 190

Aktiv
1 Thermen
2 Bootsverleih

Abends & Nachts
1 Q-Dorf
2 Bar jeder Vernunft
3 Hard Rock Café
4 Route 66 Diner
5 Astor Film Lounge
6 Zoo Palast
7 Dicke Wirtin
8 Zwiebelfisch
9 A-Trane Berlin
10 Paris Bar

1956/57 erbaut und jüngst grundlegend saniert wurde, dient seit 2014 als Concept Mall. Beliebt ist das Café auf der Dachterrasse des Gebäudes. Gleich daneben der jüngst sanierte Zoo Palast 6, wie das Bikinihaus ein Bau der 1950er-Jahre. Gar nicht zu übersehen ist das **Zoofenster** 5, ein Bauwerk des Architekten Christoph Mäckler, bestehend aus einem Dreieck (Triangle) und einem 118 m hohen Turm. Auf der gegenüberliegenden Straßenseite das Hochhaus Upper West (www.upper-west.de).

Kaiser-Wilhelm-Gedächtniskirche 6

www.gedaechtniskirche-berlin.de, tgl. 9–19 Uhr

Die **Kaiser-Wilhelm-Gedächtnis-Kirche** mit der 68 m hohen Ruine des Hauptturms erinnert an den Wahnsinn des Krieges. Die Eingangshalle des Turmes wurde zu einer Gedenkhalle umgestaltet. Eine Ausstellung dokumentiert hier die Zerstörung der 1895 geweihten Kirche im Zweiten Weltkrieg. Einen Eindruck von dem Pomp der alten Kirche vermittelt das Mosaik, das

Mitglieder der Hohenzollernfamilie zeigt.

Die 1961 eingeweihte **Neue Kirche** neben der Ruine entstand nach Plänen Egon Eiermanns. Der Innenraum hat einen Durchmesser von 35 m und ist 22 m hoch. Die Kirche wurde doppelwandig ausgebaut, sodass der Straßenlärm nicht eindringt. Die Lichtquellen zwischen Innen- und Außenwand lassen die 21 570 handgearbeiteten blauen Glasscheiben zwischen den Betonfertigteilen auch bei Dunkelheit leuchten.

Kurfürstendamm!

www.kurfuerstendamm.de
Am Breitscheidplatz beginnt der **Kurfürstendamm**, der stolze, 3,5 km lange Boulevard des Westens. Im ersten, ca. 1,8 km langen Teilstück zwischen Rankestraße und Adenauerplatz drängen sich die wichtigsten Geschäfte und Sehenswürdigkeiten. Hier hat der Ku'damm seit Ende der 1990er-Jahre eine Renaissance erlebt. Die stolze Breite von 53 m verdankt er Otto Fürst von Bismarck. Der hatte 1871 in Paris die breiten Boulevards gesehen und erwirkte 1875 eine entsprechende kaiserliche Kabinettsorder. Ansonsten wäre aus dem 1542 angelegten Knüppeldamm auf dem Weg vom Brandenburger Tor bis zum Jagdschloss Grunewald wohl nur eine normale Wohnstraße geworden. So aber wurde es der Ku'damm, der die Bühne für die Goldenen Zwanziger Jahre in Berlin abgab (s. S. 85).

1945 waren 190 der 235 Häuser am Kurfürstendamm zerstört. Trotzdem regte sich bereits im Sommer 1945 wieder Leben. In den 1970er- bis 1980er-Jahren wurde der Boulevard mit Zweckbauten verschandelt, bis in den 1990er-Jahren angesichts der Konkurrenz durch die neuen Einkaufsstraßen in Berlin-Mitte ein Umdenken einsetzte. Die Edelmarken sind mit Flagship-Stores zurückgekehrt. Es wird investiert, die Fassaden werden liebevoll saniert.

Marmorhaus 7

Das Marmorhaus (Nr. 236) erinnert an die Tradition der großen Lichtspielhäuser am Ku'damm. Es wurde 1913 mit seiner Fassade aus schlesischem Marmor fertiggestellt und deutet im Baustil schon die modernen Geschäftshäuser an. Das Haus gehörte zu den Traditionskinos, die in den vergangenen Jahren am Ku'damm geschlossen wurden.

Aber es gibt Hoffnung. 2008 wurde die **Astor Film Lounge** 5 als Edelkino am Ku'damm eröffnet.

Kudamm Eck 8

Das neue **Kudamm Eck,** ein 45 m hoher Rundbau mit wellenförmigem Sockelgeschoss wertet die City West auf. Ins Auge fallen das Skulpturenensemble »Das Urteil des Paris« (Markus Lüpertz) und die 70 m^2 große elektronische Werbewand, die vom alten Kudamm Eck übernommen wurde.

Auf dem Joachimstaler Platz, dem Schnittpunkt von Ku'damm und Joachimstaler Straße, übersieht man leicht die denkmalgeschützte **Verkehrskanzel** 9 mit Kiosk und U-Bahn-Zugang aus den 1950er-Jahren.

Neues Kranzler-Eck 10

Das Neue Kranzler-Eck, der 60 m hohe gläserne Querriegel mit Ladenstraße und zwei Innenhöfen, von Helmut Jahn erbaut, ist umstritten. Als zu dominant, zu technokratisch wird es kritisiert. Zudem wurde der denkmalgeschützte Kaufhausbau mit dem **Café Kranzler** nicht in den Bau einbezogen. Aber durch das Neue Kranzler-Eck wurde ein Fußgängerbereich mit Shops geschaffen, der den Durchgang vom Ku'damm zur Kantstraße ermöglicht.

Kurfürstendamm 25 und 26

Die Häuser **Kurfürstendamm 25** 11 (Hotel Zoo Berlin) von 1891 und **Kurfürstendamm 26** 12, 1912 bis 1913 als einer der ersten reinen Lichtspielbauten errichtet, zeigen noch die alten Prachtfassaden, die den Ku'damm berühmt machten. Das Kino, im Oktober 1913 als Union-Palast eröffnet, schloss als Filmbühne Wien 2000. 2013 eröffnete hier der größte Apple Store Deutschlands.

Ku'damm Karree 13

www.kudamm-karree.de

Der Umbau des Einkaufscenters Ku'damm Karree steht seit Jahren aus. Die Zukunft der beiden Boulevard-Theater in dem Center, die seit Jahrzehnten eine Institution in Berlin sind, ist seit der Kündigung der Mietverträge 2008 ungewiss. Es wird einfach weitergespielt. Gleiches gilt für die Erlebnisausstellung **The Story of Berlin** (www.story-of-berlin.de, tgl. 10–20 Uhr, 12/9 €, Kinder 6–16 Jahre 5 €, s. S. 62).

Fasanenstraße

Jüdisches Gemeindehaus und Künstlerhaus St. Lukas

Zwischen Ku'damm und Kantstraße liegt das **Jüdische Gemeindehaus** 14. Bei seiner Errichtung 1958 bis 1960 fanden einige Bauteile der in der Pogromnacht 1938 an dieser Stelle zerstörten Synagoge Verwendung.

Durch seine Türmchen, Erker und den aufwendigen Fassadenschmuck wirkt das im Jahr 1890 als Wohn- und Atelierhaus errichtete **Künstlerhaus St. Lukas** 15 hier etwas fremd. Hier arbeiteten Künstler wie Ernst Barlach oder der Bildhauer Max Kruse mit seiner Frau Käthe Kruse, der Puppenmacherin.

Mein Tipp

Bummel durch die Seitenstraßen

Die Geschäfte, Restaurants und Cafés, die das Leben in der City West ausmachen, finden sich in den Seitenstraßen des Ku'damms. Fasanenstraße, Pariser Straße und Ludwigkirchplatz führen ins Berliner Alltagsleben der gehobenen Kategorie. Die Gegend um den **Ludwigkirchplatz** ist ein Restaurant-, Café- und Kneipenviertel. West-Berliner Leben und Treiben findet man auch in der Wilmersdorfer, der Sybel-, Leibniz- oder Mommsenstraße, Schlüter-, Bleibtreu- und Knesebeckstraße mit ihren witzigen Geschäften, urigen Kneipen und Cafés.

Wintergarten-Ensemble

Die Fasanenstraße zählt zu den beliebtesten Einkaufsstraßen Berlins. Im Teilstück zwischen Ku'damm und Lietzenburger Straße hat sie sich zu einer Einkaufsmeile in Sachen Schmuck und Kunst entwickelt. Die gut sanierten Fassaden vermitteln einen Eindruck von der alten Pracht des Ku'dammviertels.

Drei Villen aus der Gründerzeit bilden das **Wintergarten-Ensemble.** Der Name bezieht sich auf den Wintergarten des **Literaturhauses** 16 (s. Mein Tipp S. 188). Der Komplex lässt noch etwas von der ländlichen Idylle erahnen, die man hier vor 1890 vorfand.

Durch den Garten des Literaturhauses gelangt man ins private **Käthe-Kollwitz-Museum** 17 (www.kaethe-kollwitz.de, tgl. 11–18 Uhr, 6/3 €; s. S. 59) mit über 200 zeichnerischen und druckgrafischen Arbeiten,

Mein Tipp

Genuss und Kultur im Literaturhaus
Seit 1986 veranstaltet der Trägerverein Literaturhaus e. V. in den großzügigen Räumen im Hochparterre der Stadtvilla (erbaut 1889/90) Lesungen, Symposien und Ausstellungen. Hinzukommen eine gut sortierte Buchhandlung im Souterrain und das **Café Wintergarten.** Ein herrlicher Ort, um sich dem Trubel und der Hektik Berlins, nur einen Katzensprung vom Ku'damm entfernt, zu entziehen. Und das auch draußen auf der Terrasse bzw. im Garten.
Literaturhaus 16: Fasanenstr. 23, www.literaturhaus-berlin.de, U 15 Uhlandstraße. **Café Wintergarten:** Tel. 030 882 54 14, tgl. 9–24 Uhr, Frühstück bis 14 Uhr.

Originalplakaten und Plastiken der Künstlerin. Der Bestand geht zurück auf die Sammlung des 1993 verstorbenen Berliner Malers und Kunsthändlers Hans Pels-Leusden.

Die **Villa Grisebach** 18 (www.villa-grisebach.de) ist die dritte der Villen. In einem Wohnhaus, das 1891/92 für den Architekten Hans Grisebach erbaut wurde, haben fünf Berliner Kunsthändler seit 1986 einen international beachteten Kunsthandelsstandort entwickelt. Der Schwerpunkt liegt auf der Kunst des 19., 20. und 21. Jahrhunderts und der Fotografie. Im Frühjahr und Spätherbst finden hier große Kunstauktionen statt.

Savignyplatz und Kantstraße

Einer der angesagten Plätze in diesem Stadtquartier ist der **Savignyplatz** 19, der 1987 nach den Plänen von 1926/27 wiederhergestellt wurde. Die Platzseite nördlich der Kantstraße ist deutlich ruhiger als die Südseite.

Ein Wahrzeichen der **Kantstraße** ist das **Kant-Dreieck** 20, ein elfgeschossiger Turmbau mit einem Segel als Dachaufbau in 36 m Höhe. Ebenfalls ins Auge fällt das weiße **Theater des Westens** 21 mit seiner neobarocken Prachtfassade von 1896. Die **Delphiterrassen** vor dem Delphi-Filmpalast wurden nach dem Vorbild der 1927 im Stil italienischer Villengärten angelegten Terrassen wiederhergestellt. Hier bietet das beliebte **Café Quasimodo** Speisen, Getränke und Livemusik.

Hinter dem Theater des Westens fallen die hochschwingenden Stahlbinder des **Ludwig-Erhard-Hauses** 22 (Fasanenstr. 85) auf, 1998 als Erweiterung der IHK Berlin errichtet. Hier hat die Berliner Börse ihren Sitz. Architekt Nicholas Grimshaw nahm den Panzer eines Gürteltiers zum Vorbild.

Am Bahnhof Zoo

C/O Berlin im Amerika Haus 23
Hardenbergstr. 22–24, www.co-berlin.org, Tel. 030 284 44 16 62, tgl. 11–20 Uhr
2014 war es so weit. C/O Berlin, eine der international bekannten Adressen für Fotografie und visuelle Kommunikation, eröffnete im ehemaligen Ame-

rika Haus. Bei der denkmalgerechten Sanierung wurde nicht nur die Fassade des Amerika-Hauses, eines sehenswerten 1950er-Jahre-Baues, wiederhergestellt. Auch die Innenräume wurden von nachträglichen Einbauten befreit. Gezeigt werden jeweils mehrere Ausstellungen in den neu hergerichteten Räumen. Zusammen mit dem Museum für Fotografie hat sich hier ein starker Standort für Fotokunst entwickelt.

Museum für Fotografie Helmut Newton 24

www.smb.museum, Di–So 11–19, Do bis 20 Uhr, Do bis 20 Uhr, Hauskarte 10/5 €, Mb Charlottenburg, s. S. 59
Die **Helmut Newton Stiftung** zeigt auf zwei Etagen Arbeiten des berühmten Fotografen. Kurz vor seinem Unfalltod vereinbarte Newton mit der Stiftung Preußischer Kulturbesitz diese Kooperation. So kehrte das Werk eines Mannes nach Berlin zurück, der hier 1920 unter dem Namen Helmut Neustädter als Sohn einer jüdischen Fabrikantenfamilie geboren wurde. 1936 nahm er seine Fotografenlehre auf, 1938 musste er emigrieren. Helmut Newton ist auf dem Friedhof Stubenrauchstraße, Berlin-Friedenau, begraben. Das Museum wurde im 1909 eingeweihten Kasino des Offizierscorps der Landwehr-Inspektion Berlin e. V. eingerichtet. Im zweiten Stock, im 11 m hohen, museumsgerecht sanierten Kaisersaal wechselnde Ausstellungen.

Bahnhof Zoo 25

Der Bahnhof Zoologischer Garten ist einer der Verlierer der Wiedervereinigung: Durch den neuen Hauptbahnhof verlor er weitgehend die Funktion als Fernbahnhof. 1882 für den Stadtbahnverkehr eröffnet, brachte er die Berliner direkt vor den Eingang des Zoos. Ab 1884 hielten hier auch Fernzüge. Anfang der 1980er-Jahre erlangte er durch das Buch und den Film »Christiane F. – Wir Kinder vom Bahnhof Zoo« traurige Berühmtheit. Thematisiert wurde darin das Elend drogenabhängiger Jugendlicher, die ihr Geld durch Prostitution in der Jebenstraße hinter dem Bahnhof verdienten.

Zoologischer Garten Berlin 26

www.zoo-berlin.de, Tel. 030 25 40 10, tgl. ab 9 Uhr, 14,50/7,50/10 €, mit Aquarium 20/15/10 €, Kinder bis 4 Jahre frei, auch Familientickets
Als erster Zoo auf deutschem Boden eröffnete der **Zoologische Garten** Berlin am 1. August 1844 am südwestlichen Rand des Tiergartens. Heute ist er mit ca. 15 000 Tieren und fast 1500 Arten der artenreichste Zoo der Welt. Dazu kommt das **Zoo Aquarium.**

Rund um Schloss Charlottenburg

Charlottenburg, von König Friedrich I. 1705 per Order gegründet, ist rund um das Schloss Charlottenburg immer ein bisschen eine eigenständige Stadt geblieben. Als es 1920 ein eigenständiger Bezirk des neuen Großberlin wurde, hatte es schon über 300 000 Einwohner.

Schloss Charlottenburg !

www.spsg.de, Tel. 0331 96 94-200, April–Okt. Di–So 10–18, Nov.–März 10–17 Uhr, Eintrittspreise der einzelnen Komplexe und abweichende Öffnungszeiten s. dort
Das im Zweiten Weltkrieg stark zerstörte **Schloss Charlottenburg** 27 war das einzige Barock-Schloss der Hohenzollern, das auf West-Berliner Gebiet erhalten war. So wurde es in über 20-jähriger Arbeit zu einem Kleinod restauriert. Nä-

Rund um Schloss Charlottenburg

Sehenswert

1 – 26 s. S. 184
27 Schloss Charlottenburg
28 Schinkelpavillon
29 Mausoleum der Königin Luise
30 Belvedere
31 Standbild des Preußenprinzen Albrecht
32 Schloßstraße, Haus Nr. 67
33 Museum Berggruen
34 Bröhan-Museum
35 Sammlung Scharf-Gerstenberg
36 Museum Charlottenburg-Wilmersdorf in der Villa Oppenheim
37 Keramik-Museum Berlin

Einkaufen

1 – 11 s. S. 184
12 Parfumerie Lehmann
13 Schöne alte Gläser
14 Feinkost Rogacki

hern wir uns von der Schloßstraße und dem Spandauer Damm aus, präsentiert sich das Charlottenburger Schloss mit seiner imposanten, 505 m breiten Fassade und dem 48 m hohen Kuppelturm im Mittelbau. Auf dem Ehrenhof das **Reiterstandbild** des Großen Kurfürsten Friedrich Wilhelm I., 1698 von Andreas Schlüter geschaffen, hier aufgestellt 1952.

Nur vom Kopf der Schloßstraße kann man die drei Teile, aus denen das Schloss besteht, gut überschauen. Den Mittelbau, der etwas höher ist als die Seitentrakte, ließ Kurfürstin Sophie Charlotte bis 1699 als Sommerschloss von Arnold Nehring und Martin Grünberg bauen. Dieser Bereich wird heute als das **Alte Schloss** (12/8 €) bezeichnet. Hier sind vor allem die Wohnung und die Paradezimmer Friedrichs I. mit dem Porzellankabinett und der barocken Schlosskapelle zu besichtigen.

Die beiden **Hofflügel,** die mit dem Mittelbau den **Ehrenhof** bilden, gehen auf den Ausbau des Schlosses nach 1701 zurück. Friedrich I. hatte sich in Königsberg zum König in Preußen gekrönt, und das junge, in Europa leicht belächelte Königshaus musste repräsentieren. Also erhielt Eosander von Göthe, der sich auf Reisen nach Italien und Frankreich über die neuesten Architekturmoden informiert hatte, den Auftrag, das Schloss nach dem Vorbild von Versailles auszubauen. Eosander baute nicht nur die beiden Hofflügel an, sondern erweiterte das Schloss an der Westseite durch die **Große Orangerie.** Das **Schlosstheater,** das den Orangerieflügel abschließt, kam dann als letzte Erweiterung bis 1791 hinzu (Architekt Carl Langhans).

Das Pendant zur Großen Orangerie auf der östlichen Seite, den **Neuen Flügel,** errichtete Knobelsdorff bis 1746 auf Geheiß Friedrichs des Großen mit prachtvollen Wohn- und Repräsentationsräumen. Mit dem Weißen Saal und der Goldenen Galerie findet der Besucher hier zwei der bedeutendsten Raumschöpfungen des Friderizianischen Rokoko. Der Weiße Saal diente als Esszimmer, die Goldene Galerie als Festsaal. In einer für Friedrich den Großen ausgestatteten Wohnung sind Gemälde Antoine Watteaus zu sehen, die Friedrich der Große sammelte.

Langhans wiederum baute die **Kleine Orangerie** auf der Straßenseite vor dem Schlossbau. Hier befindet sich das **Café und Restaurant Kleine Orangerie** (Tel. 030 322 20 21, Di–So ab 10 Uhr).

Schlossgarten

Genauso wichtig wie die Erweiterung der Seitenflügel war beim ersten Ausbau des Schlosses die Anlage des barocken **Schlossgartens.** Der Garten ist das ganze Jahr über frei zugänglich, lohnt einen Besuch aber vor allem in der warmen Jahreszeit, wenn die Blüten in voller Pracht stehen.

Siméon Godeau, in Versailles ausgebildet, schuf die Gartenanlage mit ihren streng symmetrischen, von Buchsbaumhecken eingefassten Blumenbeeten. Die gesamte Anlage ergibt ein Ziermuster, das vom harmonischen Farbspiel der Blumen gefüllt wird. Sie erstreckt sich bis zum Wasserbassin, in dem Gondeln und Lustschiffe, die über die Spree kamen, vor Anker gehen konnten. Ein im englischen Stil angelegter **Landschaftspark** fasst diesen barocken Garten ein – zwei Gartenbau-Philosophien im unmittelbaren Vergleich.

Im Schlossgarten finden sich mehrere Bauten, die nach und nach hier errichtet wurden. Unmittelbar hinter dem Schloss steht der **Neue Pavillon,** auch bezeichnet als **Schinkelpavillon** 28 (April–Okt. Di–So 10–18, Nov.–März bis 17 Uhr, 4/3 €), den Friedrich Wilhelm III. von Schinkel als Sommerhaus errichten ließ. Nach der Sanierung ein Muss für Fans der Schinkel-Zeit.

Das Highlight im Park aber bildet das **Mausoleum der Königin Luise** 29 (April–Okt. Di–So 10–18 Uhr, 2/1 €). Heinrich Gentz errichtete es nach dem Tod der Königin bis 1812. Bis 1814 schuf Christian Rauch in Rom den Sarkophag der Königin aus Carrara-Marmor, der als ein Hauptwerk der Berliner Bildhauerschule gilt.

Das **Belvedere** 30 (April–Okt. Di–So 10–18 Uhr, 4/3 €), das Carl Gotthard Langhans 1788 bis 1789 für Friedrich Wilhelm II. im rückwärtigen Teil des Gartens erbaute, zeigt eine Ausstellung Berliner Porzellans.

Schloßstraße

Die Schloßstraße mit ihrer breiten Mittelpromenade, von Frühjahr bis Herbst ein beliebter Treffpunkt, wurde Mitte des 19. Jh. in ihrer heutigen Form angelegt. Eröffnet wird sie von den baugleichen Kopfbauten, errichtet bis 1859 von August Stüler für Offiziere der Leibgarde des Königs. Heute sind hier das Museums Berggruen und die Sammlung Scharf-Gerstenberg untergebracht.

Ein **Standbild des Preußenprinzen Albrecht** 31 eröffnet die Schloßstraße, an deren beiden Seiten Restaurants und Cafés viele der Vorgärten nutzen. Nach alten Vorlagen wurden die Vorgärten der Häuser Nr. 15 a, 23, 65, 66, 67 a im Stil der Zeit um 1880 wieder hergerichtet. Ein gutes Beispiel für den Villenbau der Gründerzeit ist das historisch getreu rekonstruierte **Haus Nr. 67** 32, das damals als Mietvilla erbaut wurde.

Museum Berggruen 33

www.smb.museum, Di–So 10–18 Uhr, Kombikarte 10/5 €, Mb Charlottenburg, s. S. 59

Das **Museum Berggruen** ist ein Kleinod in der Berliner Museumslandschaft. Berlin verdankt es dem Sammler und Kunsthändler Heinz Berggruen, der 1914 in Berlin-Wilmersdorf geboren und 2007 auf dem Waldfriedhof in Berlin-Dahlem beerdigt wurde. Im Jahr 1936 musste Berggruen aufgrund seines jüdischen Glaubens in die USA emigrieren. Nach dem Krieg gründete er in Paris eine Galerie. Nicht zuletzt dank seiner Freundschaft zu Pablo Picasso gelang es ihm, eine einzigartige Sammlung der klassischen Moderne zusammenzutragen. Fünf Jahre lang zeigte er sie in London, bis er sie nach Berlin überführte, wo sie seit 1996 im Stülerbau zu sehen ist. Im Jahr 2000 überließ Berggruen die kontinuierlich erweiterte Sammlung der Stiftung Preußischer Kulturbesitz.

Heute präsentiert das Museum unter dem Titel **»Picasso und seine Zeit«** über 100 Werke aus allen Schaffensperioden **Pablo Picassos.** Den zweiten Schwerpunkt bilden über 60 Gemälde von **Paul Klee.** Darüber hinaus finden sich Arbeiten von **Matisse** und **Giacometti.**

Bröhan-Museum 34

www.broehan-museum.de, Di–So, Fei 10–18 Uhr, 8/5 €, s. S. 57

Als Spezial- und Epochenmuseum präsentiert das Bröhan-Museum, dessen Sammlung Karl H. Bröhan Berlin schenkte, Gestaltungen von Jugendstil bis zu Art Déco und Funktionalismus. Die Ausstellung gibt einen Überblick über die Stilentwicklung dieser Epochen, stellt aber auch einzelne Künstlerpersönlichkeiten wie Henry van de Velde oder Peter Behrens vor. Das Museum zeigt ferner eine Porzellansammlung mit Objekten berühmter Manufakturen von KPM Berlin über Meißen bis Sèvres. Dazu kommen Arbeiten von Designern aus dem Bereich der seriellen Gestaltung der Jahre 1900–1939 und eine Bildersammlung (u. a. Berliner Secession).

Sammlung Scharf-Gerstenberg 35

www.smb.museum, Di–So 10–18 Uhr, Kombikarte 10/5 €, Mb Charlottenburg, s. S. 60

250 Werke der fantastischen Kunst – der Surrealisten und ihrer Vorläufer – zeigt diese Sammlung. Arbeiten von

Die Schlossstraße ist auf den Kuppelturm des Schlosses Charlottenburg ausgerichtet

René Magritte, Max Ernst und Salvador Dalí finden sich ebenso wie von Wols, Hans Bellmer oder Paul Klee. Als älteste Werke entdeckt man Arbeiten von Piranesi und Radierungen von Francisco de Goya. Der französische Symbolismus ist mit Odile Redon oder Gustave Moreau vertreten, die deutsche Spielart durch Max Klinger. Ein **Filmprogramm** (Luis Buñuel, Dalí, zeitgenössische Filmemacher) rundet das Spektrum ab.

Museum Charlottenburg-Wilmersdorf in der Villa Oppenheim 36

Schlossstr. 55, Tel. 030 90 29 24 106, www.villa-oppenheim-berlin.de, Di–Fr 10–17, Sa/So 11–17 Uhr, Eintritt frei

Nach der Sanierung der gründerzeitlichen Villa, erbaut 1881/82 für Otto Georg und Margarete Oppenheim, zog hier das Museum Charlottenburg-Wilmersdorf ein. Zu sehen sind die stadtgeschichtliche Ausstellung »Von der Residenz zur City« und die Kunstsammlung Charlottenburg.

Keramik-Museum Berlin 37

Schustehrusstraße 13, Tel. 030 321 23 22, www.keramik-museum-berlin.de, Fr–Mo 13–17 Uhr, 2 €

Das Museum ist in dem ältesten erhalten Gebäude Charlottenburgs – erbaut 1712, umgebaut 1800 – eingerichtet. Gezeigt wird eine große Zahl von Keramikarbeiten lebender und verstorbener Keramiker wie auch bekannter Keramikwerkstätten.

Schöneberg ▸ F–K 10–14

Schöneberg gehört noch zu den dicht bebauten innerstädtischen Wohnbezirken Berlins. Das **Rathaus Schöneberg** (▸ G 13) am John-F.-Kennedy-Platz, bis 1914 errichtet, wurde nach dem Krieg stark vereinfacht wieder aufgebaut. Die Zeit drängte, denn das Rathaus war ab Anfang 1949 Sitz des Abgeordnetenhauses und des Regierenden Bürgermeisters. Aus Spenden amerikanischer Bürger wurde 1950 die Freiheitsglocke gefertigt, die jeden Mittag um 12 Uhr im Turm des Rathauses erklingt.

Jenseits des Innsbrucker Platzes findet sich der **Ortsteil Friedenau** (▸ G 14), der mit seiner fast komplett erhaltenen Jugendstilbebauung zu den begehrten Wohnquartieren der Stadt gehört. Im Bereich **Akazienstraße/Goltzstraße** (▸ H 11–J 12) hat sich eine alternative Bummel- und Einkaufsmeile mit Cafés und Kneipen entwickelt. Ein zweiter Schwerpunkt findet sich rund um den **Winterfeldtplatz** (▸ H 11), auf dem

Bekannt in ganz Berlin – der Bio-Wochenmarkt auf dem Schöneberger Winterfeldtplatz

samstags ein stadtweit bekannter Bio-Wochenmarkt abgehalten wird. Für den Cafébesuch an warmen Tagen bietet der **Viktoria-Luise-Platz** (▶ G 11) mit seinen schön renovierten gründerzeitlichen Bauten eine angenehme Umgebung.

Das Messegelände

▶ Karte 1, A/B 9/10

Gänzlich anders als die übrige City West zeigt sich der Bereich des **Berliner Messegeländes.** Hier finden große Messen wie die Internationale Funkausstellung (IFA), die Internationale Tourismus-Börse (ITB) oder die Grüne Woche statt.

Funkturm Berlin ▶ A 10

Tel. 030 30 38-19 05, i. d. R. Mo 10–20, Di–So 10–23 Uhr, 5/3 €, bitte vorher anrufen, ob geöffnet
Der **Funkturm,** erbaut 1924–1926, ist nach dem Rückbau der letzten Rundfunk- und Fernseh-Sendeanlagen noch 146,78 m hoch. Das Restaurant in 52 m und die Aussichtsplattform auf 125 m Höhe sind per Lift zu erreichen. In seiner Konstruktion ähnelt der Funkturm dem Pariser Eiffelturm.

ICC ▶ B 10

Das **Internationale Congress Centrum Berlin** wirkt wie eine futuristische Maschine. Nach nur vierjähriger Bauzeit wurde das 320 m lange, 80 m breite und 40 m hohe Gebäude im Jahr 1979 eröffnet. Bis auf weiteres geschlossen. Als Messezentrum und Eingangsbereich dient heute der **City-Cube Berlin,** Messedamm 26 (www.citycube-berlin.de).

Haus des Rundfunks ▶ A 9

Hans Poelzig erbaute das Haus des Rundfunks 1929 bis 1931. Ihm gelang es, ein Gebäude zu konstruieren, das noch heute den Ansprüchen eines Funkhauses gerecht wird. 1935 startete hier der erste regelmäßige TV-Dienst Deutschlands. Nach dem Zweiten Weltkrieg stand das Haus bis 1956 unter der Kontrolle der sowjetischen Besatzungsmacht und wurde vom Berliner Rundfunk aus Ost-Berlin genutzt. Unter dem Schutz sowjetischer Soldaten wurden die Ost-Berliner Radiomacher in den britischen Sektor gebracht, um ihr Programm zu machen. Ab 1957 war hier dann der Sender Freies Berlin beheimatet, der 2003 im Rundfunk Berlin-Brandenburg (rbb) aufging.

Essen & Trinken

Japaner mit Tradition – **Daitokai** 1: s. S. 34.
Merkels Grieche – **Cassambalis** 2: Grolmannstr. 35, Tel. 030 885 47 47, www.cassambalis.de, S Savignyplatz, tgl. 12–1 Uhr, HG ab 30 €. Griechisch, schmackhaft und leicht, dazu Kunstausstellungen und bisweilen Politikerinnenbesuch.
Essen im Kolonialwarenladen – **Restaurant Diekmann** 3: Meinekestr. 7, Tel. 030 883 33 21, www.diekmann-restaurants.de, U Kurfürstendamm, Mo–Sa ab 12 Uhr, So auf Anfrage, HG 21–23 €, 3-Gänge-Menü ab 36 €. Deutsche und französische Küche von hohem Niveau genießt man im Interieur eines alten Kolonialwarenladens.
Oh lala – **Eiffel** 4: s. S. 34.
Traditionscafé im neuen Look – **Café Kranzler** 10: s. S. 37.
Lecker – **renger-patzsch** 5: s. S. 37.
Treffpunkt – **Qmodo Restaurant** 21: Kantstr. 12a, Tel. 030 318 045 60, www.quasimodo.de, U, S Zoologischer Garten, Mo–Fr ab 16.30, Sa/So ab 12 Uhr, HG 14,90 €. Der Treff, will man ins Konzert im Club oder ins Del-

phi-Kino. Das Café mit der nach historischem Vorbild wiederhergestellten Sommerterrasse hat sich gemausert. Konzertkarten online oder an der Tageskasse.

Jazzcafé – **Grolman 6**: Grolmanstr. 53–54, Tel. 030 31 80 37 80, S Savignyplatz, tgl. ab 16 Uhr, HG um 13 €. Stilvolles Café-Restaurant, solide Küche.

Kaffeehauskultur – **Café Einstein Stammhaus 7**: s. S. 37.

Genuss im Literaturhaus – **Café Wintergarten 16**: s. Mein Tipp S. 188.

Russisch – **Grüne Lampe 8**: s. S. 35.

Hausmannskost chinesisch – **Good Friends 9**: s. S. 35.

Täglich frisch – **Maultaschen Manufaktur 10**: s. S. 37.

Steinofenpizza ... – **12 Apostel 11**: Bleibtreustr. 49, Charlottenburg, Tel. 030 312 14 33, www.12-apostel.de, S Savignyplatz, tgl. 11–2 Uhr, So 12 Uhr Brunch, ab 9,50 €. Alles begann mit der Steinofenpizza – satt, ob mit Lachs, Blattspinat oder Gorgonzola belegt. Touristenlastig, aber für Berliner Familien mit Kindern eine feste Größe.

Im Tiergarten – **Café am Neuen See 12**: s. S. 48.

Restaurantschiff am Tiergarten – **Capt'n Schillow 13**: s. S. 45.

Mein Tipp

Träume in Glas und mehr an der Antiquitätenmeile Suarezstraße

Zwischen dem U-Bahnhof Sophie-Charlotte-Platz und der Kantstraße haben sich ca. 30 Antiquitätenhändler mit reichhaltigem Angebot niedergelassen. Nicht ganz billig, aber dafür kein Trödel, sondern Antiquitäten. Hier liegt auch der auf Gläsernes spezialisierte Laden **Schöne alte Gläser 13** (s. S. 39).

Frisch gerösteter Kaffee – **Sagers Kafferösterei 14**: Lotte-Lenya-Bogen 555, Tel. 030 31 80 73 07, www.sagers-kaffee.de, U, S Zoologischer Garten, Mo–Fr 10–19, Sa 10–18 Uhr. Hier wird Kaffee geröstet und verkauft. Im Café kann man ihn auch gleich probieren. Im Sommer Plätze in der Passage am S-Bahn-Bogen.

Pommes ökologisch – **Witty's 15**: Wittenbergplatz/Ecke Bayreuther Str., U Wittenbergplatz, Mo–Do 11–21.30, Fr, Sa bis 22, So 12–20.30 Uhr. Die Bude sieht nicht so aus, aber es gibt frische Pommes aus ökologisch angebauten Kartoffeln und Currywurst aus Neuland-Fleisch. Hausgemachte Saucen.

Currywurst im Frack – **Bier's Kudamm 195 16**: s. S. 36.

Einkaufen

Der Klassiker – **KaDeWe 1**: s. S. 41.

Concept Mall – **Bikini Berlin 2**: Budapester Str. 38–50, Mo–Sa 10–20, Dachterrasse tgl. 9–22 Uhr. Uhr. Sorgsam ausgewählte Geschäfte und Gastronomie, im Obergeschoss Fashion, auf dem Dach ein Café. Das neue Einkaufserlebnis.

First Class – **secondo 3**: s. S. 43.

West-Berliner Mode – **Evelin Brandt 4**: s. S. 42.

Stilsicher – **stilwerk Berlin 5**: Kantstr. 17, Charlottenburg, Tel. 030 31 51 50, www.stilwerk.de, S Savignyplatz, Mo–Sa 10–19 Uhr. Fünf Etagen, ca. 30 Geschäfte – alles für eine geschmackvolle Einrichtung.

Modische Knitwear – **Lilli Mendelssohn 6**: Pestalozzistr. 8, Tel. 030 30 83 11 93, www.lillimendelssohn.com, S Savignyplatz, Di–Fr 11–19, Sa 11–16 Uhr. Lilli von Mendelssohn entwirft Jacken, Pullover, Kleider, Westen und Röcke – zwischen klassisch und eigenwillig, aber immer alltagstauglich.

Gestrickt wird natürlich nur mit bester Wolle.
Wertvolle Bücher – **Antiquariat Düwal** 7: s. S. 39.
1 Mio. Filmplakate – **Berliner Filmantiquariat** 8: s. S. 39.
Professionelle Händler – **Flohmarkt Straße des 17. Juni** 9: s. S. 40.
Königlich – **KPM Welt** 10: Wegelystr. 1, Tel. 030 390 09 0, www.kpm.de, S Tiergarten, Mo–Sa 10–18 Uhr, 10 €, Sa 15 Uhr mit Führung 12/7 €, bis 12 Jahre Eintritt frei. In der KPM Welt kann man hinter die Kulissen der Königlichen Porzellan-Manufaktur schauen und Porzellan erwerben.
Gewänder von Rokoko bis 1950er-Jahre – **Mimi Textile Antiquitäten** 11: s. S. 38.
Vom Parfumeur persönlich – **Parfumerie Lehmann** 12: s. S. 40.
Träume in Glas – **Schöne alte Gläser** 13: s. S. 39.
Tradition – **Feinkost Rogacki** 14: s. S. 39.

Aktiv

Entspannung über der Stadt – **Thermen am Europa-Center** 1: s. S. 56.
Genuss und Kultur – **Literaturhaus** 16: s. Mein Tipp S. 188.
Paddeln im Tiergarten – **Bootsverleih am Neuen See** 2: Lichtensteinallee 2, Tel. 030 254 49 30, U Wittenbergplatz, tgl. 10–20.30 Uhr, 11 €/Std. Paddelboote; bei Regen geschlossen.
Türkisches Dampfbad – **Sultan Hamam:** s. S. 56.

Abends & Nachts

36 m-Theke – **Irish Pub im Europa-Center** 2: s. S. 45.
Jüngeres Publikum – **Q-Dorf:** 1: s. S. 46.
Das Abenteuer der Unterhaltung – **Bar jeder Vernunft** 2: s. S. 52.
Rock-Geschichte – **Hard Rock Café** 3: Ku'damm 224, Tel. 030 88 46 20. www.hardrock.com, U Uhlandstraße, So–Do 10–1, Fr/Sa 10–2 Uhr. Klassiker mit Kultobjekten diverser Musiker. Den Hunger stillen Steaks, Burger und Sandwiches.
Back to the Fifties – **Route 66 Diner** 4: Pariser Str. 44, Tel. 030 883 16 02, www.route66diner.de, U Uhlandstraße, So–Do 9–2, Fr, Sa 9–4 Uhr. Bei jungen Leuten angesagt – Diner im US-Stil der 1950er-Jahre. Den Hunger stillen Spare Ribs, Pizzen, Burger etc. Außenplätze.
Luxuskino – **Astor Film Lounge** 5: s. S. 50.
Kino im alten Glanz – **Zoo Palast** 6: Hardenbergstr. 29. Nach denkmalgerechter Sanierung heute wieder mit einem Foyer im Stil der 1950er, aber als Luxuskino ausgebaut. Empfehlenswert für einen gelungenen Kinoabend Kino 1 im Look der 1950er-Jahre, aber mit modernster Projektions- und Soundanlage.
Altberliner Flair West – **Dicke Wirtin** 7: Carmerstr. 9, Charlottenburg, www.dicke-wirtin.de, S Savignyplatz, tgl. ab 11 Uhr. Die Kneipe mit Altberliner Flair gehört zur Trinkkultur am Savignyplatz. Schmalzstulle, Bulette und sehr empfehlenswerte Gulaschsuppe.
Gleitzeit für Gäste – **Zwiebelfisch** 8: s. S. 46.
Jazz in gepflegter Atmosphäre – **A-Trane Berlin:** 9: s. S. 47.
Promi-Wohnzimmer – **Paris Bar** 10: Kantstr. 152, Tel. 030 313 80 52, U, S Zoologischer Garten, tgl. 12–1 Uhr. Für die Paris Bar sollte man entweder richtig angezogen sein oder ein am besten aus dem TV bekanntes Gesicht haben. Dann gibt es französische Küche mit Austern etc. zu Preisen, über die man nicht spricht.
Der Liveclub – **Quasimodo** 21: s. S. 48.

Das Beste auf einen Blick

Spandauer Vorstadt und Prenzlauer Berg

Auf Entdeckungstour

Spuren jüdischen Lebens in der Spandauer Vorstadt: Die Spandauer Vorstadt, der Bereich um die Oranienburger Straße, war das erste Zentrum jüdischen Lebens in Berlin. Die Neue Synagoge, der Friedhof Große Hamburger Straße – schauen wir, was daraus wurde. S. 206

Kultur & Sehenswertes

Centrum Judaicum (Neue Synagoge): Bei ihrer Einweihung 1866 galt sie als Zierde Berlins, heute sind Fassade und prachtvolle Kuppel rekonstruiert. Im Innern kann man dem gewaltigen Ursprungsbau nachspüren. 19 S. 206

Gedenkstätte Berliner Mauer: An der Bernauer Straße kann man die einzige komplett erhaltene Anlage der Mauer mit Grenzsicherungsanlagen besichtigen. 47 S. 220

Aktiv unterwegs

Clärchens Ballhaus: Tango, Swing, Cha-Cha-Cha, Walzer & Co. tanzen. 5 S. 48, 225

Genießen & Atmosphäre

Kollwitzplatz: Auf dem Zentrumsplatz im angesagten Viertel Prenzlauer Berg Szeneluft schnuppern. 38 S. 215

Stöbern und Trödeln: Der **Flohmarkt Arkonaplatz** lebt von seiner Atmosphäre, auf dem **Flohmarkt am Mauerpark** kommt man sich manchmal vor wie auf einer Party. 17 18 S. 40, 200, 219

Abends & Nachts

Varieté in den Hackeschen Höfen: Besuch im Varieté **Chamäleon** im historischen Ballsaal, in dem nicht nur Staunen über die erstklassige Artistik, sondern auch Lachen garantiert ist. 2 S. 52, 200

KulturBrauerei: Ob Konzert, Kneipe, Theateraufführung oder Kino – in der KulturBrauerei ist immer was los. 40 S. 46, 215

Von den Hackeschen Höfen in die Berliner Szene

Die Spandauer Vorstadt bietet als größter denkmalgeschützter Komplex Berlins mehr als die quirligen Hackeschen Höfe. In diesem Bereich befand sich einst das alte Zentrum des jüdischen Berlin mit der Neuen Synagoge in der Oranienburger Straße. In der August- und der Linienstraße warten viele Galerien auf Besucher. Im Bereich um die Alte Schönhauser Straße und die Münzstraße bis hoch zum Rosa-Luxemburg-Platz hat sich ein Einkaufsbereich entwickelt, in dem Liebhaber(innen) von Schuh- und Modegeschäften ihr Himmelreich entdecken werden. Und auch abends ist die Spandauer Vorstadt ein quicklebendiges Stadtquartier. Sechs Nachtbuslinien und die Tram, die rund um die Uhr fährt, sorgen für lebhaften Besuch der Restaurants und Kneipen entlang der Oranienburger Straße und der Alten Schönhauser Straße sowie in den Hackeschen Höfen.

Der angrenzende Prenzlauer Berg mit Promeniermeilen wie Kastanienallee und Kollwitzplatz, Industriedenkmälern und der Mode- und Clubszene ist seit Langem in aller Munde. Jahrelang wurde er als hippes Viertel der Kreativen abgefeiert. Dann kamen die Schlagzeilen über Babyboom und gut betuchte Alternativkultur. Tatsache ist: Seit 1990 sind ca. 80 % der Bewohner neu zugezogen, die Mieten belegen in Berlin Spitzenplätze. Die Gegend um den Kollwitzplatz ist

Infobox

Reisekarte: ▶ M 5/N 4/O 3–P 3–M/N 7–O 6–P 5

Verkehrsverbindung

Spandauer Vorstadt

– **Hackesche Höfe:** S 3, 5, 7, 9, 75 Hackescher Markt, U 8 Weinmeisterstraße

– **Oranienburger Straße:** S 3, 5, 7, 9, 75 Hackescher Markt, S 1, 2, 25 Oranienburger Straße, U 6 Oranienburger Tor

– **August- und Linienstraße:** U 8 Rosenthaler Platz

– **Scheunenviertel:** U 2 Rosa-Luxemburg-Platz, U 8 Rosenthaler Platz

Prenzlauer Berg

– **innerhalb der Ringstraße:** U 2 Senefelderplatz

– **außerhalb der Ringstraße:** U 2, S 8, S 41, S 42 Schönhauser Allee, S 8, 41, 42 Prenzlauer Allee

– **Mauerpark und Bernauer Straße:** U 8 Bernauer Straße, U 2 Eberswalder Straße

Planung

Für eine Erkundung des Gebiets um die Hackeschen Höfe bzw. der Spandauer Vorstadt sollte man ebenso wie für die Szenegegend Prenzlauer Berg etwa einen halben Tag kalkulieren.

Achtung

Das Gedränge, das teils auf dem Hackeschen Markt herrscht, lockt Taschendiebe an. Geldbörsen gut verstauen!

Tagsüber ein beliebter Ort, um zu shoppen, und abends mit Cafés, Restaurants, Kino und Varieté ein beliebter Treffpunkt – die Hackeschen Höfe

inzwischen ein edelsaniertes Viertel, in dem überwiegend akademisch gebildete Eltern ihrem Nachwuchs mit frühkindlicher Rundumförderung die besten Lebenschancen erarbeiten. Die gründerzeitlichen Fassaden und schmucken Stadtplätze bilden den passenden Hintergrund für diese Art des Großstadtlebens.

Rund um die Hackeschen Höfe

Hackescher Markt

Bei der Neuanlage des Hackeschen Marktes nach 1990 schuf man vor der S-Bahn-Station einen großzügigen Vorplatz. Die Restaurants und Cafés, die in den Viadukten der Berliner Stadtbahn eröffneten, nutzen den Platz, sodass man sich – zumindest zwischen April und Oktober – in einem Freiluftrestaurant glaubt. Der **S-Bahnhof Hackescher Markt** 1, erbaut 1878 bis 1882, ist einer von drei heute noch in Berlin existierenden alten Stadtbahnhöfen. Die Klinkerfassade des zweigeschossigen Bahnhofs ist mit Terrakotten und eingearbeiteten Fliesen im Stil der italienischen Renaissance ausgeführt.

Hackesche Höfe 2

www.hackesche-hoefe.com

Die **Hackeschen Höfe** sind eine der Berliner Touristenattraktionen. Als sie 1906 bis 1907 erbaut wurden, waren sie die größte Gewerbe- und Wohnanlage Deutschlands. Für die Gestaltung von **Hof 1** wurde der Jugendstilarchitekt August Endell engagiert, der mit der geschwungenen Form des Daches, den filigranen Fenstern und

Spandauer Vorstadt und Prenzlauer Berg

Sehenswert

1 S-Bahnhof Hackescher Markt
2 Hackesche Höfe
3 Pfarrhäuser der Sophiengemeinde
4 Sophiensæle
5 Sophie-Gips-Höfe
6 Gipsstraße 5
7 St.-Hedwigs-Krankenhaus
8 Sophienkirche
9 Friedhof
10 Monbijoupark
11 Kunsthof
12 ehem. Standort Jüdisches Altenheim
13 Gedenkstätte Große Hamburger Straße
14 Alter Jüdischer Friedhof
15 Jüdische Oberschule
16 »The Missing House«
17 Oranienburger Straße 28 (ehem. Zentralarchiv der deutschen Juden)
18 Integrationszentrum Hatikva/Jüdische Galerie
19 Centrum Judaicum (Neue Synagoge)
20 Heckmann Höfe
21 Altes Postfuhramt
22 ehem. Friedrichstadtpassage/Ex-Tacheles
23 Kirche St. Johannes Evangelist
24 ehem. Jüdische Mädchenschule
25 KW Kunst-Werke
26 Christian-Koppe-Denkmal
27 Feuerwache Stettin
28 St.-Adalbert-Kirche
29 Königliches Leihamt III
30 Volksbühne
31 Kino Babylon
32 Alois-Senefelder-Standbild

Fortsetzung: S. 204

Pantomimen-Theater
Pfarrkirche zur Hl. Familie
Neuap. K.
Kirche zum guten Hirten
Ringbahn
PRENZLAUER ALLEE
Schönhauser Allee
Prenzlauer Allee
Danziger Str.
Eberswalder Str.
EBERSWALDER STR.
Kleines Stadion
Friedrich-Ludwig-Jahn-Sportpark
Ev. Freikirche
Sportmuseum
Sportplatz
Stadion
Kapelle
Helmholzpl.
MACHmit! Museum für Kinder
Eliaskirche
Stadtbibliothek
Rathaus Prenzlauer Berg
Städtisches Krankenhaus
Vivantes-Klinikum Prenzlauer Berg
St.-Elisabeth-Stift
Feuerwache
M.-L.-King-Oberschule
Ernst-Thälmann-Park
Kulturhaus
Segenskirche
Senefelderplatz
SENEFELDER-PLATZ
Teutoburger Platz
Immanuelkirche
Herz-Jesu-Kirche
St.-Nikolai- u. St.-Marien-Friedhof II
Georgen- und Parochial Friedhof I
St.-Katharina-Stift
BERG
Platz am Königstor
St.-Bartholom.-Kirche
Volkspark Friedrichshain
Großer Bunkerberg 78 m
Schwimmhalle
Märchenbrunnen
ROSA-LUXEM-BURG-PL.
Rosa-Luxemburg-Platz
WEIN-MEISTER-STR.
Bauamt
Landeskriminalamt
Statistisches Bundesamt
Haus der Gesundheit
Rathaus Mitte
Platz der Vereinten Nationen
Alexanderplatz
ALEXANDERPLATZ
Markthalle
Greifswalder Str.
Torstr.
Mollstr.
Karl-Liebknecht-Str.
Otto-Braun-Str.
Am Friedrichshain
BUS 200
TXL
0
200
400 m

Spandauer Vorstadt und Prenzlauer Berg

33 Pfefferberg
34 Jüdischer Friedhof
35 Wasserturm Dicker Hermann
36 Prenzlauer Berg Museum
37 Synagoge Rykestraße
38 Kollwitzplatz
39 Husemannstraße
40 KulturBrauerei
41 Kastanienallee 21
42 Arkonaplatz
43 Zionskirche
44 Ackerhalle
45 St.-Elisabeth-Kirche
46 Mauerpark
47 Gedenkstätte Berliner Mauer
48 Gethsemanekirche
49 Zeiss-Großplanetarium
50 Wohnstadt Carl Legien
51 Ernst-Thälmann-Denkmal

Essen & Trinken
1 Pauly Saal
2 Al Contadino Sotto Le Stelle
3 Hasir Mitte
4 Barcomi's Deli
5 Altes Europa
6 Strandbar Mitte
7 Oranium-Corner
8 Massai-Berlin
9 Pasternak
10 Restauration 1900
11 Nola's am Weinberg
12 Weinstein
13 Si An
14 Anna Blume
15 Burger World
16 I Due Forni
17 Konnopke's Imbiss

Einkaufen
1 Muji Store Berlin
2 Waahnsinn Berlin
3 Bonbonmacherei Kolbe & Stecher
4 TUKADU
5 Grober Unfug
6 Wald
7 ic! shop
8 Langhein Berlin
9 Lala Berlin
10 claudia skoda
11 Das Neue Schwarz
12 Schmucklabor
13 Eisdieler
14 da capo Schallplatten-Antiquariat
15 Creme fresh
16 God bless you
17 Flohmarkt Arkonaplatz
18 Flohmarkt am Mauerpark
19 Eigenart

Aktiv
1 Pool & Cigars

Abends & Nachts
1 b flat
2 The Liberate
3 Neue Odessa Bar
4 Hafenbar
5 Clärchens Ballhaus
6 Grüner Salon, Roter Salon
7 Comedy-Club – Kookaburra
8 Pratergarten
9 Frannz
10 SODA Klub/Club23

den farbigen Glasursteinen eines der wenigen Beispiele der Jugendstilarchitektur in der Berliner Innenstadt schuf. Ebenfalls von Endell gestaltet: Die Festsäle und das Treppenhaus, das als Aufgang zu den früheren Neumannschen Festsälen im Seitengebäude diente und heute Zugang zum Filmtheater Hackesche Höfe und zum Varieté **Chamäleon** (s. S. 52) gibt. **Hof 2** ist demgegenüber betont sachlich in weißer Putzfläche mit Verblendsteinen ausgeführt.

Das Erfolgsgeheimnis der Höfe heute: die rund 100 m² großen Ladenräume werden vornehmlich an inhabergeführte Geschäfte vermietet. Sämtliche angebotenen Waren sollten in den Hackeschen Höfen hergestellt oder zumindest weiterverarbeitet worden sein. Die Geschäfte und die Unterhaltungsangebote, Cafés und Restaurants locken Scharen von Besuchern an.

Durch **Hof 6** gelangt man in die **Rosenhöfe,** in Lindgrün, mit Rosen als Schmuck der Treppengeländer. Von hier aus gelangt man durch ein Vorderhaus in die Sophienstraße.

Sophien- und Gipsstraße

Kleinstädtisch verträumt gibt sich die **Sophienstraße.** Wohnhäuser aus den ersten Jahrzehnten des 19. Jh. mit Putz-Stuck-Fassade und Stuckornamenten zwischen den Fensterpfeilern prägen das Bild der gemäß Berliner Bauordnung nur viergeschossig bebauten engen Sophienstraße.

Der **Kirchhof der Sophienkirche** (s. S. 205) kann nur von der Großen Hamburger Straße aus betreten werden. Ihn fassen die beiden **Pfarrhäuser der Sophiengemeinde** 3 mit aufeinander abgestimmten Fassaden ein.

Bekannt als eines der wichtigsten Zentren für freies Theater und Tanz sind die **Sophiensæle** 4 (www.sophiensaele.com, s. S. 51) mit Festsaal, den der Berliner Handwerker Verein 1905 im Hinterhaus der Sophienstraße 18 errichten ließ. Das in Formstein ausgeführte Doppelportal im Vorderhaus trägt die Inschrift »Berliner Handwerker Verein«.

Durch den Hofeingang Sophienstraße 21 geht es in die **Sophie-Gips-Höfe** 5, die von der Sophienstraße in die Gipsstraße überleiten. Das Ehepaar Hoffmann ließ die Höfe sanieren und gestaltete seine Wohnräume zu einer **Ausstellung moderner Kunst** (www.sophie-gips.de, Sa 11–16 Uhr, nur in kleinen Gruppen nach telefonischer Anmeldung, s. S. 104), deren Exponate sie in 30 Jahren zusammengetragen haben. Abends lockt eine Lichtinstallation von Gunda Förster die Passanten in die Höfe. Eine Rastmöglichkeit abseits des Trubels bietet bis in die frühen Abendstunden hier das **Barcomi's Deli** 4.

Das Beispiel einer gelungenen Synthese von Alt und Neu zeigt das Haus **Gipsstraße 5** 6, das Hans Kollhoff 1999 erbaute. Es fügt sich nahtlos zwischen die Nachbarhäuser aus den Jahren 1867 und 1865, ohne sich zu verleugnen.

St.-Hedwigs-Krankenhaus und Krausnickstraße

In der **Großen Hamburger Straße** – auf ihr verlief der alte Heerweg Richtung Hamburg – (s. auch Entdeckungstour S. 206) kennzeichnet eine Ziegelblendfassade das 1851 bis 1855 für die Barmherzigen Schwestern des hl. Borromäus errichtete **St.-Hedwigs-Krankenhaus** 7, das jetzt als Akademisches Lehrkrankenhaus der Charité dient. Eine Gebäudeseite grenzt an die **Krausnickstraße** mit fast vollständig erhaltener Gebäudezeile aus den Jahren 1861 bis 1870, ein Beispiel für die spätklassizistische Bauweise in Berlin.

Sophienkirche und Alter Jüdischer Friedhof

Die **Sophienkirche** 8 wurde 1712/13 für die seinerzeit 500 Einwohner der Spandauer Vorstadt errichtet. Sie ist nach Königin Sophie Luise von Preußen benannt, die einen hohen Betrag für den Bau und die Besoldung des Pfarrers stiftete. Der Bau konnte nur ausgeführt werden, weil die jüdische Gemeinde gut nachbarschaftlich einen Teil ihres Grundstücks abgab. 1732 bis 1734 wurde der fast 70 m hohe Turm angefügt, der als einziger von acht barocken Kirchtürmen Berlins die Zeit überdauert hat. 1891/92 wurde die Kirche innen und außen im Stil des Neobarock umgestaltet. Die Kanzel stammt aus dem Jahr 1712, das Rokokotaufbecken von 1741, die Orgel aus dem Jahr 1790.

Auf dem bereits 1853 geschlossenen **Friedhof** 9 findet sich an der unverputzten Grenzmauer das Grabmal des Historikers Leopold von Ranke (1795–1886). Ein Obelisk schmückt das Grab von Carl Friedrich Zelter (1758–1832), der die bis heute fortbestehende Sing-Akademie zu Berlin, das älteste gemischte Vokalensemble der Welt, stiftete. Das mit einer Engelsstatue geschmückte Grabmal des Schiffbaumeisters Johann Friedrich Koepjohann und seiner Ehefrau ist eines der wenigen in Berlin erhaltenen Barock-Grabmäler.

Auf Entdeckungstour: Spuren jüdischen Lebens in der Spandauer Vorstadt

Die Spandauer Vorstadt, der Bereich um die Oranienburger Straße, war das erste Zentrum jüdischen Lebens in Berlin. Die Neue Synagoge, der Friedhof Große Hamburger Straße – schauen wir, was daraus wurde.

Ausgangspunkt: U, S Hackescher Markt
Dauer: 2 Std. ohne Besichtigung Centrum Judaicum

Centrum Judaicum (Neue Synagoge) 19: Oranienburger Str. 28–30, Tel. 030 88 02 83 00, www.cjudaicum.de, tgl. ab 10 Uhr, Eintritt 3.50/3 €, Audioguide 3 €, Führungen in verschiedenen Sprachen buchbar, s. S. 62.

Nur wenige Minuten Fußweg sind es vom Hackeschen Markt durch die Oranienburger Straße bis zur Ecke Große Hamburger Straße. »Straße der Toleranz« wurde sie einst genannt, weil sich in der Straße neben den Einrichtungen der jüdischen Gemeinde die evangelische Sophienkirche (s. S. 205) und das katholische St.-Hedwigs-Krankenhaus (s. S. 205) befanden.

Niedrige Ziegelsteinmauern, die sich in Markierungen durch roten Klinker im grauen Pflaster des Platzes fortsetzen, deuten den Grundriss des **Jüdischen Altenheims** 12 an, das hier seit 1844 stand. Das Ende dieser karitativen Einrichtung der jüdischen Gemeinde kam 1942. Die Gestapo beschlagnahmte das Gebäude und nutzte es als Sammelstelle für jüdische Mitbürger, bevor sie in die KZs in Auschwitz und Theresienstadt transportiert wurden. Daran erinnert das bronzene, aus 13 Figuren bestehende Denkmal »Jüdische Opfer des Faschismus« von Willi Lammert, die **Gedenkstätte Große Hamburger Straße** 13.

Zerstörter Friedhof

Eine Erinnerungsstätte ist auch der **Alte Jüdische Friedhof** 14, den ein Schutzzaun von dem Platz abtrennt. Rund 3000 Gräber gab es hier. Heute findet sich hier eine Nachbildung des Grabsteins für Moses Mendelssohn (1729–86), den jüdischen Philosophen, der sich zeit seines Lebens für die Rechte der jüdischen Bürger Berlins einsetzte und zugleich für die Öffnung der jüdischen Gemeinde gegenüber der deutschen Gesellschaft eintrat. Die Gestapo zerstörte diesen ersten jüdischen Friedhof der Stadt 1943 so gründlich, dass auch der genaue Ort des Grabes Mendelssohns nicht mehr bekannt ist. In den letzten Kriegstagen wurden hier 2425 Kriegstote in 16 Sammelgräbern verscharrt.

Hoffnung und Verstörung

Als Sammellager diente auch die **Jüdische Oberschule** 15, ein Stück weiter die Große Hamburger Straße hinunter, unschwer an dem massiven Schutzzaun mit den Videokameras zu erkennen. Über dem Eingang zu dem Gebäude lesen wir die alte Inschrift »Knabenschule der jüdischen Gemeinde«. Links und rechts des Tores entdecken wir als Fassadenschmuck lesende Kinder, darüber die Eule als Symbol der Weisheit. 1862 wurde die Jüdische Knabenschule eingeweiht. Das Gebäude stammt aus dem Jahr 1906. Heute besuchen wieder 440 Schülerinnen und Schüler jüdischen und nicht jüdischen Glaubens diese Schule. Ein hoffnungsvoller Anfang.

Gleich gegenüber, Große Hamburger Straße 15–16, wieder ein verstörender Ort. Es fehlt ein Haus, das kurz vor Kriegsende zerstört wurde, in der Fassadenreihe. Der französische Künstler Christian Boltanski recherchierte Namen, Beruf, Einzugs- und Auszugsdatum der Bewohner des Hauses, darunter jüdische Mitbürger. Diese Daten hielt er auf weißen Emailleplatten, die wie Todesanzeigen wirken, fest, und brachte sie an den Brandmauern der angrenzenden Bauten an – **»The Missing House«** 16 nannte er diese Arbeit, die den Verlust, das Verschwinden eindrucksvoll kommuniziert.

Notwendiger Schutz und neues jüdisches Leben

In der Oranienburger Straße bietet sich im Umfeld der **Neuen Synagoge – Centrum Judaicum** 19 das gleiche Bild wie vor dem Jüdischen Gymnasium. Eine Reihe massiver Poller schützen die Gebäude zwischen den Hausnummern 27 bis 32. Betrachten wir die Gebäudereihe zunächst einmal von außen. Im Haus **Nr. 28** 17 war das **Zentralarchiv der deutschen Juden** untergebracht. Ein Teilbestand der Akten des Archivs kehrte 1996 an diesen Ort zurück. Im dritten Stock des Hauses entdecken wir im Fassadenschmuck zwei sich umschließende Hände, die den Zusammenhalt der Juden in der Diaspora versinnbildlichen. Im angrenzenden Neubau befindet sich der Eingang zum Centrum Judaicum (Neue Synagoge)

Bei dem roten Ziegelgebäude links der Synagoge handelt es sich um das

ehemalige Jüdische Museum (Oranienburger Str. 31), das Moritz und Berta Mannheimer um 1900 zunächst als Hospital für die jüdische Gemeinde errichteten. Von 1933 bis 1938 war hier dann das Jüdische Museum untergebracht, bevor die NS-Herren es schlossen. Dieses Museum war der Anknüpfungspunkt für das neue Jüdische Museum in der Lindenstraße (s. S. 61, 150). Heute ist es ein Anlaufpunkt für die jüdischen Einwanderer aus der früheren UdSSR. Die Berliner Zweigstelle der Zentralwohlfahrtsstelle der Juden in Deutschland e. V. unterhält hier gemeinsam mit der Jüdischen Gemeinde Berlin das **Integrationszentrum Hatikva** 18, das u. a. Sprachkurse, Kulturprogramme und Beratungen anbietet. Im Erdgeschoss befindet sich die **Jüdische Galerie.**

Erinnerung und Fortbestand

Nun aber zum **Centrum Judaicum (Neue Synagoge)** 19 (Abb. S. 206). Mit ihren Rundbogentüren, dem maurischen Stil, in dem ihre Fassade ausgeführt ist, der prachtvollen Kuppel mit den beiden Seitenkuppeln galt die am 6. September 1866 eingeweihte Neue Synagoge als Schmuckstück Berlins. Selbst die konservative National-Zeitung lobte sie damals als »Zierde der Stadt«. Die Pogromnacht 1938 überstand sie nahezu unbeschadet dank des beherzten Einsatzes des Vorstehers des 14. Polizeireviers, Wilhelm Krützfeld, der mit vorgehaltener Pistole die SA verscheuchte und die Feuerwehr rief. In der Nacht zum 23. November 1943 wurde sie dann aber durch britische Bomben in Teilen zerstört. 1958 wurden die Reste der Synagoge wegen Einsturzgefahr abgeräumt. Erhalten blieb nur der Vorbau mit der Fassade zur Oranienburger Straße als Mahnmal gegen Krieg und Faschismus. Schon 1988 wurde hier symbolisch der Grundstein für eine Wiederherstellung der Vorsynagoge gelegt. In der Folge wurden die Fassade zur Straße und die Kuppel originalgetreu rekonstruiert, im Innern aber blieben die Schäden, die das Gotteshaus erlitten hatte, sichtbar. Das Ornament wurde nur an einigen Stellen ergänzt, um die bewahrten Teile in einen sinnvollen Zusammenhang zu stellen.

Nachdem man die Eingangsschleuse und den Kassenraum passiert hat, betritt man durch eine Seitentür den Vorbau der Neuen Synagoge. Hier im Treppenhaus war der **Aufgang zur Frauenempore.** Heute ist hier die Garderobe untergebracht. Weiter geht es in die **Vorhalle,** in der Reste der Wandbemalung wiederhergestellt wurden. Es lohnt sich, das Modell der Synagoge in der Mitte des Raumes zu studieren. Nur hier erhält der Besucher einen Eindruck von der Größe des Baus. 40 m breit und 45 m lang war das Gotteshaus. Der große Saal in der Hauptsynagoge bot 3200 Sitzplätze.

Über eine kleine Treppe gelangen wir in den Vorraum für die Männer,

Ausstellung zur Geschichte der Juden in Berlin im Centrum Judaicum (Neue Synagoge)

auch **Vorsynagoge** oder Wochentagssynagoge genannt. Ein großes Foto an der Kopfseite des Raumes zeigt den heute zerstörten Innenraum der Synagoge, verlängert die heute wieder rekonstruierte Vorsynagoge gleichsam in die Vergangenheit. Schaut man durch die Fenster beiderseits des Fotos, sieht man im freigeräumten und heute gepflasterten Hof den Grundriss der Hauptsynagoge angedeutet. Die Apsis, das abschließende Halbrund mit dem Thoraschrein, ist durch Granitquader und Säulen am anderen Ende des Grundstücks markiert. Reste der Kanzel sind neben der Fotografie zusammengestellt und vermitteln so einen Eindruck von den ursprünglichen Größenverhältnissen.

In den beiden **Ausstellungsräumen** werden einige der Fundstücke und Fragmente, die während des Abrisses der Ruine der Hauptsynagoge und während der Rekonstruktion der Vorsynagoge gesichert werden konnten, in Schaukästen präsentiert. Fotos dokumentieren die zerstörte Pracht der Neuen Synagoge, die Baugeschichte des Centrum Judaicum, bieten aber auch Informationen zu den Einrichtungen des jüdischen Lebens in der Spandauer Vorstadt vor 1933 und zum heutigen, neuen jüdischen Leben in der Stadt. Wer den Aufzug nimmt oder per Treppe in die **Kuppel** hochmarschiert, kann gleich den Blick über das Stadtquartier schweifen lassen, in dem sich einst das Zentrum des jüdischen Lebens in Berlin befand und sich heute wieder jüdisches Leben regt.

»Tuet auf die Pforten, dass einziehe das gerechte Volk, das bewahret die Treue« steht in der Fassade des Centrum Judaicum in hebräischer Schrift geschrieben. Geblieben ist von der Neuen Synagoge neben dem Centrum Judaicum ein kleiner **Betraum** im dritten Geschoss des Gebäudes.

Oranienburger Straße

In der Oranienburger Straße kehrt der Besucher aus der beschaulichen Vorstadt in das großstädtische Berlin zurück. Der **Monbijoupark** 10 erinnert an das Schloss Monbijou, das trotz des Protests von Museumsfachleuten 1959 abgeräumt wurde. Für über 3 Mio. € sanierte der Berliner Senat den 4 ha großen Park zwischen Oranienburger Straße und Spreeufer. Das **Monbijoutheater** (www.monbijou-theater.de) bietet seit Jahren im Sommer mit Theater und Musik ein abwechslungsreiches Programm. Im Winter wird in der Märchenhütte (www.maerchenhuette-berlin.de) gespielt.

Das Haus Oranienburger Straße 27 wurde bei der aufwendigen Renovierung 1997/98 als **Kunsthof** 11 (www.kunsthof-berlin.de) wiederhergestellt. In dem Hof, einem der letzten Beispiele für die Gewerbehöfe aus dem Ende des 19. Jh. in diesem Stadtviertel, warten mehrere Galerien auf Besucher.

Mein Tipp

Strandleben in der Großstadt

In der warmen Jahreszeit sollte man die Strandbar im Monbijoupark nicht verpassen. Von hier hat man einen schönen Blick auf die Museumsinsel und kann mitten in der Stadt ein wenig Urlaubsfeeling tanken oder spontan einen Tanzkurs machen.

Strandbar Mitte 6: Monbijoustr. 3, Tel. 030 28 38 55 88, www.strandbar-mitte.de, Mai–Sept. tgl. ab 10 Uhr.

Spuren jüdischen Lebens 12 – 19

s. Entdeckungstour S. 206

Heckmann Höfe 20

Die Heckmann Höfe in Haus Nr. 32, die einen Durchgang zur Tucholskystraße ermöglichen, wurden 2000 nach einer 11 Mio. € teuren Sanierung für das Publikum geöffnet (s. Lieblingsort S. 212).

Altes Postfuhramt und ehemalige Friedrichstadtpassage

Die Post liebte es prächtig. Im spätklassizistischen Rundbogenstil in gelbem Klinker errichtete sie 1875 bis 1881 das dreigeschossige **Alte Postfuhramt** 21. Im Hofgelände gab es zwei dreigeschossige Stallgebäude, in denen bis zur Motorisierung der Berliner Post und dem Abriss der Stallungen 1925 bis zu 240 Pferde untergebracht waren. Der prachtvolle Eingang, Ecke Tucholskystraße, führte in den Schalterraum des Postamts. Nachdem die Fotogalerie C/O Berlin im Frühjahr 2013 das Alte Postfuhramt verlassen musste, wird es jetzt für einen Hersteller von Medizintechnik umgebaut.

Das gleiche Schicksal ereilte schon vorher das **Tacheles** (Oranienburger Str. 54–56a). Der 1907/08 als **Friedrichstadtpassage** 22 errichtete Gebäudekomplex wurde gleich nach der Wende besetzt und zum Kommunikationszentrum ausgebaut. Im September 2012 erfolgte die Räumung.

August- und Linienstraße

In beiden Straßen, die parallel zur Torstraße in einem Bogen Richtung Rosenthaler Straße führen, finden sich **Kunstgalerien** (s. S. 64), Modegeschäfte und Cafés, dazwischen

Plattenbauten, die in den letzten DDR-Jahren in Baulücken eingefügt wurden.

Auguststraße

Die **Kirche St. Johannes Evangelist** 23 (Auguststr. 90) wurde bis 1900 nach Plänen von Max Spitta errichtet und ist auf einem so schmalen Grundstück erbaut, dass Glasfenster im Dach für Tageslicht sorgen müssen. Die ehemalige **Jüdische Mädchenschule** 24 (Auguststr. 11–13), ein Beispiel der Architektur der Neuen Sachlichkeit aus dem Jahr 1928 lohnt als Haus für neue Kunst und Esskultur (www.maedchenschule.org) mit Galerien und Restaurants einen Besuch.

Die **KW Kunst-Werke** 25 (Auguststr. 69, www.kw-berlin.de, Di–So 12–19, Do bis 21 Uhr, Eintritt 6/4 €, s. S. 64) sind in einem der ältesten Häuser in der Spandauer Vorstadt untergekommen. Zweigeschossig, mit Hofdurchfahrt und offenem Treppenhaus sowie Seitenflügel gibt das Vorderhaus einen guten Eindruck von der Bauweise um 1794. Hinten schließt sich eine ehemalige Fabrikanlage aus der Gründerzeit an. Diese Räumlichkeiten, ergänzt durch eine neue Ausstellungshalle, nutzen die KW für Ausstellungen, Künstlerateliers und Veranstaltungen, die sich mit den neuesten Entwicklungen in der nationalen und internationalen Kunst befassen. Reizvoll ist auch das vom amerikanischen Künstler Dan Graham konzipierte **Café Bravo.**

Koppenplatz

Zwischen Auguststraße und Linienstraße liegt der **Koppenplatz,** der mit seinem Namen an den Stadthauptmann Christian Koppe erinnert. Er hatte das Gelände 1704 der Städtischen Armenverwaltung Berlins zwecks Einrichtung eines Armenfriedhofs und eines Armenhauses geschenkt. An den Stifter erinnert das **Denkmal** 26 (Koppenplatz 13), vier korinthische Säulen mit einem Gebälk vor einer Rückwand, nach Plänen Friedrich August Stülers 1855 ausgeführt und 2000 restauriert.

Linienstraße

Die Linienstraße zeichnet in ihrem Verlauf die Zollgrenze Altberlins nach. Die **Feuerwache Stettin** 27 (Linienstr. 128/129), wurde 1859 als erstes Gebäude dieser Art in Berlin errichtet.

Die **St.-Adalbert-Kirche** 28 (Eingang Torstr.) entstand 1932/33 als erste katholische Kirche in der Spandauer Vorstadt in einem Hinterhof. Das **Königliche Leihamt III** 29 (Linienstr. 98/Torstr. 164), errichtet 1847, hat zwei Hinterhöfe, die als Durchgang zur Torstraße genutzt werden können, umbaut. Es wurde als erstes staatliches Leihhaus im deutschen Raum 1784 gegründet.

Scheunenviertel

Fälschlich wird oft die gesamte Spandauer Vorstadt als Scheunenviertel bezeichnet. Tatsächlich wurde aber nur das Quartier um den heutigen Rosa-Luxemburg-Platz so genannt, weil hier schon im 17. Jh. Scheunen für leicht brennbare Materialien angelegt worden waren. Aus diesen Scheunen entwickelte sich ein Elendsquartier. 1906/07 wurde das Scheunenviertel abgerissen. So erinnern nur noch die geringen Breiten der Mulackstraße, der Schendelgasse und der Hirtenstraße an dieses Viertel.

Das Quartier um die Münzstraße und die Rosa-Luxemburg-Straße wurde zum Anlaufpunkt für Arbeiter, die in der zweiten Hälfte des 19. Jh. in Berlin Jobs in den Fabriken suchten. Ab den 1880er-Jahren setzte die Einwanderungswelle von osteuropäischen Juden ein, die ebenfalls hier unterkamen.

Lieblingsort

Zuflucht in der Großstadt – Heckmann Höfe 20

Bunt, laut, hektisch ist es auf der Oranienburger Straße. So quirlig, dass bisweilen die Flucht auf die Heckmann Höfe dringend geboten ist. Nur wenige Meter neben der Neuen Synagoge tritt man durch die Hofeinfahrt, geht durch den schmalen ersten Hof, um dann auf dem zweiten Hof etwas Grün, mit Glück auch etwas Ruhe zu finden. Am besten, man kauft sich in der **Bonbonmacherei** 3 , gleich rechts im ersten Hof, ein paar Leckereien, um die Pause richtig zu genießen.

Volksbühne 30

Rosa-Luxemburg-Platz, www.volksbuehne-berlin.de

Die **Volksbühne** beherrscht den Rosa-Luxemburg-Platz, in den 1920er-Jahren einer der Brennpunkte der Arbeiterbewegung. Sie wurde 1913/14 nach Plänen Oskar Kaufmanns als erster Theaterbau der beginnenden Moderne in Berlin errichtet. Trotz vereinfachten Wiederaufbaus (1952–54) hat der Bau mit der mächtigen geschwungenen Front und den sechs Muschelkalksäulen von seiner Wucht nichts verloren.

Der Name Volksbühne war Programm. Im Jahr 1890 wurde die Freie Volksbühne Berlin e. V. gegründet. Jedes Mitglied, das den Monatsbeitrag von 50 Pfennig bezahlte, nahm an der Verlosung der Karten für die Vorstellungen teil. So konnten sich auch Arbeiter einen Theaterbesuch leisten. 2009 wurde die Volksbühne mit neuer Bühnentechnik ausgestattet und saniert.

Kino Babylon 31

www.babylonberlin.de, s. S. 50

Ein Architekturdenkmal erster Güte sind das Kino und die umliegenden Wohngebäude, entworfen von dem Architekten des Expressionismus und der Neuen Sachlichkeit Heinz Poelzig. Erbaut wurde der Komplex 1928/29. Das Foyer des Kinos brachte man 2001 wieder in die von dem Architekten geplante Form, während die heutige Gestalt des Zuschauerraums auf eine Renovierung von 1951/52 zurückgeht. Die Bauelemente, die zu der modernen Ausstattung des Kinos gehören, wurden deutlich von den renovierten Bestandteilen des Kinos abgesetzt.

Prenzlauer Berg

Mit der Industrialisierung und dem Gründerboom nach 1871 wurde das gesamte Gebiet nördlich der Torstraße mit Mietshäusern bebaut. Zu DDR-Zeiten dem Verfall preisgegeben und Rückzugsort der Ost-Berliner Szene, wurde der Prenzlauer Berg nach der Wende in wenigen Jahren saniert.

Senefelderplatz

Auf dem **Senefelderplatz** findet sich das einzige historische Denkmal in Prenzlauer Berg. Das **Alois-Senefelder-Standbild** 32 erinnert an den Erfinder der Lithographie. Nettes Detail: Eine Putte an dem Denkmal schreibt den Namen des Erfinders wie bei einer Druckvorlage in Spiegelschrift.

Pfefferberg 33

Christinenstraße 18/19, www.pfefferberg.de

Die Brauerei Pfeffer, gegründet 1842, die dem **Pfefferberg** seinen Namen gab, ist längst Geschichte. Geblieben sind die Industriebauten auf dem Gelände Schönhauser Allee 176 samt einem 9 m hohen Kellergewölbe als Zeugnis der Industriekultur des 19. Jh. Die Gebäude wurden saniert und Neubauten so gestaltet, dass sie sich von der historischen Bausubstanz deutlich unterscheiden. Mittlerweile gibt es hier neben einem Sommergarten u. a. eine Niederlassung der **Akira Ikeda Gallery** (New York, Taura/Japan, Berlin, Tel. 030 44 32 85 10, www.akiraikedagallery.com, Di–Sa 11–18 Uhr), die renommierte zeitgenössische Künstler ausstellt, einen Club, ein Restaurant und ein Hostel (www.pfefferbett.de).

Jüdischer Friedhof 34

Schönhauser Allee 22, April–Sept. Mo–Do 8–16, 7.30–13 Uhr, sonst außer Fr 1 Std. kürzer, für männliche Personen Kopfbedeckung obligatorisch!

Der **Jüdische Friedhof** wurde nach 1990 renoviert und 2005 um ein **Lapi-**

darium mit kulturgeschichtlich wertvollen Grabsteinen, die nicht mehr einzelnen Gräbern zuzuordnen sind, erweitert. Der 1827 bis 1880 genutzte Friedhof beherbergt 22 800 Einzelgrabstätten sowie 750 Familiengräber. Darunter befinden sich die **Grabstätten** bekannter Persönlichkeiten wie des Bankiers Gerson von Bleichröder, Finanzberater Otto von Bismarcks, des Malers Max Liebermann, des Komponisten Giacomo Meyerbeer und des Verlegers Leopold Ullstein.

Wasserturm Dicker Hermann 35

»Dicker Hermann« nannten die Anwohner den **Wasserturm** mit Wasserspeicher an der Belforter Straße und erhoben ihn zum Wahrzeichen ihres Bezirks. 1877 wurde der über 40 m hohe Bau als erster der insgesamt 20 Wassertürme für die Versorgung der Großstadt Berlin fertiggestellt. Die ersten vier Geschosse dienten und dienen als Wohnraum. Im fünften Obergeschoss befindet sich der Wasserbehälter, der heute leer ist. Der Wasserturm wurde 1914 stillgelegt. Der Turm im Parkgelände gehört zum ersten Wasserspeicher Berlins, der hier bis 1856 angelegt wurde.

Prenzlauer Berg Museum 36

Prenzlauer Allee 227, Tel. 030 90 295 39 17, Mo–Fr 9–19, Sonderausstellungen Di–So 10–18, Eintritt frei

Die ehemalige Gemeindedoppelschule von 1886, die älteste erhaltene Schulanlage in Prenzlauer Berg, beherbergt das **Prenzlauer Berg Museum**. Es informiert über die Geschichte der Schule ebenso wie über die Geschichte der jüdischen Schule in der Rykestraße. Darüber hinaus gibt es eine Fotoinstallation zum Leben in Prenzlauer Berg von 1949 bis 1990. In der ehemaligen Turnhalle finden Wechselausstellungen statt.

Synagoge Rykestraße 37

Rykestraße 53

Die Synagoge überstand die Pogromnacht 1938 fast unbeschadet, weil ein Feuer auf die benachbarten Häuser hätte übergreifen können. Erbaut 1903/1904, wurde sie bis 1990 von der kleinen jüdischen Gemeinde in Ost-Berlin genutzt. Seit der Renovierung 2007 ist sie mit 1200 Sitzplätzen die größte in Deutschland erhaltene Synagoge. Die Synagoge ist nicht zu besichtigen.

Kollwitzplatz 38

Schon in den 1980er-Jahren war der Platz Treffpunkt von Künstlern, Umweltaktivisten und Oppositionellen, die im Stadtviertel rund um den Platz wohnten. Seit 1947 heißt er nach Käthe Kollwitz, die mit ihrem Mann, dem Arzt Dr. Karl Kollwitz, von 1891 bis 1943 in der Kollwitzstraße 56a (vormals Weißenburger Str.) wohnte – das Haus wurde allerdings im Zweiten Weltkrieg zerstört. Heute erinnern die Plastik **»Mutter mit zwei Kindern«,** eine Nachbildung, und das **Denkmal Käthe Kollwitz** von Gustav Seitz an die Künstlerin.

Husemannstraße 39

Die Husemannstraße wurde zur 750-Jahr-Feier Berlins 1987 saniert, die Wohnungen modernisiert. Die Einrichtung der Läden, Cafés und Restaurants legte man im Stil der Jahrhundertwende aus, wie noch in der **Restauration 1900** 10 zu sehen. Die Häuserfassaden erscheinen nicht zufällig so einheitlich: Der Deutsch-Holländische Actienverein nutzte beim Bau (nach 1870) erstmals genormte Bauteile wie Balkonbrüstungen und Schmuckelemente.

KulturBrauerei 40

www.kulturbrauerei-berlin.de

Die KulturBrauerei in der Schönhauser Allee 36 ist eines der wenigen gut erhaltenen Industriedenkmäler vom Ende des 19. Jh. in Berlin. Ab 1878 wurden die 20 Gebäude im Stil einer mittelalterlichen Burganlage über sechs Höfe erbaut. Bereits seit 1974 steht das 25 000 m² große Areal unter Denkmalschutz. Aufschriften auf den Fassaden kennzeichnen die ehemalige Nutzung der Gebäude. Heute haben hier Kinos, Theater, Clubs, Cafés und Restaurants Platz gefunden. Wechselnde Festivals und in der Weihnachtszeit ein schwedischer Weihnachtsmarkt runden das Angebot ab. Das **Haus der Geschichte** zeigt hier die Ausstellung »Alltag in der DDR« (Di–So 10–18, Do bis 20 Uhr, Eintritt frei).

Kastanienallee

Die Kastanienallee, die älteste Straße in Prenzlauer Berg, ist von morgens bis in den späten Nachmittag Frühstücksbüfett, dann eine Mischung aus Kaffeehaus und Partymeile. »Castingallee« – die Kastanienallee hat ihren Namen weg, weil hier angeblich so viele Schauspielerinnen und Schauspieler wohnen. Ein Mosaik im Fußweg Kastanienallee/Ecke Schönhauser Allee erinnert daran, dass Max Skladanowsky hier am 20. August 1892 die ersten Filmaufnahmen in Deutschland machte. Noch finden sich in der Kastanienallee einige nicht sanierte Häuser, in denen sich Reste der alten Szene halten, bieten einige Boutiquen ihre eher schrillen Produkte an. Einen Blick sollte man in der **Kastanienallee 21** 41 auf die zwei Hinterhöfe mit restaurierten Remisen werfen.

Arkonaplatz

Der **Arkonaplatz** 42 wurde bereits bis 1984 saniert und bildet jeden Sonntag den Rahmen für einen **Flohmarkt** 17. Die gusseiserne, mit Ornamenten geschmückte **Berliner Pumpe** samt Brunnenbecken aus Sandstein stammt aus dem 19. Jh. und wurde als öffentlicher Trinkbrunnen genutzt.

Zionskirchplatz

Rund um den **Zionskirchplatz** findet sich noch eher als am Kollwitzplatz normales Stadtleben Version Prenzlauer Berg. Die **Zionskirche** 43 mit ihrem 67 m hohen Turm war eines der Zentren der DDR-Opposition. Die Zionsgemeinde stellte der Bewegung Räume im Gemeindehaus in der Griebenowstraße zur Verfügung. Hier wurde die Umweltbibliothek eingerichtet. Die Kirche selbst wurde 1873 eingeweiht

Beliebter Treff in Prenzlauer Berg – die KulturBrauerei mit ihrem vielfältigen Angebot

und gilt als Beispiel für den Berliner Historismus. Sie verbindet romanische und gotische Stilelemente. Der bronzene Torso an der Westseite erinnert an Dietrich Bonhoeffer, der 1931 bis 1932 in der Zionsgemeinde arbeitete.

Ackerstraße

Hier, jenseits der Torstraße, hat sich ein kleiner Kiez entwickelt, in den sich kaum Touristen verirren. Die **Ackerhalle** 44 (Ackerstr. 23–26), erbaut 1886 bis 1888, ist die einzige alte Berliner Markthalle, deren Fassade im Originalzustand zu bewundern ist.

Ein Kleinod stellt die **St.-Elisabeth-Kirche** 45 (Invalidenstr. 3) dar, 1832 bis 1834 nach Plänen Schinkels als Saalbau im klassizistischen Stil erbaut. Sie wurde nach der Zerstörung im Zweiten Weltkrieg sich selbst überlassen, jedoch 1990 gesichert und dann nach und nach renoviert. Heute wird die ehemalige Kirche wie auch die **Villa Elisabeth,** das ehemalige Gemeindehaus, für diverse Veranstaltungen genutzt.

Bernauer Straße

Während des Mauerbaus im August 1961 stand sie im Mittelpunkt des

Lieblingsort

Flohmarkt fast als Party
Manchmal nervt es schon, läuft man in der großen Masse zum Flohmarkt am Mauerpark, aber in Berlin hat man eben nichts für sich gepachtet. Entschädigt wird man dank Essensständen und Livemusik durch ein Mittelding zwischen Party und Flohmarkt, auf dem man noch echte Schnäppchen finden kann. Eine schöne Ausgabe eines alten Buches für 2, 3 € oder auch einige der fantastischen Dinge, bei denen jeder fragt: Wer um Gottes Willen ist auf die Idee gekommen, Derartiges in Serie herzustellen? Ob schräge Lampe oder Kitschfigur, auf diesem Flohmarkt gibt es alles.

Flohmarkt am Mauerpark 18 **:** Bernauer Str. 63/64, Prenzlauer Berg, www.flohmarktimmauerpark.de, U Bernauer Straße, dann Tram M 10 Wolliner Straße, So 7–17 Uhr.

Interesses der Weltöffentlichkeit. Die Häuser der östlichen Straßenseite gehörten zu Ost-Berlin, der Fußweg vor den Häusern schon zum Westteil der Stadt. Nun versuchten sich Ost-Berliner aus den Fenstern abzuseilen, sprangen in Tücher der West-Berliner Feuerwehr. Bis 1963 wurden die Häuser an der Ostseite der Straße abgetragen und noch im Januar 1985 die Versöhnungskirche, die im Grenzstreifen lag, gesprengt. Für Schlagzeilen sorgten auch zwei von West-Berliner Seite in den Osten gegrabene Tunnel, die Dutzenden Ost-Berlinern die Flucht ermöglichten.

Der Weg durch die Oderberger Straße führt direkt zum Eingang des 8 ha großen **Mauerparks** 46 an der Bernauer Straße, der im früheren Mauerstreifen angelegt wurde und heute Sitz- und Liegeplätze, große Schaukeln, ein Amphitheater, einen Kinderbauernhof und Klettermöglichkeiten bietet. Unmittelbar neben dem Mauerpark finden sich das traditionsreiche **Jahnstadion**, in dem die Fußballmannschaft des Hertha BSC 1904 ihre ersten Spiele absolvierte, und die 1996 eingeweihte multifunktionelle **Max-Schmeling-Halle.** Sie ist zu zwei Dritteln in die Erde eingelassen, sodass sie sich gut in das Landschaftsbild einfügt. Ziel der meisten Besucher des Viertels aber ist der **Flohmarkt am Mauerpark** 18 (s. Lieblingsort S. 219).

Gedenkstätte Berliner Mauer 47

www.berliner-mauer-gedenkstaette.de, Gedenkstätte ganzjährig, Besucherzentrum Di–So 10–18 Uhr, Eintritt frei, auch App, s. S. 61

Die Bernauer Straße bot sich aufgrund ihrer Geschichte als Standort der **Gedenkstätte Berliner Mauer** geradezu an. Die original erhaltenen Grenzanlagen lassen die brutale Wirklichkeit der Mauer erfahrbar werden. Einen guten Überblick bietet die **Aussichtsplattform** im Dokumentationszentrum. Der Lehmbau **Kapelle der Versöhnung** neben der Gedenkstätte gibt den Grundriss des Chorraums der zerstörten Kirche der evangelischen Versöhnungsgemeinde wieder. Mit dem Mauer-Totenbuch wird den Opfern der deutsch-deutschen Grenze gedacht.

Entlang der Bernauer Straße zwischen Gedenkstätte und Mauerpark ist mittlerweile eine Gedenklandschaft entstanden, die die Zerstörung der Stadt durch den Bau der Mauer thematisiert.

Abstecher jenseits der Danziger Straße

Geht man von der Ecke Danziger Straße auf der Schönhauser Allee zum gleichnamigen U- und S-Bahnhof, erlebt man den früher sogenannten Boulevard des Nordens. Viele Geschäfte finden sich beiderseits der Straße. Schon zu DDR-Zeiten war dieser Bereich eine der Einkaufsstraßen im Osten Berlins. Die Gegend um Helmholtz-, Humann- und Arminplatz lohnen als typische **Kieze** durchaus einen Spaziergang.

Gethsemanekirche 48

Die 1891 bis 1893 erbaute **Gethsemanekirche** wurde durch die Wendezeit zur bekanntesten Kirche in Prenzlauer Berg. Ab dem 2. Oktober 1989 hielt man sie Tag und Nacht offen, organisierte Mahnwachen und Diskussionsveranstaltungen. Die erste frei gewählte Volkskammer der DDR kam hier im März 1990 zu einem Eröffnungsgottesdienst zusammen. Vor der Südfront der Kirche steht die Bronzeplastik **»Der Geistkämpfer«,** ein Abguss der 1928 von Ernst Barlach für die Stadt Kiel geschaffenen Plastik.

Zeiss-Großplanetarium 49

Prenzlauer Allee 80, Tel. 030 421 84 50, www.sdtb.de, aktuell wegen Sanierung geschlossen

Das **Zeiss-Großplanetarium** bietet verschiedene computergesteuerte Programme mit Laser und Musik in der Kuppel mit 36 m Durchmesser und einer Projektionsfläche von über 800 m. Über 9000 Sterne sind darstellbar und machen die wechselnden Vorführungen zu einer Reise durch Raum und Zeit.

Wohnstadt Carl Legien 50

Für architekturbegeisterte Stadtbesucher ist die **Wohnstadt Carl Legien** zwischen Sült- und Sodtkestraße zu empfehlen. 1929 bis 1930 wurde sie von Bruno Taut und Franz Hillinger errichtet. 1145 Eineinhalb- bis Dreieinhalb-Zimmer-Wohnungen wurden U-förmig um grüne Innenhöfe errichtet, auf Fassadenschmuck zugunsten von Investitionen in die Wohnungen verzichtet. Die Wohnsiedlung ist heute eine von sechs **Siedlungen der Berliner Moderne,** die zum UNESCO-Welterbe zählen und den Versuch demonstrieren, in den 1920er-Jahren aus der Kritik an den engen Hinterhöfen einen sozialen Wohnungsbau zu entwickeln (s. S. 78).

Ernst-Thälmann-Denkmal 51

Dort, wo bis 1982 das Gaswerk mit dem Gasometer, das Wahrzeichen von Prenzlauer Berg, stand, findet sich heute der **Ernst-Thälmann-Park,** ein Wohnpark mit Denkmal. Trotz Bürgerprotesten riss man das Gaswerk ab. Das 14 m hohe und 15 m breite **Denkmal** schuf der sowjetische Bildhauer Lew Kerbel. Es erinnert an den KPD-Vorsitzenden Ernst Thälmann, der 1925 bis 1933 die Partei führte und in einem KZ ermordet wurde.

Essen & Trinken

… von den Hackeschen Höfen bis ins Scheunenviertel

Deutsche Küche mit Stern – **Pauly Saal 1**: s. S. 34.

Italienisches Landgasthaus – **Al Contadino Sotto Le Stelle 2**: Auguststr. 36, Tel. 030 281 90 23, www.alcontadino.eu, U Weinmeisterstraße, Rosenthaler Platz, S Hackescher Markt, Mi–Mo ab 18 Uhr, HG ab 15 €. Der Name ›Der Bauer unter den Sternen‹ ist Programm. Man sitzt unter einem gemalten Sternenhimmel, isst aus dem Geschirr italienischer Landgasthäuser und bestellt ein Nudelgericht ab 15 €, Fleisch ab 26 €.

Türkisch in Berlin – **Hasir Mitte 3**: Oranienburger Str. 4, Tel. 030 28 04 16 16, www.hasir.de, S Hackescher Markt, tgl. 12–1 Uhr, HG 14,50–22,50 €. Hausgemachte Süßspeisen, Fischspezialitäten, aber auch vegetarische Spezialitäten im Römertopf im Steinofen bereitet.

Kaffee im Hof – **Barcomi's Deli 4**: Sophienstr. 21, Tel. 030 28 59 83 63, www.barcomis.de, U Weinmeisterstraße, S Hackescher Markt, Mo–Sa 9–21, So 10–21 Uhr. Im zentralen Stadthof der Sophie-Gips-Höfe lädt das ruhige Deli zur Rast ein. Angeboten werden die in der eigenen Rösterei in Kreuzberg verarbeiteten, zum Teil aromatisierten Kaffeesorten und selbstgebackene Kuchen nach amerikanischen Rezepten.

Charme des alten Kontinents – **Altes Europa 5**: Gipsstr. 11, Tel. 030 28 09 38 40, tgl. ab 12 Uhr, U Weinmeisterstraße, S Hackescher Markt, HG ab 7 €. Pfiffige kleine Gerichte von der Berliner Bulette mit Bratkartoffeln (7,60 €) bis zum Kalbsschnitzel (16,50 €).

Strandleben in der Großstadt – **Strandbar Mitte 6**: s. Mein Tipp S. 210.

Berlin im Sommer: Mit Blick auf die Museumsinsel bei einem Cocktail in der Strandbar Mitte die Füße baumeln lassen oder das Tanzbein schwingen

Stylisch – **Oranium-Corner 7**: Oranienburger Str. 33, Tel. 030 24 02 09 10, www.oranium-corner.de, tgl. ab 9 Uhr, Küche So–Do bis 24 Uhr, Fr u. Sa bis 2 Uhr, Businesslunch 11.30–16 Uhr, um 6 €. Die alternativen Zeiten sind vorbei in der Oranienburger Straße, da passt ein gestyltes Restaurant mit einer Küche zwischen Pizza und Pasta, Buletten und Wiener Schnitzel ganz gut in die Landschaft. Gruppen sollten vorbestellen.

… in Prenzlauer Berg

Afrikanische Küche – **Massai-Berlin 8**: s. S. 35.

Deftige russische Küche – **Pasternak 9**: Knaackstr. 22–24, Tel. 030 441 33 99, www.restaurant-pasternak.de, U Senefelderplatz, tgl. 9–1 Uhr, Blini ab 12 €, HG ab 15 €. Deftige russische und jüdische Küche in einem Café-Restaurant, das sich zum Treff für Prominenz und Intellektuelle entwickelt hat.

Regionale deutsche Küche – **Restauration 1900 10**: Husemannstr. 1, Tel. 030 442 24 94, www.restauration-1900.de, U Eberswalder Straße, tgl. ab 10 Uhr, HG ab 12 €. Ob Eisbein Klassische Berliner Art, die Kohlroulade im Speckmantel oder die Brust von der Brandenburger Landente – passend zur im Stil der Gründerzeit sanierten Husemannstraße wird hier nach historischen Rezepten gekocht.

Schweizer Spezialitäten – **Nola's am Weinberg 11**: Veteranenstr. 9, Tel. 030 44 04 07 66, www.nola.de, U Rosenthaler Platz, Mo–So 10–1 Uhr, Nudeln, Rösti, Risotto ab 10,50 €, Käsefondue ab 2 Pers. 17,50 €/Person. Das Nola's bietet im Parkgelände Schweizer Küche und einen Kaffeegarten.

Regionale Küche zum Wein – **Weinstein 12**: Lychener Str. 33, Tel. 030 441 18 42, www.weinstein.eu, Mo–Sa 17–2, So 18–2 Uhr, HG ab 10,50 €, 4-Gang-Menü 52 €. Für Weinliebhaber ein Muss. Bestes Weinangebot zur regional ausgerichteten Küche vom Zwiebelkuchen bis zum Spanferkel.

Vietnamesisch – **Si An 13**: s. S. 35.

Ausgedehntes Frühstück – **Anna Blume 14**: s. S. 37.

Burger ökologisch – **Burger World 15**: Kastanienallee 100, Tel. 030 34 39 47 31, U Senefelderplatz, Tram M1, 12, tgl. 10–4 Uhr, 3,40–7,80 €. Burger in allen Variationen vom Kraut- bis zum Mozzarella-Burger und wenn mit Fleisch, dann Neuland. Dazu Pommes aus Bio-Kartoffeln.

Pizza – **I Due Forni 16**: Schönhauser Allee 12, Tel. 030 44 01 73 33, U Rosa-Luxemburg-Platz, Senefelderplatz, tgl. 12–24 Uhr, ab 5,50 €. Pizzen in allen Variationen, die dafür sorgen, dass das Restaurant ständig voll ist. Andere Hauptspeisen werden seltener gewählt.

Berlin und seine Currywurst – **Konnopke's Imbiss 17**: s. Mein Tipp S. 36.

Einkaufen

... von den Hackeschen Höfen bis ins Scheunenviertel

Die **Alte Schönhauser Straße,** aber auch die **Neue Schönhauser Straße** und der Straßenzug **Weinmeisterstraße/Münzstraße** sind heute Einkaufsmeilen, in denen bekannte Modelabels ihre Läden haben. Die kreativen Label sind mittlerweile in die Seitenstraßen wie Almstadt- und Max-Beer-Straße ausgewichen, wenn sie nicht Mitte ganz ade gesagt haben. Geblieben aber sind Läden wie claudia scoda und Creme fresh.

Die **Mulackstraße** galt bis in die DDR-Zeiten als Synonym für Elend und Armut. Auch heute wirkt die enge Straße etwas unscheinbar, findet sich aber als Tipp in internationalen Fashion-Reiseführern. Hier wird nicht nur kreativ Mode produziert, sondern in den kleinen Geschäften lernen die Kunden die Designer noch persönlich kennen. Adressen wie Lala Berlin oder Salbazaar sind keine Geheimtipps mehr, lohnen aber immer.

Lifestyle japanisch – **Muji Store Berlin 1**: s. S. 41.

Vielfalt – **Einkaufsbummel in den Hackeschen Höfen 2**: s. Tipp S. 224.

Retro – **Waahnsinn Berlin 2**: Rosenthaler Str. 19, Tel. 030 28 04 22 20, www.waahnsinn-berlin.de, Mo–Sa 12–20 Uhr. Klamotten, Accessoires und mehr – alles, was man woanders nicht bekommt.

Berliner Bonbons aus der Showküche – **Bonbonmacherei Kolbe & Stecher 3**: Heckmann Höfe, Oranienburger Str. 32, Tel. 030 44 05 52 43, www.bonbonmacherei.de, S Oranienburger Straße, Mi–Sa 12–19, Juli/Aug. Sommerpause. Original Berliner Bonbons werden hier hergestellt und auch gleich verkauft.

Selber machen – **TUKADU 4**: s. S. 43.

Nicht nur Comics – **Grober Unfug 5**: s. S. 39.

Individuell – **Wald 6**: s. S. 42.

Neues auf der Nase – **ic! shop 7**: s. S. 43.

Engelgleich – **Langhein Berlin 8**: Rosa-Luxemburg-Str. 25, Tel. 030 442 76 97, www.langhein-berlin.de, U Eberswalder Straße, Di–Fr 13–19, Sa nach Vereinbarung. Damenmode, die den Alltag versüßt, für Engel und Elfen, für Wesen aus Gold. Mode, die garantiert aus dem Großstadtalltag entführt.

Wohlfühlerlebnis – **Lala Berlin 9**: Alte Schönhauser Str. 3, Tel. 030 20 09 53 63, www.lalaberlin.com, U Rosa-Luxemburg-Platz, Mo–Sa 11–19 Uhr. 2004 präsentierte Leyla Piedayesh

Einkaufsbummel in den Hackeschen Höfen
Neben Restaurants und Kneipen oder dem Chamäleon (s. S. 52) hat sich in den Hackeschen Höfen eine Vielfalt von Geschäften angesiedelt. Hier eine Auswahl.
Hof 2: LUMAS Editionsgalerie – handsignierte Fotos in limitierter Auflage von 120 namhaften Fotografen. **JOST** – handwerklich gefertigte Designertaschen.
Hof 3: BFN Concept Store – leicht zu übersehen, da etwas versteckt gelegen, aber eine der weltweit besten Adressen für trendige Mode, Damen- und Männerbekleidung von Berliner und Internationalen Designern auf 300 m².
Hof 4: Gretchen – exklusive Accessiores, thatchers, Quasi Moda – alle drei Läden bieten Damenmode der gehobenen Kategorie.
Hof 6: Trippen Flagship – s. S. 42.
Hof 7: Golem – Fliesen als Wand- und Bodenschmuck im Jugendstildesign, hergestellt in althergebrachter Handwerkstechnik, einmalig in Europa.
Hackesche Höfe 2: Rosenthaler Str. 40, S Hackescher Markt. Die meisten Läden haben Mo–Fr 11–21, Sa 10–20 Uhr geöffnet.

mit Lala Berlin ihre erste Strickkollektion. Mittlerweile ist sie mit ihrer Kollektion in 60 Läden rund um den Erdball vertreten und das Label steht für edelste Materialien wie Kaschmir, Seide, zarte Baumwolle sowie schönen Jersey. Es geht nicht nur um gutes Aussehen, sondern auch um ein Wohlfühlerlebnis beim Tragen der Mode. Etliche Promis wissen das zu schätzen.
Edler Strick – **claudia skoda** 10: Mulackstr. 8, www.claudiaskoda.com, U Weinmeisterstraße, Mo, Do–Sa 12.30–18.30 Uhr. Für den unverwechselbaren Stil ihrer körpernahen, schicken Strickkleider aus edlen, hauchdünnen Garnen ist die Designerin Claudia Skoda weltbekannt. Passend zu den edlen Kleidern das Geschäft, entworfen von Ward Marrill Hoope.
Vintage – **Das Neue Schwarz** 11: Mulackstr. 38, Tel. 030 27 87 44 67, www.dasneueschwarz.de, Mo–Sa 12–20 Uhr. Die Adresse für Fans von Vintage-Mode zwischen Yves Saint Laurent und Vivienne Westwood. Eigene Edelteile können in Kommission gegeben werden.

... in Prenzlauer Berg

Individuell/experimentell – **Schmucklabor** 12: Husemannstr. 4, Tel. 030 28 38 46 83, www.schmucklabor.de, U Senefelder Platz, Di–Fr 11–19, Sa 11–16 Uhr. Galerie und Werkstatt des Schmuckdesigners Matthias Frank, in der man dabei zuschauen kann, wie er Schmuck aus den verschiedensten Materialien fertigt. Dazu gibt es ausgesuchte Designerstücke.
Nicht nur T-Shirts – **Eisdieler** 13: Kastanienallee 12, Tel. 030 28 39 12 91, www.eisdieler.de, U Eberswalder Straße, Mo–Fr 12–20, Sa 11–19 Uhr. Hier gibt es zwar kein Eis, dafür aber witzige Mode bis hin zum T-Shirt.
Seltene Schallplatten – **da capo Schallplatten-Antiquariat** 14: s. S. 39.
Kleine Labels aus ganz Europa – **Creme fresh** 15: s. S. 42.
Patches – **God bless you** 16: Kastanienallee 31, Tel. 030 29 66 68 80, www.god-bless-you.com, U Senefelder Platz, Mo–Sa 12–20 Uhr. Neben den Klamotten gibt es hier witzige Patches, die man sich auf die Kleidung kleben kann.

Atmosphäre – **Flohmarkt Arkonaplatz 17**: s. S. 216, s. auch S. 40.
Schatzgrube für Trödler – **Flohmarkt am Mauerpark 18**: s. Lieblingsort S. 219, s. auch S. 40.
Eigenartig schöne Schmuckstücke – **Eigenart 19**: Gleimstr. 28, Tel. 030 48 62 54 47, www.eigenart-schmuckgestaltung.de, U Schönhauser Allee, Mo 14–19, Di–Fr 11–19 Uhr, Sa nach Vereinbarung. Eileen Rogge und Elke Sperling bedienen sich einer alten aufwendigen Technik, um gemusterte Metalle herzustellen, die im Japanischen mit dem Wort Mokumegane bezeichnet werden.

Aktiv

Poolbillard spielen – **Pool & Cigars 1**: Schönhauser Allee 36, Prenzlauer Berg, Tel. 030 40 50 04 36, U 8 Eberswalder Straße. Zigarren rauchen, erlesenen Whisky probieren oder Poolbillard in einem echten Billardsalon (15 Brunswick-Turniertische) spielen.

Abends & Nachts

... von den Hackeschen Höfen bis ins Scheunenviertel

Um den Hackeschen Markt, in der Dircksenstraße und der Karl-Liebknecht-Straße finden sich jede Menge Clubs und Diskotheken. Die Türsteher treffen am Eingang die Auswahl, wer rein darf – nicht immer ganz nachvollziehbar, aber auf jeden Fall sollte man nicht in den letzten Klamotten losziehen und auch bloß nicht in großen Gruppen auftauchen. Am Hackeschen Markt enden drei MetroTram Linien, die die gesamte Nacht fahren. Hinzu kommen sechs Nachtbuslinien. Nach dem Bahnhof Zoo im Westen ist der Hackesche Markt der zweitwichtigste Umsteigepunkt im Nachtbusverkehr.

Immer bestes Programm – **Chamäleon 2**: s. S. 52
Guter Club – **b-flat 1**: Dirksenstr. 40, www.b-flat-berlin.de, S Hackescher Markt, So–Do ab 20, Fr, Sa ab 21 Uhr. Stilvolles Ambiente, seit 1995 eine der Top-Adressen, vor allem für Jazz Konzerte und Acoustic Music, in der Stadt.
Schick – **The Liberate 2**: Kleine Präsidentenstr. 4, S Hackescher Markt, Mi-Sa ab 19 Uhr. Glamour und perfekte Cocktails.
Barfeeling – **Neue Odessa Bar 3**: Torstraße 89, U Rosenthaler Platz, tgl. ab 19 Uhr. Bar mit Türsteher, dafür innen mit stilvoller hölzerner Einrichtung, entspannte Atmosphäre.
Kein bisschen alt – **Hafenbar: 4**: s. S. 45.
Tanzlokal – **Clärchens Ballhaus 5**: s. Mein Tipp S. 48.
Von Lesung bis Party – **Grüner Salon und Roter Salon 6**: Rosa-Luxemburg-Platz 2, www.gruener-salon.de, www.roter-salon.de, U Rosa-Luxemburg-Platz. Beide Salons in Anbauten der Volksbühne bieten in leicht plüschiger Atmosphäre ihr eigenständiges Programm von der Lesung bis zur Party.

... in Prenzlauer Berg

Täglich was zu lachen – **Comedy-Club – Kookaburra 7**: Schönhauser Allee 184, Kartentel. 030 48 62 31 86, www.comedyclub.de, U Rosa-Luxemburg-Platz, Di–Do 19.30, Fr, Sa 19, So 18 Uhr, um 12 €. Täglich wechselndes Programm. Wahrscheinlich die einzige Ex-Bankfiliale, in der es seit 2008 jeden Tag etwas zu lachen gibt. Bühne für Berliner Comedians.
Bierausschank seit 1837 – **Pratergarten 8**: s. S. 49.
Tradition Ost – **Frannz 9**: s. S. 47.
Partys – **SODA Klub / Club23 10**: s. S. 46.

Das Beste auf einen Blick

Friedrichshain und Treptow

Highlight!

East Side Gallery: Das längste in Berlin erhaltene Mauerstück präsentiert die größte Freiluftgalerie der Welt, gestaltet von Künstlern aus 21 Ländern. 2 S. 228

Auf Entdeckungstour

Eine Straße als Denkmal – Besuch in der Karl-Marx-Allee: Sie ist 2,3 km lang, 90 m breit und sollte samt den sieben- bis neun-geschossigen Wohnhäusern im Nationalstil der Stalinära die Magistrale der neuen sozialistischen Hauptstadt Berlin sein. Heute ist die Karl-Marx-Allee, von 1950 bis 1961 Stalinallee, das größte Baudenkmal Europas und der Ort für eine kurze Entdeckungstour in der Frühzeit der DDR. S. 234

Kultur & Sehenswertes

Oberbaumbrücke: Die Brücke, die ein wenig an ein Stadttor erinnert, war zu Mauerzeiten für Fußgänger im kleinen Grenzverkehr geöffnet und ist ein Denkmal der Teilung besonderer Art. 5 S. 229

Aktiv unterwegs

Badeschiff: Zur Arena in Treptow gehört das Badeschiff, im Sommer ein Pool, im Winter eine Saunalandschaft. S. 55, 233

Zu Wasser: An der Abteibrücke in Treptow ein Boot mieten und eine Tour auf der Spree machen. S. 233

Genießen & Atmosphäre

East-Side-Park: Hinter der East Side Gallery an der Spree spazieren gehen und dabei den Ost-West-Überblick haben. 3 S. 229

Yaam: Gerade im Sommer besonders stimmungsvoll. Hier gibt es Reggae am Spreestrand. 1 S. 49, 237

Abends & Nachts

Radialsystem V: Ungewöhnliche, künstlerische Projekte zwischen Alter Musik, Tanz und Video-Installation mit wunderschöner Terrasse an der Spree erleben. 1 S. 51, 100, 228

Von Mediaspree, Boxi und Stalinallee ...

Die Karl-Marx-Allee mit den Prachtbauten der Stalinzeit ist nie das geworden, was sie werden sollte: die Magistrale der Hauptstadt einer sozialistischen Republik. Dafür aber ist die Gegend um den Boxhagener Platz mehr geworden, als ihr in die Wiege gelegt war: ein Szeneviertel mit verrückten Geschäften und der Kneipenmeile Simon-Dach-Straße. Friedrichshain gehört zu den Vierteln des Berliner Mietshausgürtels, die sich infolge der Industrialisierung Berlins im letzten Drittel des 19. Jh. rasant entwickelten. Die Wohngebiete wurden durch Bombenangriffe und den Häuserkampf am Ende des Zweiten Weltkrieges stark zerstört. Die Besichtigung der East Side Gallery mit ihren jüngst sanierten Mauermalereien kann man gut mit dem Besuch des neuen Stadtviertels Mediaspree verbinden.

Infobox

Reisekarte: ▶ P–R 6 bis Q–T 9

Verkehrsverbindungen

East Side Gallery bis Eierspeicher: U 1, 12, 15, S 3, 5, 6, 9, 75, S Warschauer Straße
Boxhagener Platz: U 1, 12, 15, S 3, 5, 6, 9, 75 Warschauer Straße, U 5 Frankfurter Tor, Samariterstraße
Volkspark Friedrichshain, Karl-Marx-Allee: U 5 Strausberger Platz, Weberwiese

Tourinfo

www.xhain.info: Infos rund um den Kiez.
Für East Side Gallery und den Bereich Oberbaumbrücke mit einem Spaziergang an der Spree sollte man 1–1,5 Std., für einen Bummel rund um den Boxhagener Platz (mit Läden) ca. 2 Std., für die Entdeckungstour Karl-Marx-Allee 1 Std. und für den Volkspark Friedrichshain ca. 1 Std. einplanen.

An der Spree

Mediaspree

Heute ist das 3,7 km lange und gut 180 ha große Areal beidseits der Spree zwischen Jannowitz- und Elsenbrücke eines der großen Investitionsprojekte Berlins. Hier entsteht die **Mediaspree, mit** Neubauten von Geschäftshäusern und Wohnanlagen wie auch der Nachnutzung von Hafenbauten und Industriebauten. Ein Beispiel hierfür ist das **Radialsystem V** 1 (s. S. 100). 2008 wurde per Volksentscheid eine bestehende Planung gekippt. Heute werden die einzelnen Bauvorhaben von der Initiative »Spreeufer für alle« (www.ms-versenken.org) kritisch begleitet. In dem Bereich haben sich in den vergangenen Jahren Strandbars angesiedelt.

East Side Gallery ! 2

www.eastsidegallery-berlin.de

Die **East Side Gallery,** die größte Freiluftgalerie der Welt, bedeckt das längste (1,3 km) in Berlin an seinem Standort verbliebene Mauerstück. Im Frühjahr 1990, als noch niemand an eine Wiedervereinigung in absehbarer Zeit glaubte, bemalten 118 Künstler aus 21 Ländern die Mauer. 1991 wurde die East Side

Per Trabi durch die Mauer nach West-Berlin – symbolträchtige East Side Gallery

Gallery unter Denkmalschutz gestellt. 2009 malten 84 der Künstler die Mauerbilder ein zweites Mal aus.

Hinter der East Side Gallery ist seit 2007 auf 1,5 ha am Spreeufer der **East-Side-Park** 3 entstanden. Der ehemalige Kontrollweg, den die Grenztruppen der DDR nutzten, blieb erhalten.

Über die Geschichte der Berliner Mauer und die East-Side-Gallery informiert die Austellung **The Wall Museum** 4 im nahen Mühlenspeicher (Mühlenstr. 78–80, www.thewallmuseum.com).

Mühlenspeicher 4

An der Oberbaumbrücke findet sich an der Mühlenstraße der 1907 noch vor dem Ausbau des Osthafens errichtete **Mühlenspeicher.** Der kleine Aufbau auf dem Dach ist einer der erhaltenen Wachtürme aus der Zeit der Teilung. Die Grenze verlief hier direkt am Ufer auf der Kreuzberger Seite. 2013 ist in den Mühlenspeicher **Pirates Berlin,** ein Restaurant und ein Club, eingezogen.

Oberbaumbrücke 5

Es lohnt sich, für einen Moment auf die Oberbaumbrücke zu gehen. Die 150 m lange, zweistöckige Konstruktion wurde 1894 bis 1896 im neogotischen Stil mit Anklängen an ein Stadttor aus Ziegelsteinen erbaut und zur Gewerbeausstellung im nahen Treptower Park 1896 eröffnet. Auf der oberen Ebene verliefen die Gleise der bis 1902 verlegten Stammbahn der Berliner U-Bahn. Die Oberbaumbrücke war während der Teilung Berlins für Fußgänger im kleinen Grenzverkehr geöffnet. Daran erinnert der Mittelteil, im Kontrast zur historischen Klinkerbauweise als 22 m lange Stahlkonstruktion ausgeführt.

Eierspeicher 6

Der Umbau des **Eierspeichers** an der Oberbaumbrücke für den Musikkonzern Universal und die MTV-Studios ein Stück die Spree hinunter waren die ersten realisierten Projekte in Sachen Mediaspree.

Rund um den Boxhagener Platz

Entlang der lauten Boxhagener Straße findet sich eine faszinierende Mischung aus alteingesessenen Geschäften und

Friedrichshain

Sehenswert

1 Radialsystem V
2 East Side Gallery
3 East-Side-Park
4 Mühlenspeicher/ The Wall Museum
5 Oberbaumbrücke
6 Eierspeicher
7 Kapelle des Georgen-Parochial-Friedhofs
8 Simon-Dach-Straße
9 Mainzer Straße
10 Boxhagener Platz (Boxi)
11 Knorrpromenade
12 Volkspark Friedrichshain
13 Karl-Marx-Buchhandlung
14 Karl-Marx-Allee 72/ehem. Café Sibylle
15 Karl-Marx-Allee 102–104
16 Karl-Marx-Allee 116
17 Karl-Marx-Allee 124
18 Karl-Marx-Allee 126–128
19 Frankfurter Tor
20 ehem. Kino Kosmos

Essen & Trinken

1 Kuchenrausch
2 Kurhaus Korsakow
3 Schneeweiß
4 Die Turnhalle
5 Anastasia
6 Umspannwerk Ost

Einkaufen

1 Mode in der Wühlischstraße
2 fettebeute
3 bella natur
4 Stoffrausch

Aktiv

1 Boulder-Felsen

Abends & Nachts

1 Yaam
2 East-Side Blick
3 Postbahnhof
4 Haus B
5 Matrix Club Berlin
6 Berghain
7 ČSA

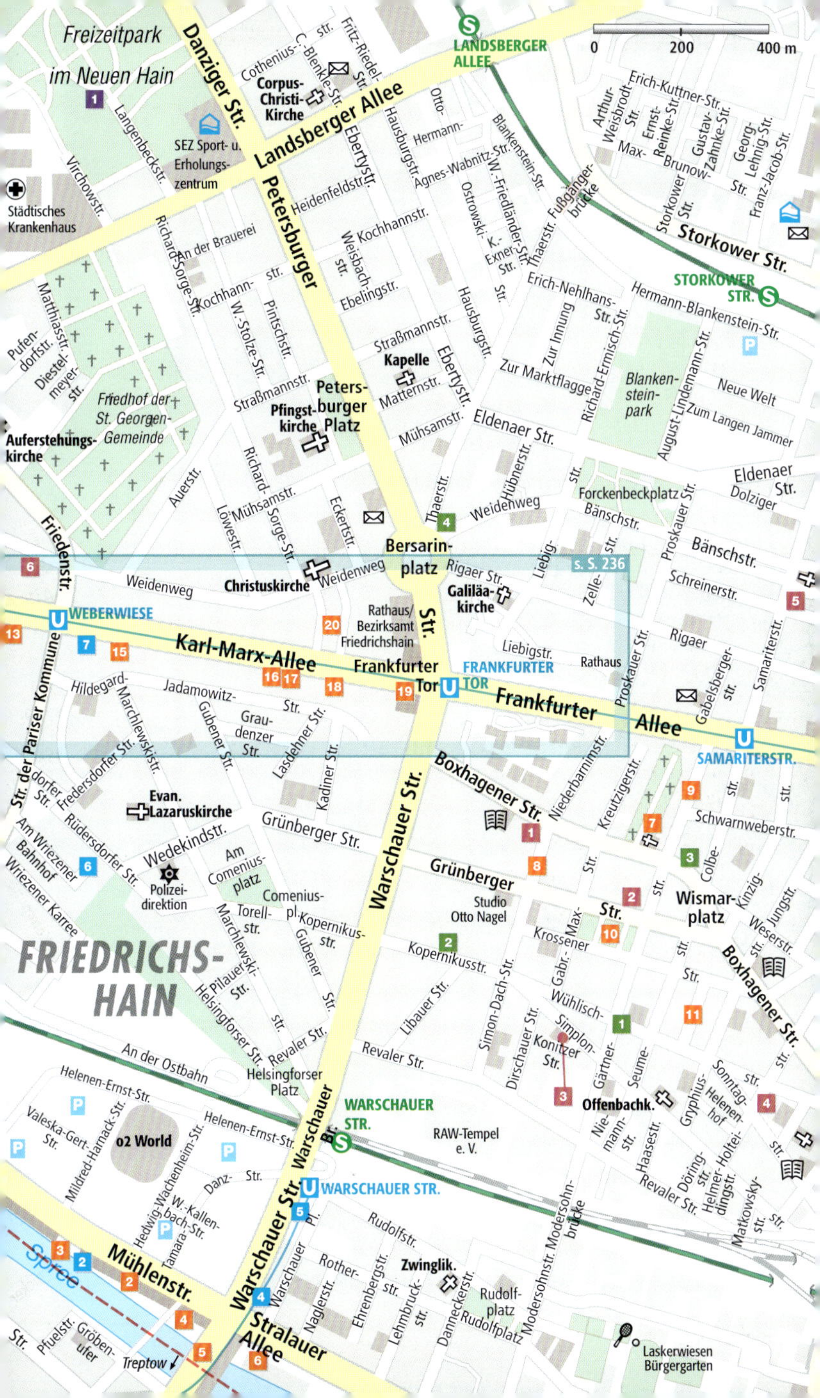

Freizeitpark im Neuen Hain
1
Danziger Str.
Cothenius-
C.-Blenkle-Str.
Fritz-Riedel-Str.
Corpus-Christi-Kirche
LANDSBERGER ALLEE
0
200
400 m
Langenbeckstr.
SEZ Sport- u. Erholungszentrum
Landsberger Allee
Ebertystr.
Otto-
Hausburgstr.
Hermann-
Blankenstein-Str.
Erich-Kuttner-Str.
Arthur-Weisbrodt-Str.
Ernst-Reinke-Str.
Gustav-Zahnke-Str.
Georg-Lehnig-Str.
Franz-Jacob-Str.
Max-Brunow-Str.
Virchowstr.
Städtisches Krankenhaus
Petersburger
Heidenfeldstr.
Agnes-Wabnitz-Str.
W.-Friedländer-Str.
Ostrowski-
K.-Exner-Str.
Fußgängerbrücke
Storkower Str.
Storkower Str.
Richard-Sorge-Str.
An der Brauerei
Kochhannstr.
Weisbach-str.
Ebelingstr.
Thaerstr.
STORKOWER STR.
Matthiasstr.
Pufendorfstr.
Dieselmeyer-str.
Kochhann-str.
W.-Stolze-Str.
Pintschstr.
Erich-Nehlhans-Str.
Hermann-Blankenstein-Str.
Hausburgstr.
Straßmannstr.
Zur Innung
Richard-Ermisch-Str.
Kapelle
Ebertystr.
Zur Marktflagge
Blankensteinpark
August-Lindemann-Str.
Neue Welt
Zum Langen Jammer
Friedhof der St. Georgen-Gemeinde
Straßmannstr.
Pfingstkirche
Petersburger Platz
Matternstr.
Mühsamstr.
Eldenaer Str.
Auferstehungskirche
Auerstr.
Richard-Sorge-Str.
Mühsamstr.
Löwestr.
Eckertstr.
Thaerstr.
4
Hübnerstr.
Weidenweg
Forckenbeckplatz
Bänschstr.
Proskauer Str.
Eldenaer Str.
Dolziger Str.
Friedenstr.
Bersarinplatz
Liebig-str.
Bänschstr.
6
Weidenweg
Christuskirche
Weidenweg
Rigaer Str.
s. S. 236
Zelle-
Schreinerstr.
5
Galiläakirche
WEBERWIESE
Rathaus/ Bezirksamt Friedrichshain
Str.
Liebigstr.
Rathaus
Rigaer
13
7
15
20
Karl-Marx-Allee
Frankfurter Tor
FRANKFURTER TOR
Proskauer Str.
Gabelsberger-str.
Samariterstr.
Str. der Pariser Kommune
Hildegard-
Jadamowitz-Str.
16
17
18
19
Frankfurter Allee
Marchlewskistr.
Gubener Str.
Graudenzer Str.
Lasdehner Str.
SAMARITERSTR.
Fredersdorfer Str.
Kadiner Str.
Boxhagener Str.
Niederbarnimstr.
Kreutzigerstr.
9
str.
str.
Evan. Lazaruskirche
Grünberger Str.
Schwarnweberstr.
Rüdersdorfer Str.
Am Wriezener Bahnhof
Wriezener Karree
6
Wedekindstr.
Am Comenius-platz
Polizeidirektion
Comenius-pl.
Warschauer Str.
1
8
Grünberger Str.
Studio Otto Nagel
7
3
Colbe-
Wismarplatz
2
Kinzig-
Jungstr.
Weserstr.
Torell-str.
Kopernikus-str.
Gubener Str.
Marchlewski-Str.
2
Kopernikusstr.
Krossener
Gabr.-Max-
10
Str.
FRIEDRICHS-HAIN
Pilauer Str.
Helsingforser Str.
Str.
Libauer Str.
Simon-Dach-Str.
Wühlisch-
Simplon-
1
11
Boxhagener Str.
Dirschauer Str.
Konitzer Str.
Gärtner-
Seume-
Sonntag-str.
An der Ostbahn
Revaler Str.
Helsingforser Platz
Revaler Str.
3
Offenbachk.
Gryphius-
Helenenhof
4
Helenen-Ernst-Str.
WARSCHAUER STR.
RAW-Tempel e. V.
Niemann-str.
Haasestr.
Valeska-Gert-Str.
o2 World
Mildred-Harnack-Str.
Helenen-Ernst-Str.
Warschauer Br.
Revaler Str.
Döring-str.
Helmer-Holtei-
dingstr.
Matkowsky-str.
Danz-Str.
Hedwig-Wachenheim-Str.
W.-Kallenbach-Str.
WARSCHAUER STR.
Modersohnbrücke
Tamara-
5
Pl.
Rudolfstr.
Modersohnstr.
3
2
Spree
Mühlenstr.
2
Warschauer Str.
Warschauer
Rother-str.
Ehrenbergstr.
Zwinglik.
Lehmbruck-str.
Dannecker-str.
Rudolfplatz
Rudolfplatz
4
4
Naglerstr.
Stralauer Allee
Str.
Pfuelstr.
Gröbenufer
Treptow
5
6
Laskerwiesen Bürgergarten

Der Berliner huldigt jedem Sonnenstrahl – im Sommer findet das Leben in den Straßencafés statt, wie hier in der Wühlischstraße

Szeneläden. Eine eigenwillige Nutzung kennzeichnet die denkmalgeschützte, aus Backstein gebaute **Kapelle des Georgen-Parochial-Friedhofs** 7 (1876). Hier war bis 2013 ein Theater untergekommen. Aktuell wird über die weitere kulturelle Nutzung entschieden.

Die **Simon-Dach-Straße** 8 ist eine der Kneipenzonen Berlins, in der sich die Internationale der Kneipengänger verbrüdert. In der **Mainzer Straße** 9 waren 1990 elf Häuser besetzt – einer der ersten Kristallisationspunkte der Szene in Nachwendezeiten.

Auf dem **Boxhagener Platz** 10, Boxi genannt, dominieren über Tag die Kinder und der Wochenmarkt, abends die Szenegänger. Sonntag vormittags findet ein Trödelmarkt statt, der die Bezeichnung noch verdient. Wer Mode- und Designläden sucht, der ist in der **Wühlischstraße** 1 richtig. Von der Simon-Dach-Straße bis zur Kreuzung mit der Boxhagener Straße lohnt der Weg.

Die von der Wühlischstraße abgehende **Knorrpromenade** 11, als Wohnstraße für Besserbetuchte mit Vorgärten und aufwendigen Fassaden 1914 erbaut, wurde früher des Abends immer schön abgeschlossen.

Volkspark Friedrichshain 12

Für gestresste Großstädter ist er eine wichtige grüne Insel. 1848 im Stil eines englischen Landschaftsparks angelegt, gab er als erster kommunaler Park Berlins eine Antwort auf den hochherrschaftlichen Tiergarten. Heute prägen der 78 m hohe Große und der Kleine Bunkerberg (48 m), zusammen **Mont Klamott** genannt, den Park. Sie wurden aus Trümmern über den Flakbunkerresten Friedrichshain aufgeschüttet. Im Park viele Spiel- und Sportplätze.

Der **Märchenbrunnen** von 1913 mit Figuren aus den Märchen der Gebrüder Grimm darf als eine der schönsten Brunnenanlagen Berlins gelten. Auf dem **Friedhof der März-Gefallenen** wurden die getöteten Barrikadenkämpfer von 1848 beerdigt. Eine Ausstellung erinnert hier an die Märzrevolution (www.friedhof-der-maerzgefallenen.de).

Ein **Denkmal** von Fritz Cremer (1906–93) aus den 1960er-Jahren erinnert an die deutschen Spanienkämpfer, polnische und deutsche Künstler gestalteten das **Deutsch-Polnische Ehrenmal** (1972).

Karl-Marx-Allee 13–20
s. Entdeckungstour S. 234

Essen & Trinken

Restaurant und Club im Mühlenspeicher – **Pirates Berlin 4**: Mühlenstr. 78–80, Tel. 030 97 00 24 14, www.piratesberlin.com, Restaurant tgl. ab 10, Küche bis 1 Uhr; Pizza/Pasta/Burger ab 6,80 €, HG 14,90–32,50 €.
Mehr als ein Café – **Kuchenrausch 1**: Simon-Dach-Str. 1, Tel. 030 55 95 38 55, www.kuchenrausch.de, U Frankfurter Tor, So–Do 9–24, Fr/Sa 9–2 Uhr, HG 7,50–15 €. Ideale Mischung aus herkömmlichem Café mit Selbstgebackenem und Szenetreff, in dem man auch seinen Hunger stillen kann.
Deftige Berliner Art – **Kurhaus Korsakow 2**: Grünberger Str. 81, Tel. 030 54 73 77 86, www.kurhaus-korsakow.de, U Samariterstraße, U, S Warschauer Straße, Mo–Fr ab 17, Küche 18–23, Sa/So ab 9, Küche 16–23 Uhr, HG ab 6,50 €. Das Kurhaus Kor- ▷ S. 237

Mein Tipp

Abstecher nach Treptow ▶ R–T 11/12
Fährt man von Friedrichshain Richtung Treptower Park, lohnt unter Umständen ein Abstecher zum Veranstaltungszentrum **Arena** (▶ R/S 11, Eichenstr. 4, www.arena-berlin.de, U 1 Schlesisches Tor, 10 Min. Fußweg, S 8, 9, 41, 42, 85 Treptower Park, 5 Min. Fußweg). Mit dem **Badeschiff** (s. S. 55), dem **Glashaus** mit zwei Sälen als Theater und Club, dem **Magazin** als Location für Kunstausstellungen hat sich hier ein eigenständiger Bereich entwickelt, der viele Besucher anzieht.
Ebenfalls relativ nah zum Stadtzentrum liegt der schon 1876 bis 1888 angelegte 88,2 ha große **Treptower Park** (▶ S/T 12, S 8, 9, 41, 42, 85 Treptower Park). 1909 wurde hier die **Archenhold-Sternwarte** fertiggestellt (Alt-Treptow 1, www.sdtb.de, Mi–So 14–16.30 Uhr, Führungen Do 20, Sa/So 15 Uhr, Sternbeobachtung Okt.–März Fr 20 Uhr). Sie präsentiert das mit 21 m längste Linsenfernrohr der Welt. Das **Sowjetische Ehrenmal**, 1946 bis 1949 errichtet, nimmt eine Fläche von 100 000 m^2 ein. Eine Attraktion: das **Gasthaus Zenner**, dessen Hauptgebäude von 1821/22 nach dem Krieg wieder aufgebaut wurde.
Gasthaus Zenner: Alt Treptow 14–17, Treptow, Tel. 030 533 73 70, www.hauszenner.de, S Treptower Park, 15 Min. Fußweg oder Bus 167 Alt-Treptow, Restaurant Di–Sa 12–22, So 10–21 Uhr, HG 7–19,80 €. Im Sommer regelmäßig Tanznächte ab 22 Uhr. Das Restaurant bietet Deftiges vom Sauerbraten bis zum Zanderfilet. Der Biergarten, einer der ältesten in Berlin, ist mit 1500 Sitzplätzen auch einer der größten.
Klipper Treptow: Bulgarische Str. (Treptower Park, Höhe Insel der Jugend), Tel. 030 53 21 64 90, www.klipper-berlin.de, S 8, 9, 45 Plänterwald, dann zu Fuß oder Bus 166, 167, 265, tgl. 10–1, Frühstück bis 16 Uhr, HG 8–15 €. Fischrestaurant auf einem über 100 Jahre alten Segelschiff, man sitzt auf der Wasserterrasse (Seebrücke) oder im Seepavillon. Eigene Räucherei!
Rent a' boat: ▶ außerhalb T 12, An der Abteibrücke, s. S. 56.

Auf Entdeckungstour: Eine Straße als Denkmal – Besuch in der Karl-Marx-Allee

Sie ist 2,3 km lang, 90 m breit und sollte samt den sieben- bis neungeschossigen Wohnhäusern im Nationalstil der Stalinära die Magistrale der neuen sozialistischen Hauptstadt Berlin der DDR sein. Heute ist die Karl-Marx-Allee, von 1949 bis 1961 Stalinallee, das größte Baudenkmal Europas.

Infos: www.karlmarxallee.eu
Für wen: Ost-Nostalgiker, Geschichtsbegeisterte und städtebaulich Interessierte
Ausgangspunkt: U Weberwiese
Dauer: ca. 2 Std.

Nein, wir sind nicht in Moskau oder Leningrad. Verlassen wir den U-Bahnhof Weberwiese gegen die Fahrtrichtung der U-Bahn-Züge aus der Innenstadt, stehen wir an einer alten Ausfallstraße Berlins. Bis 1949 hieß sie Frankfurter Straße, verließ die Stadt Richtung Frankfurt/Oder. Dann beschloss der Ost-Berliner Magistrat ihre Umbenennung in Stalinallee – zum 70. Geburtstag des Diktators. Wer sich in der Grammatik der symbolischen Handlungen eines realsozialistischen Staates auskennt, weiß, eine Straße, die den Namen des damals noch als Führer und gütigen Vater aller Werktätigen verehrten Stalin trägt, muss etwas Besonderes sein: die Magistrale der neuen sozialistischen Stadt.

Wer sich weitere Informationen und einen Eindruck von den Bauarbeiten zur Stalinallee verschaffen möchte, der gehe ein kurzes Stück Richtung Innenstadt. Auf der Südseite des Boulevards passiert man zunächst die **Karl-Marx-Buchhandlung** 13, in der man durch die Schaufenster noch die originale Ladeneinrichtung bewundern kann. Gleich dahinter, im **Haus Nr. 72** 14, hat der Förderverein Karl-Marx-Allee im ehemaligen **Café Sibylle** ein kleines Informations- und Kommunikationszentrum mit Cafébetrieb eingerichtet. Eine kleine Ausstellung im hinteren Bereich des Cafés dokumentiert die Geschichte der Stalinallee.

Die Magistrale

Wir aber treten an die Fahrbahn. 90 m ist die Straße breit, bietet neben Bürgersteig, Radweg und Parkbuchten drei Fahrspuren in jede Richtung, dazwischen eine breite Grünfläche. Der Blick Richtung Innenstadt trifft auf den Fernsehturm am Alex, gen Osten auf die beiden mit hohen Kuppeln geschmückten Hochhäuser am Frankfurter Tor. Links und rechts der Straße massive Bauten – die berühmten Arbeiterpaläste, die ab 1952 entlang der Stalinallee gebaut wurden. Ein Versprechen auf eine große Zukunft der gerade gegründeten DDR, des ersten sozialistischen Staates auf deutschem Boden.

Hans Scharoun

Haus **Nr. 102–104** 15, am westlichen Ausgang des U-Bahnhofs, will nicht in diese sozialistische Prachtstraße passen. Ein fünfgeschossiges Mietshaus, dessen Fassade zur Straßenseite von überdachten, halboffenen Gängen gebildet wird. Von diesen Galerien aus sind die Wohnungen zu erreichen. Ein Bauprinzip, das schon zum Ende der Weimarer Zeit als modern galt. 1949 wurden zwei dieser Laubenganghäuser an der Südseite der im Krieg zerstörten Allee unter Verwendung von Entwürfen von Hans Scharoun errichtet: Nr. 102–104 und Nr. 126–128 (s. u.). Sie sind Teil der Wohnzelle 1, dem ersten Bauprojekt an der Karl-Marx-Allee. Sie sollten Beispiele sein für die kommende offene Bauweise in Berlin – wurden jedoch auf dem 3. Parteitag der SED im Juli 1950 von Walter Ulbricht als kosmopolitische Fantasien, amerikanische Kästen und hitlerscher Kasernenstil verdammt. Stattdessen kamen die Arbeiterpaläste.

Gehen Sie durch den Durchgang zwischen Nr. 104 und 106, um einen Blick auf die an moderne Mietbauten erinnernde Rückfront zu werfen.

Bauen für die Werktätigen

Ein Stück die Karl-Marx-Allee hinauf finden sich im Eingang von **Nr. 116** 16 zwei auffallende Hinweise: »Ministerpräsident Otto Grotewohl legte am 3.2.1952 den Grundstein für diesen Block.« Und gegenüber: »Dieser Block E-Süd wurde 1951–52 im Nationalen Aufbau von Lehrlingen errichtet.« Wir sind in der Stalinallee angekommen! Im April 1950 war eine SED-Delegation nach Moskau gefahren, hatte sich einen Rüffel beim großen Bruder abgeholt, der bemängelte, dass die Berliner Städtebautradition in den Planungen zu kurz komme – und prompt beschloss man im Juli 1950 die »16 Grundsätze des Städtebaues«. Die Stalinallee sollte als Beispiel dafür dienen, wie nach den »Bedürfnissen der Werktätigen – national, schön und großzügig« in Zukunft zu bauen sei. So ging es los an der Stalinallee. Grotewohl, Ulbricht, Friedrich Ebert leisteten medienwirksam freiwillige Arbeitseinsätze – und mit ihnen rund 45 000 Berliner Bürger. FDJ-Chef Honecker betätigte sich als Maurerlehrling im Block E-Süd. Bereits Ende

Mai 1953 waren 2100 Wohneinheiten fertiggestellt, bis Ende des Jahres kamen 90 Läden hinzu. Die Wohnungen waren für damalige Verhältnisse geradezu luxuriös: Fahrstuhl, breite Flure im Innern der Wohnungen, Zimmer mit einer Mindestgröße von 12 m^2, Bad mit WC, Fernwärme, Müllschlucker, dazu Balkons und Loggien.

Von der Antike bis Meißen

Acht oder neun Geschosse zeigen die Gebäude, die mit Meißner Kacheln verkleideten Fassaden entlang der Allee springen vor und zurück und lockern so das Bild der Straße auf. Klassizistischer Bauschmuck erinnert an die Berliner Bautradition (Nationalstil). Die Meißner Kacheln machten aber wenig Freude. Schon Mitte der 1950er-Jahre lösten sie sich auf einer Fläche von 5000 m^2. An manchen Häusern finden sich Mosaiken wie an Haus **Nr. 124** 17, das mit Buch und Feder, Mal- und Theaterutensilien den Künsten gewidmet ist. **Nr. 126–128** 18 ist das zweite der beiden Laubenganghäuser (s. S. 235).

Ein repräsentativer Platz und 215 Kandelaber

Das **Frankfurter Tor** 19 (Abb. S. 234) eröffnet die Kette von repräsentativen Stadtplätzen, die über Straußberger Platz, Alexanderplatz und Marx-Engels-Platz die sozialistische Hauptstadt schmücken sollten. Die beiden Turmbauten auf den baugleichen Gebäuden wurden bewusst im Stil des Französischen und des Deutschen Doms auf dem Gendarmenmarkt gehalten.

Schauen wir also zurück zur Innenstadt, die Magistrale hinunter Richtung Alexanderplatz. Die Reihe der insgesamt 215 Kandelaber entlang der Allee, die bis Mitte 2007 erneuert wurden, zieht den Blick Richtung Fernsehturm.

Weg vom Nationalstil

Wer sich Friedrichshain anschauen möchte, geht vom Frankfurter Tor aus zur Boxhagener Straße. Sonst geht es auf der nördlichen Seite der Karl-Marx-Allee zurück zum U-Bahnhof Weberwiese. Man passiert Restaurants mit Mittagsmenüs für unter 7 €, das Politkabarett Charly M und das heute als Eventlocation genutzte ehemalige **Kino Kosmos** 20. Erbaut wurde es bis 1962 als seinerzeit größtes Kino der DDR. In diesem Bereich finden sich Plattenbauten im Stil der Moderne, zu dem die DDR-Städte nach der Entstalinisierung zurückkehrten.

Nach der Wiedervereinigung

Der Versuch, das Kino nach dem Umbau 1996 als Multiplex-Kino zu betreiben, scheiterte. Das Grundproblem der Karl-Marx-Allee machte dem Kino, und nicht nur dem, den Garaus – kaum Laufkundschaft, Billigläden, Versicherungsbüros in den Ladengeschäften. Vielleicht bringen ja die Galerien, die sich seit 2009 hier ansiedeln, neues Leben in die Karl-Marx-Allee.

sakow sieht aus wie ein Speiselokal, ist aber eher eine Mischung aus Treff und Restaurant ohne den Anspruch, in die Feinschmecker-Liga aufsteigen zu wollen, dafür aber preisgünstig.

Designerpreis – **Schneeweiß** 3: s. S. 33.

Schick der 1950er-Jahre – **Die Turnhalle** 4: Holteistr. 6–9, Tel. 030 29 36 48 16, www.dieturnhalle.de, S Ostkreuz, Mo–Fr 10–24, Sa, So ab 9 Uhr, Business-Lunch Mo–Fr 11–16 Uhr, abends HG um 15 €. Terrasse, Loungebereich und Restaurant – die Turnhalle, im Stil des stalinistischen Klassizismus gebaut, bietet großzügig Platz für alle Wünsche. Das neue Küchenteam offeriert für jeden Geschmack etwas – von Flammkuchen bis Kalbsleber mit Kartoffelpüree und Portwein-Apfelspalten.

Russische Küche – **Anastasia** 5: Samariterstr. 13, Tel. 030 42 02 53 82, www.anastasia-berlin.de, U Samariterstraße, Mo–Sa 9–24, So ab 10 Uhr, HG 6–11 €. Etwas abseits der Trampelpfade kann man hier gut draußen sitzen und Pelmeni (Teigtaschen), Blini (Pfannkuchen) und natürlich Borschtsch essen.

Location – **Umspannwerk Ost** 6: Palisadenstr. 48, Tel. 030 42 80 94 97, www.umspannwerk-ost.de, U Weberwiese, tgl. ab 11.30 Uhr, warme Küche bis 23 Uhr, HG ab 12,00 €. In den 7 m hohen Räumen des ehemaligen Trafohauses des Umspannwerks gibt es von der Pasta bis zu Klassikern wie Schnitzel Wiener Art oder Perlhuhnbrust solide, wohlschmeckende Küche. Fr/Sa Dinnershow im Theaterclub (42 €/Person).

Einkaufen

Kreativ und innovativ – **Mode in der Wühlischstraße** 1: s. S. 42.

Alltagstauglich – **fettebeute** 2: Kopernikusstr. 22, Tel. 50 36 80 28, www.fettebeute-berlin.de, U 5 Frankfurter Tor, Mo–Sa 12–20 Uhr. Tragbare Designermode von über 30 unabhängigen, jungen Labels nicht nur aus Berlin für Männer und Frauen in einem berauschend schönen Laden. Vom Accessoire über die Hose bis zum Mantel.

Naturbewusst – **bella natur** 3: s. S. 42.

Außergewöhnlich tragbar – **Stoffrausch** 4: Bersarinplatz/Ecke Weidenweg, Tel. 030 29 66 51 51, www.stoffrausch.com, U Frankfurter Tor, Mo–Fr 11–19, Sa 12–18 Uhr. Etwas außerhalb des Viertels, tragbare Mode für unangepasste Leute, bezahlbar.

Aktiv

Klettern – **Boulder-Felsen** 1: Volkspark Friedrichshain, U Weberwiese, Strausberger Platz, S Landsberger Allee. Ein Boulder-Felsen im Volkspark lädt Kletterer mit entsprechender Ausrüstung zu einer Übungskletterei ein.

Abends & Nachts

Reggae am Strand – **Yaam** 1: s. S. 49.

Spree – **East-Side Blick** 2: s. S. 48.

Tanz im Bahnhof – **Postbahnhof** 3: Straße der Pariser Kommune 8, www.postbahnhof.de, S Ostbahnhof. Wechselndes Programm zwischen Konzerten und Partys im FritzClub. Gleich gegenüber, an der Schillingbrücke, findet sich der Club ADS, www.club-ads.de.

Größter schwul-lesbischer Club – **Haus B** 4: s. S. 49.

Black Musik – **Matrix Club Berlin** 5: s. S. 46.

Angesagt – **Berghain** 6: Am Wriezener Bahnhof, www.berghain.de, Fr und Sa ab Mitternacht bis in den Morgen. *Der* angesagteste Klub, bei dem man nie weiß, ob man reinkommt oder nicht.

Edel-Ostblock-Look – **ČSA** 7: s. S. 44.

Das Beste auf einen Blick

Kreuzberg und Neukölln

Auf Entdeckungstour

Luisenstadt – ein fast vergessener Stadtteil: Im ›verrufenen‹ Kreuzberg, dem Arbeiterstadtteil, der zum Szenekiez wurde, liegt ein Stadtquartier, das zu Kreuzberg gehört, aber mit großzügigen Straßenanlagen und überraschenden Kirchenbauten aus der Zeit zwischen 1850 und 1870 beeindruckt. Luisenstadt, der Name ist heute fast in Vergessenheit geraten. S. 246

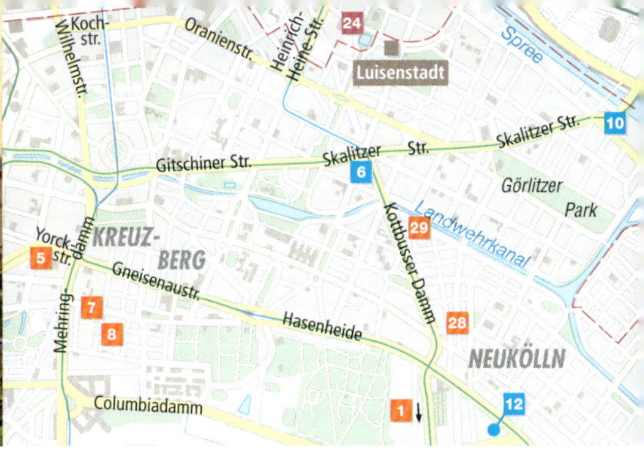

Kultur & Sehenswertes

Riehmers Hofgarten: Besuch in einer gründerzeitlichen Wohnanlage. 5 S. 241

Chamissoplatz: Hier gewinnt man einen Eindruck davon, wie Berlin um 1900 aussah. 8 S. 244

Aktiv unterwegs

Tempelhofer Feld: Radfahren, Skaten, Spazierengehen, Grillen, im Gras liegen und sich die Sonne auf die Nase scheinen lassen ... oder bei einer Führung durch das Flughafengebäude mehr über dessen geschichtsträchtige Vergangenheit erfahren. 1 S. 241, 256

Bergmannstraße: Einkaufsbummel in der Kreuzberger Flaniermeile mit Cafébesuch. 7 S. 244

Genießen & Atmosphäre

biooriental – Wochenmarkt am Maybachufer: Buntes Treiben aus aller Herren Ländern erleben. 29 S. 250

Café am Engelbecken: Frühstück am See mitten in Kreuzberg. 24 S. 255

Klunkerkranich: Bei einem kühlen Getränk und coolen Beats den Blick über die Stadt schweifen lassen. 12 S. 257

Abends & Nachts

Oranienstraße: Ob beim Essen, in der Kneipe oder im Café – hier trifft sich die neue Kreuzberger Mischung. S. 245

Würgeengel: Gepflegte Drinks in SO 36 schlürfen. 6 S. 256

Watergate Club: Besuch im legendären Szene-Club. 10 S. 47, 257

Reuterplatz und **Weserstraße:** zahlreiche, charmante Kneipen, Bars, Cafés und kleine Geschäfte. 28 S. 249, 257

Szeneviertel und Hipsterkiez – Kreuzberg und Neukölln

Kreuzberg und Neukölln sind ehemalige Arbeiterbezirke – heute tummelt sich hier die Szene, aber man muss wissen wo, die Viertel sind groß. Beide Stadtteile haben ihre eigene Geschichte. Bis heute von den Arbeitermietshäusern geprägt entstand Kreuzberg aus der alten Tempelhofer Vorstadt und dem Stadtviertel Luisenstadt. Neukölln erwuchs mit der industriellen Entwicklung Berlins im 19. Jh. aus dem kleinen Rixdorf. 1817 lebten dort gerade mal 750 Einwohner. Gut 100 Jahre später, waren es dann bereits etwa so viel wie heute: 327 000. Während Kreuzberg im Bereich der Mauer schon in den 70er-Jahren zum Rückzugsort der Alternativszene wurde, blieb Neukölln bis zur Wende ein eher ›piefiger‹ Stadtteil mit einem hohen Anteil an Facharbeiterfamilien. Die Wiedervereinigung Berlins und die schnell beginnende Sanierung der innenstadtnahen Stadtviertel ließ Neukölln dann nach der Jahrtausendwende als kostengünstigen Randbereich zur ›Spielwiese‹ der Szene werden, aber auch zum Investitionsobjekt von Immobilienfirmen. In Nord-Neukölln im Bereich um den Reuterplatz finden sich heute Cafés, Kneipen und Bars, die einst das Markenzeichen von Kreuzberg waren. In Kreuzberg ist heute alles einen Touch schicker.

Infobox

Reisekarte: ▶ L 11–R/S 14, N/O 10–O/P 9, P–R 10/11

Verkehrsverbindungen
Kreuzberg SW 61: U 6 Platz der Luftbrücke, U 6, 7 Mehringdamm, U 7 Gneisenaustraße, Südstern
– **Volkspark Hasenheide:** U 7 Südstern, U 7, 8, S 86 Hermannplatz
– **Gräfekiez:** U 7 Südstern, U 8 Schönleinstraße
Kreuzberg SO 36: U 1, 8, 12, 15 Kottbusser Tor, U 8 Moritzplatz
– **Görlitzer Park:** U 1, 12, 15 Görlitzer Bahnhof
– **Wrangelkiez:** U 1, 12, 15 Görlitzer Bahnhof, Schlesisches Tor
– **Kreuzkölln:** U 7, 8 Hermannplatz, U 8 Schönleinstraße,
– **Schillerkiez:** U 8 Boddinstraße, Leinestraße
– **Neukölln, Rixdorf:** U 7 Rathaus Neukölln, Karl-Marx-Straße

Kreuzberg

Kreuzberg zerfällt in zwei Bereiche: die beiden alten Postzustellbezirke SW (Südwest) 61 und SO (Südost) 36. SW 61 mit dem Chamissoplatz, der Bergmannstraße und dem Stadtquartier um die Graefestraße hat sich zu einem gut sanierten, attraktiven Wohngebiet mit schönen gründerzeitlichen Straßenzügen gemausert. Rauer ist das Klima in SO 36. Vom Kottbusser Tor bis zum Schlesischen Tor finden sich alle Probleme, die die Großstadt aufweist: Arbeitslosigkeit, Armut, Drogen, Vereinsamung. Zugleich aber lebt hier die bunte Szene mit ihren Geschäften, Kneipen und Treffpunkten, der dieser Stadtteil seinen Ruf verdankt. Im Wrangelkiez, nah an der Grenze zu Friedrichshain, wird es nicht nur türkisch, sondern auch teurer. Die Gegend um das Schlesische Tor wird langsam zum In-Viertel. Eine Entwicklung, die auf die Wiedervereinigung zurückgeht. Für SO 36 vor allem, aber auch für SW 61 gilt: Aus Stadtquartieren im Schatten der Mauer sind Wohngebiete in attraktiver Nähe zur Berliner Innenstadt geworden.

Kreuzberg SW 61

Tempelhofer Park (Tempelhofer Freiheit) 1

Der 2008 geschlossene **Flughafen** am Platz der Luftbrücke wurde 2010 als Volkspark eröffnet, der Jogger, Fahrradfahrer und Sportbegeisterte anzieht. Während der Berliner Blockade (Juni 1948 bis Mai 1949) war der Flughafen die einzige Lebensader der Stadt. 2,34 Mio. t Fracht brachten die 278 000 Versorgungsflüge von US Air Force und Royal Air Force in die Stadt, um 2,2 Mio. Menschen aus der Luft zu versorgen, bis die sowjetische Besatzungsmacht einlenkte und die Zugangswege nach West-Berlin wieder öffnete. Der Flughafen,1936 von Ernst Sagebiel als einer der ersten Bauten der neuen Hauptstadt des NS-Reiches, Germania, errichtet, war für 6 Mio. Fluggäste pro Jahr ausgelegt und ist einer der größten zusammenhängenden Baukomplexe der Welt. Wer die heute seltsam klein wirkenden Douglas DC-3, Rosinenbomber genannt, sehen möchte, muss sich zum **AlliiertenMuseum** (www.alliiertenmuseum.de) begeben.

Der Kreuzberg

Von der U-Bahn-Station Platz der Luftbrücke führt ein kurzer Gang durch die Duden- und die Methfesselstraße auf den **Kreuzberg,** nach dem das Viertel benannt ist. An der Methfesselstraße entstand ab 1857 eine burgartige Brauerei, die Schultheiß 1891 übernahm. Das **Viktoria Quartier** 2 wurde in der denkmalgeschützten Industrieanlage unter Beibehaltung der alten Bausubstanz ausgebaut.

Stolze 66 m ragt der **Kreuzberg** dort in die Höhe, wo die Hochfläche des Teltow in das Berliner Urstromtal abfällt. Der Name Kreuzberg bürgerte sich nach der Einweihung des **Nationaldenkmals** 3 am 30. März 1821 ein: Die von einem eisernen Kreuz gekrönte gotische Spitzsäule, nach Plänen Schinkels aus Gusseisen gefertigt, erinnert an den Sieg in den Befreiungskriegen 1813 bis 1815. Der **Viktoriapark** aus dem Jahr 1888 mit dem 24 m hohen **künstlichen Wasserfall** 4 ist in der warmen Jahreszeit der Treffpunkt des Viertels.

Riehmers Hofgarten 5

Eingänge: Yorckstr. 83–86, Hagelberger Str. 9, 12, Großbeerenstr. 56/57

Wie Wohnen in Kreuzberg zu Gründerzeiten auch aussehen konnte, zeigt der 1881 bis 1899 von Maurermeister Wilhelm Riehmer errichtete **Riehmers Hofgarten.** Die 18 fünfgeschossigen Wohnhäuser, die sich um parkähnliche Innenhöfe gruppieren, sind über eine Privatstraße erschlossen. Die Fassaden sind in eher zurückhaltender spätklassizistischer Manier, aber auch in reichen Renaissanceformen ausgeführt. Die Besonderheit: Schmuckfassaden wenden sich nicht nur den Straßen zu, sondern zeigen sich auch in den Höfen.

Friedhöfe vor dem Halleschen Tor 6

Tgl. 8 Uhr bis Sonnenuntergang

Kulturgeschichtlich bedeutend sind die Friedhöfe vor dem Halleschen Tor. Hier wurde viel Prominenz, die in der Berliner Innenstadt wohnte, begraben. Auf den fünf Friedhöfen, die ein zusammenhängendes Areal bilden, ruhen u. a. das Ehepaar Varnhagen, der Komponist Felix Mendelssohn Bartholdy, die

Kreuzberg und Neukölln

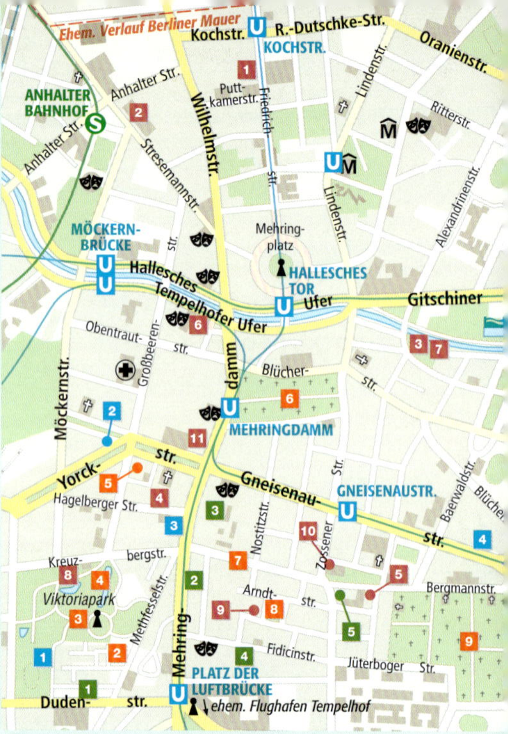

Sehenswert

1 Tempelhofer Feld
2 Viktoria Quartier
3 Nationaldenkmal
4 Künstlicher Wasserfall
5 Riehmers Hofgarten
6 Friedhöfe vor dem Halleschen Tor
7 Bergmannstraße
8 Chamissoplatz
9 Friedhöfe Bergmannstr.
10 Volkspark Hasenheide
11 Graefekiez
12 Admiralbrücke
13 Paul-Lincke-Ufer
14 Künstlerhaus Bethanien
15 FHXB Museum
16 Oranienplatz 4
17 Engelbecken
18 St.-Michael-Kirche
19 St.-Thomas-Kirche
20 Diakonissen-Krankenhaus Bethanien / Apotheke
21 Georg-von-Rauch-Haus
22 Görlitzer Park
23 St. Marien-Liebfrauen
24 U-Bhf Schlesisches Tor
25 Führungsstelle/Wachturm
26 Hermannplatz
27 Karl-Marx-Straße
28 Reuterplatz
29 bioriental
30 Rathaus Neukölln
31 Amtsgericht
32 Alte Post
33 Sparkassengebäude
34 Passage/Neuköllner Oper
35 Heimathafen
36 Schillerpromnade
37 Schulhaus
38 Richardplatz
39 Bethlehemskirche
40 Alte Schmiede
41 Comeniusgarten
42 Hufeisensiedlung
43 Schloss Britz

Essen & Trinken

1 Nobelhart & Schmutzig
2 Solar
3 Restaurant Altes Zollhaus
4 Riehmers
5 Austria
6 Blue Nile Restaurant
7 Van Loon
8 Tomasa
9 Café Richmond
10 Marheineke Markthalle
11 Curry 36
12 Eiscafé Isabell
13 Horváth
14 Spindler & Klatt
15 Kantine Kohlmann
16 Long March Canteen
17 Maroush
18 Max & Moritz
19 Hasir Ocakbasi
20 Safran
21 Henne
22 Weltrestaurant Markthalle
23 Zur Kleinen Markthalle
24 Café am Engelbecken
25 Rissani
26 eins 44
27 Lavanderia Vecchia
28 Schiller-Burger
29 Prachtwerk

Einkaufen

1 Antiquariat Tode
2 M 75
3 Faster, Pussycat!
4 Amphora
5 HAMMETT
6 Un autre VooDoo
7 UVR Connected
8 Wesen
9 The Good Store

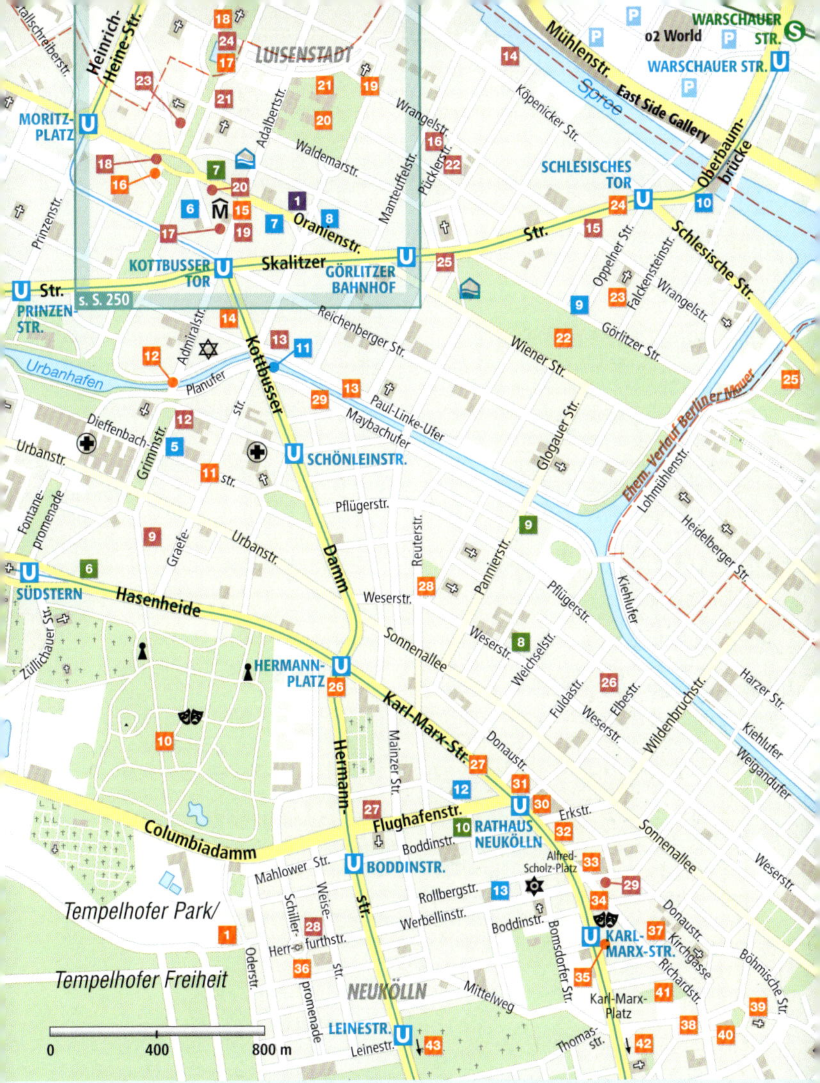

10 Barber Shop K. Istanbul

Aktiv

1 Hamam

Abends & Nachts

1 Golgatha
2 Yorckschlösschen
3 Rauschgold
4 Legende von Paula und Ben
5 Café Rizz
6 Würgeengel
7 SO36
8 Orient Lounge
9 Marabu Bar
10 Watergate Club
11 Ankerklause
12 Klunkerkranich
13 SchwuZ

Dichter E. T. A Hoffmann und Adelbert von Chamisso sowie die Architekten David Gilly und Georg Wenzeslaus von Knobelsdorff.

Wer sich über das wehrhafte Aussehen des **Finanzamts Kreuzberg** gegenüber dem Friedhof wundert: Es ist in der ehemaligen Kaserne des Garde-Dragoner-Regiments untergebracht.

Bergmannstraße 7

Die Bergmannstraße, die wie die umliegenden Straßen im Zweiten Weltkrieg nur geringfügige Schäden davontrug, hat sich seit der Sanierung ab 1978 zu einer Flaniermeile mit Antiquariaten, Lädchen und Cafés gemausert. Einen Besuch lohnt die **Marheineke Markthalle** 10, eine der letzten Berliner Markthallen, nach dem Krieg wieder aufgebaut und 2007 komplett saniert.

Chamissoplatz 8

Einen Eindruck davon, wie Berlin um 1900 aussah, erhält man in den Straßen rund um den Chamissoplatz. Hier sind ganze Fassadenreihen des ab 1877 erbauten Viertels erhalten. Bei der Sanierung wurden der historische Fassadenschmuck und Balkone wieder angesetzt. Wasserpumpen und alte Straßenlampen sorgen für Flair. Aber: Auf den Hinterhöfen der Mietshäuser mit den schönen Fassaden herrschten zu Gründerzeiten unvorstellbare Wohnverhältnisse. Im Zuge der Sanierung wurden viele Hinterhöfe entkernt.

Friedhöfe Bergmannstraße 9

Tgl. 8 Uhr bis Sonnenuntergang

Vier Friedhöfe samt einer 600 m langen Friedhofsmauer, an der zahlreiche prachtvolle Erbbegräbnisstätten liegen, sind in dem 21 ha großen Areal der Friedhöfe Bergmannstraße zusammengefasst. Hier entdeckt man nicht nur ein bisschen Ruhe in der hektischen Großstadt, sondern auch die **Gräber** des Malers Adolph Menzel (seit 1898 von Menzel), des Historikers Theodor Mommsen, des Dichters Ludwig Tieck und des Philosophen Friedrich Schleiermacher. Auch der Außenminister der Weimarer Republik Gustav Stresemann hat hier seine letzte Ruhe gefunden.

Volkspark Hasenheide 10

Der 50 ha große Volkspark gehört zu Berlin-Neukölln. Mit diversen Sportflächen, dem 69 m hohen Trümmerberg, der Rixdorfer Höhe, und den Spielstätten für Freizeitkicker ist er stark besucht. Leider gibt es immer wieder Ärger mit nicht angeleinten Hunden, und die Drogenszene um den Hermannplatz nutzt den Park. Stolz verweist der Bezirk darauf, dass Turnvater Jahn am 19. Juni 1811 auf dem Gelände den ersten Turnplatz Deutschlands eröffnete.

Graefekiez 11

Benannt nach der Graefestraße, die das Viertel als Geschäftsstraße zwischen Hasenheide und Landwehrkanal durchzieht, bietet der Kiez zwischen Südstern und Landwehrkanal nicht nur gründerzeitliches Ambiente. Seitdem er seit 1995 unter Milieuschutz steht, wandelte er sich zum bevorzugten Wohngebiet mit beliebter Kneipen- und Restaurantkultur. Vom Südstern die Körtestraße hinunter, in der Grimm-, der Diefenbach- und der Graefestraße gibt es jede Menge Geschäfte, Cafés und Restaurants zu entdecken. Die **Admiralbrücke** 12, die über den Landwehrkanal führt, ist in den warmen Monaten der Treffpunkt im Kiez.

Kreuzberg SO 36

Auf dem Kottbusser Damm bzw. über die Kottbusser Brücke gelangt man ans **Paul-Lincke-Ufer** 13 mit seinen Biergärten und Cafés. Die Kottbusser Straße

In Kreuzberg begegnet man Musikern aus aller Welt – ob in Cafés, Parks oder Kneipen

führt weiter zum Kottbusser Tor. In der Kottbusser Straße 10 ist das **Künstlerhaus Bethanien** 14 untergekommen, das hier Ausstellungen der Künstler zeigt, die im Künstlerhaus arbeiten (Di–So 14–19 Uhr). Informationen über die Geschichte bietet das **FHXB Friedrichshain-Kreuzberg Museum** 15 (Adalbertstr. 95 A, www.fhxb-museum.de, Di–So 12–18 Uhr, Eintritt frei).

Erst in der **Oranienstraße** beiderseits der Adalbertstraße wird die Lebensqualität, die Kreuzberg bietet, deutlich. Szenetreffs, Restaurants mit der Küche verschiedenster Länder, aber auch Geschäfte lösen einander ab. Der **Oranienplatz** ist Teil einer grünen Schneise, die sich vom Landwehrkanal bis zum Engelbecken an der St. Michaels-Kirche (s. Entdeckungstour S. 246) hinzieht. Das Haus **Oranienplatz 4** 16 wurde 1931 bis 1933 nach Plänen von Max Taut und Franz Hoffmann im Stil der Neuen Sachlichkeit als Warenhaus einer Konsumgenossenschaft erbaut.

Luisenstadt 17 – 21

s. Entdeckungstour S. 246

Görlitzer Park 22

Auf dem Gelände des ehemaligen **Görlitzer Bahnhofs** legte man in den 1980er-Jahren den **Görlitzer Park** an. Kinderbauernhof, Spiel- und Bolzplätze und die Grillmöglichkeiten im Sommer locken viele Anwohner an, aber auch die Drogenszene ist hier vertreten.

Wrangelkiez

Rund um Wrangel- und Schlesische Straße zwischen Skalitzer Straße, Görlitzer Park, Landwehrkanal und Spree erstreckt sich der Wrangelkiez, ein Quartier, in dem sich die Berliner Probleme ballen. Auch Sanierungsmaßnahmen konnten nicht verhindern, dass durch Wegzug deutscher Familien ein Kiez mit einem Migrantenanteil von fast 40 %, bei Jugendlichen bis zu 70 % entstand. Hohe Arbeits- und Perspektivlosigkeit vieler Jugendlicher belasten das Quartier. Allerdings ist der Wrangelkiez mittlerweile eines der Szeneviertel, die Mieten steigen, Gewerbehöfe werden saniert und als Luxuslofts verkauft. Haupteinkaufsstraßen sind Wrangel- und Falckensteinstraße.

In der Wrangelstraße überrascht die Kirche **St. Marien-Liebfrauen** 23, die 1904 bis 1906 im neoromanischen Stil nach dem Vorbild des Klosters Maria Laach erbaut wurde.

Der **U-Bahnhof Schlesisches Tor** 24, der mit der Eröffnung der ▷ S. 249

Auf Entdeckungstour: Luisenstadt – ein fast vergessener Stadtteil

Im Schatten der Mauer überdauerte ein Stadtquartier, das zu Kreuzberg gehört, aber mit großzügigen Straßenanlagen und überraschenden Kirchenbauten aus der Zeit zwischen 1850 und 1870 beeindruckt. Luisenstadt, der Name ist heute fast in Vergessenheit geraten.

Ausgangspunkt: U Moritzplatz
Kirchen: St. Michael 18: Di 9, Fr 18.30, So 9.30 Uhr Hl. Messe;
St. Thomas 19: Mi 19 Uhr Andacht, So 10 Uhr Gottesdienst
Dauer: 2 Std.

Es sind nur wenige Minuten vom Moritz- zum Oranienplatz, die man entlang nichtssagender Neubauten hinter sich bringen muss. Schon am Oranienplatz zeigt sich die überraschende alte Pracht dieses Stadtquartiers. Eine großzügige Platzanlage, auf der türkische Frauen und Männer auf Parkbänken ein bisschen frische Luft schnappen. Eine breite Schneise zieht sich durch das eng bebaute Kreuzberg vom Wassertorplatz im Süden bis zum Michaelkirchplatz im Norden. Der Legiendamm rechts, dann ein Parkgelände in der Mitte, der Leuschnerdamm links. Wer hat sich so eine Straßenanlage ausgedacht? Miethungrige Wohnungsbauspekulanten sicher nicht.

Entscheiden wir uns für den Weg durch die Grünanlage und gehen in Richtung St.-Michael-Kirche. Langsam senkt sich der Pfad immer weiter unter Straßenniveau ab. Trockenen Fußes gehen wir im ehemaligen Luisenstädtischen Kanal unter einer Brücke hindurch, um dann plötzlich vor einem kleinen See zu stehen. Dekorativ liegt das Engelbecken vor der Frontfassade der St.-Michael-Kirche.

Arbeitsbeschaffung

Der **Luisenstädtische Kanal** war eine der Adern der alten Luisenstadt. 1802 erhob König Friedrich Wilhelm III. die Köpenicker Vorstadt zum 6. Stadtteil der Königlichen Residenz Berlin und gab dem Quartier den Namen Luisenstadt nach seiner geliebten Gattin Königin Luise. Berlin sollte wachsen und wuchs. 1827 wurden hier schon 16 742 Einwohner gezählt. 1826 wurde die Erweiterung des Viertels bis zum Floßgraben, dem heutigen Landwehrkanal, im Südosten geplant. 1848 wurde dann als wahrscheinlich erste Arbeitsbeschaffungsmaßnahme der Welt der Luisenstädtische Kanal gegraben. Von der Spree im Norden führte er in einem weit ausholenden Bogen bis zum Engelbecken, bog hier Richtung Süden ab, um schnurgerade den Landwehrkanal anzusteuern.

Der Luisenstädtische Kanal diente einerseits zur Entwässerung der umliegenden Gebiete, bot aber zugleich die Möglichkeit, die Baumaterialien für den Aufbau des rasant wachsenden neuen Stadtviertels per Schiff anzuliefern. Als dieser Aufbau um 1900 beendet war, verlor der Kanal seine Funktion. Da er wegen der geringen Fließgeschwindigkeit des Wassers stank, wurde er ab 1926 mit dem Abraum aus dem U-Bahn-Bau zugeschüttet und als **Gartenanlage** gestaltet. Diese verkam, als ab 1961 die Luisenstadt durch die Mauer zerschnitten wurde. Erst nach 1990 entdeckte das Gartenbauamt des Bezirks in der Brache Treppen-, Brunnen- und Beckenanlagen, richtete die Grünfläche wieder her und ließ das **Engelbecken** 17 wieder ausgraben.

Wer vorab schon eine Pause braucht, kann im **Café am Engelbecken** 24 oder in der **Kleinen Markthalle** 23 einkehren. Sie ist ein Überbleibsel der großen Markthalle, die hier am 23. Mai 1888 eröffnet wurde.

Die schönste Kirche der Stadt

Beeindruckend ist die **St.-Michael-Kirche** 18, die der Schriftsteller und Stadtkenner Theodor Fontane zur schönsten Kirche Berlins kürte. 1851 bis 1859 errichtete sie der Architekt Johann August Carl Soller, ein Schinkel-Schüler, als zweites Gotteshaus der katholischen Gemeinde der Stadt.

Die Fassade der Kirche wurde nach 1990 saniert. Mächtig erheben sich die drei Rundbogenfenster im Glockengeschoss. Der Erzengel Michael bekrönt den Glockenturm. Im Portal entdecken wir ein Mosaik, das den Erzengel Gabriel und die Jungfrau Maria bei der Verkündigung des Herrn zeigt. Nicht wiederhergestellt wurde bis heute das im Zweiten Weltkrieg zerstörte Längsschiff. Aber auch das Querschiff vorne, das die 56 m hohe Bronzekuppel trägt, beweist eindrucksvoll, dass hier das Zentrum eines neuen Viertels der Berliner Innenstadt entstehen sollte. Heute kaum noch vorstellbar, unmittelbar vor der Kirche verlief die Berliner Mauer. Auf der Westseite der Mauer war der verdeckte Teil des Kirchenportals aufgemalt. Ein Mauersegment, das nach 1990 als Geschenk an den Papst nach Rom ging.

ten, in der der Schriftsteller und gelernte Apotheker Theodor Fontane ab 1848 arbeitete. In das ehemalige Krankenhaus ist der **Kunstraum Kreuzberg** (tgl. 12–19 Uhr) eingezogen.

Der geografische Mittelpunkt der Luisenstadt

Genauso imposant ist die **St.-Thomas-Kirche** 19 am Mariannenplatz, die wir erreichen, wenn wir dem früheren Kanalverlauf weiter durch die Grünanlage zwischen Engeldamm und Bethaniendamm folgen. 1865 bis 1869 wurde sie im geografischen Mittelpunkt der Luisenstadt von Friedrich Adler mit der 56 m hohen Kuppel und den 48 m hohen Türmen erbaut. Eine spätklassizistische Kirche, die mit seinerzeit 3000 Sitzplätzen der größte Sakralbau der Stadt war. Kein Vergleich zu den später erbauten Stadtkirchen, die in die gründerzeitlichen Fassadenreihen der neu errichteten Kreuzberger Stadtquartiere integriert wurden. Die Fassade der Kirche wurde übrigens 1956 bis 1963 originalgetreu rekonstruiert, der Innenraum dagegen verändert wieder aufgebaut. Seit 1999 ist das evangelische Gotteshaus wieder geöffnet.

Schon in den Jahren 1845 bis 1847 wurde das **Diakonissen-Krankenhaus Bethanien** 20 auf dem Mariannenplatz von Theodor Stein erbaut. Hier ist noch die **Fontane Apotheke** erhalten, in der der Schriftsteller und gelernte Apotheker Theodor Fontane ab 1848 arbeitete.

»Der Mariannenplatz war blau, …«

Bundesweit bekannt wurde der Mariannenplatz durch die Besetzung des ehemaligen Schwesternwohnheims des Krankenhauses 1971. Auf diese Zeit spielte auch Rio Reiser mit seiner Band Ton Steine Scherben in dem »Rauch-Haus-Song« an, in dem es heißt: »Der Mariannenplatz war blau, …« – Blau vom Blaulicht der Polizeifahrzeuge. Als **Georg-von-Rauch-Haus** 21, Jugend- und Kulturzentrum Kreuzberg e. V., gibt der Bau noch heute 40–50 jungen Menschen die Möglichkeit zu einem selbstbestimmten Leben.

Heraus aus dem Mauerschatten

Diese Nutzung war nur möglich, weil der Stadtbereich im Schatten der Mauer lag. Heute aber ist es von hier nicht weit zu einem der wichtigsten Entwicklungsgebiete der Berliner Innenstadt beidseits des Spreeufers. Die Berliner City ist mit dem Fahrrad in wenigen Minuten zu erreichen. Es wird noch Jahre dauern, aber das Areal um Michaelkirch- und Mariannenplatz mit seinen großzügigen Straßenanlagen wird wieder zu dem werden, was es einmal war: ein attraktiver Innenstadtbereich – auch wenn er weiterhin Kreuzberg und niemals mehr Luisenstadt heißen wird. Am 1. Mai findet auf dem Mariannenplatz übrigens alljährlich das Myfest (Abb. S. 246) als friedliche Alternative zu den immer wieder von Ausschreitungen begleiteten Mai-Festen in Kreuzberg und Prenzlauer Berg statt.

Hoch- und Untergrundbahn 1902 seinen Betrieb aufnahm, war ein wichtiger Verkehrsknotenpunkt. Seit 1980 steht er unter Denkmalschutz. Rund um den Bahnhof hat sich eine Restaurant- und Kneipenszene angesiedelt, die wie der gesamte Kiez für den aktuellen Wandel steht: Erst wird es szeniger, dann teurer.

Über die **Schlesische Straße,** die als Kneipen-, Restaurant- und Einkaufsmeile immer mehr gewinnt, erreicht man die Restaurant- und Clubschiffe am **Flutgraben**, der die ehemalige Grenze zwischen Ost und West markiert. Im Schlesischen Busch (Am Flutgraben 3) ist eine von zwei in Berlin erhaltenen **Führungsstellen** 25 zu finden – ein 10 m hoher und 4,2 x 4,2 m breiter Wachturm, der die umliegenden, alle 300 m am Grenzstreifen aufgestellten Wachtürme kontrollierte.

Neukölln

Als ›Kreuzkölln‹ hat der Kiez um den Reuterplatz in den vergangen Jahren Karriere gemacht. Der Name – eine Kombination aus ›Kreuz-‹ von Kreuzberg, und ›-kölln‹ von Neukölln – würdigt die Nähe Kreuzbergs gleich jenseits des Kottbusser Damms und des Maybachufers und dass Kreuzberg für die Entwicklung des Reuterkiezes zum Szeneschwerpunkt in Neukölln entscheidend war. Damals waren die Mieten noch günstig, Szeneläden und Kneipen eröffneten.

Mittlerweile hat sich Neukölln etabliert. Vorbei die Zeit, als der Bezirk unter den Stichworten ›Rollbergviertel‹ und ›Rütli-Schule‹ nur als sozialer Brennpunkt wahrgenommen wurde. Doch eine unangenehme Begleiterscheinung der Aufwertung durch den Zuzug junger Leute und die zunehmende Sanierung ist die steile Mietpreissteigerung sowie die Verwandlung von Miet- in Eigentumswohnungen. Dank des Engagements der Bewohner stehen nun große Teile Neuköllns zwischen Hermannplatz und dem S-Bahnring unter Milieuschutz, u. a. die Gegend um den Reuterplatz, die Schillerpromenade, der Körnerpark und das alte Rixdorf. So soll einer weiteren Verdrängung der angestammten Einwohner entgegengewirkt werden.

Vergessen wird bei dieser Diskussion um Nord-Neukölln oft, dass der Bezirk mit immerhin ca. 330 000 Einwohnern (2015) sehr viel größer ist als der Bereich um Hermannstraße, Karl-Marx-Straße und Sonnenallee: Britz, Buckow, Rudow – weitgehend von Einfamilienhäusern geprägt – gehören ebenso dazu wie Gropiusstadt, die 1962–75 als Großsiedlung mit Wohnhochhäusern verwirklicht wurde.

Nord-Neukölln

Großstadt pur bietet der Besuch in Nord-Neukölln. Die vom **Hermannplatz** 26 wegführende **Karl-Marx-Straße** 27 war einst die Hauptstraße des bis 1920 eigenständigen Neuköllns, heute ist sie eine der wichtigsten **Einkaufsstraße** Berlins. Seit mehreren Jahren wird die Karl-Marx-Straße umgebaut, um durch großzügige Fußgängerbereiche und Fahrradwege, die Aufenthaltsqualität in dieser belebten Straße zu erhöhen.

Reuterkiez und biooriental-Markt

Im Bereich **Reuterplatz** 28 jenseits des Kottbusser Damms ist in den letzten Jahren ein Szeneviertel entstanden. Hier und entlang der **Weserstaße** finden sich zahlreiche Kneipen, Bars, Cafés und kleine Geschäfte, die den Charme des Kiezes ausmachen. Da stört es nicht weiter, dass der Reuterplatz auch nach seiner millionenteuren Sanierung immer noch nicht ganz so ansehnlich ist.

Lieblingsort

Aus aller Welt

Hier kommt inzwischen jeder hin, vor allem auch viele junge Leute, die in Kreuzberg und Neukölln wohnen, zum Einkaufen, Mittagessen, Kaffeetrinken, aber auch nostalgische Türken, die ein Stück Heimat suchen. Gemüse, Backwaren, Spezialitäten aus der Türkei, Afrika, Italien, Bioprodukte aus Brandenburg – die Köstlichkeiten erfreuen zuerst Augen und dann den Magen … während Musiker aus aller Welt jammen und so zur entspannten Atmosphäre beitragen. Inzwischen definitiv eine Institution für alle – Migranten und Einheimische.

bioriental – Wochenmarkt am Maybachufer 29 : Maybachufer, Di, Fr 11–18.30 Uhr.

2 kg

Gleich um die Ecke, am Maybachufer, liegt der türkisch geprägte **bioriental – Wochenmarkt am Maybachufer** 29 mit Leckereien aus aller Welt (s. Lieblingsort S. 250).

Rathaus Neukölln 30

Karl-Marx-Straße 83

Um den U-Bahnhof Rathaus Neukölln finden sich die gründerzeitlichen Bauten der einstigen Großstadt vor den Toren Berlins. Das **Rathaus Neukölln**, mit seinem stolze 68 Meter hohen Turm von 1909, erbaut von dem Architekten und Stadtbaudirektor Reinhold Kiehl.

Gleich daneben das **Amtsgericht** 31, (Karl-Marx-Str. 77–79) von 1901, mit geschweiftem Giebel im Stil der Neorenaissance.

Alte Post

Karl-Marx-Allee 97–99

Aus der gleichen Phase des Ausbaus zur Stadt stammt die **Alte Post** 32, erbaut 1906, sowie das **Sparkassengebäude** 33 (Karl-Marx-Str. 107). Gemeinsam mit den gründerzeitlichen Mietbauten aus der Zeit zwischen 1870 und 1910 geben Rathaus, Alte Post und Bank heute den Hintergrund für ein Straßenleben, das zwischen Shoppingcentern, türkischem Imbiss und Straßencafé tatsächlich das Attribut ›multikulti‹ verdient. Die parallel zur Karl-Marx-Str. verlaufende **Sonnenallee** wird zunehmend zur Straße der arabischen Community.

Passage Neukölln 34

Karl-Marx-Str. 131–133

Fixpunkt der Szene in Neukölln ist die **Passage Neukölln**, die schon 1910 errichtet wurde. Hier hat heute im ehemaligen Ballsaal die **Neuköllner Oper** (www.neukoellneroper.de) ihr Domizil. Es wird ein breites Programm zwischen barocker Oper und Musical geboten.

Der **Heimathafen** 35 (Karl-Marx-Str. 141, www.heimathafen-neukoelln.de) bietet in einem Saalbau von 1876 Theateraufführungen und Konzerte. Im gleichen Gebäude findet sich das liebevoll sanierte **Kaffeehaus Rixdorf** von 1880.

Schillerkiez

Ein ganz anderes Bild Neuköllns zeigt die ca. 50 m breite **Schillerpromenade** 36. Der Straßenzug zwischen Fontanestraße und Leinestraße mit seiner breiten Promenade auf dem Mittelstreifen wurde ab 1901 entwickelt, um Bürgerliche in die Arbeiterstadt Neukölln zu locken.

Das hat nicht geklappt, da das nahe **Tempelhofer Feld** 1 ab 1927 als Flugplatz benutzt wurde. Ein Nachteil, der sich mit der Schließung des Flughafens Tempelhof 2008 und der Eröffnung als Park 2010 in einen Vorteil wandelte. Es sind nur wenige Schritte von der Schillerpromenade zu dieser größten innerstädtischen Freifläche, die laut Volksentscheid 2014 von jeder weiteren Bebauung freigehalten werden soll.

Rixdorf

Rixdorf, so hieß bis 1912 das heutige Neukölln. Dann wurde dieser alte Name per Entscheidung der Stadtväter in Neukölln geändert. Der Grund: Rixdorf hatte als Vergnügungsbezirk der Arbeiter einen ziemlich schlechten Ruf. Den wollte man gerne per Namenswechsel loswerden, was nicht nur deutschlandweit zu spöttischen Kommentaren führte.

Böhmisch-Rixdorf

Heute wird der Name Rixdorf nur noch für die Reste des Dorfes Böhmisch-Rixdorf verwendet. Um 1737 wurde das Dorf für böhmische Glaubensflüchtlinge (Herrenhuter) gegründet. Zeugnis dieser Zeit sind die eingeschossigen

Gebäude Richardstr. 80–82 und vor allem das **Schulhaus** 37 der Böhmischen Gemeinde (Richardstr. 97) von 1835.

Um den heutigen **Richardplatz** 38 lag seinerzeit das Dorf Deutsch-Rixdorf. Hier sind die **Bethlehemskirche** 39 (Richardplatz 22) aus der Zeit um 1700 und die **alte Schmiede** 40 (Richardplatz 28) erhalten. So ist der Richardplatz ein ehemaliger Dorfanger, der zum Stadtplatz wurde, und auch heute noch ein wenig dörfliche Atmosphäre bietet.

Britz

Hufeisensiedlung 42

Info-Station, Fritz-Reuter-Allee 44, im Zentrum der Siedlung, Tel. 030 420 26 96 12, April–Okt., Fr–So 14–18, Nov.–März 13–17 Uhr

Städtebaulich Interessierte finden in Britz die **Hufeisensiedlung**, die nach Plänen von Bruno Taut und des Berliner Baustadtrats Martin Wagner 1925–1930 errichtet wurde. Die Wohnsiedlung gehört mit fünf weiteren unter der Bezeichnung ›Siedlungen der Berliner Moderne‹ zum UNESCO-Welterbe. Am besten startet man einen Besuch der Siedlung aus dreigeschossigen Zeilenbauten an den U-Bahnhöfen Blaschkoallee oder Parchimer Allee.

Schloss Britz 43

Alt-Britz 73 , Tel. 030 60 97 92 30, www.schlossbritz.de, U7 Parchimer Allee, Di–So 11–18 Uhr, 3/2 €

Die Hufeisensiedlung wurde auf dem Gebiet eines ehemaligen Rittergutes errichtet, an das **Schloss Britz** erinnert. Hier hat sich nicht nur ein Gutshaus, das heute Besuchern als Museum zur Wohnkultur der Gründerzeit offensteht, erhalten. Auch ein Schlosspark, der alte Gutshof und die alte Dorfanlage mit Kirche und Schulgebäude gehören dazu.

Mein Tipp

Eine Insel der Ruhe ...

... und Besinnung ist der **Comenius-Garten** 41 (Richardstraße 35, www.comenius-garten.de). Anstelle einer berüchtigten Mietskaserne wurde hier mit gartenachitektonischen Mitteln der Lebensweg und zentrale Themen des Philosophen, Theologen und Pädagogen Johann Amos Comenius, der zugleich Bischof der Unität der Böhmischen Brüder war, nachgezeichnet. Man muss an der Pforte klingeln, um Einlass zu erhalten.

Essen & Trinken

... in Kreuzberg SW 61

Brutal lokal – **Nobelhart & Schmutzig** 1 : s. S. 34.

Jung & dynamisch – **Solar** 2 : s. S. 34.

Restaurant mit Weinberg – **Restaurant Altes Zollhaus** 3 : s. S. 35.

K. u. k.-Gerichte – **Riehmers** 4 : s. S. 36.

Authentisch österreichisch – **Austria** 5 : Bergmannstr. 30, Tel. 030 694 44 40, www.austria-berlin.de, U Gneisenaustraße, Di–So 12–23, Mo 18–23 Uhr, HG ab 16,80 €. Reservieren! Alles, was die österreichische Küche zu bieten hat, zu Kapsreiter Bier oder Kremser Wein. Authentische Küche im urigen Gasthaus, und das seit knapp zwanzig Jahren – mittlerweile eine Berliner Institution.

Zu Gast in Äthiopien – **Blue Nile Restaurant** 6 : s. S. 35.

Zu Wasser – **Van Loon** 7 : Carl-Herz-Ufer, Tel. 030 692 62 93, www.vanloon.de, U Prinzenstraße, tgl. 10–1 Uhr, HG 9–16 €. Auf dem Deck eines alten Frachtseglers im Urbanhafen bis 16 Uhr frühstücken, warmes Essen von

Mein Tipp

Mehr als nur Frühstück in einem Landhaus am Kreuzberg

In einer gründerzeitlichen Villa im Schweizer Landhausstil bietet das Tomasa eine schöne Terrasse. Hier kann man bis 16 Uhr frühstücken und hat die Qual der Wahl aus der fast unendlichen Vielfalt an Frühstücksangeboten (5,90–12,80 €). Die Speisekarte bietet von Salaten und vegetarischen Gerichten über Flammkuchen und deftige Gerichte bis zum Filetteller für jeden etwas. Dazu Tagesgerichte als Businesslunch um 7 € und eine Wochenkarte. **Tomasa** 8: Kreuzbergstr. 62, Tel. 030 81 00 98 85, www.tomasa.de, U Platz der Luftbrücke, Mo–Fr 9–1, Sa, So 9–2 Uhr, Gerichte 4–20 €.

12 bis 24 Uhr oder einen Kaffee zum hausgebackenen Kuchen genießen.

Quiches oder Kuchen? – **Café Richmond** 9: Chamissoplatz 7, Tel. 030 69 81 45 99, www.richmond-berlin.de, U Gneisenaustraße, Mo–Fr 10–18, Sa 10–16 Uhr. Mittags Quiches, den Tag über leckere Kekse und frisch gebackene Kuchen in einem Café, das sich auch optisch von stolzen zwölf Sitzplätzen zu einem Highlight gemausert hat. Absolut empfehlenswert.

Für den Hunger zwischendurch – **Marheineke Markthalle** 10: Marheinekeplatz, U Gneisenaustraße, Mo–Fr 8–20, Sa 8–18 Uhr. Hier gibt es von griechischen Spezialitäten über Fisch bis zu Biosalat alles.

Currywurst mit oder ohne – **Curry 36** 11: s. S. 36.

Eiskreationen – **Eiscafé Isabel** 12: Böckhstr. 1, U Schönleinstraße, Sommer tgl. 10–22, Winter Di–So 10–20 Uhr.

... in Kreuzberg SO 36

Österreich anders – **Horváth** 13: s. S. 33.

An der Spree – **Spindler & Klatt** 14: s. S. 33.

Urban – **Kantine Kohlmann** 15: s. S. 34.

Moderne chinesische Küche – **Long March Canteen** 16: s. S. 35.

Die Döner-Konkurrenz – **Maroush** 17: Adalbertstr. 93, U Kottbusser Tor, tgl. 11–2 Uhr, Falafelteller 5 €, Marouschteller 8 €. Wem angesichts industriell gefertigter Dönerspieße der Appetit vergangen ist, ist mit den libanesischen Gerichten in der Brottasche wie Falafel oder Shawarma gut beraten. Verwendet wird Kalb- oder Hühnerfleisch.

Berliner Küche in der Kneipe – **Max & Moritz** 18: s. S. 36.

Türkisch – **Hasir Ocakbasi** 19: s. S. 35.

Persische Küche – **Safran** 20: Oranienstr. 172, Tel. 030 615 62 11, www.safran-restaurant.de, U Kottbusser Tor, tgl. ab 12 Uhr, HG ab 8,50 €. Lockerleichte Safranreis-Gerichte, vegetarisch, aber auch mit Huhn oder Lamm, und das in drei Größen. Die Chance, persische Küche auszuprobieren.

100 Jahre Hähnchen vom Feinsten – **Henne** 21: s. S. 36.

Herr Lehmann lässt grüßen – **Weltrestaurant Markthalle** 22: Pücklerstr. 34, Tel. 030 617 55 02, www.weltrestaurant-markthalle.de, U Görlitzer Bahnhof, tgl. ab 12 Uhr, HG 7,50–16 €. Wechselnde schmackhafte Gerichte dazu ein Eschenbräu vom Fass.

Mit Biergarten – **Zur Kleinen Markthalle** 23: Legiendamm 32, Tel. 030 614 23 56, www.zur-kleinen-markthalle.de, U Moritzplatz, Mo–So ab 16 Uhr. Eine gemütlich eingerichtete Kneipe und eine der ersten Markthallen, die ab 1881 in Berlin erbaut wurden. Halbes Hähnchen mit Brot zu 7 € oder Schweinshaxe mit Sauerkraut und Brot zu 13,50 € sowie verschiedene deftige Kleinigkeiten.

Am See in Kreuzberg – **Café am Engelbecken** 24: Michaelkirchplatz/Engelbecken, Tel. 0157 75 43 17 95, www.cafe-am-engelbecken.de, U Heinrich-Heine-Straße, Mo–So 10–24 Uhr. Im Sommer wunderschön für ein Frühstück oder einen entspannten Nachmittag.

Fast Food orientalisch – **Rissani** 25: Spreewaldplatz 4–6, Tel. 030 61 62 94 33, U Görlitzer Bahnhof, So–Do 11–3 Uhr, Fr/Sa 11–5 Uhr, HG 4–7,50 €. Ein Fast-Food-Restaurant auf Orientalisch. Leckere Speisen von Couscous bis Falafel. Hier ist immer etwas los.

... in Neukölln

Feine Küche – **eins 44** 26: Elbestr. 28–29, Tel. 030 62 98 12 12, www.eins44.com, U 7 Rathaus Neukölln, Di–Fr 12–15, 19–24 Uhr, mittags Klassiker-HG ab 9,50 €, abends 3-Gänge-Menü 46 €. Das Ganze in authentischem Industriebau auf dem Hinterhof.

In der Wäscherei – **Lavanderia Vecchia** 27: Flughafenstr. 46, Tel. 030 62 72 21 52, U 8 Boddinstraße, lavanderiavecchia.wordpress.com, Mo–Sa 12–14.30, ab 19.30 Uhr (Reservierung), mittags ab 5,50 €; abends Menü um 60 €. Ländliche italienische Küche aus den Abruzzen in unvergleichlichem Ambiente.

Don Carlos oder lieber den Handschuh? – **Schiller Burger** 28: Herrfurthstr. 7, Tel. 030 55 87 17 16, www.schillerburger.com, U 8 Boddinstraße, So–Do 12–23, Fr–Sa 12–1 Uhr, Burger ab 5, Vegetarisch ab 5,80, Pommes 2,50 €. Hier eröffnete 2012 der erste Schiller Burger, inzwischen sind es mehrere über die ganze Stadt verteilt. Alles sehr frisch und lecker zubereitet. Unbedingt die Süßkartoffel-Pommes probieren!

Berliner Kaffee & American Cheesecake – **Prachtwerk** 29: Ganghoferstr. 2, Tel. 030 55 87 17 16, prachtwerkberlin.com, U 7 Rathaus Neukölln, So–Di 10–23, Mi bis 24, Do 10–1, Fr, Sa bis 2 Uhr. Kaffeespezialitäten der Berliner Kaffeerösterei Five Elephant und selbstgemachte Kuchen. Konzerte und mittwochs Open Stage.

Einkaufen

... in Kreuzberg SW 61

40 000 Bücher – **Antiquariat Tode** 1: Dudenstr. 36, Tel. 030 786 51 86, U Platz der Luftbrücke, Mo–Fr 13–20, Sa 12–16 Uhr. In diesem Antiquariat findet jeder etwas – er muss nur den Antiquar Riewert Quedens Tode fragen, der seinen Buchbestand im Kopf hat.

Kreatives Quintett – **M 75** 2: Mehringdamm 75, Tel. 030 61 20 25 37, www.m-75.de, U 7 Mehringdamm, Mo–Sa 12–18 Uhr. Mode von der Designerin Anna Cafetzakis, in einem gekonnten Farb- und Stoffmix mit femininer Silhouette.

Schrille Mode – **Faster, Pussycat!** 3: Mehringdamm 57, Tel. 030 69 50 66 00, U 7 Mehringdamm, Mo–Fr 11–20, Sa 11– 19 Uhr. Labels wie Skunk Funk, Pussy Deluxe, Schuhe von Aces of London und schöne Accessoires gibt es hier.

Mitgebracht von Reisen – **Amphora** 4: Fidicinstr. 9, Tel. 030 96 08 83 53, www.amphora-berlin.de, U Platz der Luftbrücke, geöffnet nach Vereinbarung. Terrakotta aus Kreta, Marokko und Italien, dazu mediterrane Feinkost. Der Besitzer hat von seinen Reisen immer mitgebracht, was es in Berlin noch nicht gab, und sich so einen festen Kundenstamm erobert.

Nicht immer der Gärtner – **HAMMETT Krimibuchhandlung** 5: Friesenstr. 27, Tel. 030 691 58 34, www.hammett-krimis.de, U Platz der Luftbrücke, Gneisenaustraße, Mo–Fr 10–20, Sa 9–18 Uhr. Krimis in jedem Regal, ob neu oder antiquarisch. Fachkundiger Rat garantiert.

Alles unter einem Dach – **Marheineke Markthalle** 10: Eingänge Bergmannstraße, www.meine-markthalle.de/marheineke.html, Mo–Fr 8–20, Sa 8–18 Uhr. Nach der Sanierung 2007 klagten Eingesessene, dass wieder ein Stück typisches Kreuzberg verloren gegangen sei. Die meisten Besucher aber schätzen die helle, freundliche Atmosphäre, das breite Angebot, auch an Ökoprodukten, sowie das Essen an den diversen Imbissständen.

Slow shopping – **Un autre VooDoo** 6: s. S. 43

... in Kreuzberg SO 36

Handmade – **UVR Connected°264**: Oranienstr. 36, Tel. 030 69 81 43 50, www.uvrconnected.de, U Kottbusser Tor, Mo–Fr 11–20, Sa 10–20 Uhr. Gut gestylter Laden, Labels wie Bench, Khujo und die Handmade-UVR-Kollektion.

... in Neukölln

Umweltbewußt – **Wesen** 8: Weserstr. 191, Tel. 030 34 76 11 65, www.wesen-berlin.com, U 7, U 8 Hermannplatz, Mo–Sa 11–19 Uhr. Zeitlose Mode, jung-sportlich und garantiert ökologisch-nachhaltig produziert.

Vintage – **The Good Store** 9: Pannierstr. 31, www.thegoodstore.berlin, U 7, U 8 Hermannplatz, Di–Sa 13–19 Uhr. Gebrauchte Klamotten junger Marken, die fast wie neu sind.

Die perfekte Rasur – **Barber Shop Kücük Istanbul** 10: Flughafenstr. 15, Tel. 81 01 94 95, www.kücükistanbul.de, U8 Leinestraße. Die Kunst der perfekten Rasur und Haarbehandlung in original türkischer Tradition, aber kein bisschen angestaubt.

Aktiv

Oase für Frauen – **Hamam** 1: Mariannenstr. 6, Hinterhaus, Tel. 030 615 14 64, www.hamamberlin.de, U Kottbusser Tor, Mo 15–23, Di–So 12–23 Uhr, Do auch Kinder. Türkisches Bad im Frauenzentrum Schokoladenfabrik e. V., in dem man sich verwöhnen lassen kann. 3 Std. Hamam-, Sauna-, Salon-, Gartennutzung 18 €. Auch Massagen und kosmetische Dienstleistungen.

Geschichtsträchtiges Naherholungsgebiet – **Tempelhofer Feld** 1: Haupteingang Oderstr., www.thf-berlin.de, U 8 Boddinstraße, Sonnenauf- bis -untergang. Radfahren, Skaten, Spazierengehen, Grillen, im Gras liegen und sich die Sonne auf die Nase scheinen lassen ... Auch wenn das Flughafengebäude als Notunterkunft für Geflüchtete genutzt wird, finden weiterhin Führungen zu unterschiedlichen Themen statt.

Abends & Nachts

... in Kreuzberg SW 61

Kreuzberger Mischung – **Golgatha** 1: s. S. 49.

Blues, Soul, Jazz – **Yorckschlösschen:** 2: s. S. 48.

Prämiert – **Rauschgold** 3: s. S. 49.

Raucherbar – **Legende von Paula und Ben** 4: Gneisenaustr. 58, Tel. 030 28 03 44 00, U Südstern, Di–So ab 18 Uhr. Turadj Rahimian gilt als einer der besten Bartender Berlins. Die Bar ist klassisch schick eingerichtet. Die Drinks von der Bloody Mary (8 €) bis zum Side Car (8,50 €) sind jeden Cent wert.

Vorreiter – **Café Rizz** 5: Grimmstr. 21, Tel. 030 693 91 71, www.cafe-rizz.de. Als ganz Kreuzberg noch in murkeligen, verrauchten Kneipen saß, gab es hier Neonlicht und cooles Design. Sonntags gibt es »Tatort«, ansonsten Prime Sport auf dem Fernseher. Frühstück und ab mittags durchgehend warme Speisen.

... in Kreuzberg SO 36

Mit Stil – **Würgeengel** 6: Dresdener Str. 122, Tel. 030 615 55 60, www.wuergeengel.de, U Kottbusser Tor, tgl. ab 19 Uhr. Rot, plüschig, im Stil der 1950er-Jahre, dazu fachmännisch gemixte Drinks. Verdient wirklich die Bezeichnung Bar!

Auf dem Tempelhofer Feld philosophiert die Neuköllner Bohème über das Leben, gärtnert im urbanen Gemeinschaftsgarten und lässt die Seele baumeln

Klassiker – **SO36** 7: Oranienstr. 190, Tel. 030 61 40 13 06, www.so36.de, U Görlitzer Bahnhof. Seit 30 Jahren *der* Ort für außergewöhnliche Punk-Konzerte. Veranstaltungen vom Nachtflohmarkt über Kiez-Bingo bis zum Karaokemonster.

Wasserpfeife – **Orient Lounge** 8: Oranienstr. 13, Tel. 030 69 56 67 62, www.orient-lounge.com, U Kottbusser Tor, tgl. 18–3, Küche bis 24 Uhr. Shisha rauchen ist ›in‹, dazu Drinks und Fingerfood oder ein Menü (HG 7–13 €).

Bar mit Programm – **Marabu Bar** 9: Oppelner Str. 23, Tel. 030 53 06 02 52, www.marabu-bar.de, U Schlesisches Tor, Mo–Sa ab 14, So ab 12 Uhr. Sa Veranstaltungen – von der Liveband bis zur Lesung. Wechselnde Cocktails (4–6,50 €).

Berauschender Ausblick – **Watergate Club** 10: s. S. 47.

... in Neukölln

Paradiesische Zustände mit unzähligen Kneipen und Bars entlang der Weserstraße, deren Seitenstraßen, am Kanal und im Schillerkiez.

Original – **Ankerklause** 11: Kottbusser Damm 104, Tel. 030 693 56 49, U Schönleinstraße, Mo ab 16, Di–So ab 10 Uhr. Die Schiffskneipe auf dem Landwehrkanal ist der Klassiker. Frühstück, Deftiges zum Bier bis in die Nacht und bunt gemischtes Publikum.

Über den Dächern – **Klunkerkranich** 12: Neukölln Arcaden, Karl-Marx-Straße 66, www.klunkerkranich.de, U 7 Rathaus Neukölln, Mi–Fr 16–1.30, Sa, So 12–1.30 Uhr (Jan., Feb. geschl.). Mit dem Aufzug hinauf zum Parkdeck (5. Etage) und den Blick bei einem kühlen Getränk und coolen Beats schweifen lassen: DJs, Bands, Urban Gardening, Open Air-Kino, Kreativmärkte.

Queer – **SchwuZ** 13: Rollbergstr. 26, Tel. 030 57 70 22 70, www.schwuz.de, U 7 Rathaus Neukölln, Do–Fr. Der Kult-Club der queeren Partyszene ist seit 2013 in der ehemaligen Kindl-Brauerei beheimatet: Mottopartys, Konzerte, Lesungen auf drei Ebenen.

Das Beste auf einen Blick

Rund ums Zentrum Berlins

Highlight!

Schloss (Klein-)Glienicke: Ein Schloss in den klassisch ausgewogenen Formen, ein heiterer Innenhof mit Kavalierhaus und Turm, der sich in eine Park- und Seenlandschaft öffnet. Mit Schloss Glienicke verwirklichte Preußenprinz Carl seinen Traum von einem Stück Italien an der Havel. Die rechte Einstimmung für die Park- und Schlösserlandschaft in Potsdam jenseits der Glienicker Brücke. S. 269

Auf Entdeckungstour

Mein Schloss am See – im Garten des Malers Max Liebermann: Die Liebermann-Villa am Wannsee erinnert an den bedeutenden Berliner Maler und an den einst vornehmsten Berliner Vorort, die Colonie Alsen. S. 266

Im Reich der Illusionen – die Pfaueninsel: Ein Kleinod in der von Lenné und anderen gestalteten Havellandschaft zwischen Berlin und Potsdam. Künstliche Ruinen, ein malerisches Schloss, ein Park mit Rosen, jahrhundertealten Bäumen, Wiesen und Pfauen – der Traum vom preußischen Arkadien. S. 270

Kultur & Sehenswertes

Schloss Schönhausen: Von den Wohnräumen Königin Elisabeth Christines bis zu den Amtsräumen Piecks – der Wandel eines Barockschlosses. S. 261

Köpenick: Von Köpenick mit Altstadt und Schloss aus lässt sich auch der Große Müggelsee erkunden. S. 262

Brücke Museum: Museum des Malers Karl Schmidt-Rottluff und der expressionistischen Künstlergruppe. S. 264

Aktiv unterwegs

Schlachtensee: Spaziergang um den See. S. 265

Strandbad Wannsee: Baden, wo Berlin seit jeher badet. S. 55, 273

Per Rad raus aus dem Zentrum: Auf dem Mauerweg in den Norden, vom Alexanderplatz zum Wannsee oder durch die Schlösserlandschaft Berlin-Potsdam. S. 274

Genießen & Atmosphäre

Café Max: Sich wie der berühmte Maler Max Liebermann fühlen – Essen mit Wannseeblick auf der Terrasse der Liebermann-Villa. S. 273

Abends & Nachts

Fischerhütte am Schlachtensee: Entspannt den Tag ausklingen lassen im Biergarten am Ufer des Schlachtensees. S. 273

Alte Städte und grüne Vororte

Die historischen Kerne einst selbstständiger Orte wie Spandau und Köpenick und die Vororte im Südwesten Berlins bieten sich als reizvolle Ziele für einen Tagesausflug an. Sie sind samt und sonders per U- oder S-Bahn zu erreichen – Schlösser, Villen und Badeseen von Grunewald bis Glienicke ebenso wie Dahlem mit seinen Museen und dem Botanischen Garten.

Spandau ▸ Karte 3, C 2

Erstmals 1197 als Burg urkundlich erwähnt, entwickelte sich am Westufer der Havel die Stadt. Bis heute ist **Spandau,** einst preußische Militärgarnison und Waffenschmiede, ein bedeutender Berliner Wirtschaftsstandort.

Zitadelle Spandau 1

www.zitadelle-spandau.de,
tgl. 10–17 Uhr, 4,50/2,50 €, s. S. 63

Die 1559 bis 1594 erbaute Zitadelle ist eine der besterhaltenen Renaissance-Festungen Europas. Vier durch Mauern verbundene Bastionen bilden ein Rechteck von 208 m x 195 m. Durch ein Torhaus an der Südseite gelangt man auf den Hof, in dem der gotische Saalbau (Palas) als Wohnhaus der Burg diente.

Der 30 m hohe **Juliusturm**, den man besteigen kann, ist das Wahrzeichen Spandaus. In diesem Turm mit seinen bis zu 3,60 m dicken Mauern wurde nach 1870/71 der Reichskriegsschatz, der aus einem Teil der französischen Kriegsentschädigung gebildet worden war, aufbewahrt. Im ehemaligen Kommandantenhaus ist eine Ausstellung zur Geschichte der Festung eingerichtet. In der ehemaligen Kaserne zeigt die Ausstellung »Enthüllt« Denkmäler aus zwei Jahrhunderten, die im Berliner Stadtraum keinen Platz mehr finden.

Infobox

Reisekarte: ▶ Karte 3

Verkehrsverbindungen
Spandau: U 7 Zitadelle oder Altstadt Spandau
Pankow, Schloss Schönhausen: U 2, S 2, 8 Pankow
Köpenick: S 3 Köpenick, dann Bus 164, Tram 27, 62 bis Rathaus oder Schloßplatz Köpenick (ca. 30 Min.)
Schöneberg: U 4 Rathaus Schöneberg, S 41, 42, 46, M 48 Innsbrucker Platz
Dahlem: S 1, M 48 Botanischer Garten U 3 Dahlem-Dorf (Domäne Dahlem, Museen Dahlem)

Von Grunewald bis Glienicke
– **Jagdschloss Grunewald:** S 7 Grunewald, dann Bus 115 bis Clayallee/Ecke Pückler Straße
– **Seen:** U 1 Krumme Lanke, U 1, S 1 Schlachtensee, Nikolassee
– **Wannsee:** S 1, 7 Wannsee, dann Bus 114 Liebermann-Villa, Haus der Wannsee-Konferenz
Pfaueninsel: S 1 Wannsee, dann Bus 218, 316 bis Fähre, Fähre Nov.–Feb. tgl. 10–16, März, Okt. tgl. 9–18, April, Sept. tgl. 9–19, Mai–Aug. tgl. 8–21 Uhr
Nikolskoe, Glienicker Brücke: S 1 Wannsee, dann Bus 316

Spandau

Sehenswert

1 Zitadelle Spandau

2 Altstadt

3 Nikolaikirche

Essen & Trinken

1 Zitadellen Schänke

Altstadt 2

In der recht gemütlich wirkenden Spandauer Altstadt zwischen Havel und Mühlengraben beachte man die **Nikolaikirche** 3, ein Beispiel norddeutscher Backsteingotik aus dem 14. Jh. mit Barockhaube von Schinkel.

Essen & Trinken

Mittelalterliche Festessen – **Zitadellen Schänke** 1: Am Juliusturm, Tel. 030 334 21 06, www.zitadellenschaenke.de, U Zitadelle, Di–Fr 16–24, Sa 11–24, So 10–16 Uhr, 13,80– 19,80 €. Essen in mittelalterlichem Ambiente, Festgelage (49,50–54,50 €/P.).

Pankow

Der Ortsteil Pankow stand einst für die DDR-Regierung: Ab 1949 residierte der DDR-Präsident Wilhelm Pieck im Schloss. Im nahe gelegenen Majakowskiring wohnte die Führungsspitze der DDR. Heute sind die grünen Wohngebiete bei Familien mit Kindern begehrt.

Majakowskiring ▶ Karte 3, E 2

Der Majakowskiring war bis 1960 das, was Wandlitz für die DDR-Oberen der letzten Jahre vor der Wende war: ein abgeriegeltes Wohngebiet, das ein bisschen einem Gefängnis glich. Im **Majakowskiring 2** befand sich das Gästehaus der DDR, in **Nr. 12** lebte Lotte Ulbricht nach dem Tod ihres Mannes 1973. Das Haus **Nr. 28–30,** in dem Ulbricht als Generalsekretär des ZK der SED gewohnt hatte, wurde 1975 gesprengt. Nichts sollte nach Honeckers Machtübernahme mehr an Ulbricht erinnern.

Schloss Schönhausen ▶ Karte 3, E 2

Tschaikowskistr. 1, Tel. 0331 969 42 00, www.spsg.de, April–Okt. Di–So 10–18, Nov.–März Sa, So 10–17 Uhr, Führungen, 6/5 €

Das **Schloss** war Amtssitz des DDR-Präsidenten Wilhelm Pieck und später Gästehaus der DDR-Regierung. Hier fanden die 2 + 4 Verhandlungen über die Wiedervereinigung Deutschlands statt.

Bis 2009 wurde das Gebäude saniert, das **Amtszimmer Piecks** blieb in originaler Ausstattung erhalten. Vor allem aber wurden der prachtvolle **Festsaal,** das über drei Etagen gehende **Treppenhaus** und die **Wohnräume Königin Elisabeth Christines,** der Gattin Friedrichs des Großen, die hier in den Sommermonaten von 1740 bis 1797 wohnte, wiederhergestellt. Im zweiten Stock sind die **Inneneinrichtung und Kunstsammlung,** die die Familie von Dohna-Schlobitten 1945 aus ihrem Hauptsitz Schloss Schlobitten in Ostpreußen retten konnte, zu sehen. Der **Schlossgarten** wurde in der Gestalt der frühen 1950er-Jahre wiederhergestellt.

Jüdischer Friedhof Weißensee ▸ Karte 3, E 2

Herbert-Baum-Str. 45, Tel. 030 92 53 330, www.jg.berlin.org, U 4, U 12, Tram 12 Albertinenstraße, April–Sept. Mo–Do 7.30–17, Fr 7.30–14.30, So 8–17, Okt.–März Mo– Do 7.30–16 , Fr 7.30–14.30, So 8–16 Uhr

Dieser **Friedhof** ist heute eine der größten (430 000 m², über 115 000 Grabstellen) und schönsten jüdischen Begräbnisstätten Europas. Viele wohlhabende jüdische Bürger aus den ersten Jahrzehnten des 20. Jh. ruhen hier. Die hebräischen und deutschen Inschriften dokumentieren die fortschreitende Assimilation der Juden in dieser Zeit.

Im Eingangsbereich erinnert ein **Mahnmal** an die 6 Mio. in der NS-Zeit ermordeten Juden. Auf dem Friedhof findet sich u. a. ein 1927 eingeweihtes **Ehrenmal** für die im Ersten Weltkrieg für das Deutsche Reich gefallenen 12 000 jüdischen Soldaten. In **Feld A 1** wurden 90 Thorarollen, die während der NS-Zeit in einem Gebäude des Friedhofs versteckt und bei einem Brand stark beschädigt worden waren, der Erde übergeben. Im September 1949 bettete man den jüdischen Widerstandskämpfer Herbert Baum hierher um. Sein Grab findet sich neben Gräbern anderer hervorragender Persönlichkeiten in einer **Ehrenreihe.** Zu den in Weißensee beigesetzten Mitgliedern der jüdischen Gemeinde gehören der Verleger Samuel Fischer, der Warenhaus-Gründer Hermann Tietz, der Schriftsteller Stefan Heym, der Verleger Dr. Rudolf Mosse und der Journalist Theodor Wolff.

Köpenick ▸ Karte 3, F 4

Köpenick, bis 1920 eine eigenständige Stadt, bildet den Auftakt zu einer herrlichen Seenlandschaft (Großer Müggelsee, Dämeritzsee, Seddinsee etc.). Köpenick wurde weltbekannt durch den den Schuster Wilhelm Voigt, der sich als Hauptmann (von Köpenick) verkleidet der Stadtkasse bemächtigte. Carl Zuckmayer widmete ihm ein Drama und vor dem **Rathaus Köpenick** steht sein **Denkmal** 1 . Im Rathaus ist eine Austellung zum Thema eingerichtet. Das Gebäude mit dem 54 m hohen Turm wurde Anfang des 20. Jh. im Stil der mittelmärkischen Backsteingotik errichtet.

An der Straße Alt-Köpenick in der Altstadt finden sich neben der **St.-Laurentius-Kirche** 2 (um 1840), Wohnhäuser aus dem 18. Jh., darunter das **Andersonsche Palais** 3 (Nr. 15) im Stil des friderizianischen Rokoko. Über die Müggelheimer Straße kommt man zur Straße **Kietz** 4 , an der bis zu 200 Jahre alte Häuser an die Vergangenheit des Fischervororts erinnern.

Köpenick

Sehenswert

1 Rathaus Köpenick/ Denkmal des Hauptmanns von Köpenick
2 St.-Laurentius-Kirche
3 Andersonsches Palais
4 Kietz
5 Schloss Köpenick
6 Schlosskirche

Essen & Trinken

1 Ratskeller Köpenick

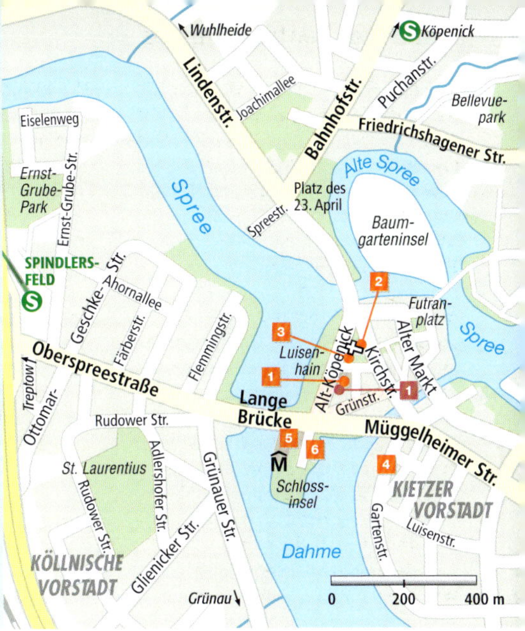

Schloss Köpenick 5
Schloßinsel 1, Tel. 030 266 42 42 42, www.smb.museum, April–Sept. Di–So 11–18, Okt.–März Do–So 11–17 Uhr, 3/6 €, Mb Kulturforum, s. S. 59
Der dreigeschossige Barockbau aus den Jahren 1677 bis 1682 wurde anstelle verschiedener Vorgängerbauten auf der Schloßinsel im Zusammenfluss von Spree und Dahme erbaut. Das Schloss dient heute als zweites Haus des **Kunstgewerbemuseums** (s. S. 59). Gezeigt werden Interieurs aus Renaissance, Barock und Rokoko: Tapisserien, Ledertapeten und Zimmergetäfel, Porzellan, Silber und das Silberbuffet aus dem Berliner Schloss. Bedeutend der Wappensaal mit seiner reichen Stuckdekoration, die die Wappen der preußischen Lande zeigt. Im **Untergeschoss** wird die Bau- und Siedlungsgeschichte der Insel erläutert. Einen Besuch lohnt auch die **Schlosskirche** 6 (1683–85), in der oft klassische Konzerte stattfinden.

Großer Müggelsee ▶ Karte 3, G 4
Infos: Tourismusverein Berlin Treptow-Köpenick, Tel. 030 655 75 50, www.tkt-berlin.de
Der sich über 7,4 km² ausdehnende Große Müggelsee lädt zu Wander- und Radtouren ein. **Per Boot** kann man den Müggelsee und weitere, durch Kanäle angeschlossene Seen erkunden.

Essen & Trinken

Menü à la Wilhelm Voigt – **Ratskeller Köpenick** 1: Alt-Köpenick 21, Tel. 030 655 51 78, www.ratskeller-koepenick.de, S Köpenick, dann Tram Rathaus Köpenick, tgl. 11–23, So bis 22 Uhr, HG 5,50–22,50 €. Im Ratskeller wird Berliner Küche vom Köpenicker Ratsherrenteller bis zum Filet vom Havelzander serviert. Natürlich darf auch das Leibgericht des Hauptmanns von Köpenick – hausgeräucherte Schweinshaxe in Schwarzbiersauce auf deftigem Kraut und Erdäpfeln (12,80 €) – nicht fehlen.

Dahlem

Villen und kleine Parkanlagen prägen diesen Stadtteil. Seit Gründung der Kaiser-Wilhelm-Institute ab 1911 und der Gründung der Freien Universität 1948 als Universität im West-Teil der Stadt ist Dahlem auch Wissenschaftsstandort.

Botanischer Garten und Botanisches Museum ▶ Karte 3, D 4

www.bgbm.org, Garten Nov.–Jan. 9–16, Febr. 9–17, März, Okt. 9–18, April, Aug. 9–20, Mai–Juli 9–21, Sept. 9–19 Uhr, Museum tgl. 10–18 Uhr, Mai–Aug. ab 17 Uhr Sommerabendkarte 3 €, Garten/Museum 6/3 €, s. S. 62

Der **Botanische Garten** bietet auf 43 ha 22 000 Pflanzenarten. Damit ist er die drittgrößte Anlage dieser Art weltweit. In den diversen Gärten und den 6000 m^2 umfassenden Gewächshäusern lässt sich eine botanische Weltreise unternehmen. Vor allem das 60 m lange und 23 m hohe freitragende **Große Tropenhaus,** eines der größten Gewächshäuser der Welt, lohnt einen Besuch. Unmittelbar beim **Victoria-Haus** mit den tropischen Sumpfpflanzen lädt das **Victoria-Café** zum Verweilen ein.

Das **Botanische Museum** bietet mit vielen vergrößerten Modellen einen Einblick in die Pflanzenwelt, wie man ihn mit bloßem Auge in der Natur nicht gewinnen kann.

Domäne Dahlem ▶ Karte 3, C 4

www.domaene-dahlem.de, Führungen/Anmeldung Tel. 030 66 63 00-0

Die Domäne Dahlem ist vermutlich der einzige Bauernhof mit U-Bahn-Anschluss. Zentrum dieses Freilichtmuseums für Landwirtschaft und Ernährung ist das historische Rittergut des Dorfes Dahlem, das im Jahr 1841 zur preußischen Staatsdomäne wurde. Das **Museum** (Mi–Mo 10–18 Uhr, 3/1,50 €) bietet wechselnde Ausstellungen, dazu eine Dauerausstellung, die über die Geschichte der Domäne und die frühbürgerliche Esskultur zu Beginn des 20. Jh. informiert. Hinzu kommen ein historischer Kaufmannsladen und diverse Maschinen der Landwirtschaft. Wer mehr über die ökologische Landwirtschaft, die auf der ca. 12 ha großen Domäne betrieben wird, erfahren möchte, sollte an einer der Führungen teilnehmen. Über das ganze Jahr verteilt bietet die Domäne Markttage sowie Kunsthandwerksmärkte, Erntefest und Adventsmärkte (Termine s. Website).

Museumsquartier Dahlem ▶ Karte 3, D 4

Arnimallee 25, www.smb.museum, Di–Fr 10–17, Sa, So 11–18 Uhr, 8/4 €

Geblieben ist am Museumsstandort Dahlem nach der Schließung des Ethnologischen Museums und des Museums für Asiatische Kunst Anfang 2017 nur das **Museum Europäischer Kulturen (MEK)**. Die Kunstschätze aus Asien und die Glanzstücke der Ethnologischen Sammlung werden ab 2019 im Humboldt-Forum in Mitte ausgestellt. Das Museum Europäischer Kulturen zeigt Gegenstände der Alltags- und Popularkultur aus Deutschland und anderen europäischen Ländern aus der Zeit zwischen dem 18. Jh. und heute. Die Ausstellungen sind unter wechselnden thematischen Schwerpunkten zusammengestellt.

In Dahlem befindet sich auch das **Brücke-Museum**, s. S. 58.

Essen & Trinken

Rustikal – **Alter Krug Dahlem:** Königin-Luise-Str. 52, Tel. 030 832 70 00,

U Dahlem-Dorf, tgl. ab 10 Uhr, HG ab 14,50 €. Gutbürgerliche Küche im gemütlichen, kinderfreundlichen Biergarten.

Von Grunewald bis Glienicke

Die Grunewald-Seenkette, eine eiszeitliche Rinne, verläuft von der Berliner Innenstadt am Ostrand des Grunewalds bis zum Großen Wannsee. An der Krummen Lanke, dem Schlachtensee und dem Nikolassee, die heute beliebte Naherholungsgebiete der Berliner sind, entwickelten sich die Villenviertel.

Jagdschloss Grunewald

▶ Karte 3, C 4

Hüttenweg 100, Grunewald, www.spsg.de, April–Okt. Di–So 10–18, Nov.–März Sa/So nur mit Führung 11, 13, 15 Uhr, 6/5 €

Auf einer künstlichen Insel im Grunewaldsee ließ Kurfürst Joachim II. 1542 das erste **Jagdschloss** der Hohenzollern errichten. Das Schloss, ursprünglich im Stil der Renaissance erbaut und um 1700 im Barockstil umgestaltet, ist heute ein Museum.

Im Obergeschoss ist vor allem die Cranach-Sammlung sehenswert. Das Highlight bilden zwei Werke von **Lucas Cranach d. Älteren:** »Adam und Eva« (1557) und »Lucretia« (1529). Im ehemaligen Jagdzeugmagazin findet sich das **Jagdzeugmuseum Grunewald.**

Krumme Lanke, Schlachtensee und Nikolassee ▶ Karte 3, C 4

Der See **Krumme Lanke** ist von der gleichnamigen U-Bahn-Station mit einem Fußmarsch von gut 1 km durch die Fischerhüttenstraße zu erreichen.

Wasserqualität der Berliner Seen

Die Qualität der Berliner Badeseen wird ständig überprüft. Das Landesamt für den Gesundheitsschutz unterhält eine Hotline, Tel. 030 902 29 55 55, bei der man sich über die Wasserqualität informieren kann.

Ein ca. 2,5 km langer Wanderweg führt um den See. Zwei Sandbuchten laden im Sommer zum Sonnen und zum Baden ein. Die Badestelle unmittelbar an der Fischerhüttenstraße bietet eine Wiese, auf der sich FKK-Anhänger tummeln. Kinder und Nichtschwimmer müssen hier aufpassen, das Ufer fällt steil ab.

Zum **Schlachtensee** gelangt man vom S-Bahnhof Schlachtensee aus über eine Terrassenanlage, die im Sommer ein beliebter Treffpunkt von Jugendlichen ist. Unmittelbar an den Terrassen befindet sich eine Badestelle. Eine zweite liegt ein Stück weiter nördlich. Rund 7 km lang ist der Weg um den See.

Im **Nikolassee** ist das Baden verboten. Da er über ein Pumpwerk aus dem Großen Wannsee mit Wasser versorgt wird, können sich starke Strudel bilden.

Von Wannsee zur Glienicker Brücke

▶ Karte 3, B 4/5

Schaut man genau hin, entdeckt man, dass der **Große** und der **Kleine Wannsee** Ausbuchtungen der Havel sind und der **Ortsteil Wannsee,** der zum Berliner Bezirk Zehlendorf gehört, auf einer Insel liegt. Entscheidend für die Entwicklung des Ortsteils war die Idee des Bankiers Wil- ▷ S. 268

Auf Entdeckungstour: Mein Schloss am See – im Garten des Malers Max Liebermann

Die Villa am Wannsee erinnert nicht nur an den bedeutenden Berliner Maler, sondern auch an den einst vornehmsten Berliner Vorort, die Colonie Alsen. Liebermann schuf in enger Zusammenarbeit mit dem Direktor der Hamburger Kunsthalle Alfred Lichtwark ein Kunstwerk aus Haus und Garten.

Reisekarte: ▶ Karte 3, B 4
Liebermann-Villa: Colomierstr. 3, Tel. 030 80 58 59 00, www.liebermann-villa.de, Okt.–März Mi–Mo 11–17, April–Sept. Mi–Mo 11–17 Uhr, 8/4 €.
Anfahrt: S 1, 7 Wannsee, dann Bus 114 Liebermann-Villa, s. S. 59.
Dauer: Anfahrt ab Berlin-Mitte ca. 1 Std., Besuch Garten und Villa 2 Std.

Eine Villa am Wannsee – wer möchte nicht einmal einen Blick in die Prachthäuser auf den Seegrundstücken werfen? Die Villa Liebermann gibt die Gelegenheit zu einem Ausflug in das einst vornehmste Villenviertel Berlins.

»Mein Schloss am See« – Villa und Garten als Gesamtkunstwerk

1909 erwarb Max Liebermann (1847–1935) das letzte freie Areal (7000 m²) am Wannsee und beauftragte Paul Baumgarten, das Landhaus zu errichten – von Liebermann liebevoll »mein Schloss am See« genannt. Ab 1914 verbrachte der Maler hier die Sommermonate und schuf über 200 Bilder. Im Besitz der Liebermann-Villa befinden sich heute 154 Arbeiten des bedeutendsten Berliner Malers, von denen viele in der Villa entstanden sind. Ergänzt durch Leihgaben werden sie in einer Dauerausstellung gezeigt. Malerei am Ort ihrer Entstehung besichtigen, ein seltenes Vergnügen.

Aber Max Liebermann wollte mehr als nur eine Villa – gemeinsam mit seinem Freund Alfred Lichtwark, Direktor der Hamburger Kunsthalle und bedeutender Vertreter der Reformbewegung im Gartenbau, gestaltete er ein kleines Kunstwerk aus Villa und Garten. Lichtwark orientierte sich dabei an den Bauerngärten Norddeutschlands. Der Garten sollte praktischen Zwecken dienen, zugleich künstlerische Form aufweisen und mit dem Haus eine Einheit bilden.

Der Weg des Hausherrn

Man betritt das Grundstück durch das frühere **Gärtnerhaus (1)** und steht unvermittelt im Nutz- und Staudengarten der Villa. Den **Staudengarten (2)** hat Liebermann immer wieder neu bepflanzt und die Symphonie der Farben zur Blütezeit gemalt. Der Mittelweg des Gartens lenkt den Blick auf die Loggia der **Villa (3)** und bietet zwischen den beiden Säulen einen Durchblick auf den Wannsee. Sechs kastenfömig beschnittene Linden trennen Garten und den Weg vor der Loggia.

Freier Seeblick und Reformgärten

Entscheidend für die Gartengestaltung auf der Seeseite war der freie Blick von der **Gartenterrasse (4)** auf den See. Hinunter zum Wannsee führen an der **Blumenterrasse (5)** vorbei zwei Wege. Am rechten Rand des Grundstücks ließ Liebermann in dem vorhandenen **Birkenwäldchen (6)** einen Weg anlegen. Interessanter aber die linke Seite: Im Stil der Reformgärten, die den Garten als Zimmer im Freien verstanden, ließ Liebermann drei Heckengärten anlegen, die von einem Pavillon und einer Seebrücke abgeschlossen werden.

Der erste Garten, das **Lindenkarree (7)**, wurde als streng symmetrisches Quadrat gestaltet. Heute ist die linke Hälfte verkürzt, weil Liebermann seinerzeit den 4 m breiten Stichweg nebenan lediglich zugepachtet hatte. Im **Ovalen Garten (8)** fassen zwei Gartenwege, das Rundbeet ein. Den dritten Teil ließ Liebermann als **Rosengarten (9)** mit einer Laube in der Mitte gestalten.

Der Garten als Bild

Der Maler schuf eine Szenerie, die er in vielen seiner späten Bilder verarbeitete. In der Loggia der Rückfront sind **Wandmalereien** Liebermanns erhalten. Im Inneren der Villa finden sich **Gemälde** wie »Landhaus am Wannsee« oder »Blumenstauden am Gärtnerhäuschen«, die zeigen, wie er als Impressionist das Farbspiel seiner Gärten wiedergibt.

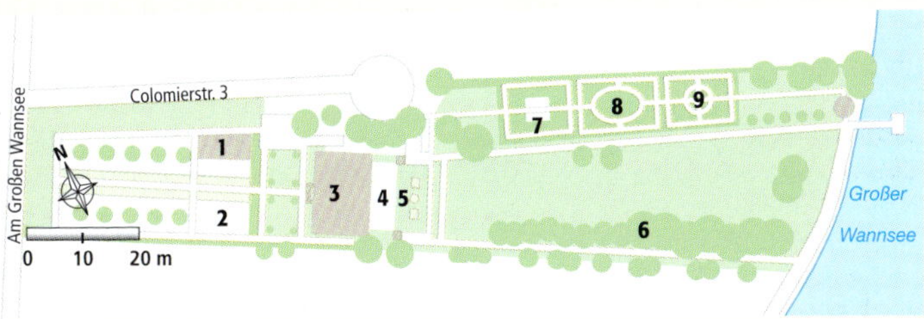

helm Conrad, der 1863 unmittelbar am Wannsee ein großes Gelände erwarb, es in Grundstücke nicht unter 2500 m² parzellieren ließ und innerhalb weniger Monate rund 60 große Grundstücke vor allem an Freunde aus dem exklusiven Herrenclub Club von Berlin verkaufte. Da der Bankier auch im Aufsichtsrat einer Eisenbahngesellschaft saß, setzte er durch, dass eine Wannseebahn, in Berlin als Bankierszug verspottet, gebaut wurde. 1874 ging sie in Betrieb. Es entstand eine exklusive Villenkolonie, **Colonie Alsen** genannt.

Eine exklusive Gesellschaft fand sich weit vor den Toren Berlins zusammen: die Langenscheidts und Springers (Verleger), die Sauerbruchs (Arzt), die Oppenheims (Chemieindustrie), die Hudschinskys (Schwerindustrie), die Arnholds (Kohle) und die Hamspohns (Elektroindustrie). Eine Wohnstatt für den Geldadel, wenige Kilometer vom Arkadien der Hohenzollern entfernt.

Unmittelbar gegenüber dem Bahnhof Wannsee befindet sich der **Anleger der Stern- und Kreisschifffahrt,** von dem aus man Bootstouren unternehmen kann. Hier liegt auch die Haltestelle der Fähre, die zu den Berliner Verkehrsbetrieben gehört und mit der man zum normalen BVG-Tarif hinüber zum Anleger Kladow schippern kann.

Etwas versteckt zwischen den Ruderclubs Bismarckstraße 2 und Bismarckstraße 4 liegt am Kleinen Wannsee das **Kleistgrab.** Man muss einige Meter den Hang hinuntergehen und findet dann den Gedenkstein mit Namen, Geburts- und Sterbedatum des Dichters, der sich hier mit seiner Bekannten Henriette Vogel am 21. November 1811 selbst tötete. Henriette Vogel war unheilbar an Krebs erkrankt, Kleist verzweifelt über die Ablehnung seines schriftstellerischen Werkes.

Der Haveluferweg

Wer mag, kann auch per Fahrrad oder zu Fuß zum Anleger Pfaueninsel gelangen. Vom S-Bahnhof Wannsee geht es über die Straße am Großen Wannsee und anschließend über den Haveluferweg bis zum Anleger Pfaueninsel und weiter zum Blockhaus Nikolskoe und zum Schloss Glienicke.

Liebermann-Villa ▸ Karte 3, B 4

s. Entdeckungstour S. 266

Villa Marlier – Haus der Wannsee-Konferenz ▸ Karte 3, B 4

www.ghwk.de, tgl. 10–18 Uhr, Eintritt frei, Führung Sa/So 16, 17 Uhr kostenlos, s. S. 61

Die Villa, die der Architekt Paul Baumgarten 1914/15 für den Zahnpasta-Fabrikanten Marlier erbaute, steht heute als **Haus der Wannsee-Konferenz** für eines der grausigsten Kapitel der deutschen Geschichte. 1940 erwarb die Stiftung Nordhav, die der Leiter des Reichssicherheitshauptamtes Reinhard Heydrich ins Leben gerufen hatte, die Villa. Am 20. Januar 1942 trafen sich hier Vertreter diverser Ministerien und der SS, um die Modalitäten des Völkermords an den europäischen Juden festzulegen.

Eine **Ausstellung** informiert hier heute über die Geschichte des Rassismus und zeichnet den Weg des Antisemitismus bis hin zu den Gettos und den Vernichtungslagern nach. Zu der Villa gehört auch ein riesiges Grundstück, auf dem Teile der alten **Parklandschaft** rekonstruiert worden sind.

Abstecher auf die Pfaueninsel

s. Entdeckungstour S. 270 und Radtour nach Potsdam S. 279

Der Löwenbrunnen am Eingang stimmt auf Schloss (Klein-)Glienicke ein

Nikolskoe ▶ Karte 3, B 4

Nach der Heirat der Prinzessin Charlotte mit Zar Nikolaus I. wurden die Beziehungen zwischen Hohenzollern und Romanows enger. Daran erinnern das **Blockhaus Nikolskoe** (heute Gaststätte; s. S. 273), das Friedrich Wilhelm III. zu Ehren seines Schwiegersohns erbauen ließ, und die Kirche **St. Peter und Paul** (Nikolskoer Weg 17, tgl. 11–16, Gottesdienst So 15 Uhr). St. Peter und Paul wurde mit Zwiebelturm, Kreuz sowie einem hölzernen Vorbau in Anlehnung an die russische Kirchenarchitektur erbaut und 1837 geweiht. Das Innere der Kirche, die heute aufgrund ihrer schönen Lage gern als Hochzeits- und Taufkirche genutzt wird, ist das einzige original erhaltene Beispiel einer Berliner Vorstadtkirche, eines von Karl Friedrich Schinkel entwickelten Typs. Im Innern befindet sich das Grab Prinz Carls.

Forsthaus Moorlake ▶ Karte 3, B 4

Ein **Forsthaus**, in dem heute das **Wirtshaus Moorlake** (s. S. 273) untergekommen ist, und ein **Stallgebäude** im bayerischen Stil ließ König Friedrich Wilhelm IV. für seine Gemahlin Elisabeth aus dem Hause Wittelsbach errichten.

Abstecher nach Sacrow

▶ Karte 3, B 4

Von Nikolskoe aus sieht man auf der anderen Havelseite die **Heilandskirche Sacrow.** Von der Station Krughorn, knapp 10 Min. zu Fuß vom Wirtshaus Moorlake Richtung Schloss Glienicke, kann man mit dem **Potsdamer Wassertaxi** (www.potsdamer-wassertaxi.de, 3,50 €, Fahrrad 2 €) übersetzen.

1844 als sakraler Bau im italienischen Stil nach Plänen des Architekten Ludwig Persius mit einem über 20 m hohen freistehenden Glockenturm erbaut, lag die Kirche zu DDR-Zeiten im Grenzgebiet der beiden deutschen Staaten. Ihr Turm wurde als Wachturm missbraucht. Die Kirche selbst verfiel zusehends. Nach der Wiedervereinigung wurde nicht nur die Kirche, sondern auch **Schloss Sacrow** (www.spsg.de), in dessen Schlosspark die Kirche steht, renoviert. Hier finden im Sommer **Kunstausstellungen** (www.ars-sacrow.de) statt.

Schloss (Klein-)Glienicke !

▶ Karte 3, B 4

www.spsg.de, April–Okt. Di–So 10–18, Nov.–März Sa/So 10–17 Uhr, 6/5 €, Park frei zugänglich ▷ S. 273

Auf Entdeckungstour:
Im Reich der Illusionen – die Pfaueninsel

Ein Kleinod in der von Lenné gestalteten Havellandschaft zwischen Berlin und Potsdam: künstliche Ruinen, ein malerisches Schloss, ein Park mit Rosen, jahrhundertealten Bäumen, Wiesen und Pfauen – der Traum vom preußischen Arkadien.

Reisekarte: ▶ Karte 3, B 4
Dauer: mit Anfahrt ab Berlin ca. 4 Std.
Anfahrt: S Wannsee, dann Bus 218, 316 bis Fähre, Fähre Nov.–Feb. tgl. 10– 16, März, Okt. tgl. 9–18, April, Sept. tgl. 9–19, Mai–Aug. tgl. 8–20 Uhr, 4/3 €
Besichtigung: Schloss April–Okt. Di–So 10–17.30 Uhr, nur mit Führung, 3/2,50 €, Meierei April–Okt. 10–17.30 Uhr, 6/5 €

Ein wahres Kleinod ist die nur 1,5 km lange und 500 m breite Pfaueninsel in der Havel, die seit 1924 unter Naturschutz steht. Hier erfüllte sich König Friedrich Wilhelm III. (reg. 1797–1840) seinen Traum von Arkadien – den Traum vom Leben in der Natur jenseits aller gesellschaftlichen Zwänge. Gemeinsam mit seiner Ehefrau, Königin Luise, und den sieben Kindern verbrachte er in diesem Refugium die Sommermonate. Und auch nach dem frühen Tod der Königin 1810 zog sich König Friedrich Wilhelm immer wieder auf die Pfaueninsel zurück. Hier lebte er eine Sehnsucht und einen Lebensstil aus, der so gar nicht zum Bild Preußens und seiner Herrscher als Könige eines säbelrasselnden Militärstaats passen will.

Noch um 1650 hatte der Große Kurfürst auf der Insel Kaninchen züchten lassen. 1685 wurde hier der Alchemist und Glasmacher Johannes Kunckel mit seinem Laboratorium untergebracht. 1793 erwarb dann König Friedrich Wilhelm II. (reg. 1786–97) die Insel und siedelte Pfauen an. Als Kronprinz hatte er sich hier ab 1766 mit der 13-jährigen Trompetertochter Wilhelmine Encke getroffen. Bis 1796 ließ er das Schloss auf der Pfaueninsel errichten.

Erste Einstimmung

Der Besucher betritt die Pfaueninsel heute am alten **Haus des Fährmanns** von 1826. Zumeist kommen ihm einige der freilebenden Pfauen der Insel entgegen. Sie sind Nachfahren der 1797 hier ausgesetzten Tiere und wirken wie eine erste Einstimmung auf das romantisch Unwirkliche, das die Insel nach dem Willen ihrer Schöpfer ausstrahlen sollte. Links am Fährhaus führt der Weg vorbei am **Schweizerhaus** (1829/10), das nach Plänen Schinkels errichtet wurde, zum **Schloss.** Zwei mächtige Türme, verbunden mit einer filigranen Treppe, schmücken den Bau.

Das Schloss als Kulisse

Je näher wir der weißen Schlossfassade (Abb. links) kommen, desto unwirklicher wirkt der Bau. Haben wir es mit einer Kulisse zu tun? Tritt man ganz nah an die Schlossfassade, sieht man, dass sie aus Brettern besteht, die weiß übertüncht und mit der Andeutung von Mauerwerk bemalt wurden. Aufgemalt auch das Tor mit dem Fallgitter am oberen Rand und die Durchsicht auf die Landschaft. Die Fassade, die dem Bau das Romantisch-Unwirkliche gibt, besteht aus Eichenholz, dahinter verbirgt sich ein über 200 Jahre stehender Fachwerkbau. Wozu das Ganze?

Friedrich Wilhelms II. Absicht war es, quasi als Verlängerung des Neuen Gartens in Potsdam, wo er das Marmorpalais errichtet hatte, auf der Pfaueninsel ein Traumland entstehen zu lassen. Als Erstes verfügte er, dass dort keine Bäume gefällt werden dürfen. So blieben die rund 400 Uralteichen stehen. Ab 1794 ließ er das Schloss errichten.

Um die Intention der Anlage nachzuvollziehen, müssten wir uns per Boot vom Neuen Garten her nähern. Das Schloss an der Westspitze der Pfaueninsel wäre jederzeit gut zu sehen. Und es würde uns die Illusion geben, dass wir uns einem römischen Landhaus nähern, dessen drittes Stockwerk nicht fertiggebaut wurde oder schon eingefallen ist. Die Schlossfassade ist Teil einer Inszenierung, in der die Besucher vom prachtvollen Palais über das trennende Wasser auf eine Insel fahren, die einer längst vergangenen Zeit oder auch einer ersehnten, aber eben unwirklichen Welt angehört.

Wie zu Königs Zeiten

Keinesfalls sollte man die Führung durch das kleine Sommerschloss (gut 30 Min.) versäumen. Wo sonst kann man ein Schloss besichtigen, das niemals renoviert wurde. Der Sommersitz wurde einfach zugeschlossen, als nach dem Tod Friedrich Wilhelms III. sich niemand von den Hohenzollern mehr für den Bau interessierte.

Wie vergessen liegt da heute noch ein Hut der Königin Luise in einem Schränkchen, ist das Bett im kargen Schlafzimmer des Königs für die Nacht vorbereitet.

Lennés Gartenlandschaft

Nach der Schlossbesichtigung geht es auf einem Rundweg, von dem aus sich immer wieder die Aussicht auf die Havel öffnet, um die Insel. Ganz dem Prinzip des englischen Landschaftsgartens verbunden, erschließen kleinere Wege das Inselinnere, tun sich malerische Ausblicke, kleine Landschaftsbilder auf, eine Blickachse hier, eine architektonische Überraschung dort.

Wer sich am Schloss rechts hält, kommt zum 1989 nach Grabungsfunden rekonstruierten **Rosengarten.** Peter Joseph Lenné ließ den ersten Sondergarten Preußens bei seiner Umgestaltung der Insel ab 1821 als labyrinthischen Rosengarten anlegen. 2000 Stöcke mit 140 Rosenarten pflanzte er an. Leider gingen die Rosenstöcke aufgrund einer Engerlingplage noch zu seinen Lebzeiten ein. Der heutige Rosengarten konnte wegen der Schattensituation nur teils mit alten Rosenarten bepflanzt werden.

Auf Lenné geht auch das **Maschinenhaus,** unschwer am hohen Schornstein zu erkennen, zurück. Der Landschaftsgärtner ließ es am Südufer der Insel errichten, um von hier aus das für den Garten benötigte Wasser auf den höchsten Punkt der Insel zu pumpen. Dort empfängt den Spaziergänger eine sanierte **Brunnenanlage.** Ganz in der Nähe steht, in der Art eines Heuschobers ausgeführt, das **Winterhaus für die Pfauen.**

In der Mitte der Insel entdecken wir dann den zweiten großen Bau: das **Kavaliershaus** von 1804. Schinkel ließ die Vorderfront des Gebäudes mit der Fassade eines spätgotischen Danziger Patrizierhauses von 1480 schmücken.

Eine Klosterruine oder ...?

Durch die großen Laichwiesen deutlich vom Landschaftspark getrennt, stoßen wir im östlichen Bereich der Insel auf die **Meierei.** Ein voll funktionsfähiger landwirtschaftlicher Betrieb mit Milchviehhaltung, Pferden und Schafen – gestaltet als Ruine eines gotischen Klosters. Prächtig ausgeführt im ersten Stockwerk der gotische Festsaal, der am Wochenende besichtigt werden kann.

Gedenken

Nicht weit entfernt von der Meierei steht eine Säulenhalle mit der Skulptur der Königin Luise – der **Luisentempel.** Friedrich Wilhelm III. ließ dieses erste, in Sandstein ausgeführte Portal des Mausoleums der Königin im Schloss Charlottenburg auf der Pfaueninsel aufstellen, um seiner früh verstorbenen Gattin nahe zu sein.

Schloss (Klein-)Glienicke liegt direkt an der Glienicker Brücke (s. u.). Der Löwenbrunnen, 1837 bis 1838 angelegt, schmückt den Pleasureground vor dem Schloss, das Prinz Carl von Preußen 1824 erwarb und von Karl Friedrich Schinkel ausbauen ließ. Schinkel gab dem streng gegliederten Schlossbau den eher heiter-beschwingten Gartenhof, indem er das Kavalierhaus und den Turm anfügte und am Havelufer das Casino errichtete. Die Gartengestaltung übernahm Peter Joseph Lenné. In den restaurierten Innenräumen des Schlosses sind Kunstwerke und Einrichtungsgegenstände aus dem Besitz Prinz Carls zu sehen. Zudem wurde ein Museum für die Hofgärtner, die seit dem 18. Jh. die Potsdamer Parklandschaft geschaffen hatten, eingerichtet.

Das **Jagdschloss Glienicke**, jenseits der Königsstraße, erbaut 1682 bis 1693, wird heute als Bildungsstätte genutzt.

Glienicker Brücke und Villa Schöningen ▶ Karte 3, B 4

Die **Glienicker Brücke** erlangte Berühmtheit, weil hier zu Mauerzeiten mehrfach Spione und politische Gefangene zwischen Ost und West ausgetauscht wurden.

Wer mehr zur Geschichte der Brücke und ihrer Bedeutung im Kalten Krieg wissen möchte, ist in der **Villa Schöningen** (Berliner Str. 86, 0331 200 17 39, www.villa-schoeningen.de, Do–So 10–18 Uhr, 9/7 €) richtig, einem in Sichtweite der Glienicker Brücke auf Potsdamer Seite gelegenen Museum und Ausstellungshaus. Im Erdgeschoss werden Exponate und Zeitzeugenberichte zur Glienicker Brücke in den Jahren der Teilung präsentiert, im Obergeschoss Kunstausstellungen. Doch die 1843 für den Hofmarschall Kurd Wolfgang von Schöning vom Architekten Ludwig Persius errichtete Villa lohnt an sich schon einen Besuch.

Essen & Trinken

Entspannt am Schlachtensee – **Fischerhütte am Schlachtensee:** Fischerhüttenstr. 136, Tel. 030 80 49 83 10, www.fischerhuette-berlin.de, U Krumme Lanke, S Schlachtensee, tgl. ab 9 Uhr, HG 6–14,50 €. Mit Restaurant, Bar, Lounge, Weinhandlung, Biergarten und Privatstrand hat sich die Fischerhütte zu einem modernen Ausflugslokal gewandelt. Wer es deftig einfach mag, nutzt das Angebot im Biergarten mit Hähnchen und Bratwürsten. Deftige, aber gehobene deutsche Küche – vom Saubraten bis zum Tafelspitz – wird im Restaurant geboten.

Im Esszimmer der Liebermanns – **Café Max:** Colomierstr. 3, Tel. 030 80 49 84 33, www.liebermann-villa.de, S 1, 7 Wannsee, dann Bus 114 Liebermann-Villa, April–Sept. Mi–Mo 10–18, Do 10–20, sonst Mi–Mo 11–17 Uhr. Im Museumscafé kann man im Sommer wunderbar im Garten am Wannsee sitzen.

Für die Hohenzollern reserviert – **Wirtshaus Moorlake:** Moorlakeweg 6, Tel. 030 805 58 09, www.moorlake.de, S 1, 7 Wannsee, dann Bus 316 Glienicker Brücke, tgl. ab 11 Uhr, HG 7,50–18,50 €. Ein Restaurant mit gutbürgerlicher Küche, dazu ein Biergarten. Der Gastraum in der oberen Etage war bis 1918 für das Haus Hohenzollern reserviert.

Russischer Stil – **Blockhaus Nikolskoe:** Nikolskoer Weg 15, Wannsee, Tel. 030 805 29 14, www.blockhaus-nikolskoe.de, S 1, 7 Wannsee, dann Bus 316 Richtung Potsdam, tgl. 11–20 Uhr, HG um 14 €. Deutsche Küche von Königsberger Klopsen bis zur halben gebratenen Ente im historischen Restaurant. Viele Touristen.

Aktiv

Baden und sonnen – **Strandbad Wannsee:** s. S. 55.

Per Rad raus aus dem Zentrum

Wer gerne mit dem Fahrrad unterwegs ist, kann in Berlin schöne Touren unternehmen. Zu berücksichtigen ist aber die Verkehrssituation in der Innenstadt (s. S. 23).

Auf dem Mauerweg in den Norden

Ca. 14 km (ca. 3–4 Std.), Start am Potsdamer Platz, Ziel S-Bahnhof Wollankstraße. Fahrradverleih s. S. 24

Nur noch wenige Stellen in der Stadt erinnern an die Berliner Mauer, lediglich in der Gedenkstätte Bernauer Straße ist die einstige deutsch-deutsche Grenze in ihrer ganzen Brutalität noch erfahrbar. Der Berliner Senat baut seit Jahren einen Mauerweg aus, auf dem Besucher per Fahrrad dem Verlauf der Grenzmauer folgen können. Der Weg ist durch Hinweise »Berliner Mauerweg«, die zumeist an Straßenecken platziert sind, ausgeschildert. Schautafeln, ehemalige Wachtürme und Gedenkstätten informieren an vielen Stellen über die Mauer und die Geschehnisse an der Grenze rund um West-Berlin (111,9 km) und zwischen West-Berlin und Ost-Berlin (43,1 km). Die im folgenden beschriebene Tour folgt, bis auf winzige Abweichungen, dem Verlauf der Berliner Mauer vom Potsdamer Platz bis zum S-Bahnhof Wollankstraße.

Etappe 1: Vom Potsdamer Platz zum Invalidenfriedhof ▶ K/L 9–K 5

Vom **Potsdamer Platz** (**1,** s. S. 171) aus radelt man die **Ebertstraße** Richtung Brandenburger Tor und passiert dabei rechter Hand das **Holocaust-Denkmal,** (**2,** s. S. 170). Vorbei am **Brandenburger Tor** (**3,** s. S. 114) fährt man vor dem **Reichstag** (**4,** s. S. 163) hinunter zum **Spreeufer,** dann rechts am Spreeufer bis zur **Wilhelmstraße**.

Hier geht es nach links über die Marschallbrücke und sofort wieder links, dem Uferweg folgend. Wir radeln

Auf eigene Faust per Rad auf dem Mauerweg

Wer sich selbst den Weg suchen möchte, ist mit der **Radwanderkarte** »Berliner Mauerweg«, Verlag Dr. Andreas Barthel, gut ausgerüstet. Eine kostenlose Karte finden Sie unter **www.stadtentwicklung.berlin.de,** Mauerweg ins Suchmenü eingeben.

Geführte Radtouren auf dem Mauerweg

Die **Gedenkstätte Berliner Mauer** (www.berliner-mauer-gedenkstaette.de) führt verschiedene Radtouren auf dem Mauerweg durch. Zu empfehlen ist Tour IV »Das geteilte Berlin« von der Bernauer Straße bis zur Oberbaumbrücke. Gruppen von 10 bis 22 Personen (5 €/Person, Schülerm ausgenommen Berufsschüler, frei) können sich online anmelden. Fahrräder sind mitzubringen.
Jeden Samstag (Ende März–Mitte/Ende Okt.) bietet **StattReisen** eine Mauertour per Fahrrad von der Friedrichstraße bis Pankow (2–3 Std. 13 €/Person, eigenes Rad oder 8 €/Fahrrad, Infos und Anmeldung unter www.stattreisen berlin.de).

entlang der Spree, die die Grenze zwischen Ost- und West-Berlin darstellte, rechts das **Marie-Elisabeth-Lüders-Haus** (**5,** s. S. 163), links das **Paul-Löbe-Haus** (**6,** s. S. 163). Die Brücke, die die beiden Parlamentsbauten verbindet, ist ein Symbol der Wiedervereinigung.

Dem Weg hoch zum **Kapelle-Ufer** folgen, dann rechts über das Alexanderufer, vorbei am Areal der **Charité** (**7,** s. S. 158) bis zur **Invalidenstraße.** Wir überqueren die Invalidenstraße und radeln durch das **Tor** auf der anderen Straßenseite auf dem Sandweg am östlichen Ufer des Berlin-Spandauer Schifffahrtskanals entlang. Auf diesem Teilstück werden das **Bundeswirtschaftsministerium (8)** und der **Invalidenfriedhof** (**9,** s. Lieblingsort S. 169) passiert.

Etappe 2: Vom Invalidenfriedhof zur Gedenkstätte Berliner Mauer

▶ K 5–M 5

Nach den Arkaden des Hochhauses am Rand des Invalidenfriedhofs geht es gleich rechts in die Kieler Straße. Hier übersieht man leicht den Wachturm, die ehemalige **Führungsstelle Kieler Eck (10).** Jürgen Litfin hat den Wachturm mit einer Fotodokumentation zur **Gedenkstätte** für seinen Bruder Günter Litfin ausgebaut. Günter Litfin wurde am 24. August 1961 bei seiner Flucht das erste Maueropfer, das durch gezielte Schüsse getötet wurde.

Die Kieler Straße stößt auf die **Scharnhorststraße,** in die man links einbiegt, danach rechts in die **Boyenstraße,** wieder rechts in die **Chausseestraße** und links in die **Liesenstraße.** Im **Kreisel** nach der Eisenbahnbrücke die erste Ausfahrt rechts in die **Gartenstraße** nehmen, auf der man bis Ecke **Bernauer Straße** radelt und nach links in diese einbiegt. Hier lohnt die **Gedenkstätte Berliner Mauer** (**11,** s. S. 220) einen Besuch.

Etappe 3: Von der Gedenkstätte Berliner Mauer bis zum S-Bahnhof Wollankstraße

▶ M 5–außerhalb M 1

Nun folgt man der Bernauer Straße Richtung Mauerpark.

Abstecher: Vor der Schwedter Straße rechts in die **Ruppiner Straße** auf den schön hergerichteten **Arkonaplatz (12).**

Auf dem Mauerweg in den Norden

Von der Bernauer Straße geht es Höhe **Schwedter Straße** in den **Mauerpark** (**13,** s. S. 220), in dem ein kurzes Stück Kopfsteinpflaster zu bewältigen ist. Man durchradelt den Mauerpark bis zum Ende, überquert die **Gleimstraße** und ist dann in der **Schwedter Straße**. Diese setzt sich als **Schwedter Steg** fort, auf dem man hinauf auf die Behmstraßenbrücke fährt, die das Bahngelände überquert.

Auf der Brücke nach rechts fahren und dem Weg rechts nach unten auf das Straßenniveau, weiter in der alten Fahrtrichtung die **Norwegerstraße** hinunter. An der Bösebrücke, unter der wir hindurchfahren, setzt sich die Norwegerstraße als eine Kirschbaumallee fort.

Abstecher: Wer die Situation am früheren **Grenzübergang Bornholmer Straße (14)** besichtigen möchte, muss rechts zur Bösebrücke hinaufgehen. Die Bornholmer Straße war ein Grenzübergang für DDR-Bürger und erlangte Berühmtheit, weil hier am Abend des 9. November 1989 der diensthabende Offizier entschied, die ersten DDR-Bürger nach West-Berlin durchzulassen, obwohl er keine Weisung dazu hatte. Nördlich der Bornholmer Straße ist die **Hinterlandmauer** (**15,** s. S. 89) erhalten, die den Grenzübergang gegen das anliegende Kleingärtnerareal abschirmte. Auf der Brücke finden Sie Infotafeln.

Die Kirschbaumallee geht schließlich in einen gut befahrbaren Weg in einer Grünanlage über. Am Ende der Norwegerstraße biegt man nach links ab, fährt unter der Unterführung hindurch ein kleines Stück auf der Grüntaler Straße. Gleich die erste Querstraße rechts führt auf die **Steegerstraße**, auf der man nach rechts fährt und bis zum **S-Bahnhof Wollankstraße** folgt. Von dort fährt die S 1 zurück zum Potsdamer Platz.

Essen & Trinken

Pause am Museum – **Sarah Wiener im Hamburger Bahnhof** **1**: Invalidenstraße 50/51, Tel. 030 707 136 50, www.sarahwiener.de, Di, Mi 10–18, Do 10–20, Fr 10–23, Sa–So 11–18 Uhr, kleine Gerichte 10,50 €, HG 12,50–23,90 €.

Café-Bar am Arkonaplatz – **Der Neue Weltempfänger** **2**: Anklamer Str. 27 (am Arkonaplatz), Tel. 0177 320 05 33, www.derneueweltempfaenger-berlin.de, Di–So ab 8, Mittagskarte ab 12, Abendkarte ab 18 Uhr, bis ca. 15 €.

Selbst gemacht – **Café Esstilo** **3**: Wollankstr. 133, Tel. 030 218 016 26 www.tapasbar-esstilo.de, Mo–Fr 9–24, Sa/So ab 13 Uhr, Frühstück 4,90–9,90, Tapas ab 7,90 €.

Vom Alexanderplatz zum Wannsee

Ca. 20 km (5–6 Std., ohne Abstecher), Start: Alexanderplatz/Marienkirche, Endpunkt: S-Bahnhof Wannsee; Fahrradmitnahme in S-, U-Bahn s. S. 23; Fahrradverleih s. S. 24

Diese Tour kann man auch mit Abschnitt 2 (ab U-Bahnhof Kochstraße) oder Abschnitt 3 (ab U-Bahnhof Breitenbachplatz) beginnen.

Außerhalb der Innenstadt weisen grüne Straßenschilder auf die Fahrradstrecken hin. Bisweilen hat man das Gefühl, man hat die Ausschilderung verloren. Einfach weiter geradeaus fahren, die Schilder kommen schon.

Etappe 1: Vom Alexanderplatz bis zum Checkpoint Charly

▶ Karte 2, N 7–M 9

Wir starten an der **Marienkirche** (**1,** s. S. 136) in der Nähe des Alexanderplatzes. Ecke Karl-Liebknecht-Straße/Spandauer Straße sieht man das grüne Schild für

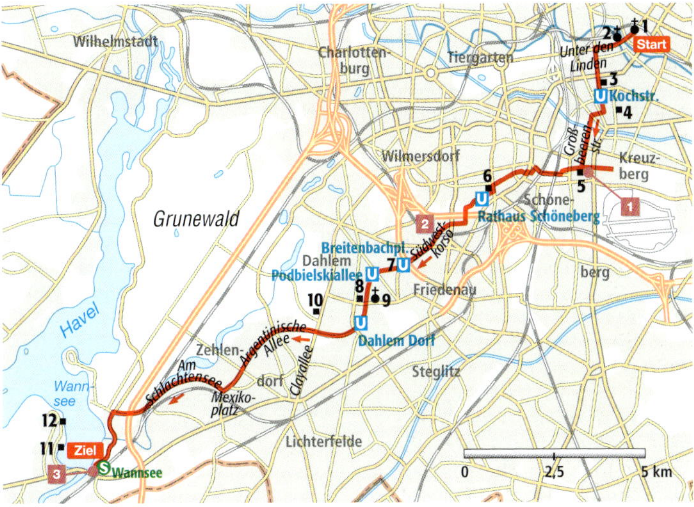

Radtour vom Alexanderplatz zum Wannsee

Fahrradfahrer Richtung Brandenburger Tor. Man fährt die Karl-Liebknecht-Straße hinunter, vorbei an **Berliner Dom** (**2,** s. S. 128), Lustgarten (s. S. 128) und der ›Schlossbaustelle‹ Humboldt-Forum (s. S. 127), schließlich über die Schloßbrücke (s. S. 127). Nun ist man auf der Prachtstraße **Unter den Linden** (s. S. 117) unterwegs. Hier passiert man rechter Hand das Zeughaus (s. S. 126), die Neue Wache (s. S. 125) und die Humboldt-Universität (s. S. 125), wo auch das Reiterdenkmal Friedrichs des Großen (s. S. 121) steht. An der Kreuzung Friedrichstraße biegt man links in die Friedrichstraße ein und radelt auf ihr bis zum **Checkpoint Charly** (**3,** s. S. 149) bzw. dem **U-Bahnhof Kochstraße**.

Etappe 2: Vom Checkpoint Charly zum Breitenbachplatz

▶ M 9 – außerhalb F 14

Wir folgen weiter der Friedrichstraße bis zur Rahel-Varnhagen-Promenade, in die wir rechts einbiegen.

Abstecher: Wer das **Jüdische Museum** (**4,** s. S. 150) besuchen möchte, muss vorher in die E.T.A-Hoffmann-Promenade links einbiegen.

Auf der Rahel-Varnhagen-Promenade quert man zunächst die Wilhelmstraße und dann die Stresemannstraße. Leicht versetzt geht die Promenade hier in die Großbeerenstraße über, auf der man geradeaus über den Landwehrkanal fährt. Damit sind wir im Ortsteil **Kreuzberg** mit seinen gründerzeitlichen Fassaden angekommen.

Geradeaus geht es auf der Großbeerenstraße weiter bis zur Kreuzbergstraße. Überquert man diese, so ist man im **Viktoriapark** (**5,** s. S. 241) mit **künstlichem Wasserfall** und dem **Nationaldenkmal** auf dem **Kreuzberg.**

Abstecher: Wer den Kiez in der **Bergmannstraße** (s. S. 244) besuchen möchte, biegt links in die Kreuzbergstraße ab.

Wir radeln rechts die Kreuzbergstraße hinunter und biegen dann wieder rechts in die Monumentenstraße ein. Auf der Monumentenbrücke, die schon in **Schöneberg** liegt, haben Sie einen fantastischen Blick auf den Potsdamer Platz und die Gleisanlage, die in das Berliner Zentrum führt.

Man folgt der Monumentenstraße und gelangt über die Langenscheidtbrücke in die Langenscheidtstraße. Jetzt folgt wiederholtes Abbiegen: zunächst links in die Erdmannstraße, dann rechts in die Helmstraße; weiter über die Hauptstraße leicht versetzt in die Belziger Straße, die nach wenigen Metern nach links abknickt. Hinter der Akazienstraße ist man dann schon im **Schöneberger Kiez** (s. S. 194).

Dort wo die Belziger Straße endet, liegt auf der anderen Seite der Martin-Luther-Straße das **Rathaus Schöneberg** (**6,** s. S. 194). Dort biegt man in die Freiherr-vom-Stein-Straße ein. Auf der Höhe des **U-Bahnhofs Rathaus Schöneberg** fährt man links durch den Rudolph-Wilde-Park bis zur Fritz-Elsas-Straße, in die man rechts einbiegt. Über den Hans-Rosenthal-Platz am Gebäude des Deutschlandradio Kultur vorbei, rechts in die Durlacher Straße, links in die Prinzregentenstraße, über die Wexstraße, unter der Unterführung hindurch. Rechts in die Varziner Straße, über den Bundesplatz in den **Südwestkorso**. Hier sind Sie im Ortsteil **Friedenau** und können auf dem Friedhof Stubenrauchstraße die Gräber von Marlene Dietrich und dem Fotografen Helmut Newton besuchen.

Weiter geht es den Südwestkorso hinunter, die Wiesbadener und Dillenburger Straße überquerend, bis zum **Breitenbachplatz (7).**

Etappe 3: Vom Breitenbachplatz bis zum Wannsee

▶ Karte 3, D 4–B 4

Über den Breitenbachplatz hinweg folgen wir der Schorlemerallee hinunter bis zur Podbielskiallee, kreuzen diese und fahren rechts vorbei am **U-Bahnhof Podbielskiallee** in die Straße Im Dol und biegen dann sofort links in den Franz-Grothe-Weg. Jetzt fährt man parallel zur S-Bahn. Rechter Hand liegt das Gelände der **Domäne Dahlem** (**8,** s. S. 264).

Abstecher: Vom Franz-Grothe-Weg **Nur** wenige Meter weiter entlang der Königin-Luise-Straße kann man die **Kirche Dahlem (9)** besichtigen.

Wer direkt weiter radeln möchte überquert die Königin-Luise-Straße und fährt durch die Löhleinstraße vorbei am **U-Bahnhof Dahlem Dorf** und über die Thielallee hinweg weiter via Saargemünder Straße, die an der **Clayallee** in die **Argentinische Allee** übergeht. In der Clayallee, nur ein kurzes Stück rechts, befindet sich das **AlliiertenMuseum** (**10,** s. S. 149)

Auf der Argentinischen Allee fährt man bis zum **Mexikoplatz**, wo man kurz rechts in die Limastraße und sofort wieder links in die Straße **Am Schlachtensee** einbiegt. Dieser folgt man, bis sie auf die Spanische Allee mündet, an der wir uns rechts halten. Nach der Spinner-Brücke geht es dann links in den Kronprinzessinnenweg und weiter bis zum **S-Bahnhof Wannsee,** dem Endpunkt der Tour.

Hier am Wannsee sollte man noch auf der **Königstraße** über die Brücke radeln, die den Großen vom Kleinen Wannsee trennt. Hinter der Brücke führt die Straße Am Großen Wannsee nach rechts zur **Liebermann-Villa** (**11,** s. Entdeckungstour S. 266) und zur **Villa Marlier – Haus der Wannsee-Konferenz** (**12,** s. S. 268).

Essen & Trinken

Mehr als nur Frühstück in einem Landhaus am Kreuzberg – **Tomasa** **1**: Kreuzbergstr. 62, s. Mein Tipp S. 279.
Beim Schwabenbäcker in Berlin – **BäckerMann** **2**: Südwestkorso 9, 030 822 09 56, www.baecker-mann.de, Mo–Fr 6–18, Sa 6–16, So 8–17 Uhr. Brötchen, Kuchen, Mittagstisch.
Biergarten und Restaurant – **Loretta am Wannsee** **3**: Kronprinzessinnenweg 260, Tel. 030 80 10 53 33, www.loretta-berlin.de, tgl. ab 11, warme Küche Mo–Sa bis 22, So bis 21 Uhr, Brotzeiten/Speisen 3,90–16,90 €.
Im Esszimmer der Liebermanns – **Café Max:** in der **Liebermann-Villa (12),** Colomierstr. 3, s. S. 273.

Schlösserlandschaft Berlin-Potsdam

Ca. 15 km (4–6 Std.), Start: S-Bahnhof Wannsee, Endpunkt: Hbf Potsdam; Fahrradverleih s. S. 24

Die Radtour in der Schlösserlandschaft Berlin-Potsdam ist Erholung pur. Kein Großstadtverkehr, dafür Radwege an Seen und Parks – vorbei an einigen der wichtigsten Schlösser der zum UNESCO-Welterbe gehörenden Residenzlandschaft.

Etappe 1: Vom S-Bahnhof Wannsee zur Glienicker Brücke

Nach Verlassen des **S-Bahnhofs** geht es links den Kronprinzessinnenweg hinunter, der auf die Königstraße stößt, in die wir rechts einbiegen und dann über die Wannseebrücke radeln. Hier liegt links der **Kleine Wannsee** und rechts der **Große Wannsee.**

Abstecher: Gut 200 m hinter der Brücke geht rechts die Straße Am Großen Wannsee ab. Auf dieser gelangt man zur **Liebermann-Villa** (**1**, s. Entdeckungstour S. 266) und zur **Villa Markier – Haus der Wannsee-Konferenz** (**2,** s. S. 268). Hinter dem Haus der Wannseekonferenz kann man links im Bogen über die Straßen Zum Heckeshorn und Straße zum Löwen zurück zur Königstraße radeln.

Auf der Königstraße geht es weiter, bis rechts die Pfaueninselchaussee abzweigt. Dieser Weg führt hinunter zum **Anleger** der Fähre zur Pfaueninsel.

Abstecher: Für einen Besuch der **Pfaueninsel (3)** mit dem Sommerschloss

Radtour in der Schlösserlandschaft Berlin-Potsdam

Blick über die Havel auf das Schloss der Pfaueninsel

(s. Entdeckungstour S. 270) benötigt man sicher zwei bis drei Stunden.

Vom Anleger Pfaueninsel geht es hoch zur **Kirche St. Peter und Paul** (s. S. 269). Am Ufer des Wannsees geht es vorbei am **Blockhaus Nikolskoe** (**4,** s. S. 269, 273) zum Kraghorn. Am gegenüberliegenden Ufer liegt die **Heilandskirche Sacrow** (**5,** s. S. 269). Vorbei am **Schloss (Klein-) Glienicke** (**6,** s. S. 269) stößt man erneut auf die Königstraße, die nach rechts als **Glienicker Brücke** (**7,** s. S. 273) nach Potsdam führt. Hier waren West und Ost getrennt, und die Brücke diente nicht selten zum Austausch von Spionen. Von der Brücke aus sieht man linker Hand das **Schloss Babelsberg (8),** in dem Kaiser Wilhelm I. wohnte.

Abstecher: Will man Park und **Schloss (Klein-)Glienicke** besuchen, muss man statt auf die Brücke zu fahren, die Königstraße ein kleines Stück zurück nach links radeln.

Etappe 2: Von der Glienicker Brücke zum Neuen Garten

Hinter der Glienicker Brücke biegt man vor der **Villa Schöningen** (**9,** s. S. 273) rechts in die Schwanenallee. Auf dieser passiert man rechter Hand die ehemalige Kaiserliche Matrosenstation Kongsnæs und radelt dann über die Brücke über den Hasengraben durch das Tor in den **Neuen Garten** (**10,** s. S. 291). Hier ist das Fahrradfahren nur auf dem gekennzeichneten **äußeren Parkweg** erlaubt.

Abstecher: Wer im Neuen Garten **Marmorpalais** oder **Schloss Cecilienhof (11)** besuchen möchte, muss nach links einen kurzen Weg zu Fuß zurücklegen.

Auf dem äußeren Parkweg gelangt man vorbei an der Einsiedelei und dem Gasthof Meierei zur Kreuzung Bertinistraße/Große Weinmeisterstraße.

Abstecher: Über den steilen Radweg **Am Pfingstberg** kommt man zum **Belvedere auf dem Pfingstberg** (**12,** s. Lieblingsort S. 293) und von da radelt man dann zur **Alexander-Newski-Gedächtniskirche** in der **Russischen Kolonie Alexandrowka** (**13,** s. S. 290).

Etappe 3: Zum Hauptbahnhof Potsdam

Über die Große Weinmeisterstraße radelt man dann weiter, die Kleine Weinmeisterstraße überquerend, in die Beyerstraße. Von dieser geht es links ab in die Puschkinallee und dann rechts in die Straße Russische Kolonie Alexandrowka, die in den Reiterweg übergeht. Nach Überqueren der Jägerallee führt der Voltaireweg geradeaus bis zum **Schloss Sanssouci** (**14,** s. S. 288). Hier geht es links in die Schopenhauerstraße, der wir zum Luisenplatz mit dem Brandenburger Tor folgen und dann links in die Charlottenstraße abbiegen.

Abstecher: Links in die Lindenstraße führt der Weg in die **Potsdamer Altstadt (15)** mit guten Möglichkeiten für eine Rast.

Nach gut 500 m geht es rechts in die **Friedrich-Ebert-Straße**, der man vorbei am wiederaufgebauten **Potsdamer Stadtschloss der Hohenzollern** (**16,** s. S. 285) bis zur Breite Straße folgt. Links ab führt die **Breite Straße** über die Lange Brücke zum **Hauptbahnhof Potsdam,** von wo die S 1 zurück in die Berliner Innenstadt fährt.

Essen & Trinken

Biergarten und Restaurant – **Loretta am Wannsee** 1**:** Kronprinzessinnenweg 260, s. S. 279.

Französische Pfannkuchen – **Creperie La Madeleine** 2**:** Lindenstr. 9, Potsdam, www.creperie-potsdam.de, tgl. 12–23 Uhr, Pfannkuchen 3,50–12,80 €.

Mit Garten – **Café Villa Schöningen (8):** in der Villa Schöningen (s. S. 280, 273), Berliner Str. 86, Potsdam, Do/Fr 10–18, Sa/So 11–18 Uhr. Italienische Snacks und Pasta.

Brauerei-Biergarten und -Gasthaus – **Meierei im Neuen Garten (9):** Im Neuen Garten 10, Potsdam, Tel. 0331 704 32 11, www.meierei-potsdam.de, Di–Fr 12–22, Sa, So 11–22 Uhr, HG ab 6,90 €.

Das Beste auf einen Blick

Potsdam

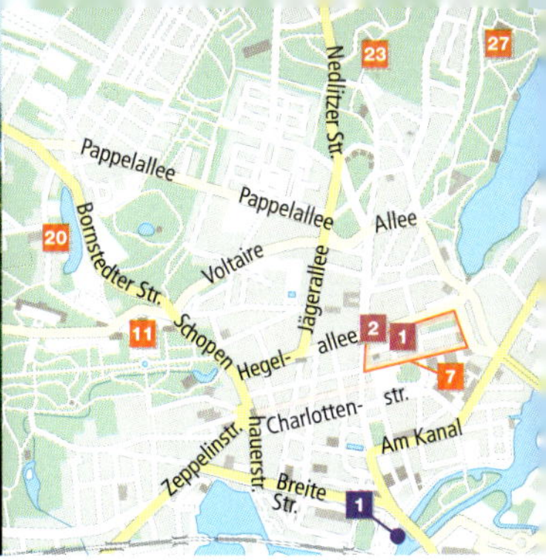

Kultur & Sehenswertes

Holländisches Viertel: Das größte Stadtviertel im holländischen Stil außerhalb der Niederlande mit schmucken Handwerkerhäuschen und kleinen Geschäften. 7 S. 288

Schloss Sanssouci: Der Inbegriff preußischer Hof- und Gartenkultur – das grandiose Schloss Friedrichs des Großen mit seiner reichen Parklandschaft. 11 S. 288

Schloss Cecilienhof: Der letzte Schlossbau der Hohenzollern und Ort der Potsdamer Konferenz. 27 S. 291

Aktiv unterwegs

Auf der Havel: Erleben Sie Potsdam und die Schlösserlandschaft bei einer Schiffsfahrt auf der Havel ab dem Anleger Lange Brücke. 1 S. 291

Genießen & Atmosphäre

Krongut Bornstedt: Auf einem im italienischen Stil erbauten Landgut bummeln, Butterkuchen aus der Hofbäckerei oder Bier aus der Hofbrauerei probieren. 20 S. 290

La Maison du Chocolat: Trinkschokolade nach alten Rezepten. 2 S. 291

Belvedere auf dem Pfingstberg: Den schönsten Blick über die Havellandschaft genießen. 23 S. 293

Abends & Nachts

Augustiner im Holländischen Viertel: Im Holländischen Viertel deftig bayerische Küche genießen. 1 S. 291

Die Hohenzollernstadt Potsdam

Keine andere Stadt steht so sehr wie Potsdam für das preußische Erbe in der deutschen Geschichte. Mit dem Toleranzedikt von Potsdam lud der Große Kurfürst Friedrich Wilhelm im Jahr 1685 die verfolgten Hugenotten ins Land ein. Und laut Friedrich dem Großen sollte jeder »nach seiner Façon selig werden« (1740). Aber zu diesem preußischen Erbe gehört auch der Tag von Potsdam – der 21. März 1933. Reichspräsident Paul von Hindenburg machte vor der Garnisonskirche – zumindest in heutiger Interpretation – durch den symbolischen Handschlag mit Adolf Hitler die NS-Bewegung salonfähig. Das Ergebnis: 1945 lag das Zentrum einer der schönsten Barockstädte Deutschlands in Trümmern. Sprengungen und die Umgestaltung gemäß den Richtlinien zur Gestaltung der sozialistischen Stadt zu DDR-Zeiten taten ein Übriges.

Heute versucht Potsdam, ca. 150 000 Einwohner und Hauptstadt des Bundeslands Brandenburg, sein historisches Zentrum um den Alten Markt zu rekonstruieren. Der Rundgang

Infobox

Reisekarte: ▶ Karte 3, A/B 4/5

Information

www.potsdam.de: Portal der Stadt.
Potsdam Tourismus Service: Am Neuen Markt 1, 14467 Potsdam, Tel.-Hotline 0331 27 55 88 99 (Mo–Sa 9.30–19, So/Fei 10–16 Uhr), www.potsdamtourismus.de.
Tourist-Information Potsdam Hauptbahnhof: Bahnhofspassagen (neben Gleis 6), Babelsberger Str. 16, Mo–Sa 9.30–20 Uhr.
Tourist-Information am Brandenburger Tor: Brandenburger Str. 3, April–Okt. Mo–Sa 9.30–18, So 10–16, Nov.– März Mo–Sa 9.30–18 Uhr.
Besucherzentrum Park/Schloss Sanssouci: Historische Mühle, Am Grünen Gitter 2, Tel. 0331 969 42 00, März– Okt. tgl. 8.30–18, Nov.–Febr. tgl. 8.30– 17 Uhr.

Stadtführungen und -rundfahrten

... über Potsdam-Tourismus: Tel. 0331 27 55 88 99;
Bustouranbieter starten Stadtrundfahrten am Potsdamer Hauptbahnhof:
»Alter Fritz« Stadttourismus: Tel. 0331 97 43 76, tgl. 10.30, 11, 14.15 Uhr, 3 Std. 18 €;
Kaiser Tour Potsdam: Tel. 0331 71 09 90, tgl. 12, 13 Uhr, 2,5 Std., 20 €.

... per Schiff mit der Weißen Flotte
Weiße Flotte: Tel. 0331 275 92-10, -20, -30 (Service), Tel. 0331 275 92 33 (Fahrplanansage), www.schiffahrt-in-potsdam.de. Rund- und Ausflugsfahrten, u. a. Havelrundfahrt (16 €, Familienticket 40 €), Schlösserrundfahrt (14 €, Familienticket 35 €), Wannseerundfahrt (16 €, Familienticket 40 €), alle ab Anleger Lange Brücke, 3 Min. Fußweg vom Hauptbahnhof Potsdam.

Anreise aus Berlin

RE 1 aus dem Zentrum/Flughafen Tegel, RE 7 aus dem Zentrum/Flughafen Berlin-Schönefeld, S 7 Direktverbindung nach Potsdam, S 1 via Wannsee.

durch Potsdam beginnt auf dem Alten Markt, den man vom Hauptbahnhof schnell zu Fuß erreicht. Das Holländische Viertel und die alte Neustadt um die Brandenburger Straße sind saniert und locken mit Cafés und Geschäften. Vom Brandenburger Tor sind es dann nur wenige Minuten nach Sanssouci.

Stadtrundgang

Alter Markt

Der Alte Markt wird seit einigen Jahren saniert, u. a. soll die Fachhochschule neben der Nikolaikirche verschwinden und das Karree am Alten Markt durch Wohnhäuser in Blockrandbebauung ersetzt werden.

Schon zu DDR-Zeiten wurde das **Alte Rathaus** 1, leicht zu erkennen an der Statue des Atlas, der die Weltkugel trägt, restauriert. Jan Bouman, der Architekt, der dann auch das Holländische Viertel errichtete, baute das Rathaus 1753 bis 1755. Ein moderner Anbau verbindet das Alte Rathaus mit dem **Knobelsdorffhaus** von 1750. Seit der Sanierung ist das **Potsdam Museum** (Di, Mi, Fr 10–17, Do 10–19, Sa, So 10–18 Uhr, 5 €) in das Alte Rathaus zurückgekehrt.

Zwischen Markt und Havelufer wurde die historische Fassade des bis 1772 erbauten **Palais Barberini** 2 (www.museum-barberini.com) wiederaufgebaut. Hier wird seit 2017 die Kunstsammlung von Hasso Plattner mit den Schwerpunkten impressionistische Landschaftsmalerei und deutsche Kunst des 20. Jh. gezeigt. Dazu kommen die Fassaden des Palazzo Pompei und des Palazzo Chiericati.

Die von Schinkel entworfene **Nikolaikirche** 3 (www.nikolai-potsdam.de, Mo–Sa 9–19, Winter bis 17, So ab ca. 11.30 Uhr, Aufstieg aufs Kolonadendach 5 €) aus dem Jahr 1837 erreicht mit Kuppel und Kreuz eine Höhe von 77 m. Sie prägt die Silhouette des Altstadtkerns.

2014 wurde der Brandenburgische Landtag in der Fassade des alten **Stadtschlosses der Hohenzollern** 4 (www.stadtschloss-potsdam.org) am Alten Markt eingeweiht. Wieder aufgebaut wurde die Fassade in der Form, die Georg Wenzeslaus von Knobelsdorff 1744 bis 1751 dem Gebäude gegeben hatte.

Marstall mit Filmmuseum 5

Breite Str. 1a, Tel. 0331 271 81 12, www.filmmuseum-potsdam.de, Di–So 10–18 Uhr, 5/4 €. Wechselnde Ausstellungen

Zum Stadtschloss gehörte der **Marstall,** dessen rötliche Fassade mit dem Sandsteinportal vom Alten Markt aus gut zu sehen ist. Erbaut wurde der Marstall, in dem die Pferde und Kutschen des Hofes untergebracht waren, 1685. 1746 versah von Knobelsdorff den Bau mit imposanten Portalen. Heute ist hier das **Filmmuseum Potsdam** u. a. mit einer ständigen Ausstellung zur Geschichte der Studios Potsdam-Babelsberg, in denen viele der bekannten Ufa-Filme produziert wurden, untergebracht.

Neuer Markt 6

Der **Neue Markt,** an drei Seiten von barocken Bürgerhäusern aus der Zeit um 1750 umstanden, hat den Zweiten Weltkrieg relativ unbeschadet überstanden. Im **Kabinetthaus** (1753), Am Neuen Markt 1, wurde König Friedrich Wilhelm III. geboren. Vermutlich ist es auch das Geburtshaus des Gelehrten Wilhelm von Humboldt. Die Platzmitte nimmt die **Ratswaage** von 1836 ein.

Dominiert aber wird der Neue Markt vom königlichen **Kutschstall** (1787–90). Nicht zu übersehen ist die Quadriga auf dem Eingangsportal. Sie zeigt den Lieblingskutscher Friedrich des Großen Pfund und Stallburschen und nicht

Potsdam

Sehenswert

1 Altes Rathaus
2 Palais/Museum Barberini
3 Nikolaikirche
4 Stadtschloss der Hohenzollern
5 Marstall mit Filmmuseum
6 Neuer Markt
7 Holländisches Viertel
8 Nauener Tor
9 Friedenskirche
10 Bildergalerie
11 Schloss Sanssouci
12 Neue Kammern
13 Historische Mühle
14 Chinesisches Teehaus
15 Neues Palais
16 Maschinenteich
17 Schloss Charlottenhof
18 Römische Bäder
19 Orangerieschloss
20 Krongut Bornstedt
21 Bornstedter Friedhof
22 Russische Kolonie Alexandrowka
23 Belvedere auf dem Pfingstberg
24 Holländisches Etablissement
25 Orangerie
26 Marmorpalais
27 Schloss Cecilienhof
28 Park Babelsberg
29 Villa Schöningen

Essen & Trinken

1 Augustiner im Holländischen Viertel
2 La Maison du Chocolat

Aktiv

1 Anleger Lange Brücke

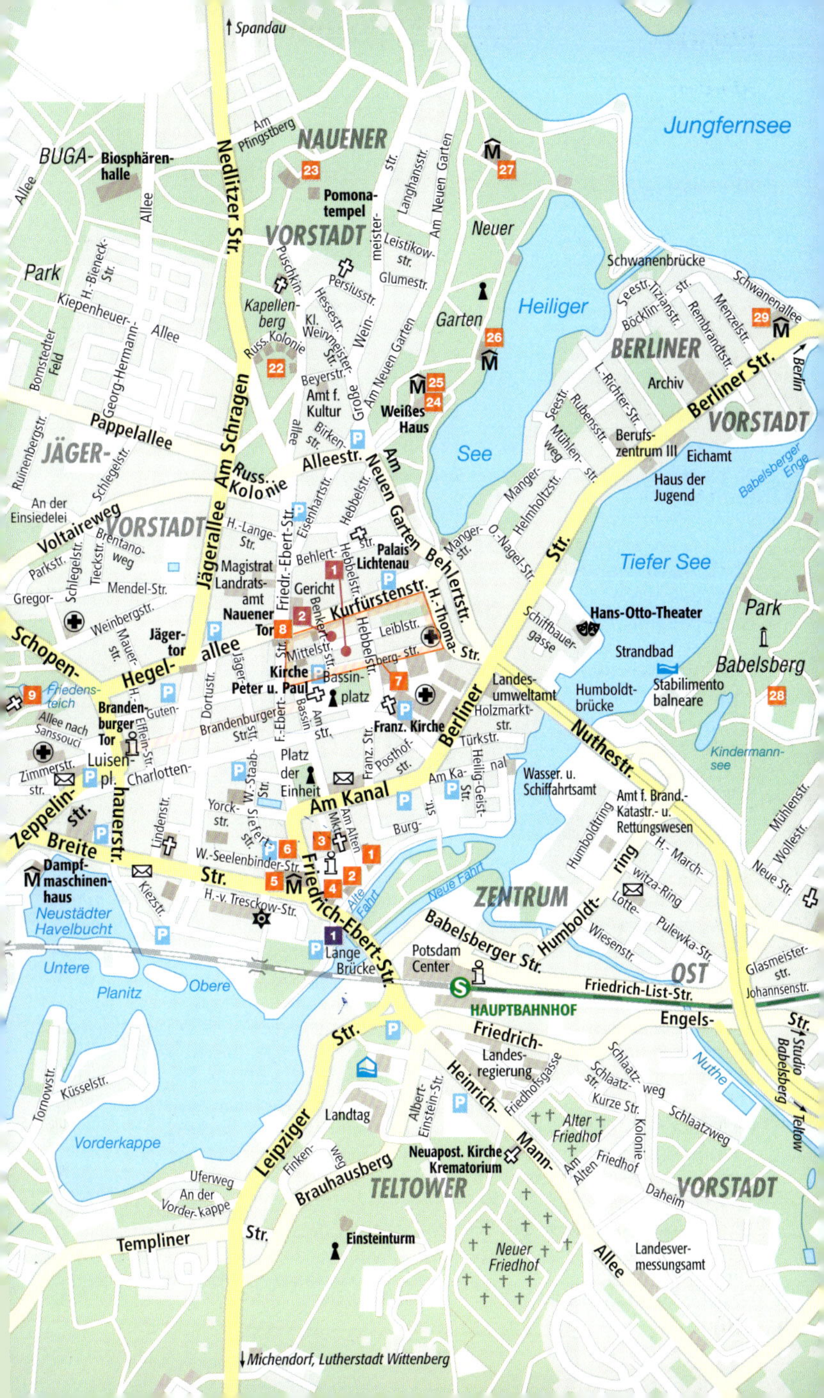

Spandau
Jungfernsee
NAUENER
VORSTADT
Am Pfingstberg
BUGA-
Biosphärenhalle
Allee
Nedlitzer Str.
Pomonatempel
Langhansstr.
Am Neuen Garten
Neuer
Garten
Heiliger
See
Park
H.-Bieneck-Str.
Kiepenheuer-Allee
Puschkinallee
Kapellenberg
Russ. Kolonie
Persiusstr.
Meisterstr.
Leistikowstr.
Glumestr.
Hessestr.
Kl. Weinmeisterstr.
Große Weinmeisterstr.
Beyerstr.
Amt f. Kultur
Weißes Haus
Schwanenbrücke
Schwanenallee
Seestr.
Tizianstr.
Böcklinstr.
Rembrandtstr.
Menzelstr.
BERLINER
VORSTADT
Berliner Str.
Berlin
Archiv
L.-Richter-Str.
Rubensstr.
Mühlenweg
Berufszentrum III
Eichamt
Haus der Jugend
Babelsberger Enge
Bornstedter Feld
Georg-Hermann-Allee
Pappelallee
Am Schragen
JÄGER-
VORSTADT
Ruinenbergstr.
Schlegelstr.
An der Einsiedelei
Russ. Kolonie
Alleestr.
Birkenstr.
Eisenhartstr.
Hebbelstr.
Am Neuen Garten
Manger-str.
Helmholtzstr.
O.-Nagel-Str.
Voltaireweg
Brentanoweg
Parkstr.
Tieckstr.
H.-Lange-Str.
Magistrat
Landratsamt
Nauener Tor
Jägerallee
Friedr.-Ebert-Str.
Behlertstr.
Palais Lichtenau
Gericht
Kurfürstenstr.
H.-Thoma-Str.
Tiefer See
Park
Babelsberg
Hans-Otto-Theater
Schiffbauergasse
Strandbad
Stabilimento balneare
Gregor-Mendel-Str.
Weinbergstr.
Mauerstr.
Jägertor
Hegelallee
Schopenhauerstr.
Benkertstr.
Mittelstr.
Leiblstr.
Gutenbergstr.
Kirche Peter u. Paul
Bassinplatz
Landesumweltamt
Humboldtbrücke
Friedensteich
Allee nach Sanssouci
Brandenburger Tor
H.-Elflein-Str.
Dortustr.
Jägerstr.
Brandenburger Str.
F.-Ebert-Str.
Am Bassin
Franz. Kirche
Franz. Str.
Holzmarktstr.
Türkstr.
Nuthestr.
Kindermannsee
Zimmerstr.
Luisenpl.
Charlottenstr.
Platz der Einheit
Posthofstr.
Am Kanal
Heilig-Geist-Str.
Wasser. u. Schiffahrtsamt
Amt f. Brand.-Katastr.- u. Rettungswesen
Zeppelinstr.
Lindenstr.
Yorckstr.
W.-Staab-Str.
Siefertstr.
Am Alten Markt
Burgstr.
Humboldtring
H.-Marchwitza-Ring
Mühlenstr.
Wollestr.
Neue Str.
Breite Str.
Dampfmaschinenhaus
Kiezstr.
W.-Seelenbinder-Str.
H.-v.-Tresckow-Str.
Friedrich-Ebert-Str.
Alte Fahrt
Neue Fahrt
ZENTRUM
Lotte-Pulewka-Str.
Wiesenstr.
Babelsberger Str.
OST
Glasmeisterstr.
Johannsenstr.
Neustädter Havelbucht
Lange Brücke
Potsdam Center
Friedrich-List-Str.
HAUPTBAHNHOF
Untere
Planitz
Obere
Friedrich-Engels-Str.
Studio Babelsberg
Teltow
Landesregierung
Friedhofsgasse
Schlaatzweg
Schlaatzstr.
Kurze Str.
Kolonie Daheim
Nuthe
Heinrich-Mann-Allee
Albert-Einstein-Str.
Alter Friedhof
Am Alten Friedhof
Tornowstr.
Küsselstr.
Landtag
Leipziger Str.
Vorderkappe
Finkenweg
Brauhausberg
Neuapost. Kirche
Krematorium
TELTOWER
VORSTADT
Uferweg
An der Vorderkappe
Templiner Str.
Einsteinturm
Neuer Friedhof
Landesvermessungsamt
Michendorf, Lutherstadt Wittenberg
1 2 3 4 5 6 7 8 9 22 23 24 25 26 27 28 29

Im Blickpunkt vieler Sichtachsen der Stadt: die Kuppel der Nikolaikirche

Könige oder Götter. Hier ist das **Haus der Brandenburgisch-Preußischen Geschichte** (www.hbpg.de, Di–Do 10–17, Fr–So 10–18 Uhr, ca. 5 €) eingezogen.

Holländisches Viertel 7

www.hollaendisches-viertel-potsdam.de

Um Mittel- und Benkertstraße ließ Friedrich Wilhelm I. 1733 bis 1740 das **Holländische Viertel** (Abb. S. 282 rechts) anlegen. Der König hoffte durch die 143 Backsteinhäuser im holländischen Stil Handwerker aus den Niederlanden nach Potsdam zu locken. Ein gutes Beispiel für die Bauweise der Häuser ist das **Jan Bouman Haus** (Mittelstr. 8, Tel. 0331 280 37 73, Mo–Fr 13–18, Sa/So, Fei 11–18 Uhr, 3/2 €, bis 12 Jahre Eintritt frei). Hier sind das Vorderhaus und ein Hofgebäude in Fachwerkbauweise in originaler Bausubstanz zu besichtigen.

Am Rand des Holländischen Viertels Ecke Kurfürstenstraße/Friedrich-Ebert-Straße markiert das **Nauener Tor** 8 die alte Stadtgrenze. Das Tor von 1733 wurde im Jahr 1755 nach einer Skizze Friedrichs des Großen nach dem Vorbild eines schottischen Castle umgestaltet.

Park und Schloss Sanssouci

Auf dem Weg über die Hauptallee zum Schloss liegt links die **Friedenskirche** 9 (Tel. 0331 97 40 09, 15.3.–15.10. ab 11 Uhr, So ab 12; 16.10.–14.3. Sa ab 11, So ab 12.30 Uhr) mit freistehendem 42 m hohem Glockenturm. Ludwig Persius und Friedrich August Stüler errichteten sie nach einer Skizze, die Friedrich Wilhelm IV. im Jahr 1828 auf seiner Italienreise angefertigt hatte. Zu dem Ensemble gehört u. a. ein **Kreuzgang** mit Brunnenkapelle und Säulengang. Zwei Marmortafeln vor dem Altarraum kennzeichnen das **Grab** Friedrich Wilhelms IV. und seiner Gemahlin. An der Nordseite der Kirche findet sich das **Kaiser-Friedrich-Mausoleum** (erbaut 1888–90), Grabstätte Kaiser Friedrichs III. und seit 1991 auch König Friedrich Wilhelms I.

Der Weg über die Hauptallee führt an der 1753–63 erbauten **Bildergalerie** 10 (Mai–Okt. Di–So, 10–18 Uhr, 6/5 €) vorbei, dem ersten Bau, der in Deutschland ausschließlich für die Präsentation von Gemälden errichtet wurde. Heute werden hier **Werke italienischer Meister** (Caravaggio) und **flämischer Meister** des 17. Jh. (Rubens, van Dyck) gezeigt.

Schloss Sanssouci 11

www.spsg.de, Nov.–März Di–So 10–17, April–Okt. 10–18 Uhr, 12/8 €

»Sans Souci«, »Ohne Sorgen«, nannte Friedrich der Große das eingeschossige Schloss, das er bis 1747 auf dem 1744 terrassierten Weinberg von Architekt Georg Wenzeslaus von Knobelsdorff errichten ließ. Die heiter geschwungene Seite, an der Bacchanten an den Halbsäulen das Gebälk zu tragen scheinen, wendet sich dem Park zu. Der Eingang zum Schloss findet sich in eher strenger Gestaltung in der rückwärtigen Hofseite. Über den **Ehrenhof** betritt man den in Stuckmarmor ausgeführten Vorraum (Vestibül), in dem zehn korinthische Säulen die Gestaltung der Außenfassade aufnehmen. Weiter geht es in den prachtvollen, in carrarischem Marmor ausgeführten **Festsaal**. In dem elliptischen Raum öffnet sich die Decke in die Kuppel mit Sicht auf den Himmel.

Das Schloss besteht aus zwölf Räumen. Im **östlichen Teil** finden sich die von Friedrich II. genutzten Zimmer. Besichtigen sollte man das **Konzertzimmer,** einen der schönsten Räume des deutschen Rokoko, und die **Bibliothek**.

Im **westlichen Trakt** des Schlosses sind die Gästezimmer untergebracht. Hier sticht das **Voltaire-Zimmer** mit Schnitzereien und gemalten Tier- und Fruchtmotiven hervor. Der französische Philosoph, der drei Jahre am Hof Friedrichs des Großen weilte, hat hier allerdings nie übernachtet.

Im westlichen Bereich der **Schlossterrasse** fand **Friedrich der Große** 1991 seine letzte **Ruhestatt.** Verehrer des Königs legen Kartoffeln auf seine Grabplatte und erinnern so daran, dass er die segensreiche Knolle in Preußen populär gemacht hat.

Zum Neuen Palais

Westlich des Schlosses die Hauptallee hinunter passiert man die **Neuen Kammern** 12 (April–Okt. Di–So 10–18 Uhr, 6/5 €), erbaut 1771–75. Der Bau diente als Orangerie, wurde dann zum Gästehaus mit Festsälen umgestaltet.

Nicht zu übersehen ist die **Historische Mühle** 13 Nov, Jan.–März Sa, So 10–16, April–Okt. tgl. 10–18 Uhr, 3/2 €). Sie wurde 1787 bis 1791 anstelle einer alten Bockwindmühle erbaut, die hier schon stand, als Friedrich der Große sein Sommerschloss errichten ließ.

Geht man die Hauptallee weiter Richtung Neues Palais, sieht man linker Hand das **Chinesische Teehaus** 14 (Mai–Okt. Di–So 10–18 Uhr, 3/2 €), das Friedrich der Große 1755 bis 1764 errichten ließ. An einen kreisrunden Mittelsaal sind drei Kabinette angesetzt, über denen sich ein kupfernes Zeltdach erhebt. Vergoldete Sandsteinskulpturen, die musizierende und Tee trinkende Chinesen darstellen, bilden den Figurenschmuck an den Säulen.

Neues Palais 15

April–Okt. Mi–Mo 10–18, Nov.–März bis 17 Uhr, 8/6 €, Schlosstheater wg. Sanierung geschl.

Der zweite große Schlossbau von Sanssouci ist das **Neue Palais** (1763–69) – Sommersitz der königlichen Familie und ihrer Gäste. Im Innern finden sich über 200 Räume: Hinter dem repräsentativen Vestibül im Erdgeschoss liegt der **Grotten- oder Muschelsaal** mit eingelegtem Marmorfußboden und seltenen Mineralien als Schmuck. Das Vestibül im 2. Stock führt in den frisch sanierten **Marmorsaal,** einen Festsaal mit Wand- und Deckengemälden aus der antiken Mythologie. Im südlichen Seitenflügel ist ein **Theater** eingerichtet, das seit seiner Eröffnung 1768 bespielt wird. Zum Palais gehören die **Communs** mit großen geschwungenen Freitreppen.

Park Charlottenhof

Im Jahr 1825 wurde der südliche Bereich dem Park Sanssouci angegliedert. Lenné, 1824 zum Königlichen Gartenbaudirektor ernannt, gestaltete die künstlichen Gewässer wie den **Maschinenteich** 16 zum Betrieb der Fontänen als natürliche Wasserläufe. Karl Friedrich Schinkel entwarf für den Kronprinzen und späteren König Friedrich Wilhelm IV. **Schloss Charlottenhof** 17 (Mai–Okt. Di–So 10–18 Uhr, 4/3 €). Ganz im Geist des Biedermeier ist es klassisch-bürgerlich gehalten. Die **Römischen Bäder** 18 (März–Okt. Di–So 10–18 Uhr, 5/4 €), nach 1834 im italienischen Villenstil nach einem Schinkel-Entwurf errichtet, dienten Villenbauten in Berlin und Potsdam immer wieder als Vorbild.

Orangerieschloss 19

Mai–Okt. Di–So 10–18 Uhr, 4/3 €, Aussichtsturm bis 2018 geschl.

Westlich von Schloss Sanssouci erhebt sich auf dem Bornstedter Höhenzug, das **Orangerieschloss** mit Aussichtsturm. Die Schinkel-Schüler Stüler und Hesse bauten es 1851 bis 1864 nach einer Skizze König Friedrich Wilhelms IV. im Stil italienischer Renaissancevillen. Die beiden über 90 m langen Hallen dienten im Winter zur Sicherung der Kübelpflanzen des Parks, die Eckbauten Wohnzwecken. Im Mittelbau finden sich fünf ehemals fürstliche Gästezimmer sowie der **Raffael-Saal** mit Kopien von 47 Gemälden des italienischen Renaissancemalers.

Weitere Sehenswürdigkeiten

Krongut Bornstedt 20

Ribbeckstr. 6/7, www.krongut-bornstedt.de, tgl. ab 10 Uhr

Nicht weit hinter dem Orangerieschloss am Bornstedter See liegt das **Krongut Bornstedt.** Seit der Eröffnung 2002 ist es mit Hofbäckerei, Handwerkergeschäften und diversen gastronomischen Angeboten inklusive Brauhaus und Brennerei ein viel besuchter Ausflugsort. Nach einem verheerenden Brand wurde das Krongut 1846 bis 1848 im italienischen Landhausstil neu aufgebaut und diente dem späteren Kaiser Friedrich III. und seiner englischen Gemahlin Victoria als Wohnung abseits des streng reglementierten Hoflebens. 1875 wurde der **Farmgarten** nach englischem Vorbild mit **Rosengarten** angelegt.

Auf dem **Bornstedter Friedhof** 21 sind ca. 500 bedeutende Persönlichkeiten des Potsdamer Lebens beerdigt. Im Bereich des **privaten Friedhofs der Familie Sello** ruhen der Landschaftsgärtner Peter Joseph Lenné, der Architekt Friedrich Ludwig Persius und Ferdinand von Armin.

Russische Kolonie Alexandrowka 22

Alexandrowka 2, www.alexandrowka.de, März–Okt. Di–So 10–18 Uhr, 3,50/3 €

Das Haus Nr. 2 und das Haus Nr. 8 der Russischen Kolonie Alexandrowka wurden denkmalgerecht saniert. Das **Haus Nr. 2** ist als begehbares Baudenkmal aus dem Jahr 1826 gestaltet. Auch die **Gartenanlage** von Peter Joseph Lenné wurde wiederhergestellt.

Die Russische Kolonie wurde 1826 bis 1827 mit 13 Holzhäusern als Siedlung im Stil eines russischen Soldatendorfs für russische Kriegsgefangene errichtet. Auf Wunsch des Hofes wurden diese als Russischer Sänger-Chor dem 1. Garde-Regiment zugeordnet. In zwei Holzhäusern leben noch direkte Nachkommen der ersten Bewohner. Nördlich der Dorfanlage, deren Alleen ein Andreaskreuz bilden, wurde für die Bewohner der Siedlung **Alexander-Newski-Kirche** errichtet, in der noch heute Gottesdienste stattfinden.

Belvedere auf dem Pfingstberg 23

s. Lieblingsort S. 293.

Im Neuen Garten

Betritt man den **Neuen Garten** (1787), von Peter Joseph Lenné zum Landschaftspark umgestaltet, durch die **Torhäuser** im holländischen Stil, passiert man die Backsteinhäuser des **Holländischen Etablissements** 24, in denen die Bediensteten wohnten. Weiter geht es zur **Orangerie** 25 mit ägyptischem Dekor. Die **Schlossküche**, die als versinkende Tempelruine gestaltet ist, führt hinüber zum Marmorpalais.

Carl von Gontard errichtete 1787 bis 1791 für Friedrich Wilhelm II. als zweigeschossigen Würfel im Stil des Frühklassizismus das **Marmorpalais** 26 (Mai–Okt. Di–So 10–18, Nov.–März Sa/So, Fei 10–16 Uhr, 6/5 €, Kombiticket Cecilienhof/Marmorpalais 8/6 €). Erst 1797 erweiterte man es durch eingeschossige Anbauten zur Dreiflügelanlage. Nach seiner Renovierung zeigt es im **Grottensaal** mit den Deckengemälden, die die Meeresgötter Amphitrite und Poseidon darstellen, wieder seine alte Pracht. Im zweiten Stock finden sich der **Konzert- und Festsaal** mit dem von C. G. Langhans gestalteten Parkettboden und die **Wohnräume des Königs.** Die **Pyramide** nördlich des Palais verbirgt einen bis zu 5 m tiefen Eiskeller.

Als letzter Hohenzollern-Bau in Preußen entstand 1913 bis 1917 **Schloss Cecilienhof** 27 (April–Okt. Di–So 10–18, Nov.–März Di–So 10–17 Uhr, 6/5 € ; Führung in die Privaträume des Kronprinzenpaares Di–So 10, 12, 14, 16 Uhr, 4/3 €). Kronprinz Wilhelm und Kronprinzessin Cecilie ließen ihr 176-Zimmer-Domizil im englischen Landhausstil ausbauen. Eine Besonderheit: Das **Kabinett der Kronprinzessin** ist als Schiffskajüte gestaltet.

Vom 17. Juli bis 2. August 1945 trafen sich hier die Siegermächte, um auf der **Potsdamer Konferenz** über die Zukunft Deutschlands zu entscheiden.

Park Babelsberg 28

Die dritte große Parkanlage Potsdams legte Peter Joseph Lenné an, Fürst Pückler Muskau gestaltete die Anlage zum englischen Landschaftsgarten um. **Schloss Babelsberg** (wg. Renovierung geschlossen) erbaute Schinkel bis 1834 im neugotischen Stil nach den Vorstellungen von Prinzessin Augusta, die von Schloss Windsor stark beeindruckt war.

Villa Schöningen 29

s. S. 273.

Essen & Trinken

Deftig – **Augustiner im Holländischen Viertel** 1: Mittelstr. 18, Tel. 0331 20 09 95 80, www.augustiner-potsdam.de, Mo–Do 16–24, Fr–Sa 12–24 Uhr. Von der Brandenburger Kartoffelsuppe (7,50 €) bis zum Rindersaftgulasch (17,50 €).

Besser ohne Kuchen – **La Maison du Chocolat** 2: Benkertstr. 20, Tel. 0331 237 07 30, www.schokoladenhaus-potsdam.de, tgl. 10–23 Uhr. Wer sich hier eine Schokolade nach altem Rezept gönnt, sollte auf den Kuchen verzichten. Beides wäre einfach zu mächtig.

Aktiv

Per Dampfer unterwegs – Ab **Anleger Lange Brücke** starten Schiffstouren 1: s. Infobox S. 284.

Lieblingsort

Belvedere auf dem Pfingstberg
An einem klaren Tag gibt es für mich keinen besseren Ort als das Belvedere auf dem Pfingstberg, um die ganze Schönheit der Havellandschaft zu überschauen. Das Belvedere aus dem Jahr 1862 ist ein wunderschön renovierter Bau, der allein dieser Aussicht dient. In der Pfeilerhalle gibt es nur zwei kleine Funktionsräume: das Römische und das Maurische Kabinett. Das Wasserbecken vor dem Belvedere, das früher die Fontänen im Neuen Garten versorgte, ist nur noch zur Zierde da. So ist das Belvedere sicher einer der schönsten Aussichtstürme der Welt.

Belvedere auf dem Pfingstberg 23: www.spsg.de, Tram 92, 96 Puschkinallee, dann 10 Min. Fußweg, April–Okt. tgl. 10–18, Nov. Sa, So 10–16 Uhr, 4/3 €.

Das Klima im Blick

atmosfair

Reisen bereichert und verbindet Menschen und Kulturen. Wer reist, erzeugt auch CO_2. Der Flugverkehr trägt mit einem Anteil von bis zu 10 % zur globalen Erwärmung bei. Wer das Klima schützen will, sollte sich für eine schonendere Reiseform (z. B. die Bahn) entscheiden – oder die Projekte von *atmosfair* unterstützen. *Atmosfair* ist eine gemeinnützige Klimaschutzorganisation. Die Idee: Flugpassagiere spenden einen kilometerabhängigen Beitrag für die von ihnen verursachten Emissionen und finanzieren damit Projekte in Entwicklungsländern, die dort den Ausstoß von Klimagasen verringern helfen. Dazu berechnet man mit dem Emissionsrechner auf *www.atmosfair.de,* wie viel CO_2 der Flug produziert und was es kostet, eine vergleichbare Menge Klimagase einzusparen (z. B. Berlin – London – Berlin 13 €). *Atmosfair* garantiert die sorgfältige Verwendung Ihres Beitrags. Klar – auch der DuMont Reiseverlag fliegt mit *atmosfair!*

Der Autor: Berlin ist die Stadt, die sich Enno Wiese als Lebensmittelpunkt ausgesucht hat. Nicht einmal, sondern dreimal: Als Student der FU, als Lehrer nach dem Studium der Germanistik und der Politik sowie als Journalist, Autor und PR-Berater. Nach Reisebüchern über Moskau/Leningrad, Hamburg, Dresden und Prag war – fast zwangsläufig – ein Reisebuch über Berlin an der Reihe. Enno Wiese: »Keine Stadt diente und dient so wie Berlin als Bühne für deutsche Geschichte und Widersprüche – Katastrophen inklusive.«

Abbildungsnachweis

DuMont Bildarchiv, Ostfildern: S. 9, 12 o. li., 27, 52, 63, 76/77, 106, 110 li., 122/123, 129, 238 li. (Freyer); 7, 40/41, 88, 108/109, 110 re., 126, 134/135, 138,141 li., 146,148, 160 re., 160 li., 161 li., 163, 171, 180 (2x),183, 193, 198 (2x), 199 li., 201, 206, 216/217, 222, 226 re., 227 li., 229, 234, (Lubenow); 19, 46, 79, 91, 140 (2x), 143, 151, 156, 177 (Specht)

Thomas Ernst, Berlin: S. 6, 300

f1-online, Frankfurt a.M.: S. 13 u.li., 250/251 (Masteron/age)

Getty Images, München: S. 95 (Gallup)

Glow Images, München: S. 93 (Super Stock/ Science Faction)

Paul Hahn, Berlin: S. 13 o. re., 152/153

laif, Köln: S. 98, 239 li., 257 (Adenis/GAFF); 102 (Balzer/Zenit); 60, 81, 114, 238 re., 246, 262 (Boening/Zenit); 12 u., 283 li., 292/293 (Buessemeier); 245 (Denzel); 16/17 (Hahn); 33 (Kerber); 103 (Hohenberg); 282 re. (Kirchner); 180 li., 194 (Langrock/Zenit); 278 li., 288 (Linkel); 68/69 (Oberholzer); 12 o. re., 218/219 (Pipe/Harding); 258 li., 270 (Riehle); 209 (The New York Times/Redux); 258 re., 266, 280/281 (Westrich)

Look, München: S. 227 o. li., 232 (Travel Collection)

Mauritius Images, Mittenwald: S. 259 li., 269 (Wrba/imagebroker); Titelbild (Westend61/Zeegers)

picture-alliance, Frankfurt a. M.: S. 87, 130 (akg-images); 82 (Breloer, © dpa); 172 (Breloer, © dpa-Report); 100/101 (Hanschke, © dpa-Report); 85 (Kalaene, © dpa-Report); 13 o. li., 13 u. re., 160 re.,169, 212/213 (Stache/ZB, © dpa-Report)

Bildagentur Schapowalow, Hamburg: S. 111 li., 116 (Rellini/SIME)

Senatsverwaltung Berlin, Berlin: S. 70

Stiftung Preußische Schlösser und Gärten Berlin-Brandenburg: S. 12 u., 283 li., 292/293 (Buessemeier); S. 259 li., 269 (Wrba/imagebroker)

Kartografie:

DuMont Reisekartografie, Fürstenfeldbruck

Umschlagfoto: Graffiti im Stadtteil Treptow

Hinweis: Autor und Verlag haben alle Informationen mit größtmöglicher Sorgfalt geprüft. Gleichwohl erfolgen alle Angaben ohne Gewähr. Bitte schreiben Sie uns! Über Ihre Rückmeldung und Ihre Verbesserungsvorschläge freuen wir uns: **DuMont Reiseverlag,** Postfach 3151, 73751 Ostfildern, info@dumontreise.de, www.dumontreise.de

7., aktualisierte Auflage 2018

Redaktion/Lektorat: Britta Rath, Nadja Gebhardt
Grafisches Konzept: Groschwitz/Blachnierek, Hamburg
Printed in China

FSC www.fsc.org MIX Papier aus verantwortungsvollen Quellen FSC® C124385